2023 9급 공무원 시험대비

합격에 꼭 필요한
단원별 예상문제집!

합격 바른기준인

선우빈
선우한국사

기적의
본 중
단원별
300제

선우빈 편저

단원별
대표
기출문제

최신
출제 경향
반영한 실전
예상 문제

명쾌한
해설 및
이론 정리

동영상 강의 | www.pmg.co.kr

이 책의 **머리말**

이제는 실전(實戰)입니다!

지금까지 기출문제를 파악하였다면, 이제부터는 기출을 변형한 예상문제를 통해 실력을 더욱 탄탄하게 하면서 실전을 준비할 때입니다.

공무원 시험문제가 공개된 2007년 이후 2022년까지, 한국사 문제는 기출문제의 변형이 대부분이었습니다. 결국 공무원 한국사는 기출문제에서 시작하여 기출문제로 마무리한다는 말이 과언이 아니지요.

그러나 하염없이 기출문제집만을 풀 수는 없습니다. 왜냐하면 기출문제는 이미 자신이 답을 알고 있기 때문이지요. 기출문제집을 여러 번 풀다 보면 이게 정말 자신의 실력으로 푸는 것인지, 아니면 이미 답을 알고 있어서 푸는 것인지 구분이 잘 안 갑니다. 그래서 기출문제를 변형한 예상문제를 통해 실전에 대한 감각을 키우는 것이 더 효율적인 학습 방법입니다.

『기적의 단원별 300제』는 기출문제를 변형하여 단원별로 구성한 예상문제집입니다.
2007년 시험문제가 공개된 이후부터 공무원 시험문제 유형을 분석한 결과 공무원 문제 유형은 크게 3가지로 구별됩니다.

출제유형을 알면 답이 보인다. - 출제유형 3way

출제유형 ❶: 개념·원리의 이해
한국사의 기본적인 개념을 물어보는 단답형 문제로 객관식 시험의 전형적인 문제 패턴입니다. 여러분이 보게 될 공무원 시험문제의 대부분은 지식을 물어보는 출제유형 ❶입니다.

출제유형 ❷: 탐구 문제의 인식
최근 들어 공무원 시험이 이해 중심의 수능형 문제로 바뀌면서 자연스럽게 사료형 문제가 많이 출제되고 있습니다. 이 유형은 사료나 지문을 통해 그 시대의 특징, 또는 주어진 지문 자체의 특징을 잡아내는 문제 유형입니다. 출제유형 ❷를 해결하기 위해서는 다양한 사료 안에서 주요 key word를 잡는 연습이 필요합니다.

출제유형 ❸: 자료 분석 및 해석
공무원 시험에서 자주 출제되는 유형은 아닙니다. 출제유형 ❸은 한국사검정에서 자주 출제되는 문제 유형으로 2014년 국가직 9급에서 '17~19세기 조선과 일본, 중국의 인구 변화 그래프'를 통해 그 시대의 특징을 물어보는 새로운 유형의 문제가 단 한 번 출제되었습니다.

선우빈 선우한국사

이제는 예상문제다. - 단원별 300제

최근 기출문제의 유형을 살펴보았다면, 이제는 유사한 예상문제를 통해 실전에 대비할 차례입니다. 본서는 각 단원의 실전문제들을 통해 그동안 공부한 내용을 확인하고, 새로운 문제 유형에 다양하게 대비하는 능력을 키울 수 있도록 구성하였습니다.

대부분의 수험생은 다섯 개의 지식을 알고도 다섯 문제를 맞히지 못하고 세 문제를 겨우 맞힙니다. 그러나 한국사의 기본이 잘 되어 있다면 세 개의 지식을 정확히 알고 다섯 문제 이상을 맞힐 수 있습니다. 『기적의 단원별 300제』는 바로 그런 능력을 키워줄 수 있는 방법을 고민한 문제집입니다.

수험생 여러분, 『기적의 단원별 300제』가 수험생 여러분에게 확신과 희망을 주기를 기대합니다. 2023년에는 여러분의 소중한 합격의 꿈이 이루어지기를 빕니다.

멈춘 듯, 그러나 늘 흐르고 있는 한강(漢江)이 내려다보이는 연구실에서

선우 빈

학습동영상 www.pmg.co.kr
선우한국사 카페 cafe.naver.com/swkuksa

이 책의 **구성과 특징**

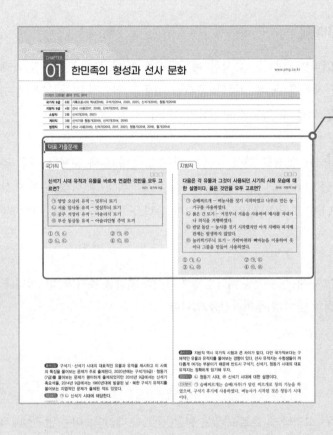

대표 기출문제

최근 시행된 국가직·지방직의 기출문제 중 출제 가능성이 높은 대표적인 유형을 선정하여 기출문제에 대한 감각을 익힐 수 있도록 하였습니다. 또한 '10개년 단원별 출제 빈도 분석'과 함께 '출제 경향'을 제시함으로써 최근 공무원 기출의 흐름을 날카롭게 분석하였습니다.

실전문제

기출문제를 변형한 예상문제를 통해 이론을 더욱 단단하게 만드는 단계입니다. 이 파트에서는 실전과 유사한 문제들로 구성하였고, 한두 개의 만점 방지형 문제를 대비하기 위해 고난도 문제나 신유형의 문제들까지 제시하였습니다.

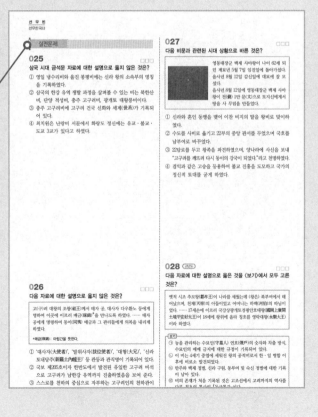

정답 및 해설

'정답찾기'와 '선지분석'을 통해 정답과 오답의 이유를 제시하여 문제를 꼼꼼하게 분석하고 확실하게 짚고 넘어갈 수 있도록 하였습니다. 또한 부족한 부분을 기록하여 정리할 수 있도록 빈 공간에 '약점 체크하기'를 구성하였습니다.

플러스 정리

'플러스 정리'에서는 문제와 관련된 주요 이론 및 심화 내용을 수록하여 심화 학습까지 가능하도록 하였습니다.

한국사 5개년 **최신 출제 키워드**

자료 : 2018~2022년 국가직·지방직 9급, 소방직, 계리직, 법원직 기준

대단원	2018	2019	2020	2021	2022
선사 시대와 국가의 형성	•고조선 •선사 시대 •구석기	•신석기 •청동기 •동예 •부여 •옥저와 부여 •고조선	•선사 시대 •구석기 •신석기 •청동기 •고조선 •옥저	•선사 시대 •신석기 •고구려 •초기 국가	•고조선 •고구려 •동예 •옥저
고대 사회의 발전	•광개토 대왕 •신문왕 •발해 역사 인식 •문무왕 •6세기 사건(역사서 제시) •부여(백제 역사 유적 지구) •의상 •문무왕과 기벌포 싸움 사이의 사건 •삼국의 정치 제도 •선종 관련 문화유산(부도) •통일 신라의 성격 •6두품 •통일 신라의 경제 제도 순서	•금관가야 •백제 발전 과정 •고구려 사건 순서 •여·수(당) 전쟁 •법흥왕 •발해 무왕 •발해 사회 •골품제 •민정 문서 •통일 신라 경제 •무령왕릉과 발해 정효 공주 묘 •삼국의 사회 모습 •삼국 문화 •신라 자장	•진흥왕 •진흥왕 관련 비석 •무열왕 •삼국 발전 과정 •백제 발전 과정(사비 시대) •삼국 항쟁 •신라 하대 진성 여왕 때 상황 •김유신 •백제 관복 •대가야 •발해 •발해 문왕 때 신라왕 •고대 경제 •고대 문화	•유리왕 •신라 •신라와 발해의 제도 •발해 수도별 유적 •사건 순서 •삼국 발전 과정 •삼국 통일 과정 •공주 •원효	•장수왕 •소지왕 •지증왕 •법흥왕 •삼국 발전 과정 •김유신 •발해 •발해 무왕 •익산 •의상과 자장 •독서삼품과 •고분 벽화
중세 사회의 발전	•서희의 강동 6주 •팔관회 •진화 •공민왕 •녹읍 •승려 •서경 관련 사건 •문산계와 무산계 •국가 제사 •여진과의 대외 관계 •무신 집권기 농민·천민의 난 •경제 •문화의 특징	•태조 •성종 •인종 •만적의 난 당시 상황 •무신 집권기 •사건 순서 •고종 재위기 사건 •원 간섭기 •시정 전시과 •권문세족 •군사 제도 •불교 •불교 승려 •『삼국유사』 •이규보 •안향	•나말선초 상황 •고려 통일 과정 •광종 •최충헌 •최충헌 재위 시기 민란 •별무반 •공민왕 •5조 정적평 •구제도감 •토지 제도 •역사서(『제왕운기』) •고려 후기 문화 •문화유산 순서 •사건 순서	•태조 •성종 •견훤과 태조 •연호 •경대승 •몽골 침략기 사건 순서 •안향 •삼별초 •향리 •의천	•고려 건국 과정 •견훤 •광종 •강조 •예종 •숙종 •향리 •별무반 •문벌 귀족 •무신 정권기 •고려 발전 과정 •몽골 항쟁 •원 간섭기 •우왕 •신분제 •경제 생활 •건축 •이제현, 안향, 이색, 정몽주 •『삼국유사』
근세 사회의 발전	•중종(『이륜행실도』) •혼일강리역대국도지도 •성리학 시기 순서 •초기 국왕의 업적 •이이 •임진왜란 순서 •신분 제도 •서적 •이황	•태종 •정도전 •세종 •성종 •중앙 정치 제도 •대외 관계 •명종(임꺽정의 난) •임진왜란 •과전법 •향교 •서원 •『경국대전』	•태종과 세종 •세종 •명종 •『동문선』 •호적 •편찬 서적	•주요 국왕의 업적 •세조 •신분제 •조광조 •사건 순서 •경국대전	•태종 •세종 •세조 •중앙 정치 조직 •유향소 •조광조 •기묘사화 •임진왜란 •서얼 •노비 •과전법 •공법 •농서 •이이

대단원	2018	2019	2020	2021	2022
근대 사회의 태동	• 정조 • 예송 논쟁 • 중인의 시집(『소대풍요』) • 효종의 북벌론 • 농서(『임원경제지』) • 역사서(『동사강목』) • 국방 정책 순서 • 대외 관계	• 영조 • 정조 • 대동법 • 후기 경제 • 지도 • 실학자 • 서학 • 양명학	• 숙종 때 환국 • 영조 • 영조·정조·사도 세자 • 비변사 • 남인(윤선도) • 임술민란 • 시기별 수취 제도 • 서얼과 중인 • 향전 • 동학 • 박지원	• 숙종 • 이앙법 • 임진왜란 전개 과정 • 북벌론과 북학론 • 박제가 • 정약용	• 비변사 • 서인 • 영조 • 정조 • 규장각 • 천주교 • 박지원 • 국학 • 후기 문화
근대 사회의 전개	• 동학 농민 운동 • 농광 회사 • 2차 갑오개혁 • 1880년대 개화 정책 • 최익현 • 대한 제국의 정책 • 한·일 신협약 • 사건 순서 배열 • 병인양요·신미양요 • 교육 기관	• 흥선 대원군 • 영남 만인소(미국과 러시아) • 위정척사 사상 • 미국 • 대한 제국 • 동학 농민 운동 • 조·일 수호 조규 • 조·일 통상 장정과 개정 조·일 통상 장정 • 외세와의 조약 • 사건 순서 • 한·일 신협약 • 메가타의 화폐 개혁	• 동학 농민 운동 • 동도서기 • 흥선 대원군 집권기 • 최익현 • 독립 협회 • 유길준 • 대한 제국 • 광무개혁 • 통감부 시기 정책 • 경부선 • 사건 순서	• 흥선 대원군 • 조·미 수호 통상 조약 • 개항기 무역 • 사건 순서 • 대한 제국 • 조선책략 • 한·청 통상 조약 • 한·일 신협약	• 흥선대원군 • 사건 순서 • 동학 농민 운동 • 독립 협회 • 대한 제국 • 화폐 정리 사업

민족의
독립운동
	• 국가 총동원령기 식민지
	  정책
	• 임시 토지 조사국 존속기
	  모습
	• 일제 강점기 조선인의 모습
	• 1940년대 임시 정부
	• 민족 혁명당
	• 주시경
	• 신채호
	• 의열단
	• 한국 독립군
	• 물산 장려 운동
	• 지청천의 활동
		• 국권 피탈 과정
		• 3·1 운동 이후 사건
		• 임시 정부의 건국 강령
		• 임시 정부
		• 의열단
		• 무단 통치 시기 사건
		• 1930년대 독립 전쟁
		• 일제의 지원병과 정신대
		• 한국 독립군
		• 사건 순서
		• 신간회
		• 이회영과 이시영
		• 박은식
			• 한·일 의정서
			• 치안 유지법 시기 상황
			• 근우회
			• 동아일보
			• 김구
			• 이봉창
			• 이회영
			• 박은식
			• 1941년 사건
			• 해외 무장 투쟁
			• 무장 독립 전쟁 순서
			• 임시 정부의 대일 선전
			  포고문
			• 일제 강점기 사회 문화
				• 국권 피탈 과정
				• 토지 조사 사업
				• 국민 대표 회의
				• 2차 교육령 시기 사건
				• 중·일 전쟁 이후 일제의 민족
				  말살 정책
				• 1940년 사건
				• 한인 애국단
				• 박은식
					• 국권 침탈 과정
					• 무단 통치
					• 문화 통치
					• 민족 말살 통치
					• 3·1 운동
					• 임시 정부
					• 한국 독립군
					• 김원봉, 신채호
					• 안중근
					• 조소앙
					• 물산 장려 운동
					• 형평 운동
					• 박은식

현대 사회의
발전
	• 이승만과 김구
	• 김종필·오히라 메모와
	  브라운 각서 사이의 사건
	• 7·4 남북 공동 성명과
	  남북 기본 합의서 사이의
	  사건
	• 김구
	• 7·4 남북 공동 선언
	• 한·일 협약
	• 통일 정책
	• 민주화 과정
		• 해방 공간 사건
		• 4·19 혁명 이후 사건
		• 유신 헌법 발표 이후 사건
		• 베트남 파병
		• 농지 개혁
		• 1960년대 경제
		• 남북 기본 합의서
		• 건국 준비 위원회
			• 여운형
			• 미군정기 상황
			• 해방 이후 사건 순서
			• 정부 수립 이후 사건
			• 2차 개헌 이후 사건
			• 3차 개헌
			• 1950년대 상황
			• 1980년대 경제
			• 사건 순서
				• 조선 건국 준비 위원회
				• 이승만 정부의 경제 정책
				• 장면 내각
				• 유신 헌법 시기 사건
				• 사건 순서
				• 안재홍
					• 김구
					• 6·25 전쟁
					• 제헌 국회
					• 반민족 행위 처벌법
					• 4·19 혁명
					• 유신 헌법
					• 노태우 정부
					• 통일 정책

통합	• 시대별 지방 행정 • 견문록 순서 • 특정 지역 이해(옥저 지역) • 유사한 제도 • 역대 문화유산의 특징	• 단군 인식 • 의서 편찬 순서 • 문화유산	• 지역(한성) • 독도 • 의병 • 토지 제도 • 문화재 건립 시기 • 덕수궁 • 유네스코 세계 문화유산	• 시기별 대외 교류 • 세계 문화유산과 기록 유산	• 토지 제도 • 역대 역사서 • 『삼국사기』와 『발해고』 • 역대 농서 • 덕수궁 • 도교 • 유네스코 문화유산

선우빈
선우한국사
기적의
단원별
300제

PART

01

선사 시대와
국가의 형성

10개년 단원별 출제 빈도 분석		
국가직 9급	6회	기록으로서의 역사(2016), 구석기(2014, 2020, 2021), 신석기(2015), 청동기(2019)
지방직 9급	4회	선사 시대(2017, 2018), 신석기(2013, 2014)
소방직	2회	신석기(2019, 2021)
계리직	3회	신석기와 청동기(2019), 신석기(2014, 2016)
법원직	7회	선사 시대(2015), 신석기(2013, 2017, 2021), 청동기(2018, 2019), 철기(2014)

대표 기출문제

국가직

□□□

신석기 시대 유적과 유물을 바르게 연결한 것만을 모두 고르면?

2021. 국가직 9급

> ㉠ 양양 오산리 유적 - 덧무늬 토기
> ㉡ 서울 암사동 유적 - 빗살무늬 토기
> ㉢ 공주 석장리 유적 - 미송리식 토기
> ㉣ 부산 동삼동 유적 - 아슐리안형 주먹 도끼

① ㉠, ㉡　　　　　　② ㉠, ㉣
③ ㉡, ㉢　　　　　　④ ㉢, ㉣

지방직

□□□

다음은 각 유물과 그것이 사용되던 시기의 사회 모습에 대한 설명이다. 옳은 것만을 모두 고르면?

2018. 지방직 9급

> ㉠ 슴베찌르개 - 벼농사를 짓기 시작하였고 나무로 만든 농기구를 사용하였다.
> ㉡ 붉은 간 토기 - 거친무늬 거울을 사용하여 제사를 지내거나 의식을 거행하였다.
> ㉢ 반달 돌칼 - 농사를 짓기 시작했지만 아직 지배와 피지배 관계는 발생하지 않았다.
> ㉣ 눌러찍기무늬 토기 - 가락바퀴와 뼈바늘을 이용하여 옷이나 그물을 만들어 사용하였다.

① ㉠, ㉡　　　　　　② ㉠, ㉢
③ ㉡, ㉣　　　　　　④ ㉢, ㉣

출제경향 구석기·신석기 시대의 대표적인 유물과 유적을 제시하고 이 사회의 특징을 물어보는 문제가 주로 출제된다. 2020년에는 구석기(9급)·청동기(7급)를 물어보는 문제가 평이하게 출제되었지만 2015년 9급에서는 신석기 흑요석을, 2014년 9급에서는 1960년대에 발굴된 남·북한 구석기 유적지를 물어보는 지엽적인 문제가 출제된 적도 있었다.

정답찾기 ㉠ ㉡ 신석기 시대에 해당한다.

선지분석 ㉢ 공주 석장리 유적은 구석기 대표 유적지이고, 미송리식 토기는 청동기 시대의 토기이다.

㉣ 부산 동삼동 유적은 신석기 시대의 유적지가 맞으나, 아슐리안형 주먹 도끼는 구석기 시대의 유물이다.

　　　　　　　　　　　　　　　　　　　　　　　　○ 정답 ①

출제경향 지방직 역시 국가직 시험과 큰 차이가 없다. 다만 국가직보다는 구체적인 유물과 유적지를 물어보는 경향이 있다. 선사 유적지는 수험생들이 까다롭게 여기는 부분이기 때문에 반드시 구석기, 신석기, 청동기 시대의 대표 유적지는 정확하게 암기해 두자.

정답찾기 ㉡ 청동기 시대, ㉣ 신석기 시대에 대한 설명이다.

선지분석 ㉠ 슴베찌르개는 슴베(자루)가 달린 찌르개로 창의 기능을 하였으며, 구석기 후기에 사용하였다. 벼농사가 시작된 것은 청동기 시대이다.

㉢ 반달 돌칼은 청동기 시대에 사용된 농기구로, 청동기 시대에는 생산 증가에 따른 잉여 생산물의 축적과 사적 소유로 빈부 차이와 계급이 발생하게 되었다. 농사를 짓기 시작했지만 지배와 피지배의 관계가 발생하지 않은 시기는 신석기 시대이다.

　　　　　　　　　　　　　　　　　　　　　　　　○ 정답 ③

실전문제

001

□□□

다음 각 유물에 대한 설명으로 옳은 것은?

> ㉠ 슴베찌르개 – 구석기 후기에 사용하였으며, 창의 기능을 하였다.
> ㉡ 이른 민무늬 토기 – 거친무늬 거울을 사용하여 제사를 지내거나 의식을 거행하던 시기에 사용하였다.
> ㉢ 비파형 동검 – 청천강 이남에서 집중 발견되었다.
> ㉣ 명도전 – 중국과의 활발한 교류가 이루어졌음을 알 수 있다.

① ㉠, ㉡ ② ㉠, ㉢
③ ㉠, ㉣ ④ ㉡, ㉢

002

□□□

다음 설명 중 역사적 시기가 다른 하나는?

① 황해도 봉산 지탑리에서 나온 탄화된 좁쌀을 통해 농경의 흔적을 알 수 있다.
② 강원도 양양 오산리에서 도토리가 담긴 토기가 발견되어 이들의 식생활을 알 수 있다.
③ 양구 상무룡리에서 발견된 흑요석을 통해 이들이 백두산 지역까지 이동하였음을 알 수 있다.
④ 평안남도 온천 궁산리에서 나온 뼈바늘을 통해 직조 사실을 추정해 볼 수 있다.

003

□□□

(가) 시대의 생활 모습으로 옳은 것은?

> 하천과 평지에 인접한 낮은 구릉과 대지 위에 100여 기 이상의 집터가 발견된 이 유적지는 [(가)] 시대의 모습을 보여 주고 있다. 집터는 평면 형태에 따라 둥근 것과 긴 네모꼴인 것이 있고, 둥근 집터는 30~150cm 깊이로 땅을 파서(수혈식 주거지) 만들었으며, 한쪽 벽을 얕게 파서 문을 만든 듯하다. 네모꼴 집터는 30cm 미만으로 땅을 판 반움집이나 지상식에 가까운 것으로 기둥 구멍이 발견되지 않았으나, 주춧돌이 있는 집 형태를 하고 있다.

① 오수전, 화천 등의 중국 화폐로 교역을 하였다.
② 실을 뽑기 위한 가락바퀴를 처음 사용하였다.
③ 농경에 소를 이용하기 시작하였다.
④ 목책, 도랑 등의 유적을 통해 주변 부족과 전쟁이 있었음을 짐작할 수 있다.

004

□□□

(가), (나) 유물에 대한 설명으로 옳은 것을 〈보기〉에서 모두 고른 것은?

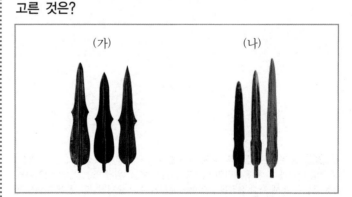

(가) (나)

> [보기]
> ㉠ (가) 시기에 한반도와 요령 일대가 같은 청동기 문화권이었다.
> ㉡ (가) 시기에 중국 연나라와 요서 지역을 경계로 세력을 다투었다.
> ㉢ (나) 시기에 거푸집을 사용하여 청동기를 독자적으로 만들었다.
> ㉣ (나) 시기에 중국과의 교류로 한자가 도입되었다.

① ㉠, ㉡ ② ㉠, ㉢
③ ㉠, ㉣ ④ ㉠, ㉢, ㉣

10개년 단원별 출제 빈도 분석		
국가직 9급	6회	고조선(2016), 부여와 동예(2019), 동예와 옥저(2013), 동예(2017), 옥저(2022), 마한(2017)
지방직 9급	7회	고조선(2015), 옥저와 동예(2013), 부여와 삼한(2014), 부여와 고구려(2017), 옥저와 부여(2019), 옥저(2020), 부여(2021)
소방직	4회	고조선(2020), 고구려(2022), 동예(2018), 옥저(2021)
계리직	3회	부여(2019, 2021), 삼한(2017)
법원직	9회	고조선(2020, 2022), 위만 조선(2016), 단군 신화(2021), 부여(2020), 부여와 삼한(2014), 고구려(2017, 2022), 동예(2021)

대표 기출문제

국가직

□□□

(가)와 (나) 시기 고조선에 대한 〈보기〉의 설명으로 옳은 것만을 고른 것은?

2016. 국가직 9급

	(가)	(나)	
기원전 2,333년 단군의 등장		기원전 194년 위만의 집권	기원전 108년 왕검성 함락

〔보기〕
㉠ (가) – 왕 아래 대부, 박사 등의 직책이 있었다.
㉡ (가) – 고조선 지역에 한(漢)의 창해군이 설치되었다.
㉢ (나) – 철기 문화를 본격적으로 수용하며, 중계 무역의 이득을 취하였다.
㉣ (나) – 비파형 동검과 고인돌의 분포를 통하여 통치 지역을 알 수 있다.

① ㉠, ㉢
② ㉠, ㉣
③ ㉡, ㉢
④ ㉡, ㉣

출제경향 고조선은 국가직·지방직 구별이 필요 없다. 고조선의 발전 과정, 중국의 변화에 따른 유이민의 이동과 철기의 보급, 위만 조선, 단군 이야기와 8조 금법을 통해 사회 성격을 물어보는 문제가 주로 출제되었다. 문제의 난도가 높아지면 후대인들의 고조선에 대한 평가를 물어보는 문제가 출제될 수 있다.

정답찾기 (가) 단군 조선, (나) 위만 조선
㉠ 고조선은 기원전 3세기경에는 강력한 왕이 등장하여 왕위를 세습하였으며, 왕 밑에 상·대부·장군·박사 등의 관직을 두었다.
㉢ 위만 조선은 지리적 이점을 이용하여 예(濊)나 남방의 진(辰)이 중국 한(漢)과 직접 무역하는 것을 막고 중계 무역의 이득을 독점하려 하였다.

선지분석 ㉡ 기원전 128년의 일로, 위만 조선 시기의 사실이다. – (나)
㉣ 단군 조선 시기의 사실이다. – (가)

○ 정답 ①

지방직

□□□

(가), (나)의 특징을 가진 국가에 대한 설명으로 옳은 것은?

2017. 지방직 9급

(가) 옷은 흰색을 숭상하며, 흰 베로 만든 큰 소매 달린 도포와 바지를 입고 가죽신을 신는다.
(나) 부여의 별종(別種)이라 하는데, 말이나 풍속 따위는 부여와 많이 같지만 기질이나 옷차림이 다르다.

『삼국지』 위서 동이전

① (가) – 혼인 풍속으로 민며느리제가 있었다.
② (나) – 제사장인 천군이 다스리는 소도가 있었다.
③ (가) – 남의 물건을 훔쳤을 때는 12배로 배상하게 하였다.
④ (나) – 단궁이라는 활과 과하마·반어피 등이 유명하였다.

출제경향 초기 국가의 출제 유형은 늘 정해져 있다. 『삼국지』 위서 동이전에 나오는 사료를 제시하여, 제시문의 국가가 어느 나라인지 파악하고 그 나라의 특징을 물어보는 문제가 출제된다. 부여, 고구려, 옥저, 동예, 삼한의 사회적 특징을 정확히 알면 쉽게 답을 맞힐 수 있다.

정답찾기 (가) 부여, (나) 고구려
③ 부여와 고구려의 1책 12법에 대한 내용이다.

선지분석 ① 옥저, ② 삼한, ④ 동예에 대한 설명이다.

플러스 정리 고구려와 부여의 공통점
1. 5부족 연맹체
2. 대관리(부족장, 군장)의 칭호에 가(加), 소관리의 칭호에는 사자(使者)
3. 제가 회의
4. 1책 12법
5. 우제점법 CF 『삼국지』 위서 동이전 – 부여만 언급
6. 제천 행사
7. 부여족의 일파
8. 상호·하호·노비의 사회 구조
9. 형사취수제

○ 정답 ③

실전문제

005

□□□

(가), (나) 사이 시기에 있었던 사실로 옳은 것을 〈보기〉에서 고른 것은?

> (가) 한이 노관을 연왕으로 삼자, 조선이 연과의 경계를 패수로 삼았다. 관이 모반하여 흉노로 들어가고, 연나라 사람이 망명하여 호복(胡服)을 하고 동쪽으로 패수를 건너 이에 이르러 준에게 항복하면서 준에게 서쪽 경계에 살기를 구했다.
>
> (나) 니계상 삼이 사람을 시켜 조선왕 우거를 죽이고 항복해 왔다.

[보기]
> ㉠ 연과의 전쟁에서 서쪽의 영토 2,000여 리를 빼앗겼다.
> ㉡ 지리적 이점을 이용하여 중계 무역의 이익을 취하였다.
> ㉢ 부왕·준왕과 같은 강력한 왕이 등장하였다.
> ㉣ 진번, 임둔 등 주변의 여러 소국을 복속시켰다.

① ㉠, ㉢   ② ㉠, ㉣
③ ㉡, ㉢   ④ ㉡, ㉣

006

□□□

다음 자료와 관련된 나라를 기록한 자료가 아닌 것은?

> 서로 죽이면 그 때에 곧 죽인다. 서로 상하게 하면 곡식으로 배상하게 한다. 도둑질 한 자는 남자는 그 집의 가노(家奴)로 삼고 여자는 비(婢)로 삼는다. 노비에서 벗어나기를 원하는 자는 50 만전을 내야 하는데 비록 면하여 민의 신분이 되어도 사람들이 이를 부끄럽게 여겨 장가들고자 하여도 결혼할 사람이 없다. 이런 까닭에 그 백성들이 끝내 서로 도둑질하지 않았고 문을 닫는 사람이 없었다. 부인들은 단정하여 음란한 일이 없었다.

① 『표제음주동국사략』   ② 『관자』
③ 『동국이상국집』   ④ 『삼국유사』

007

□□□

(가), (나) 국가에 대한 설명으로 옳은 것은?

> (가) 나라 안에 있을 때의 의복은 흰색을 숭상하여, 흰 베로 만든 큰 소매 달린 도포와 바지를 입고 신발은 가죽신을 신는다. 외국에 나갈 때는 비단옷과 수놓은 옷·모직(毛織) 옷을 즐겨 입고, 대인(大人)은 그 위에 여우·살쾡이·원숭이, 희거나 검은 담비 가죽으로 만든 갖옷을 입으며, 또 금·은으로 모자를 장식하였다.   『삼국지』 위서 동이전
>
> (나) 아이가 태어나면 곧 돌로 그 머리를 눌러서 납작하게 만들려고 하므로, 지금 진한 사람의 머리는 모두 납작하다. 왜와 가까운 지역이므로 남녀가 문신을 하기도 한다.   『삼국지』 위서 동이전

① (가) - 농사가 흉년이 들면 국왕을 바꾸거나 죽이기도 하였다.
② (나) - 10월에 무천이라는 제천 행사를 열었다.
③ (가) - 도둑질한 자는 노비가 되었다.
④ (나) - '예왕지인(濊王之印)'이라는 옥새가 있었다.

008

□□□

(가), (나) 국가에 대한 설명으로 옳은 것은?

> (가) 집안사람들이 죽으면 가매장하였다가 뼈를 추려 커다란 목곽 안에 묻었다. 목곽 안에는 살아 있을 때의 모습을 나무로 만들어 넣었다.
>
> (나) 장례를 후하게 치러 금·은·재화를 무덤에 넣는다. 돌을 쌓아 봉분을 만들고 주위에 소나무와 잣나무를 심는다.

① (가) - 식구가 심하게 앓거나 죽으면 살던 집을 버리거나 헐어버렸다.
② (나) - 여자가 10세가 되면 혼인을 허락하고 남편될 사람이 여자를 자기 집에 데려가 길러서 아내로 삼았다.
③ (나) - 거처의 좌우에 큰 집을 지어 귀신을 제사하고, 영성과 사직에도 제사했다.
④ (가) - 군장의 세력이 미치지 못하는 소도를 두었고, 죄인이 소도로 도망가 숨어도 잡아가지 못하였다.

선우빈
선우한국사
기적의
단원별
300제

PART
02

고대 사회

01 고대 사회의 성격 및 가야의 발전

10개년 단원별 출제 빈도 분석		
국가직 9급	0회	
지방직 9급	2회	대가야(2020), 금관가야(2021)
소방직	0회	
계리직	0회	
법원직	1회	신라의 왕호 변천(2014)

대표 기출문제

국가직

㉠~㉣에 해당하는 왕의 업적으로 옳은 것은? 2014. 국가직 7급

고구려 (㉠)왕 때 전진에서 승려 순도(順道)가 불상과 불경을 전하였으며, 백제는 (㉡)왕 때 동진에서 고승 마라난타(摩羅難陀)가 불교를 전하였다. 신라의 불교는 (㉢)왕 때 고구려에서 온 승려 묵호자가 전하고 소지왕 때 다시 고구려에서 승려 아도가 전하였으나 (㉣)왕 때 이차돈의 순교 후 비로소 공인되었다.

① ㉠ - 수도를 국내성에서 평양으로 옮겼다.
② ㉡ - 수도를 사비로 옮기고 남부여라 하였다.
③ ㉢ - 황룡사를 짓고 9층 목탑을 건립하였다.
④ ㉣ - 법령을 반포하고 상대등 제도를 설치하였다.

지방직

(가) 나라에 대한 설명으로 옳은 것은? 2021. 지방직 9급

북쪽 구지에서 이상한 소리로 부르는 것이 있었다. … (중략) … 구간(九干)들은 이 말을 따라 모두 기뻐하면서 노래하고 춤을 추었다. 자줏빛 줄이 하늘에서 드리워져서 땅에 닿았다. 그 줄이 내려온 곳을 따라가 붉은 보자기에 싸인 금으로 만든 상자를 발견하고 열어보니, 해처럼 둥근 황금알 여섯 개가 있었다. 알 여섯이 모두 변하여 어린아이가 되었다. … (중략) … 가장 큰 알에서 태어난 수로(首露)가 왕위에 올라 (가) 를/을 세웠다.
『삼국유사』

① 해상 교역을 통해 우수한 철을 수출하였다.
② 박, 석, 김씨가 교대로 왕위를 계승하였다.
③ 경당을 설치하여 학문과 무예를 가르쳤다.
④ 정사암 회의를 통해 재상을 선발하였다.

출제경향 고대 사회의 성격을 물어보는 문제는 자주 출제되지 않지만, 고대 사회를 이해하기 위해 꼭 알아야 할 내용이다. 군장 국가와 연맹 왕국의 특징, 고대 사회의 발전 과정과 고대 국가의 성격을 파악해 두도록 하자.

정답찾기 ㉠ 소수림왕, ㉡ 침류왕, ㉢ 눌지왕, ㉣ 법흥왕
④ 법흥왕 때 율령을 반포하고 상대등 제도를 마련하였다. 또한 이차돈의 순교로 불교를 공인하였고, 불교식 왕명을 사용하기 시작하였다.

선지분석 ① 장수왕, ② 성왕, ③ 황룡사 건립 - 진흥왕, 황룡사 9층 목탑 건립 - 선덕 여왕
○ 정답 ④

출제경향 가야사는 2017년 문재인 대통령이 역사학자들과의 만남의 자리에서 영남과 호남의 지역 갈등을 극복하는 방안으로 가야사 연구를 강조한 이후 출제 빈도가 증가하여 2017년 국가직·지방직 7급에서는 대가야, 2019년 서울시 9급과 2021년 지방직 9급에서는 금관가야에 대한 문제가 출제되었다.

정답찾기 (가)는 금관가야로, 제시문은 금관가야의 건국 신화 '구지가'이다.
① 금관가야는 한 군현이나 동해안의 예, 남쪽의 왜와 교역함으로써 해상의 중계 무역을 장악하여 경제적으로 크게 번영하였다.

선지분석 ② 신라, ③ 고구려, ④ 백제에 대한 설명이다.
○ 정답 ①

실전문제

009 □□□

고대 국가의 성립 과정에 대한 설명으로 옳은 것은?

① 왕위의 형제 세습은 고구려에서, 부자 세습은 백제에서 먼저 이루어졌다.

② 백제는 고이왕 때, 신라는 법흥왕 때 관리들의 복색을 제정하였다.

③ 고구려가 한사군을 축출할 무렵에 신라는 우산국을 정벌하였다.

④ 삼국은 모두 중국을 통해서 고등 종교인 불교를 받아들였다.

010 □□□

다음 밑줄 친 내용을 증명해 줄 수 있는 것을 〈보기〉에서 모두 고른 것은?

> 개로왕이 북위에 사신을 보내 말하였다. "우리나라는 <u>고구려와 더불어 근원이 부여에서 나왔다.</u>"
>
> 『삼국사기』

┌─ 보기 ─
ⓐ 칠지도   ⓒ 서울 석촌동 고분
ⓒ 무령왕릉 지석   ⓒ 사택지적비
ⓒ 백제 왕족의 성씨 ⓑ 온조의 건국 신화
└─

① ⓐ, ⓒ, ⓒ   ② ⓒ, ⓒ, ⓑ

③ ⓒ, ⓒ, ⓑ   ④ ⓒ, ⓒ, ⓒ

011 □□□

(가), (나) 왕호를 사용하던 신라 시기의 사실로 옳지 않은 것은?

> 신라왕으로서 거서간, 차차웅이란 이름을 쓴 이가 각기 하나요, (가) (이)라 한 이가 열여섯이며, (나) (이)라 한 이가 넷이다.
>
> 『삼국사기』

① (가)의 왕호를 사용하던 시기에 유리왕은 일명 회악(會樂)이라고 하는 회소곡을 지었다.

② (가)의 왕호를 사용하던 시기에 박, 석, 김의 3성이 교대로 왕위를 차지하였다.

③ (나)의 왕호를 사용하던 시기에 부자 세습제가 이루어졌다.

④ (나)의 왕호를 사용하던 시기에 낙동강 지역의 가야 세력을 정복하였다.

012 (고난도) □□□

밑줄 친 '이 나라'에 대한 설명으로 옳은 것은?

> 시조는 이진아시왕이고, 그로부터 도설지왕까지 대략 16대 520년이다. 최치원이 지은 『석이정전』에, "가야산신인 정견모주가 천신인 이비가지에게 감응되어 뇌질주일과 뇌질청예 두 사람을 낳았다. 뇌질주일은 곧 <u>'이 나라'</u>의 시조인 이진아시왕의 별칭이고, 뇌질청예는 금관국의 시조인 수로왕의 별칭이다."라고 하였다.
>
> 『신증동국여지승람』

① 이 나라 건국 설화로 구지봉 전설이 있다.

② 이 나라 출신 우륵이 가야금을 가지고 신라로 들어갔다.

③ 낙동강 하류에 도읍하고 해상 교역을 중계하였다.

④ 관산성 전투에서 이 나라 왕이 사망하였다.

02 삼국의 발전 과정

10개년 단원별 출제 빈도 분석		
국가직 9급	12회	고구려 발전 과정(2017), 유리왕(2021), 소수림왕(2016), 광개토 대왕(2018), 장수왕(2022), 백제 발전 과정(2016), 백제 무왕(2019), 법흥왕(2013), 삼국의 항쟁(2013, 2020, 2021), 김유신(2020)
지방직 9급	14회	고구려 발전 과정(2015, 2019), 연개소문(2021), 무령왕(2016), 신라 발전 과정(2015), 지증왕(2018, 2022), 진흥왕(2020), 삼국 발전 과정(2013, 2016, 2022), 살수 대첩(2018), 삼국 통일 과정(2018), 김유신(2022)
소방직	6회	광개토 대왕(2021), 지증왕(2019), 삼국 발전 과정(2022), 삼국 통일 과정(2020, 2022), 익산의 역사(2022)
계리직	8회	신라 발전 과정(2019, 2021), 소지왕(2022), 신라와 고구려의 관계(2014, 2019), 백제 발전 과정(2016), 삼국 발전 과정(2018, 2022)
법원직	16회	고구려 발전 과정(2014, 2018), 광개토 대왕(2013, 2016), 근초고왕(2021), 백제 성왕(2016, 2020), 신라 발전 과정(2018, 2021), 법흥왕(2022), 선덕 여왕(2020), 삼국 발전 과정(2013, 2014, 2017, 2022), 삼국 통일 과정(2015)

대표 기출문제

국가직

(가)~(라)에 해당하는 사실로 옳지 않은 것은? 2020. 국가직 9급

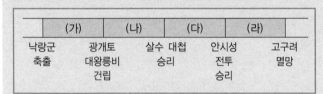

	(가)	(나)	(다)	(라)	
낙랑군 축출		광개토 대왕릉비 건립	살수 대첩 승리	안시성 전투 승리	고구려 멸망

① (가) – 백제 침류왕이 불교를 받아들였다.
② (나) – 고구려 영양왕이 요서 지방을 선제공격하였다.
③ (다) – 백제가 신라 대야성을 공격하여 함락시켰다.
④ (라) – 신라가 매소성에서 당군을 격파하였다.

지방직

다음 사건을 시기순으로 바르게 나열한 것은? 2022. 지방직 9급

(가) 신라의 한강 유역 확보
(나) 관산성 전투
(다) 백제의 웅진 천도
(라) 고구려의 평양 천도

① (가) → (라) → (나) → (다)
② (나) → (다) → (가) → (라)
③ (다) → (나) → (가) → (라)
④ (라) → (다) → (가) → (나)

출제경향 국가직·지방직에서 자주 출제되는 파트로, 삼국 시대 주요 왕의 업적을 시기별로 정렬하는 문제가 주로 출제된다. 2~7세기 삼국의 발전 과정을 주요 사건 순서대로 정확히 파악해서 빠른 시간 안에 풀 수 있어야 한다. 또한 주요 왕의 업적과 관련된 사료도 주요 키워드 중심으로 파악해 두도록 하자. 2020년에는 7세기 삼국 통일 과정을 물어보는 문제가 자주 출제되었으나 2021년에는 출제되지 않은 점을 기억해 두자. 기출은 또다시 나온다!

정답찾기 낙랑군 축출(4세기 초 미천왕) ⇨ (가) ⇨ 광개토 대왕릉비 건립(414, 장수왕 2년) ⇨ (나) ⇨ 살수 대첩(612, 영양왕 23년) ⇨ (다) ⇨ 안시성 전투(645, 보장왕 4년) ⇨ (라) ⇨ 고구려 멸망(668)
④ 매소성 싸움(675, 문무왕 15년)

선지분석 ① 침류왕의 불교 수용(384), ② 영양왕의 요서 지방 선제공격(598), ③ 백제 의자왕의 신라 대야성 공격(642)

○ 정답 ④

출제경향 국가직과 마찬가지로 지방직에서도 삼국 발전 과정 및 특정 왕의 업적을 물어보는 문제가 주로 출제된다. 최근에는 삼국 발전 과정에 따른 주요 사건의 순서를 묻는 문제의 출제 비중이 높아지고 있다.

정답찾기 (라) 평양 천도(427, 장수왕) → (다) 웅진 천도(475, 문주왕) → (가) 신라의 한강 유역 확보(553, 진흥왕) → (나) 관산성 전투(554, 성왕)

○ 정답 ④

실전문제

013

□□□

(가), (나) 사이에 있었던 사실로 옳은 것은?

> (가) 겨울 10월에 백제 왕이 병력 3만을 거느리고 평양성을 공격해 왔다. 왕이 군대를 내어 막다가 흐르는 화살[流矢]에 맞아 이달 23일에 서거하였다. 고국(故國)의 언덕에 장사지냈다.
> 『삼국사기』
>
> (나) 가을 7월에 고구려 왕 거련(巨連)이 몸소 군사를 거느리고 백제를 공격하였다. 백제 왕 경(慶)이 아들 문주(文周)를 (신라에) 보내 구원을 요청하였다. 왕이 군사를 내어 구해주려 했으나 미처 도착하기도 전에 백제가 이미 (고구려에) 함락되었고, 경 역시 피살되었다.
> 『삼국사기』

① 미천왕이 낙랑군을 몰아내었다.
② 당이 평양에 안동도호부를 설치하였다.
③ 후연을 격파하여 요동으로 진출하였다.
④ 숙달 등 8명의 도사를 맞아들이고 도교를 육성하였다.

014

□□□

(가), (나) 사이의 시기에 있었던 사실로 옳은 것은?

> (가) 여러 신하들이 아뢰기를, "신들의 생각으로는 신(新)은 '덕업이 날로 새로워진다.'는 뜻이고, 라(羅)는 '사방(四方)을 망라한다.'는 뜻이므로 이를 나라 이름으로 삼는 것이 마땅하다고 여겨집니다."라고 하였다. 왕이 이에 따랐다.
>
> (나) 백제의 왕인 명농이 가량(가야)과 함께 와서 관산성을 공격하였다. …… (신라의) 고간 도도가 급히 쳐서 백제 왕을 죽였다.

① 백제가 대야성을 함락하였다.
② 신라가 매소성에서 당군을 물리쳤다.
③ 고구려가 태학을 설립하였다.
④ 신라가 금관가야를 복속시켰다.

015

□□□

(가)~(라) 시기에 있었던 역사적 사실로 옳은 것은?

	(가)	(나)	(다)	(라)	
고구려 태학 설립		백제 『서기』 편찬	신라 『국사』 편찬	고구려 천리장성 구축	백제 멸망

① (가) - 고구려가 요동으로 진출하여 동옥저를 정복하였다.
② (나) - 신라가 고령 지역의 대가야를 정복하였다.
③ (다) - 백제의 왕이 관산성 전투에서 전사하였다.
④ (라) - 고구려가 살수에서 대승을 거두었다.

016

□□□

(가), (나) 사이 시기에 있었던 사실로 옳은 것은?

> (가) 고구려가 침입해 와 한성을 포위하였다. 개로왕이 성문을 굳게 닫고 직접 방어하며, 태자 문주를 신라에 보내어 구원을 요청하였다. 문주가 신라 병력 1만 명을 얻어 돌아왔다. 고구려 군사는 비록 물러갔으나 한성이 파괴되고 개로왕이 사망하여, 마침내 문주왕이 즉위하였다. …… 10월에 웅진으로 도읍을 옮겼다.
> 『삼국사기』
>
> (나) 봄에 도읍을 사비로 옮기고 국호를 남부여라고 하였다.
> 『삼국사기』

① 고흥이 『서기』를 편찬하였다.
② 무왕이 미륵사를 건립하였다.
③ 무령왕이 22담로에 왕족을 파견하였다.
④ 복신과 도침 등이 부여풍을 왕으로 추대하였다.

017

□□□

밑줄 친 ⑦~ⓔ에 대한 설명으로 옳지 않은 것은?

> ⑦백제 왕이 대량주를 함락하자 김춘추의 딸 고타소랑이 남편 김
> 품석을 따라 죽었다. 김춘추는 이를 한스러워하며 고구려에 군사를
> 청하여 백제에 대한 원한을 갚고자 하였으며, ⓛ왕이 이를 허락하
> 였다. 김춘추가 장차 떠나려 할 때 ⓒ그에게 이르기를, "저와 공은
> 한 몸이고 나라의 중신이 되었으니 ⓔ지금 제가 만약 저기에 들어
> 가 해를 입는다면 공은 무심할 수 있겠습니까?"라고 하였다.
>
> 『삼국사기』

① ⑦ - 신라의 당항성을 공격하였다.

② ⓛ - 오언태평송(五言太平頌)을 지어 당에 보냈다.

③ ⓒ - 비담의 난을 진압하는 데 주도적인 역할을 하였다.

④ ⓔ - 고구려와의 외교가 실패하자 당과 군사 동맹을 체결
하였다.

018

□□□

(가), (나) 사이에 있었던 사실로 옳은 것은?

> (가) 정관 16년에 …… 여러 대신들과 건무가 의논하여 개소문을
> 죽이고자 하였다. 일이 누설되자 개소문은 부병들을 모두 불
> 러모아 군병을 사열한다고 말하고 …… 왕궁으로 달려 들어
> 가 건무를 죽인 다음, 대양의 아들 장을 왕으로 세우고 스스
> 로 막리지가 되었다.
> (나) 건봉 원년 개소문이 죽고 장자인 남생이 대신 막리지가 되었다.

① 당이 안동 도호부를 평양에 설치하였다.

② 복신과 도침이 부여풍을 왕으로 추대하였다.

③ 검모잠이 왕족 안승을 받들어 평양성을 공격하였다.

④ 신라는 부여 지역에 소부리주를 설치하였다.

019

□□□

(가) 시기에 있었던 사실로 옳은 것은?

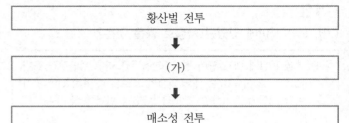

① 신라는 당과 군사 동맹을 체결하였다.

② 당이 신라 땅에 계림 도독부를 설치하였다.

③ 의자왕의 군사가 김품석이 성주로 있던 대야성을 함락하였다.

④ 금마저에서 보덕국이 반란을 일으켰다.

020 고난도

□□□

삼국이 ⑦~ⓔ에 도읍을 두었던 시기의 사실로 옳지 않은 것은?

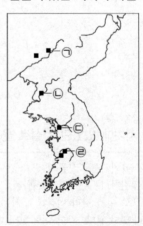

① ⑦을 도읍으로 한 시기에 신라에 들어온 왜구를 격퇴하였다.

② ⓛ을 도읍으로 한 시기에 모용황의 침입으로 궁궐이 불타고
남녀 5만여 명이 포로로 잡혀갔다.

③ ⓒ을 도읍으로 한 시기에 좌평 제도와 관등제를 마련하였다.

④ ⓔ을 도읍으로 한 시기에 22담로를 두었고 양과 활발한 교
류를 하였다.

03 남북국 시대

10개년 단원별 출제 빈도 분석

국가직 9급	9회	신라 중대(2013), 문무왕(2018), 신문왕(2017, 2018), 신라 하대(2020), 발해 역사 인식(2018), 발해 무왕(2019, 2022), 발해 발전 과정(2017)
지방직 9급	7회	신문왕(2021), 신라 하대(2016), 장보고(2017), 발해(2014, 2015, 2022), 발해 무왕(2013)
소방직	5회	신문왕(2018, 2021), 신라 하대(2020), 발해(2019, 2020)
계리직	3회	발해 고왕(2021), 발해 문왕(2019), 발해(2016)
법원직	6회	신문왕(2016, 2017), 신라 하대(2014), 발해(2017), 발해 무왕(2014, 2018)

대표 기출문제

국가직

다음 왕의 재위 기간에 있었던 사실로 옳은 것은?

2018. 국가직 9급

> • 왕 원년 : 소판 김흠돌, 파진찬 흥원, 대아찬 진공 등이 반역을 도모하다가 사형을 당하였다.
> • 왕 9년 : 달구벌로 서울을 옮기려다가 실현하지 못하였다.
> 『삼국사기』

① 사방에 우역을 설치하였다.
② 수도에 서시와 남시를 설치하였다.
③ 국학을 설치하여 유학을 교육하였다.
④ 관료에게 지급하는 녹읍을 부활하였다.

지방직

다음 설명에 해당하는 발해 왕의 재위 기간에 통일 신라에서 일어난 상황으로 옳은 것은?

2020. 지방직 9급

> • 대흥이란 독자적인 연호를 사용하였다.
> • 수도를 중경 ⇨ 상경 ⇨ 동경으로 옮겼다.
> • 일본에 보낸 외교 문서에 천손(하늘의 자손)이라 표현하였다.
> • 당과 친선 관계를 맺으며 당의 문물을 도입하여 체제를 정비하였다.

① 녹읍 폐지
② 청해진 설치
③ 『삼대목』 편찬
④ 독서삼품과 설치

출제경향 남북국 시대를 물어보는 문제는 국가직·지방직의 구분이 없다. 특히 발해사를 물어보는 문제 유형은 크게 두 가지로, 발해를 우리 민족사로 볼 수 있는 근거와 발해 주요 왕들(1대 고왕, 2대 무왕, 3대 문왕, 10대 선왕)의 업적과 대외 관계를 물어보는 형태이다. 문제 난도가 높아지면 발해 무왕과 문왕 시기의 신라 국왕의 업적을 물어보는 문제가 출제된다.

정답찾기 제시문은 발해 문왕(재위 : 737~793년)의 업적에 대하여 설명하고 있다.
④ 신라 원성왕 때 관리 채용을 위한 일종의 국가 시험 제도인 독서삼품과를 실시하였다(788).

선지분석 ① 신문왕 때 귀족의 경제 기반이었던 녹읍을 혁파하였다(689).
② 흥덕왕 때 장보고의 요청에 의해 완도에 청해진을 설치하였다(828).
③ 진성 여왕 때 대구 화상과 각간 위홍은 역대 향가를 수집하여 『삼대목』이란 향가집을 편찬하였다(888).

○ 정답 ④

출제경향 남북국 시대의 상황을 물어보는 문제 역시 국가직·지방직의 구분이 거의 없다. 사료로 특정 시기(상대, 중대, 하대)를 제시하고 그 시기의 역사적 사실을 물어보는 문제가 주로 출제된다. 신라 중대의 주요 국왕(신문왕, 성덕왕, 경덕왕), 하대의 사회적 동요, 중대와 하대의 6두품을 파악하는 것이 가장 중요하다.

정답찾기 제시문은 신문왕 재위 기간에 해당한다.
③ 신문왕은 유교 정치 이념의 확립을 위하여 유학 사상을 강조하고, 유학 교육을 위하여 국학을 설립하였다.

선지분석 ① 소지왕, ② 효소왕, ④ 경덕왕에 대한 설명이다.

○ 정답 ③

실전문제

021
밑줄 친 '왕'의 업적으로 옳은 것을 〈보기〉에서 고른 것은?

안승의 조카뻘 되는 장군 대문이 금마저에서 반역을 도모하다가 일이 발각되어 죽임을 당하였다. 남은 무리들이 관리들을 죽이고 읍을 차지하여 반란을 일으켰다. 왕이 군사들에게 명하여 토벌하였다. 마침내 그 성을 함락하여 그곳 사람들을 나라 남쪽의 주와 군으로 옮기고, 그 땅을 금마군으로 삼았다.

〈보기〉
㉠ 관리의 녹읍을 혁파하고 매년 조(租)를 내리되 차등있게 하였다.
㉡ 국학 안에 당으로부터 공자와 10철(哲)·72제자의 화상을 가져다 안치하였다.
㉢ 달구벌로의 천도가 실패하자, 서원소경과 남원소경을 설치하였다.
㉣ 충담이 향가 「안민가」를 지어 전제 왕권 강화에 기여하였다.

① ㉠, ㉡   ② ㉠, ㉢
③ ㉡, ㉢   ④ ㉡, ㉣

022
다음은 통일 신라 시대의 연표이다. (가)~(라) 시기의 상황을 설명한 것으로 옳은 것은?

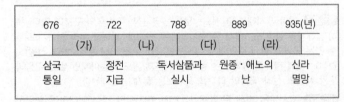

676	722	788	889	935(년)
(가)	(나)	(다)	(라)	
삼국 통일	정전 지급	독서삼품과 실시	원종·애노의 난	신라 멸망

① (가) - 김대성의 발원으로 불국사와 석굴암을 창건하였다.
② (나) - 일길찬 대공이 아우인 아찬 대렴과 함께 반란을 일으키자 전국 각지에서 여러 귀족들이 난에 동참하였다.
③ (다) - 국학의 명칭이 태학감으로 개칭되었다.
④ (라) - 웅주를 근거지로 반란을 일으켜 장안(長安)이라는 나라를 세웠다.

023
밑줄 친 '왕'의 통치 시기에 있었던 사실로 옳은 것은?

드디어 왕은 인안으로 연호를 고쳤고 나라를 개척했다. …… 왕이 신하들을 모두 다 불렀을 때 어떤 사람이 말했다. "흑수가 처음에는 우리에게 길을 빌려서 당과 통했습니다. …… 지금 당나라한테 관직을 청하면서 우리에게 알리지 않았으니 이것은 반드시 당과 더불어 꾀를 내서 우리를 배반하여 우리나라를 공격하려는 것입니다." 이러하므로 왕은 그의 아우 대문예와 외숙 아아상을 시켜서 군대를 내어 흑수를 공격하게 했다.

『발해고』

① 국호를 발해로 정하고 영역을 확대하였다.
② 수도를 상경 용천부로 옮겨 체제를 정비하였다.
③ 장문휴가 수군을 이끌고 산둥 지방을 공격하였다.
④ 당으로부터 해동성국이라는 명칭을 얻었다.

024
(가), (나) 왕의 재위 시기에 일어난 사건으로 옳은 것은?

(가) 대조영의 뒤를 이어 즉위하였다. 영토 확장에 힘을 기울여 동북방의 여러 세력을 복속하고 북만주 일대를 장악하였다.
(나) 대부분의 말갈족을 복속시키고, 요동 지역으로 진출하였다.

〈보기〉
㉠ (가) - 당으로부터 '발해 군왕'에서 '발해 국왕'으로 봉해졌다.
㉡ (나) - 연호 '건흥'을 사용하고, 5경 15부 62주를 설치하였다.
㉢ (가) - 이 시기 신라 왕은 백성에게 정전을 지급하였다.
㉣ (나) - 이 시기 신라 지방에서 김헌창의 난이 일어났다.

① ㉠, ㉢   ② ㉡, ㉣
③ ㉡, ㉢, ㉣   ④ ㉠, ㉡, ㉢, ㉣

04 금석문

10개년 단원별 출제 빈도 분석

국가직 9급	1회	충주(중원) 고구려비(2014)
지방직 9급	1회	금석문(2014)
소방직	0회	
계리직	0회	
법원직	0회	

대표 기출문제

국가직

☐☐☐

금석문의 내용에 대한 설명으로 옳지 않은 것은?

2010. 국가직 9급

① 울진 봉평 신라비 – 이 지역에 발생한 중대 사건을 처리하고 관련자를 처벌하였다.
② 임신서기석 – 공부와 인격 도야에 관해 맹세하였다.
③ 광개토 대왕릉비 – 광개토 대왕이 침략해 온 북위를 크게 무찔렀다.
④ 사택지적비 – 사택지적이 지난 세월의 덧없음을 한탄하였다.

지방직

☐☐☐

삼국 시대 금석문 자료에 대한 설명으로 옳지 않은 것은?

2014. 지방직 9급

① 호우총 출토 청동 호우의 존재를 통해 신라와 고구려 관계를 살펴볼 수 있다.
② 사택지적비를 통해 당시 백제가 도가(道家)에 대한 이해를 하고 있었음을 알 수 있다.
③ 울진 봉평리 신라비를 통해 신라가 동해안의 북쪽 방면으로 세력을 확장하였음을 알 수 있다.
④ 충주 고구려비(중원 고구려비)를 통해 신라가 고구려에게 자신을 '동이(東夷)'라고 낮추어 표현했음을 알 수 있다.

출제경향 자주 출제되는 부분은 아니나 삼국의 정치적 발전 과정에서 반드시 학습해야 할 부분이 금석문이다. 국가직에서는 지금까지 광개토 대왕릉 비문(2010년 9급, 2009년 7급), 충주(중원) 고구려비(2014년 9급), 무왕 관련 사리 장엄구(익산 미륵사지 석탑 출토, 2016년 7급)가 출제되었다.

정답찾기 ③ 광개토 대왕릉비에 나오지 않는 내용으로, 광개토 대왕은 북위가 아니라 후연을 무찔렀다.

선지분석 ① 울진 봉평 신라비를 통해 법흥왕의 율령 반포 사실과 울진 지역의 화재 사건과 관련하여 주민을 처벌한 사실을 알 수 있다.
② 임신서기석을 통해 신라 화랑들이 유교 경전을 공부하였음을 알 수 있다.
④ 사택지적비를 통해 백제의 한학 수준과 함께 불교·도교 사상의 영향을 알 수 있다.

o 정답 ③

출제경향 지방직에서는 국가직에 비해 문제가 좀더 난도 있게 출제되었다. 충주(중원) 고구려비(2011년 7급), 삼국 주요 금석문(2014년 9급), 광개토 대왕릉비(2018년 서울시 7급)가 출제되었다.

정답찾기 ④ 충주(중원) 고구려비는 고구려가 충주 지역에 진출하여 세운 비로, 고구려가 신라를 동이(東夷)라고 낮추어 표현하였다.

o 정답 ④

실전문제

025

삼국 시대 금석문 자료에 대한 설명으로 옳지 않은 것은?

① 영일 냉수리비와 울진 봉평비에는 신라 왕의 소속부의 명칭을 기록하였다.

② 삼국의 한강 유역 쟁탈 과정을 살펴볼 수 있는 비는 북한산비, 단양 적성비, 충주 고구려비, 광개토 대왕릉비이다.

③ 충주 고구려비에 고구려 건국 신화와 세계(世系)가 기록되어 있다.

④ 최치원은 난랑비 서문에서 화랑도 정신에는 유교·불교·도교 3교가 있다고 하였다.

026

다음 자료에 대한 설명으로 옳지 않은 것은?

> 고(구)려 대왕의 조왕(祖王)께서 태자 공, 대사자 다우환노 등에게 명하여 이곳에 이르러 매금(寐錦)*을 만나도록 하였다. …… 태자 공에게 명령하여 동이(同夷) 매금과 그 관리들에게 의복을 내리게 하였다.
>
> *매금(寐錦): 마립간을 뜻한다.

① '대사자(大使者)', '발위사자(拔位使者)', '대형(大兄)', '신라 토내당주(新羅土內幢主)' 등 관등과 관직명이 기록되어 있다.

② 국보 제205호이자 한반도에서 발견된 유일한 고구려 비석으로 고구려가 남한강 유역까지 진출하였음을 보여 준다.

③ 스스로를 천하의 중심으로 자부하는 고구려인의 천하관이 반영되어 있다.

④ 일본이 비문의 내용을 일부 조작하여 임나일본부설을 주장하고 있다.

027

다음 비문과 관련된 시대 상황으로 바른 것은?

> 영동대장군 백제 사마왕이 나이 62세 되던 계묘년 5월 7일 임진일에 돌아가셨다. 을사년 8월 12일 갑신일에 대묘에 잘 모셨다.
> 을사년 8월 12일에 영동대장군 백제 사마왕이 전(錢) 1만 문(文)으로 토지신에게서 땅을 사 무덤을 만들었다.

① 신라와 혼인 동맹을 맺어 이찬 비지의 딸을 왕비로 맞이하였다.

② 수도를 사비로 옮기고 22부의 중앙 관서를 두었으며 국호를 남부여로 바꾸었다.

③ 22담로를 두고 왕족을 파견하였으며, 양나라에 사신을 보내 "고구려를 깨뜨려 다시 동이의 강국이 되었다."라고 천명하였다.

④ 겸익과 같은 고승을 등용하여 불교 진흥을 도모하고 국가의 정신적 토대를 굳게 하였다.

028 고난도

다음 자료에 대한 설명으로 옳은 것을 〈보기〉에서 모두 고른 것은?

> 옛적 시조 추모왕(鄒牟王)이 나라를 세웠는데 (왕은) 북부여에서 태어났으며, 천제(天帝)의 아들이었고 어머니는 하백(河伯)의 따님이었다. …… 17세손에 이르러 국강상광개토경평안호태왕(國岡上廣開土境平安好太王)이 18세에 왕위에 올라 칭호를 영락대왕(永樂大王)이라 하였다.

> **보기**
> ㉠ 능을 관리하는 수묘인(守墓人) 연호(煙戶)의 숫자와 차출 방식, 수묘인의 매매 금지에 대한 규정이 기록되어 있다.
> ㉡ 이 비는 4세기 중엽에 세워진 왕의 공적비로서 한·일 병합 이후에 비로소 발견되었다.
> ㉢ 만주와 백제 정벌, 신라 구원, 동부여 및 숙신 정벌에 대한 기록이 남아 있다.
> ㉣ 비의 존재가 처음 기록된 것은 고조선에서 고려까지의 역사를 다룬 최초의 통사인 『동국통감』이다.

① ㉠, ㉡　　　　　　② ㉠, ㉢

③ ㉡, ㉢　　　　　　④ ㉢, ㉣

05 통치 제도

10개년 단원별 출제 빈도 분석

국가직 9급	0회	
지방직 9급	2회	삼국의 정치 제도(2018), 백제 통치 체제(2017)
소방직	0회	
계리직	2회	백제 정치 제도(2018), 백제의 은제 관식(2014)
법원직	0회	

대표 기출문제

국가직

□□□

다음 가상의 기사에서 (가)에 해당하는 관등은? 2020. 국가직 7급

> **□□신문**
>
> 백제 문화 재현 행사에 관복 복색 논란
>
>
> 좌평   달솔   장덕   문독
>
> □□시(군)에서는 백제 문화 재현 행사를 준비 중이다. 행사를 위해 백제 고이왕 재위 27년에 제정한 관등제와 관복 관련 기록을 기초로 하여 백제 관리가 관복을 입은 모습을 그린 추정도가 사전에 공개되었다. 그림의 왼쪽부터 1품 좌평(佐平)은 황색(黃色), 2품 달솔(達率)은 자색(紫色), 7품 장덕(將德)은 비색(緋色), 12품 문독(文督)은 청색(靑色)의 관복을 입은 것으로 묘사했다. 하지만 전문가인 엄○○ 교수는 해당 자료를 보고 이 중 ___(가)___의 복색은 『삼국사기』에 기록된 백제 관리의 복색이 아니라고 지적하였다.

① 좌평　　　　② 달솔
③ 장덕　　　　④ 문독

출제경향 삼국의 정치 발전 과정에 비해서는 자주 출제되지 않지만 만점을 위해서는 꼭 짚고 가야 한다. 삼국부터 대한 제국까지 전근대사회의 정치 제도와 지방 제도를 한번에 정리해 두도록 하자.
CF 선우한국사 연결고리 p.28~29 참고
정답찾기 ① 백제의 16관등은 크게 3등급으로 구분되는데 1등급(자색 관복)은 좌평(1관등) 및 솔(2~6관등), 2등급(비색 관복)은 덕(7~11관등), 3등급(청색 관복)은 무(12~16관등) 계열로 분류된다. 좌평은 1등급이므로 황색이 아닌 자색 관복을 입은 것으로 묘사하여야 한다.

○ 정답 ①

지방직

□□□

삼국 시대의 정치 제도에 대한 설명으로 옳은 것만을 모두 고르면? 2018. 지방직 9급

> ㉠ 삼국의 관등제와 관직 제도 운영은 신분제에 의하여 제약을 받았다.
> ㉡ 고구려는 대성(大城)에는 처려근지, 그 다음 규모의 성에는 욕살을 파견하였다.
> ㉢ 백제는 도성에 5부, 지방에 방(方) – 군(郡) 행정 제도를 시행하였다.
> ㉣ 신라는 10정 군단을 바탕으로 영역을 확장하고 삼국 통일을 이룩하였다.

① ㉠, ㉡　　　　② ㉠, ㉢
③ ㉡, ㉣　　　　④ ㉢, ㉣

출제경향 해당 파트는 국가직보다는 지방직에서 가끔 출제된다. 국가직과 마찬가지로 꼭 전근대사의 제도사를 함께 도표로 정리하여 비교해서 암기해 두자.
정답찾기 ㉠ 삼국의 관등제와 관직 체계의 운영은 신분제에 의하여 제약을 받았는데, 신라의 경우 관등제를 골품 제도와 결합하여 운영하여 개인이 승진할 수 있는 관등의 상한을 골품에 따라 정하고, 일정한 관직을 맡을 수 있는 관등의 범위를 한정하였다. 고구려와 백제에서도 신라와 비슷하게 운영하였다.
㉢ 백제의 수도는 5부로 편성되었고, 지방은 5방으로 나누고 방령을 파견하였으며 각 방 밑에는 여러 개의 군을 두어 군장이 담당하였다.
선지분석 ㉡ 고구려는 전국을 5부로 나누고 각 부를 욕살이 다스렸다. 각 부 밑에는 성을 두어 처려근지를 파견하였다.
㉣ 10정은 통일 신라의 지방군으로, 각 주에 1정씩 두었으나 한주에는 2정을 두어 지방의 치안과 국방을 담당하게 하였다. 신라의 지방군은 6정이었다.

○ 정답 ②

실전문제

029

□□□

다음은 고대 국가의 통치 조직을 정리한 것이다. ㉠~㉶에 대한 설명으로 옳은 것은?

구분	고구려	백제	신라	통일신라	발해
최고 관직	대대로	㉠	상대등	시중	㉡
지방 행정조직	5부	5방	㉢	9주	15부
특수 행정구역	3경	㉣	2소경	5소경	㉤
최고 회의기구	제가회의	정사암회의		㉥	정당성

[보기]
㉠ 최고 관등인 좌평은 국정을 총괄하는 관직의 이름이기도 하였다.
㉡ 정당성의 장관으로 국정을 총괄하였다.
㉢ 지방관 욕살을 파견하였다.
㉣ 풍수지리설의 영향으로 지방 거점에 설치하였다.
㉤ 수도를 제외한 지역에 설치하였다.
㉥ 만장일치로 운영되었으며 종교적 요소를 가미하였다.

① ㉠, ㉡
② ㉢, ㉣, ㉥
③ ㉡, ㉣, ㉤, ㉥
④ ㉠, ㉡, ㉣, ㉤, ㉥

030

□□□

(가), (나)의 밑줄 친 '이 나라'에 대한 설명으로 옳지 않은 것은?

(가) 이 나라에 큰일이 있을 때에는 반드시 중의를 따른다. 이를 화백(和白)이라 부른다. 한 사람이라도 반대하면 통과하지 못하였다.
『신당서』

(나) 이 나라의 의복은 …… 나솔 이상은 관(冠)을 은꽃으로 장식한다. 장덕은 자주색 띠, 시덕은 검은 띠, …… 무독부터 극우까지는 모두 흰 띠를 착용한다.
『삼국사기』

① (가) - 경위제와 외위제의 이원적 관등 체계가 있었다.
② (나) - 중국 제도의 영향으로 관등을 문산계와 무산계로 구별하였다.
③ (가) - 중앙의 주요 관서에 복수(複數)의 장관을 임명하였다.
④ (나) - 16품의 관등제를 시행하였고 관등에 따라 자색·비색·청색의 관복을 입었다.

031

□□□

통일 신라의 통치 체제에 대한 설명으로 옳지 않은 것은?

① 13개의 관부가 병렬적으로 독립되어 있었으며 각 부의 장관은 여러 명인 경우가 많았다.
② 중앙과 지방에 각각 9서당 10정을 두었으며 9서당이 군사력의 핵심을 이루었다.
③ 지방 세력을 제도적으로 통제·감시할 목적으로 일정 기간 경주에 머물게 하는 상수리 제도를 실시하였다.
④ 진골만을 위한 관리 등용 제도로 『춘추좌전』, 『논어』, 『효경』 등 유학적 견식을 파악하는 독서삼품과를 실시하였다.

032 고난도

□□□

(가), (나) 국가에서 실시한 제도를 바르게 연결하지 못한 것은?

왕자 대봉예가 당 조정에 문서를 올려, (가)이/가 (나)보다 윗자리에 자리 잡기를 청하였다. 이에 대해 대답하기를, "국명의 선후는 원래 강약에 따라 일컫는 것이 아닌데, 조정 제도의 등급과 위엄을 지금 어찌 나라의 성하고 쇠한 것으로 인해 바꿀 수 있겠는가? 마땅히 이전대로 할 것이다."라고 하였다.

구분	(가)	(나)
① 인사담당	충부	위화부
② 재정담당	지부	조부
③ 중앙군	10위	9서당
④ 국립대학	주자감	국학

10개년 단원별 출제 빈도 분석

국가직 9급	2회	진골(2016), 6두품(2017)
지방직 9급	0회	
소방직	1회	신라 사회(2018)
계리직	0회	
법원직	1회	신라 하대 사회(2017)

대표 기출문제

국가직

□□□

다음 자료에 나타난 통일 신라 시대의 신분층과 연관된 설명으로 옳은 것은?

2016. 국가직 9급

(그들의) 집에는 녹(祿)이 끊이지 않았다. 노동(奴僮)이 3천 명이며, 비슷한 수의 갑병(甲兵)이 있다. 소, 말, 돼지는 바다 가운데 섬에서 기르다가 필요할 때 활로 쏘아 잡아먹는다. 곡식을 남에게 빌려주어 늘리는데, 기간 안에 갚지 못하면 노비로 삼아 부린다.

『신당서』

① 관등 승진의 상한은 아찬까지였다.
② 도당 유학생의 대부분을 차지하였다.
③ 돌무지덧널무덤을 묘제로 사용하였다.
④ 식읍·전장 등을 경제적 기반으로 하였다.

지방직

□□□

다음 (가), (나)에 나타난 신라 제도에 대한 설명으로 옳지 않은 것은?

2017. 지방직 7급

(가) 속성은 김씨로 태종 무열왕이 8대조이다. 할아버지인 주천의 골품은 진골이고 … 아버지는 범청으로 골품이 진골에서 한 등급 떨어져 득난(得難)이 되었다.

『성주사낭혜화상백월보광탑비문』

(나) 최치원은 난랑비(鸞郎碑) 서문에서 우리나라에는 현묘한 도가 있으니 풍류(風流)라 일컬었다. … 실로 이는 삼교(유·불·선)를 포함하고 중생을 교화한다. 『삼국사기』

① (가) – 개인의 사회 활동과 일상생활을 규제하였다.
② (가) – 관등 승진의 상한선이 정해져 있었다.
③ (나) – 진흥왕 때 인재 양성을 위한 제도로 정착되었다.
④ (나) – 귀족들이 회의를 통하여 중요한 국사를 결정하였다.

출제경향 국가직에서는 신라의 골품 제도를 통해 고대 사회의 사회 구조와 성격을 물어보는 문제가 주로 출제되었다. 만점을 위해 신라뿐만 아니라 고구려, 백제, 발해의 신분 구조와 특징을 정확히 알아두자.

정답찾기 제시문의 신분층은 진골이다.
④ 진골은 식읍·전장(田莊, 농장) 등을 경제적 기반으로 하였다.

선지분석 ①② 6두품에 대한 설명이다.
③ 돌무지덧널무덤은 신라 상대에 사용한 묘제이다. 통일 신라 때는 굴식 돌방무덤과 함께 무덤 주위에 둘레돌을 두르고 둘레돌에 12지 신상을 조각하는 새로운 양식이 생겼다. 또한 불교의 영향으로 화장이 유행하였다.

◎ 정답 ④

출제경향 고대 사회 파트에서는 지방직이 국가직보다 좀더 심도 있게 물어보는 경향이 있다. 2017년 9급에서는 낭혜화상백월보광탑비문(최치원), 대견훤기고려왕서(최승우), 낭원대사오진탑비명(최언위)을 제시하고 이 글을 쓴 6두품의 공통점을 물어보는 고난도 문제가 출제되었다. 골품 제도의 경우 국가직이 기본을 물어보는 문제 유형이라면 지방직에서는 골품과 관등, 관직의 관계를 심도 있게 물어본다.

정답찾기 (가) 골품 제도, (나) 화랑 제도
④ 화백 회의에 대한 설명이다.

◎ 정답 ④

실전문제

033

□□□

다음 글과 관련된 나라에 대한 설명으로 옳지 않은 것은?

> 우리 왕후께서는 좌평 사택적덕의 따님으로 …… 기해년 정월 29
> 일에 사리를 받들어 맞이하셨다. 원하오니, 우리 대왕의 수명을 산
> 악과 같이 견고하게 하시고 치세는 천지와 함께 영구하게 하소서.

① 간음죄를 범할 경우 남녀 모두를 처벌하였다.
② 도둑질한 자는 유배를 보냄과 동시에 2배를 물게 하였다.
③ 관리가 뇌물을 받거나 국가의 재물을 횡령했을 때에는 3배
　를 배상하였다.
④ 대표적인 귀족의 성으로는 여덟 개가 있었다.

034

□□□

**다음 자료가 보여 주는 시대의 정치적 특징에 대한 설명으로
옳지 않은 것은?**

> (가) 범죄자가 있으면 제가(諸加)들이 모여서 논의하여 사형에 처
> 하고, 처자는 몰수하여 노비로 삼는다.　『삼국지』
> (나) 호암사에 정사암이라는 바위가 있다. 국가에서 재상을 뽑을
> 때에 후보자 3~4명의 이름을 써서 상자에 넣어 바위 위에 두
> 었다가 얼마 뒤에 열어 보아 이름 위에 도장이 찍혀 있는 자
> 를 재상으로 삼았다. 이 때문에 정사암(政事巖)이라 하였다.
> 　『삼국유사』
> (다) 큰일이 있을 때에는 반드시 중의를 따른다. 이를 화백(和白)
> 이라 부른다. 한 사람이라도 반대하면 통과하지 못하였다.
> 　『신당서』

① (가)의 대표자들은 나라 안에서 최고의 특권을 누리고, 나라
　를 스스로 수호했던 전사 집단이었다.
② (나)가 시행된 나라에서 뇌물을 수수한 관리는 3배로 배상
　하게 하였다.
③ (가), (나), (다)는 부(部) 대표자 회의에 뿌리를 둔 것으로
　(가), (나)는 다수결의 원칙, (다)는 만장일치의 원칙을 적용
　하였다.
④ (가), (나), (다)는 당의 영향을 받은 제도로, 이후 고려·조
　선 시대의 정치 운영 방식에 일정한 영향을 끼쳤다.

035

□□□

**다음은 신라의 관등제와 골품제의 관계를 나타낸 것이다. 이
에 대한 설명으로 옳은 것은?**

등급	관등명	공복	(가)	(나)	(다)	(라)
1	이벌찬	자색				
2	이　찬	자색				
3	잡　찬	자색				
4	파진찬	자색				
5	대아찬	자색				
6	아　찬	비색				
7	일길찬	비색				
8	사　찬	비색				
9	급벌찬	비색				
10	대나마	청색				
11	나　마	청색				
12	대　사	황색				
13	사　지	황색				
14	길　사	황색				
15	대　오	황색				
16	소　오	황색				
17	조　위	황색				
	관 등	골 품				

① (가)는 1등급에서 5등급까지의 관직을 독점하였고 왕위에
　오를 수 있었다.
② (나)는 삼국 통일 후 학문적 식견과 실무 능력을 바탕으로
　시중 진출이 가능하였다.
③ (다)는 신라 말 농민 항쟁을 주도하면서 지방 호족 세력으
　로 성장하였다.
④ (라)는 삼국 통일 후 골품으로서의 실질적 의미를 잃고 평
　민과 동등하게 간주되었다.

036

□□□

남북국 시대에 대한 설명으로 옳은 것은?

① 신라 골품제는 신분별로 관등 승진의 상한을 규제하였으나
　일상생활에서는 그렇지 않았다.
② 통일 이후 3두품에서 1두품의 신분은 평민과 거의 동등하였다.
③ 발해의 주민 중 다수는 말갈인이었는데 이들은 지배층에 편
　입되지 못하였다.
④ 발해 지식인들은 당의 빈공과에서 당의 지식인보다 우위에
　서기도 하였다.

10개년 단원별 출제 빈도 분석		
국가직 9급	2회	녹읍(2014), 중대 경제 상황(2019)
지방직 9급	4회	민정 문서(2014, 2016, 2017), 통일 신라 경제(2019)
소방직	0회	
계리직	0회	
법원직	0회	

대표 기출문제

국가직

□□□

통일 신라 시대 귀족 경제의 변화를 말해 주고 있는 밑줄 친 '이것'에 대한 설명으로 옳은 것은? 2014. 국가직 9급

전제 왕권이 강화되면서 신문왕 9년(689)에 이것을 폐지하였다. 이를 대신하여 조(租)의 수취만을 허락하는 관료전이 주어졌고, 한편 일정한 양의 곡식이 세조(歲租)로서 또한 주어졌다. 그러나 경덕왕 16년(757)에 이르러 다시 이것이 부활되는 변화 과정을 겪었다.

① 이것이 폐지되자 전국의 모든 국토는 '왕토(王土)'라는 사상이 새롭게 나오게 되었다.
② 수급자가 토지로부터 조(租)를 받을 뿐 아니라, 그 지역의 주민을 노역(勞役)에 동원할 수 있었다.
③ 삼국 통일 이후 국가에 큰 공을 세운 6두품 신분의 사람들에게 특별히 지급하였다.
④ 촌락에 거주하는 양인 농민인 백정이 공동으로 경작하였다.

지방직

□□□

통일 신라의 경제 상황에 대한 설명으로 옳지 않은 것은? 2019. 지방직 9급

① 왕경에 서시전과 남시전이 설치되었다.
② 어아주, 조하주 등 고급 비단을 생산하여 당나라에 보냈다.
③ 촌락의 토지 결수, 인구수, 소와 말의 수 등을 파악하였다.
④ 시비법과 이앙법 등의 발달로 농민층에서 광작이 성행하였다.

출제경향 고대 경제 파트는 토지 제도의 내용과 변천 과정을 물어보는 문제가 평이하게 출제되었다. 식읍과 녹읍의 차이, 신문왕 때 관료전 지급과 녹읍 폐지, 성덕왕 때 정전 지급, 경덕왕 때 녹읍 부활 등의 내용을 통해 토지와 농민을 둘러싼 귀족과 왕권의 관계를 정확히 이해하고 있어야 한다. 통일 신라에서 중요한 민정 문서 관련 문제가 10년간 9급에서는 출제되지 않은 것에 주목하자.

정답찾기 밑줄 친 '이것'은 녹읍이다.
② 녹읍을 지급받으면 해당 지역의 조세, 공납, 노역(勞役)을 수취할 수 있었다.

선지분석 ① 왕토사상은 통일 신라 이전부터 존재하였다.
③ 녹읍은 관직 복무의 대가로 국가가 관료에게 지급하였다.
④ 양인 농민인 백정은 고려 시대에 해당한다.

○ 정답 ②

출제경향 지방직에서 고대의 경제 활동과 대외 무역을 물어보는 문제가 가끔 출제되었다. 만점을 위해서 통일 신라와 발해의 경제 활동, 대외 무역을 정확히 알아두자.

정답찾기 ④ 조선 후기에 대한 설명이다.

선지분석 ① 통일 신라 시대에 경주 인구의 증가로 상품 생산이 늘어나면서 신라 때 설치한 동시 외에 서시와 남시를 설치하였다.
② 통일 신라는 어아주, 조하주, 능라 등의 비단 생산과 종, 불상 등의 제조 기술이 뛰어났다.
③ 통일 신라 민정 문서는 마을 면적, 토지 결수, 인구수, 호구 수, 마전(麻田), 가축 수(소·말), 유실수(뽕나무·잣나무·호두나무)를 3년마다 촌주가 작성하게 하여 국가가 관리하였다.

○ 정답 ④

실전문제

037
□□□

다음 자료를 바탕으로 삼국 시대의 조세 제도에 대해 추론한 내용으로 옳은 것을 〈보기〉에서 모두 고르면?

- 세는 포목, 비단과 실과 삼, 쌀을 내었는데, 풍흉에 따라 차등을 두어 받았다. 『주서』
- 2월, 한수 북부 사람 가운데 15세 이상이 된 자를 징발하여 위례성을 수리하였다. 『삼국사기』

보기
㉠ 재산의 정도에 따라 호를 나누어 세금을 거두었다.
㉡ 삼국의 조세는 곡물과 포가 중심이었고, 특정 지역의 특산물도 거두었다.
㉢ 국가는 노동력이 필요하면 임노동자를 고용했을 것이다.
㉣ 정남들은 정전을 지급받았다.

① ㉠, ㉡ ② ㉡, ㉣
③ ㉢, ㉣ ④ ㉠, ㉢

038
□□□

다음 자료에 대한 설명으로 옳지 않은 것은?

서원경(청주) 부근 사해점촌 및 4개 촌락에 대한 문서로 당시 촌락의 경제 상황과 조세 제도 운영을 잘 보여 주는 자료이다. 1933년 일본 도다이사(동대사) 쇼쇼인(정창원)에서 발견되었으며, '신라장적'이라고도 한다.

① 인구는 연령에 따라 6등급으로 나누어 파악하고, 여자, 노비까지 조사하였다.
② 관리에게 지급된 관모전답도 조사 대상에 해당하였다.
③ 촌민들은 자기의 연수유답을 경작하여 수확을 거둬들이는 대가로 관모답, 촌주위답 등을 공동 경작하였다.
④ 매년 변동 사항을 조사하여 두었다가 3년마다 촌 단위로 다시 작성하였다.

039
□□□

다음 밑줄 친 ㉠~㉣에 대한 설명으로 옳은 것은?

- 문무왕 8년(668) – 김유신에게 태대각간의 관등을 내리고 ㉠식읍 500호를 주었다.
- 신문왕 7년(687) – 문무 관리들에게 ㉡관료전을 차등있게 주었다.
- 신문왕 9년(689) – 내·외관의 ㉢녹읍을 혁파하고 매년 조(租)를 내리되 차등이 있게 하여 이로써 영원한 법식으로 삼았다.
- 경덕왕 16년(757) – 내외 관료의 월봉을 없애고 ㉣다시 녹읍을 주었다.

① ㉠ – '읍(邑)' 단위로 지급되었다.
② ㉡ – 관리의 유가족에게도 지급하였다.
③ ㉢ – 전쟁에서 큰 공을 세운 사람에게 공로의 대가로 지급하였다.
④ ㉣ – 모든 국토는 '왕토(王土)'라는 사상이 새롭게 나오게 되었다.

040
□□□

다음 (가)에 해당하는 토지에 대한 설명으로 옳은 것은?

관리로서 나라의 녹봉을 먹는 너희들은 마땅히 백성들을 자식과 같이 사랑하는 나의 뜻을 충분히 헤아려 자기의 (가) 백성들을 사랑해야 할 것이다. 만일 무지한 부하들을 (가)에 파견한다면 오직 수탈만 일삼아 착취를 함부로 할 것이니 너희들이 어찌 다 알겠는가. 또 혹시나 하더라도 역시 막지 못할 것이다. 지금 백성들이 억울한 사정을 호소하는 자가 있어도 관리들이 개인적인 친분에 끌려 이들의 잘못을 숨기고 있으니 백성들의 원망이 일어나는 것은 바로 이 까닭이다. 『고려사』

보기
㉠ 조세를 수취하고 노동력을 징발할 권리를 부여하였다.
㉡ 지방 호족들의 경제 기반으로 고려 무신 정권기까지 존속했다.
㉢ 나라에 큰 공을 세운 사람에게 주었다.
㉣ 신라의 토지 제도에서 비롯된 것이다.

① ㉠, ㉡ ② ㉠, ㉣
③ ㉡, ㉢ ④ ㉢, ㉣

01 사상

대표 기출문제

국가직

다음 (가), (나) 승려에 대한 설명으로 옳은 것은?

2022. 국가직 9급

> (가) 중국 유학에서 돌아와 부석사를 비롯한 여러 사원을 건립하였으며, 문무왕이 경주에 성곽을 쌓으려 할 때 만류한 일화로 유명하다.
> (나) 진골 귀족 출신으로 대국통을 역임하였으며, 선덕여왕에게 황룡사 9층탑의 건립을 건의하였다.

① (가)는 모든 것이 한마음에서 나온다는 일심사상을 제시하였다.
② (가)는 「화엄일승법계도」를 만들었다.
③ (나)는 『왕오천축국전』이라는 여행기를 남겼다.
④ (나)는 이론과 실천을 같이 강조하는 교관겸수를 제시하였다.

지방직

(가) 인물에 대한 설명으로 옳은 것은?

2021. 지방직 9급

> (가)가/이 귀산 등에서 말하기를 "세속에도 5계가 있으니, 첫째는 충성으로써 임금을 섬기는 것, 둘째는 효도로써 어버이를 섬기는 것, 셋째는 신의로써 벗을 사귀는 것, 넷째는 싸움에 임하여 물러서지 않는 것, 다섯째는 생명 있는 것을 죽이되 가려서 한다는 것이다. 그대들은 이를 실행함에 소홀히 말라."라고 하였다. 『삼국사기』

① 모든 것이 한마음에서 나온다는 일심 사상을 제시하였다.
② 화엄 사상을 연구하여 『화엄일승법계도』를 작성하였다.
③ 왕에게 수나라에 군사를 청하는 글을 지어 바쳤다.
④ 인도를 여행하여 『왕오천축국전』을 썼다.

출제경향 국가직 · 지방직 모두 고대 문화 파트에서 자주 출제되는 것은 불교이다. 삼국의 불교 전래와 성격, 발달 과정(교종과 선종), 주요 승려(원광, 원효, 의상)의 업적을 물어보는 문제가 주로 출제되고 있다.
정답찾기 (가) 의상, (나) 자장
② 의상에 대한 설명이다.
선지분석 ① 원효, ③ 혜초, ④ 의천(고려)에 대한 설명이다.

○ 정답 ②

출제경향 국가직과 출제경향에서 큰 차이는 없다. 다만 좀더 난도를 높이고자 할 때 승려뿐만 아니라 최치원, 김대문 등 유학 관련 인물들을 모아 한 번에 물어볼 수 있다. 또한 조선까지 주요 승려의 업적을 분류사적으로 물어보거나 특정 승려의 사상을 사료로 제시하여 물어보는 문제 유형도 출제 가능하다.
정답찾기 제시문은 화랑의 '세속오계'에 대한 설명으로 (가)는 원광이다.
③ 원광은 진평왕 때 수나라에 군사를 청하는 걸사표(乞師表)를 작성하였다.
선지분석 ① 원효, ② 의상, ④ 혜초에 대한 설명이다.

○ 정답 ③

실전문제

041 □□□

(가), (나) 승려에 대한 설명으로 옳지 않은 것은?

> (가) 법성은 원융하여 두 모습이 없으니 모든 불법은 부동하여 본래 고요하다. …… 하나 안에 일체이며, 모두 안에 하나이다. 하나가 곧 일체이며 모두가 곧 하나이다. 하나의 작은 먼지 안에 모든 방향을 포함하고 일세의 먼지 안에 역시 이와 같다.
>
> (나) 쟁론(諍論)은 집착에서 생긴다. 불도(佛道)는 매우 넓어서 장애나 방향도 없다. …… 견문이 적은 사람은 좁은 소견으로 자기의 견해에 찬동하는 자는 옳고 견해를 달리하는 자는 그르다 하니 이것은 마치 갈대 구멍으로 하늘을 본 사람이 갈대 구멍으로 하늘을 보지 않은 사람들을 보고 모두 하늘을 보지 못한 자라 함과 같다.

① (가) – 화엄 사상뿐만 아니라 관음 신앙을 이끌며 부석사 등 여러 사찰을 세웠다.

② (가) – 중관파와 유식파의 대립 문제를 연구하여 일심 사상으로 체계화하였다.

③ (나) – 법성종을 개창하였고, 『금강삼매경론』과 『대승기신론소』, 『십문화쟁론』 등을 저술하였다.

④ (나) – 여러 종파의 모든 상쟁(相爭)을 보다 높은 차원에서 융화시키는 화쟁 사상을 주장하였다.

042 □□□

다음 글의 내용과 관련된 인물에 대한 설명으로 옳은 것을 〈보기〉에서 고른 것은?

> …… 열면 헬 수 없고 가없는 뜻이 대종(大宗)이 되고, 합하면 이문(二門) 일심(一心)의 법이 그 요차가 되어 있다. 그 이문 속에 만 가지 뜻이 다 포용되어 조금도 혼란됨이 없으며 가없는 뜻이 일심과 하나가 되어 혼용된다.

┌ 보기 ┐
㉠ 아미타 정토 신앙을 통해 불교의 대중화를 이루었다.
㉡ 대국통이 되어 출가자의 규범과 규율을 주관하였다.
㉢ 진평왕의 명으로 수나라에 군사를 청하는 글을 지어 바쳤다.
㉣ 중관파의 부정론과 유식파의 긍정론을 다 같이 비판하고 화쟁을 주장하였다.

① ㉠, ㉢   ② ㉡, ㉢
③ ㉢, ㉣   ④ ㉠, ㉣

043 □□□

(가), (나)에 대한 설명으로 옳은 것을 〈보기〉에서 고른 것은?

> • ㅤ(가)ㅤ은/는 예부에 속하였다. 신문왕 2년에 설치하였고, 경덕왕 때 태학감으로 고쳤다가 혜공왕 때 다시 ㅤ(가)ㅤ(이)라 하였다.
> 『삼국사기』
>
> • 처음으로 ㅤ(나)ㅤ을/를 정하여 출신케 하였다. 『춘추좌씨전』이나 『예기』, 『문선』을 읽어 뜻이 능통하고 겸하여 『논어』, 『효경』에 밝은 자를 상품(上品)으로 하고, 『곡례』, 『논어』, 『효경』을 읽은 자를 중품(中品)으로 하고, 『곡례』, 『효경』을 읽은 자를 하품(下品)으로 한다.
> 『삼국사기』

┌ 보기 ┐
㉠ 성덕왕 때 당나라로부터 공자와 그 제자들의 화상(畵像)을 들여와 (가)에 안치시켰다.
㉡ (나)를 통해 『주자가례』가 당나라에서 처음 도입되었다.
㉢ (가)에는 15~30세의 대사 이하 조위까지 귀족 자제가 입학하였다.
㉣ (나)는 당의 교육 제도와 과거 제도를 수용하여 운영하였다.

① ㉠, ㉡   ② ㉠, ㉢
③ ㉡, ㉣   ④ ㉢, ㉣

044 고난도 □□□

다음 글을 쓴 인물에 대한 설명으로 옳지 않은 것은?

> 광명(廣明) 2년 7월 8일에 제도도통검교태위(諸道都統檢校太尉) 모(某)는 황소(黃巢)에게 고한다. 대저 바른 것을 지키면서 떳떳함을 닦는 것을 도(道)라 하고, 위기를 당하여 변통하는 것을 권(權)이라 한다. 지혜 있는 자는 시기에 순응해 공을 이루고, 어리석은 자는 이치를 거슬러 패망하게 되는 것이다. 그러한즉 비록 백 년의 인생 동안 생사(生死)는 기약할 수가 없는 것이나, 만사(萬事)를 마음으로 판단하여 옳고 그른 것은 분별할 줄 알아야 한다.

① 『계원필경』, 『제왕연대력』을 저술하였다.

② 난랑비 서문에서 유교·불교·도교 삼교 회통의 사상을 보여 주었다.

③ 『법장화상전』에서 화엄종 승려의 전기를 적었다.

④ 시무책(時務策) 10여 조를 진성 여왕에게 올려 개혁을 요구하고 대아찬의 벼슬에 올랐다.

02 예술

10개년 단원별 출제 빈도 분석

국가직 9급	1회	발해 문화(2021)
지방직 9급	1회	삼국의 문화(2019)
소방직	0회	
계리직	2회	고분 벽화(2022), 문화유산(2018)
법원직	5회	돌무지 덧널 무덤(2019), 고분(2015), 고대 문화의 일본 전파(2015), 백제 문화(2016, 2017)

대표 기출문제

국가직

□□□

다음은 발해 수도에 대한 답사 계획이다. 각 수도에 소재하는 유적에 대한 탐구 내용으로 옳은 것만을 모두 고르면?

2021. 국가직 9급

발해 유적 답사 계획서

○일시
 － 출발: 0000년 0월 00일
 － 귀국: 0000년 0월 00일
○인원: 00명
○장소

→ 수도 이동 및 답사 경로

○탐구 내용
 ㉠ 정효 공주 무덤을 찾아 벽화에 그려진 인물들의 복식을 탐구한다.
 ㉡ 용두산 고분군을 찾아 벽돌무덤의 특징을 탐구한다.
 ㉢ 오봉루 성문터를 찾아 성의 구조를 당의 장안성과 비교해 본다.
 ㉣ 정혜 공주 무덤을 찾아 고구려 무덤과의 계승성을 탐구한다.

---

① ㉠, ㉡ 　　　② ㉠, ㉣
③ ㉡, ㉢ 　　　④ ㉢, ㉣

(출제경향) 발해의 문화 특징을 물어보는 난도 있는 문제이다. 삼국 · 통일신라 · 발해의 주요 고분(굴식 돌방무덤, 돌무지덧널무덤) 양식과 특징을 정확히 알아두어야 한다.

(정답찾기) ㉠ 발해가 건국된 길림성 돈화현 동모산 ㉡ 중경 현덕부, ㉢ 상경 용천부, ㉣ 동경 용원부
㉡ 용두산 고분군에서 벽돌무덤인 정효 공주 묘가 발견되었다.
㉢ 상경 용천부는 당의 수도인 장안성처럼 먼저 외성을 두르고, 국왕이 있는 궁성 남문에서 외성 남문까지 직선으로 뻗은 주작대로라는 큰 길을 낸 형태로, 오봉루는 상경 용천부의 성문 입구에 해당한다.

(선지분석) ㉠ 정효 공주 무덤은 ㉡ 중경 현덕부에 위치하고 있다.
㉣ 정혜 공주 무덤은 ㉠ 돈화 지역에 위치하고 있다.

○ 정답 ③

지방직

□□□

삼국시대 문화에 대한 설명으로 옳지 않은 것은?

2019. 지방직 9급

① 선덕여왕 때에 첨성대를 세웠다.
② 목탑 양식의 미륵사지석탑이 건립되었다.
③ 가야 출신의 우륵에 의해 가야금이 신라에 전파되었다.
④ 사신도가 그려진 강서대묘는 돌무지무덤으로 축조되었다.

(출제경향) 고구려 · 백제 · 신라의 주요 문화재를 물어보는 통합형 문제로, 최근 들어 잘 나오는 문제 유형이다. 이런 문제에 대처하기 위해서는 각 나라의 주요 문화유산과 특징을 정확하게 파악해 두어야 한다.

(정답찾기) ④ 강서대묘는 고구려 후기에 유행한 굴식 돌방무덤의 형태로 축조되었다.

○ 정답 ④

실전문제

045

□□□

다음 (가)~(라) 고분 양식에 대한 설명으로 옳지 않은 것은?

> 한강 유역에 있던 초기 한성 시기에 (가) 계단식 돌무지무덤을 만들었는데, 서울 석촌동에 일부가 남아 있다. 웅진 시기의 고분은 굴식 돌방무덤 또는 널방을 벽돌로 쌓은 (나) 무령왕릉, (다) 6호분 같은 벽돌무덤으로 바뀌었다. 벽돌무덤은 중국 남조의 영향을 받은 것이다. 사비 시기에는 규모는 작지만 세련된 (라) 굴식 돌방무덤을 만들었다.

① (가) - 고구려 유이민이 백제를 건국하였음을 알려주고 있다.

② (나) - 도굴이 어려워 많은 껴묻거리가 발굴되었다.

③ (다) - 벽과 천장에 사신도 등 벽화가 발견되었다.

④ (라) - 1호분(동하총)에 사신도 같은 벽화가 발견되었다.

046

□□□

다음 (가)~(라)에 대한 설명으로 옳은 것은?

① (가) - 현존하는 가장 오래된 탑으로, 극락에 가고자 하는 아미타 신앙이 반영되었다.

② (나) - 삼국 시대에 건립된 탑으로, 이 탑 안에서 '무구 정광 대다라니경'이 발견되었다.

③ (다) - 이중 기단 위에 3층으로 쌓은 통일 신라의 전형적인 석탑이다.

④ (라) - 이 탑이 만들어진 시기에 지방에서는 호족들이 성장하여 중앙 정부를 비판하고 있었다.

047

□□□

다음은 『삼국사기』에서 신라의 역사를 세 시기로 구분한 것이다. (가)~(다) 시기에 있었던 사실로서 옳은 것을 〈보기〉에서 모두 고른 것은?

박혁거세		진덕 여왕		선덕왕		경순왕
	(가)		(나)		(다)	

보기
> ㉠ (가) - 자장율사에 의해 황룡사 9층 목탑이 세워졌다.
> ㉡ (나) - 돌을 벽돌 모양으로 다듬어 쌓은 분황사 석탑이 세워졌다.
> ㉢ (나) - 무영탑이라고도 하는 불국사 3층 석탑을 축조하였다.
> ㉣ (다) - 봉덕사종이라고도 하는 성덕 대왕 신종을 제작하였다.

① ㉠, ㉡   ② ㉠, ㉢

③ ㉡, ㉢   ④ ㉢, ㉣

048 고난도

□□□

고대 도성에 대한 설명으로 옳지 않은 것은?

① 고구려 수도 평양에 있는 장안성은 북성 · 중성 등 4개의 성곽으로 이루어졌다.

② 백제 사비성에는 중심 지역 외곽에 나성을 둘렀다.

③ 고구려 오녀산성은 국내성 방어를 위하여 축조되었다.

④ 발해 상경에는 직사각형의 내 · 외성과 주작대로를 만들었다.

선우빈
선우한국사
기적의
단원별
300제

PART
03

중세 사회

01 정치

01 고려의 성립과 전기 주요 국왕의 업적

10개년 단원별 출제 빈도 분석		
국가직 9급	4회	성종(2015, 2021), 예종(2017), 인종(2019)
지방직 9급	6회	태조(2019), 광종(2015, 2020, 2022), 숙종(2016), 현종(2017)
소방직	4회	견훤(2022), 태조(2018, 2019), 광종(2021)
계리직	3회	고려 건국 과정(2022), 광종(2016, 2022)
법원직	9회	고려 건국 과정(2021), 태조(2017), 광종(2013, 2014, 2020), 성종(2016), 태조와 성종(2018), 예종(2022), 숙종(2022)

대표 기출문제

국가직

다음 상소문을 올린 왕대에 있었던 사실은? 2021. 국가직 9급

> 석교(釋教)를 행하는 것은 수신(修身)의 근본이요, 유교를 행하는 것은 이국(理國)의 근원입니다. 수신은 내생의 자(資)요, 이국은 금일의 요무(要務)로서, 금일은 지극히 가깝고 내생은 지극히 먼 것인데도 가까움을 버리고 먼 것을 구함은 또한 잘못이 아니겠습니까.

① 양경과 12목에 상평창을 설치하였다.
② 균여를 귀법사 주지로 삼아 불교를 정비하였다.
③ 국자감에 7재를 두어 관학을 부흥하고자 하였다.
④ 전지(田地)와 시지(柴地)를 지급하는 경정 전시과를 실시하였다.

지방직

(가) 지역에 대한 설명으로 옳은 것은? 2021. 지방직 9급

> 나는 삼한(三韓) 산천의 음덕을 입어 대업을 이루었다. (가) 는/은 수덕(水德)이 순조로워 우리나라 지맥의 뿌리가 되니 대업을 만대에 전할 땅이다. 왕은 춘하추동 네 계절의 중간 달에 그곳에 가 100일 이상 머물러서 나라를 안녕케 하라.
>
> 『고려사』

① 이곳에 대장도감을 설치하여 재조대장경을 만들었다.
② 지눌이 이곳에서 수선사 결사 운동을 펼쳤다.
③ 망이·망소이가 이곳에서 봉기하였다.
④ 몽골이 이곳에 동녕부를 두었다.

출제경향 국가직·지방직에서 자주 출제되는 주제이다. 고려 사회의 특징을 마련한 전기 주요 왕들(태조·광종·성종·현종·문종)의 업적을 확실하게 알아두어야 한다.

정답찾기 제시문은 고려 성종 때 최승로의 시무 28조 내용이다.
① 성종 때 개경·서경·12목에 상평창을 설치하여, 평상시에 쌀을 비축해 두었다가 흉년에 매매하게 하여 물가 안정을 도모하였다.

선지분석 ② 광종, ③ 예종, ④ 문종에 대한 설명이다.

◦정답 ①

출제경향 지방직 또한 국가직과 동일한 형태로 출제된다. 다만 난도가 높아지면 국왕의 단순 업적을 물어보는 문제뿐만 아니라 특정 지역이나 관련 제도 등을 다양하게 물어보는 문제까지 출제될 수 있다.

정답찾기 제시문은 태조 때 훈요 10조의 내용으로, (가) 지역은 서경(평양)이다.
④ 원종 11년(1270)에 원은 자비령 이북의 땅을 차지하기 위하여 서경에 동녕부를 설치하였으나, 충렬왕 16년(1290)에 반환되었다.

선지분석 ① 강화도, ② 순천 송광사, ③ 공주에 대한 설명이다.

◦정답 ④

실전문제

049

□□□

(가), (나) 제도에 대한 설명으로 옳은 것은?

(가) 신라왕 김부가 와서 항복하자 신라국을 없애 경주라 하고, 김부를 경주의 사심(事審)으로 임명하여 부호장 이하 관직 등을 주관토록 하였다.

(나) 국초에 향리의 자제를 뽑아 개경에서 볼모로 삼고 또한 출신지의 일에 대한 자문에 대비하도록 하였는데, 이를 기인(其人)이라 하였다.

① (가) − 후주 출신 쌍기의 건의로 도입되었다.
② (가) − 젊고 유능한 관리를 재교육하기 위해 시행되었다.
③ (나) − 좌수와 별감이라는 향임직을 두어 운영되었다.
④ (나) − 신라의 상수리 제도와 시행 목적이 동일하였다.

050

□□□

(가), (나)와 관련된 국왕에 대한 설명으로 옳지 않은 것은?

(가) 6조 짐이 지극히 원하는 바는 연등(燃燈)과 팔관(八關)에 있으니 연등은 부처를 섬기는 것이며 팔관은 천령(天靈) 및 오악(五嶽), 명산, 대천과 용신(龍神)을 섬기는 것이다. 후세에 간사한 신하가 더하고 줄일 것을 권하는 자가 있거든 필히 그것을 금지하라. 마땅히 삼가 뜻을 받들어 행하라.

『고려사』

(나) 13조 우리나라에서는 봄에는 연등회를 벌이고 겨울에는 팔관회를 개최하는데, 사람을 많이 동원하고 쓸데없는 노동이 많으니, 원컨대 그 가감을 살펴서 백성이 힘을 낼 수 있게 해 주소서. 또 갖가지 인형을 만들어 비용이 매우 많이 드는데, 한 번 쓰고 난 후에는 바로 부수어 버리니 이 또한 매우 사리에 맞지 않습니다.

『고려사』

① (가) − 토지의 비옥도를 3등급으로 나누고 조세율을 1/10로 낮추었다.
② (가) − 광군을 조직하여 거란의 침입에 대비하였다.
③ (나) − 유교를 새로운 정치 이념으로 채택하고 국자감을 정비하였다.
④ (나) − 분사 제도를 정비하였다.

051

□□□

(가), (나) 왕이 실시한 정책으로 옳은 것은?

백제의 견훤은 흉포하고 무도하며, 난을 일으키기를 좋아하여 임금을 죽이고 백성들에게 가혹하게 하였습니다. (가)께서 이를 듣고 잠을 자고 식사를 할 겨를도 없이 군사들을 이끌고 가서 토벌하여 마침내 위태로운 나라를 구하였으니, 그 옛 임금을 잊지 않고 기울어지고 위태로웠던 신라를 바로잡고 도우심이 또한 이러하였습니다. …… (나)께서는 정종의 고명(顧命)을 받으셨는데 …… 쌍기가 투탁하여 온 이후로는 문사(文士)를 존숭하고 중히 여겨 은혜를 베풀고 예우함이 과도하게 후하였습니다.

① (가) − 흑창을 설치하여 민생을 안정시켰다.
② (가) − '천개' 연호를 사용하였다.
③ (나) − 12목을 설치하고 지방관을 파견하였다.
④ (나) − 서경 천도를 시도하였다.

052 고난도

□□□

(가), (나) 사이의 시기에 있었던 사실로 가장 적절한 것은?

(가) 처음으로 역분전을 정하였다. 조신(朝臣), 군사들에게 관계는 논하지 않고 그들의 성행(性行)의 선악과 공로의 대소를 보아 지급하였는데 차등이 있었다.

(나) 문무 양반 및 군인 전시과를 개정하였다. 제1과 전(田) 100결, 시(柴) 70결에서 제18과 전 20결까지 관등의 고하에 따라 차등을 두어 전시를 지급하였다.

① 우평, 파평 등의 지역에 감무관을 파견하였다.
② 호장, 부호장 등의 향리 직제가 마련되었다.
③ 개경에 나성을 쌓고 거란, 여진을 방어하였다.
④ 김위제의 건의로 남경개창도감을 설치하였다.

02 제도사①－중앙·지방 제도

대표 기출문제

국가직

(가)~(라)에 대한 설명으로 옳은 것은? 2017. 하반기 국가직 7급

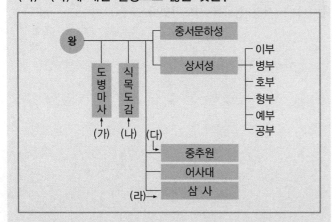

① (가)는 법제, 격식을 다루었으며, (나)는 고려 후기에 도당으로 불렸다.
② (가)와 (나)는 고려의 독자적인 기구이며, 중서문하성의 재신과 (다)의 추신이 합좌하였다.
③ (다)는 왕명 출납과 군기의 업무를 맡았고, (라)는 백관을 규찰하고 탄핵하였다.
④ (다)와 (라)는 당제를 모방하여 설치하였고, 주요 사안을 6부와 협의하여 결정하였다.

지방직

(가)에 들어갈 기구로 옳은 것은? 2021. 지방직 9급

고려 시대 중서문하성과 중추원의 고위 관료들은 도병마사와 (가)에서 국가의 중요한 일을 논의하였다. 도병마사에서는 국방과 군사 문제를 다루었고, (가)에서는 제도와 격식을 만들었다.

① 삼사
② 상서성
③ 어사대
④ 식목도감

(출제경향) 고려 제도사는 조선보다는 출제 비율이 낮지만 그냥 넘어갈 수 없는 파트이다. 반복하여 강조하지만 제도사는 늘 분류사로 전(全) 시대를 한 번에 정리해 두도록 하자.
(정답찾기) ② 도병마사는 국가의 최고 회의 기구로, 중서문하성의 재신과 중추원의 추신(추밀)으로 구성되어 국방 문제 등 국가의 중요 정책을 협의하였다. 식목도감의 구성원도 도병마사와 유사하였다.
(선지분석) ① 법제와 격식을 다룬 것은 식목도감이고, 도병마사가 고려 후기에 도당으로 불렸다.
③ 왕명 출납과 군기의 업무는 중추원에서, 백관을 규찰하고 탄핵하는 업무는 어사대에서 담당하였다.
④ 중추원과 삼사는 송의 제도를 모방하여 설치하였고, 주요 사안을 6부와 협의하였다는 것은 관련 없는 내용이다.
                ○정답 ②

(출제경향) 지방직에서는 국가직보다 지방직에서 제도사에 대한 출제 비율이 조금 높다. 최근에는 특정 기관의 역할을 물어보는 문제가 자주 출제되고 있다.
(정답찾기) (가)는 식목도감이다.
④ 식목도감은 법의 제정이나 각종 시행 규정을 다루는 임시 회의 기구(입법 기구)이다.
(선지분석) ① 고려 시대 삼사는 화폐와 곡식의 출납을 담당하였다.
② 상서성은 고려 시대 6부를 거느리고 행정을 담당하던 기구이다.
③ 어사대는 풍기 단속과 감찰을 담당한 기관이다.
                ○정답 ④

실전문제

053

□□□

다음 인물의 주요 약력에 대한 내용 중 맞지 않는 사실은?

984년	출생
1005년	문과에 장원 급제
1011년	㉠ 중서문하성 습유에 오름.
1013년	㉡ 국사 수찬관에 오름.
1047년	㉢ 문하시중에 오름.
1057년	관직에서 물러남. 이후 송악산에서 ㉣ 사학을 세우고 우수한 제자 배출
1063년	사망. 문헌이라는 시호를 받음.

① ㉠ – 간쟁·봉박·서경을 행하였다.

② ㉡ – 『7대 실록』 편찬에 참여하였다.

③ ㉢ – 상서성의 최고 관직에 올랐다.

④ ㉣ – 개경에 사학 12도가 생기는 계기가 되었다.

054

□□□

고려 시대 지방 행정에 대한 설명으로 옳지 않은 것은?

① 현종 때 경기·5도 양계의 지방 제도를 완성하였다.

② 지방관이 파견되지 않은 속현이 지방관이 파견된 주현보다 더 많았다.

③ 기인 제도를 실시하여 향리 자제를 개경에 강제로 이주시켜 지방 일의 자문에 응하게 했다.

④ 퇴직한 관료를 사심관으로 임명하여 출신 지역에 거주하게 하였다.

055

□□□

다음 밑줄 친 신분에 대한 설명으로 옳은 것을 〈보기〉에서 모두 고른 것은?

이제 살펴보건대, 신라에서 주군을 설치할 때 그 전정(田丁), 호구(戸口)가 현의 규모가 되지 못하는 곳에는 향이나 부곡을 두어 소재지의 읍에 속하게 하였다. 고려 때 또 소라고 칭하는 것이 있었는데, 금소·은소·동소 등의 구별이 있어 각각 그 물건을 공급하였다. 또 처(處)나 장(莊)으로 칭하는 것도 있어, 각 궁전·사원 및 내장댁에 분속되어 그 세를 바쳤다. 위 여러 소에는 모두 토성(土姓)의 아전과 백성이 있었다.

보기

㉠ 이들은 제술과와 명경과 응시에 제한을 받았다.

㉡ 이들은 향역에 대한 대가로 전시과의 토지를 지급받았다.

㉢ 이들의 자제들은 기인으로 선발되어 지방관을 보좌하였다.

㉣ 이들과 귀족의 차이를 두기 위해 현종 때 이들만의 공복을 마련하였다.

㉤ 이들 중 부호장 이하는 사심관의 감독을 받았다.

① ㉠, ㉢, ㉣　　　　② ㉡, ㉣, ㉤

③ ㉠, ㉡, ㉣　　　　④ ㉠, ㉡, ㉢, ㉣, ㉤

056　고난도

□□□

다음은 통일 신라, 발해, 고려의 관제를 나타낸 표이다. 각기 담당했던 기능이 비슷한 것끼리 묶인 것은?

	구분	통일 신라	발해	고려
㉠	국정 총괄	집사부	정당성	중서문하성
㉡	법률 담당	좌·우이방부	신부	형부
㉢	감찰 담당	사정부	중대성	어사대
㉣	합의제도	화백제도	정당성	도병마사

① ㉠, ㉢　　　　② ㉡, ㉣

③ ㉠, ㉣　　　　④ ㉡, ㉢

03 제도사② − 군사 · 교육 제도

10개년 단원별 출제 빈도 분석

국가직 9급	0회	
지방직 9급	1회	별무반(2020)
소방직	1회	삼별초(2020)
계리직	0회	
법원직	1회	별무반(2022)

대표 기출문제

국가직

□□□

다음 사실을 시기순으로 바르게 나열한 것은?

2017. 하반기 국가직 7급

┌─────────────────────────────────────┐
│ ㉠ 7재에 무학재를 두었다.
│ ㉡ 교정도감을 설치하였다.
│ ㉢ 도평의사사의 건의로 무과를 설치하였다.
│ ㉣ 경정 전시과에서 무관에 대한 차별 대우를 시정하였다.
└─────────────────────────────────────┘

① ㉠ − ㉡ − ㉣ − ㉢
② ㉡ − ㉢ − ㉣ − ㉠
③ ㉢ − ㉣ − ㉠ − ㉡
④ ㉣ − ㉠ − ㉡ − ㉢

출제경향 고려의 과거 제도, 사학(私學)의 발달로 인한 관학의 위축, 중기 왕들의 관학 진흥책을 시기순으로 물어보는, 난도 있는 문제가 출제되었다. 고려의 교육 · 과거 제도를 시기순으로 이해하고 반드시 조선과도 비교하여 알아두도록 하자.

정답찾기 ㉣ 경정 전시과(1076, 문종 30년) ➡ ㉠ 무학재 설치(1109, 예종 4년) ➡ ㉡ 교정도감 설치(1209, 최충헌) ➡ ㉢ 무과 설치(1390, 공양왕 2년)

○ 정답 ④

지방직

□□□

고려 시대 음서에 대한 설명으로 옳은 것만을 모두 고르면?

2019. 지방직 7급

┌─────────────────────────────────────┐
│ ㉠ 문종 때 처음 실시되었다.
│ ㉡ 음서로 등용된 사람들은 고위 관직에 오르지 못했다.
│ ㉢ 사위나 외손자에게도 적용되었다.
│ ㉣ 공신의 자손, 조종 묘예, 문무 5품 이상 관인의 자손 등이 대상이었다.
└─────────────────────────────────────┘

① ㉠, ㉡
② ㉠, ㉢
③ ㉡, ㉣
④ ㉢, ㉣

출제경향 고려의 특정 제도를 물어보는 문제로, 지방직에서 자주 출제되는 유형이다.

정답찾기 ㉢ ㉣ 음서제는 왕족이나 공신의 후손 및 5품 이상 관리의 친속(아들, 손자, 외손자, 사위, 동생, 조카)에게 1인에 한하여 과거를 거치지 않고서도 관리가 될 수 있게 해 준 제도이다.

선지분석 ㉠ 음서 제도는 목종 때 처음 실시되었다. 문종 때는 공음전 제도가 실시되면서 고려의 문벌 귀족 사회를 형성하는 토대가 마련되었다.

㉡ 음서 출신자들은 한품제와 같은 제약이 없었으므로 대부분은 5품 이상의 고위직에 올랐다.

○ 정답 ④

057

□□□

다음과 같은 군사 제도를 두었던 나라에 대한 설명으로 옳은 것은?

> 중앙에는 응양군과 용호군, 그리고 좌우위, 신호위, 흥위위, 금오위, 천우위, 감문위 등을 두어 국왕 호위, 수도 경비, 국경 방어, 경찰, 의장, 궁성과 도성문 수비 등의 역할을 수행하게 하였다.

① 중앙군으로 10위를 두고 상장군·대장군들로 구성된 중방이라는 합좌 기관이 있었다.
② 지방군을 지역 단위의 방위 체제인 진관체제로 편성하였다.
③ 직업군인 경군에게 군인전을 지급하고 그 역을 자손에게 세습시켰다.
④ 북방의 양계 지역에 주현군을 설치하였다.

058

□□□

(가), (나)에 대한 설명으로 옳은 것은?

> (가) 9재로 나누어 낙성(樂聖), 대중(大中), 성명(誠明), 경업(敬業), 조도(造道), 솔성(率性), 진덕(進德), 대화(大和), 대빙(待聘)이라 하였다. 이를 일컬어 시중 최공도(侍中崔公徒)라 하였으며, 양반 자제들로 과거에 응시하려는 자는 도중(徒中)에 속하여 공부하였다. 『고려사』
> (나) 7재를 두었는데, 『주역』을 공부하는 것을 여택(麗澤)이라 하고, 『상서』를 공부하는 것을 대빙(待聘)이라 하고, 『모시』를 공부하는 것을 경덕(經德)이라 하고, …… 『고려사』

① (가)에서 시중 최공도는 그의 사후에 홍문공도라고 불렸다.
② (가)의 영향으로 사학 12도 가운데 일부는 서경이나 동경 같은 전국 주요 도시에 세워졌다.
③ (나)는 성종 때 국학을 재정비하면서 설치한 전문 강좌이다.
④ (나)와 유사한 목적으로 양현고라는 장학 재단을 설치하였다.

059

□□□

다음 밑줄 친 '이 제도'에 대한 내용으로 옳지 않은 것은?

> 삼국 시대 이전에는 이 제도가 없었고 고려 태조가 먼저 학교를 세웠으나 아직 이 제도로 인재를 뽑는 데까지는 이르지 못하였다. 광종 때 쌍기의 의견을 받아들여 드디어 이 제도가 실시되었다.

① 무예 솜씨와 실무 능력을 존중하는 무관은 주로 이 제도를 통해 선발하였다.
② 승과제도를 두어 교종선(敎宗選)과 선종선(禪宗選)의 두 가지 방법으로 나누어 실시하였다.
③ 이 제도에 의해 지공거와 합격자는 좌주와 문생이 되었다.
④ 원칙적으로 대역죄나 불효·불충죄를 저지르지 않은 양인이면 누구든지 응시할 수 있었다.

060 고난도

□□□

고려의 음서 제도에 대한 설명으로 옳은 것만을 모두 고른 것은?

> ㉠ 왕실 및 공신의 후손, 5품 이상 관원의 자손은 음서의 혜택을 받았다.
> ㉡ 음서를 통해 관직에 오른 사람은 제술업을 거쳐야 고관으로 승진할 수 있었다.
> ㉢ 10세 미만이 음서를 혜택을 받는 경우도 있었다.
> ㉣ 왕의 즉위와 같은 특별한 시기에만 주어졌다.

① ㉠, ㉡   ② ㉠, ㉢
③ ㉡, ㉣   ④ ㉢, ㉣

04 문벌 귀족의 성립과 동요 및 무신 집권기

10개년 단원별 출제 빈도 분석

국가직 9급	2회	인종(2014), 최충헌(2020)
지방직 9급	2회	묘청과 김부식(2015), 주요 사건 순서(2021)
소방직	2회	묘청의 난(2021), 문벌귀족(2022)
계리직	2회	최우(2014), 무신 정권기 통치 조직(2022)
법원직	2회	묘청의 난(2013), 서경과 김부식(2020)

대표 기출문제

국가직

(가), (나) 사건 사이에 있었던 사실로 옳은 것만을 모두 고르면?
2020. 국가직 7급

(가) 윤관이 여진을 공격하여 동북 지방의 여러 지역을 점령하고 9성을 쌓아 군사를 주둔시켰다.
(나) 최충헌이 정권을 장악한 이후 교정도감을 설치하였다.

보기
㉠ 강화로 천도하였다.
㉡ 이자겸의 난이 발생하였다.
㉢ 묘청 등이 서경 천도 운동을 일으켰다.
㉣ 강감찬이 퇴각하는 거란군을 귀주에서 격파하였다.

① ㉠, ㉡   ② ㉠, ㉣
③ ㉡, ㉢   ④ ㉢, ㉣

지방직

다음 사건을 시기순으로 바르게 나열한 것은?
2021. 지방직 9급

(가) 정중부와 이의방이 정변을 일으켰다.
(나) 최충헌이 이의민을 제거하고 권력을 잡았다.
(다) 충주성에서 천민들이 몽골군에 맞서 싸웠다.
(라) 이자겸이 척준경과 더불어 난을 일으켰다.

① (가) − (나) − (라) − (다)   ② (가) − (다) − (나) − (라)
③ (라) − (가) − (나) − (다)   ④ (라) − (가) − (다) − (나)

출제경향 문벌 귀족의 성립과 동요 파트에서는 문벌 귀족의 성격과 그 시기의 대외 관계, 문화의 성격을 물어보는 문제가 자주 출제되었다. 이자겸의 난 (1126), 묘청의 난(1135), 무신의 난(1170)과 무신 집권기의 성격을 정확히 파악해 두어야 한다.

정답찾기 (가) 윤관의 동북 9성 축조(1107, 예종), (나) 교정도감 설치(1209, 최충헌)
㉡ 이자겸의 난(1126, 인종 4년), ㉢ 묘청의 서경 천도 운동(1135, 인종 13년)
선지분석 ㉠ 강화 천도(1232, 최우), ㉣ 강감찬의 귀주 대첩(1019, 현종 10년)
○ 정답 ③

출제경향 무신 집권기 사건 순서를 물어보는 문제는 2016년 지방직 9급에서 처음 출제된 이후 기출문제를 약간 변형하여 계속 출제하고 있다. 역사는 흐름이다! 12C~13C 문벌 귀족의 변화·무신 집권기의 권력 변화 및 사회적 동요를 시기순으로 정리하고 암기해 두자.
CF 선우한국사 연결고리 p.11 참고
정답찾기 (라) 이자겸의 난(1126, 인종 4년) ➡ (가) 무신 정변(1170, 의종 24년) ➡ (나) 최충헌 집권(1196) ➡ (다) 몽골의 5차 침입(1253)
○ 정답 ③

실전문제

061

밑줄 친 '그'가 속한 정치 세력에 대한 설명으로 옳은 것은?

> 그는 스스로 국공(國公)에 올라 왕태자와 동등한 예우를 받았으며 자신의 생일을 인수절(仁壽節)이라 칭하였다. 그는 남의 토지를 빼앗고 공공연히 뇌물을 받아 집에는 썩는 고기가 항상 수만 근이나 되었다.

① 재지지주로 녹과전과 녹봉을 유력한 경제 기반으로 삼았다.
② 가문의 권위보다 현실적인 관직을 통해 정치권력을 행사하였다.
③ 음서와 공음전을 통해 사회·경제적 지위를 보장받았다.
④ 의종을 폐위하고 명종을 세워 권력을 장악하였다.

062

다음은 『고려사』에 나타난 고려 중기 대표적인 두 인물의 주장이다. 이들에 대한 설명으로 옳은 것을 〈보기〉에서 고르면?

> (가) 제가 보건대 서경 임원역의 땅은 풍수지리를 하는 사람들이 말하는 아주 좋은 땅입니다. 만약 이곳에 궁궐을 짓고 전하께서 옮겨 앉으시면 천하를 다스릴 수 있습니다. 또한 금나라가 선물을 바치고 스스로 항복할 것이고 주변의 36나라가 모두 머리를 조아릴 것입니다.
> (나) 금년 여름 서경 대화궁에 30여 개소나 벼락이 떨어졌습니다. 서경이 만일 좋은 땅이라면 하늘이 이렇게 하였을 리 없습니다. 또 서경은 아직 추수가 끝나지 않았습니다. 지금 거동하시면 농작물을 짓밟을 것이니 이는 백성을 사랑하고 물건을 아끼는 뜻과 어긋납니다.

〈보기〉
㉠ (가) – 풍수지리 사상에 입각하여 정지상 등과 함께 웅천주에서 반란을 일으켰다.
㉡ (가) – 칭제건원과 요나라 정벌을 주장하였다.
㉢ (나) – 사마천의 『사기』 체제를 본따서 『삼국사기』를 편찬하였다.
㉣ (나) – (가)의 세력이 일으킨 난을 직접 지휘하여 진압하였다.

① ㉠, ㉢   ② ㉡, ㉢
③ ㉢, ㉣   ④ ㉠, ㉣

063

(가)~(라)의 시기에 있었던 사실로 옳지 않은 것은?

	(가)	(나)	(다)	(라)	
무신 정변 발생		최충헌 집권	최우 집권	최의 집권	왕정 복구

① (가) – 망이·망소이 등 명학소민이 봉기하였다.
② (나) – 조위총이 서경에서 봉기하였다.
③ (다) – 금속 활자로 상정고금예문을 인쇄하였다.
④ (라) – 몽골 항쟁에서 공을 세운 충주 다인철소가 현으로 승격되었다.

064 고난도

(가)와 (나)의 밑줄 친 '이 사람'에 대한 설명으로 옳은 것을 〈보기〉에서 모두 고르면?

> (가) 사신(史臣)이 말하기를, '신종은 이 사람이 세웠다. 사람을 살리고 죽이고 왕을 폐하고 세우는 것이 다 그의 손에서 나왔다. (신종은) 한갓 실권이 없는 왕으로서 신민(臣民)의 위에 군림하였지만, 허수아비와 같았으니 애석한 일이다.'라고 하였다.   『고려사』
> (나) 백관들이 이 사람의 집으로 가 정부(政簿)를 올리자 이를 청사(廳事)에 앉은 채 받았으며, …… 이때부터 정방을 자기 집에 설치한 후, 문사(文士)를 선발하여 소속시키고 그 관명을 비칙리라 불렀다. 여기서 백관들의 인사를 결정해 비목을 써서 올리면 왕은 다만 결재만 행할 따름이었다.   『고려사』

〈보기〉
㉠ (가) – 순천의 수선사 결사 운동을 지원하였다.
㉡ (가) – 교정도감을 설치하였고 도병마사를 부활시켰다.
㉢ (가) – 서방을 두고 문객 가운데 명유(名儒)를 소속시켜 3번으로 나누어 숙직하게 하였다.
㉣ (나) – 김생, 탄연 등과 더불어 신품 사현(神品四賢)으로 일컬어졌다.
㉤ (나) – 도방을 내·외(內外)도방으로 개편하였으며, 사병 집단인 마별초를 편성하였다.
㉥ (나) – 명종에게 봉사 10조를 올려 개혁을 주장하였다.

① ㉠, ㉢, ㉣, ㉥   ② ㉡, ㉢, ㉣, ㉤
③ ㉠, ㉡, ㉣, ㉤   ④ ㉡, ㉢, ㉤, ㉥

05 대외 관계

10개년 단원별 출제 빈도 분석		
국가직 9급	2회	삼별초(2014), 서희의 강동 6주(2018)
지방직 9급	2회	대외 관계(2014), 거란과의 대외 관계(2021)
소방직	3회	대외 관계(2018, 2019, 2021)
계리직	1회	몽골 항쟁기(2022)
법원직	1회	대외 관계(2014)

대표 기출문제

국가직

다음 (갑)과 (을)의 담판 이후에 있었던 (을)의 활동으로 옳은 것은?

2018. 국가직 9급

(갑) 그대 나라는 신라 땅에서 일어났고 고구려 땅은 우리의 소유인데 그대들이 침범했다.

(을) 아니다. 우리야말로 고구려를 이은 나라이다. 그래서 나라 이름도 고려라 했고, 평양에 도읍하였다. 만일 땅의 경계로 논한다면 그대 나라 동경도 모두 우리 강역에 들어 있는 것인데 어찌 침범이라 하겠는가.

① 9성 설치 　　　　② 귀주 대첩
③ 강동 6주 경략 　　④ 천리장성 축조

지방직

(가)와 고려의 관계에 대한 설명으로 옳지 않은 것은?

2020. 지방직 7급

① (가)의 사신인 서긍은 『고려도경』에서 고려청자의 우수함을 서술하였다.
② 윤관은 별무반을 이끌어 (가)를 몰아내고, 북방 영토를 개척하였다.
③ (가)가 빼앗긴 지역의 반환을 간청하자, 고려는 조공을 받는 조건으로 돌려주었다.
④ (가)는 1115년 나라를 세운 뒤 고려에 군신 관계를 요구하였다.

출제경향 고려의 대외 관계는 국가직과 지방직 모두 출제 빈도가 높다. 고려의 이민족 항쟁 과정(거란 ⇨ 여진 ⇨ 몽골 ⇨ 홍건적·왜구)을 정확히 파악하자.

정답찾기 제시문은 거란의 1차 침입(993, 성종 12년) 당시 서희의 외교 담판이다.

③ 서희는 외교 담판 결과 고려와 송의 단교를 조건으로 강동 6주의 관할권을 받아 냈다. 그 결과 고려는 압록강 어귀까지 영토를 확장하게 되었다.

선지분석 ① 윤관은 별무반을 조직하여 여진족을 정벌하고 동북 9성을 축조하였다(1107, 예종 2년).

② 강감찬은 소배압이 이끄는 10만 군사를 귀주에서 대파하였다[귀주 대첩(1019, 현종 10년)].

④ 거란 및 여진의 침략에 대비하여 덕종 2년(1033)에 평장사 유소에 의해 압록강 어귀에서 도련포까지 천리장성 축조를 시작하여 정종 10년(1044)에 완성하였다.

○ 정답 ③

출제경향 국가직이 주로 큰 틀 중심으로 출제가 된다면 지방직은 국가직보다 자세하게 특정 이민족과의 사건만을 물어보거나, 특정 문화유산을 제시하고 그 시기의 대외 관계를 물어보기도 한다. 이런 문제의 접근을 위해 『선우한국사 연결고리』 시대사 도표를 많이 봐두도록 하자.

정답찾기 (가)는 금(여진)이다.

① 『고려도경』에서 고려청자의 우수함을 서술한 서긍은 송나라의 사신이다.

○ 정답 ①

실전문제

065

☐☐☐

고려 전기 대외 관계와 관련된 주요한 사건들이다. 시대순으로 옳게 나열된 것은?

> ㉠ 고려가 금에 사대하기로 결정하였다.
> ㉡ 강감찬이 이끄는 고려군이 귀주에서 크게 승리하였다.
> ㉢ 송이 건국하자, 고려가 사신을 보내 외교 관계를 맺었다.
> ㉣ 광군을 설치하고 거란을 견제하였다.

① ㉠ - ㉡ - ㉢ - ㉣
② ㉡ - ㉠ - ㉢ - ㉣
③ ㉣ - ㉡ - ㉢ - ㉠
④ ㉣ - ㉢ - ㉡ - ㉠

066

☐☐☐

(가)~(라) 시기의 정치적 · 사회적 특징으로 옳은 것은?

(가)	(나)	(다)	(라)
왕규의 난	강조의 정변	이자겸의 난	조위총의 난	흥왕사의 난

① (가) - 서희의 외교 담판으로 고려는 청천강 이북의 강동 6주를 얻었다.
② (나) - 삼국 부흥을 외치는 민란이 발생하였다.
③ (다) - 강화도로 수도를 천도하고 산성 · 해도 입보 정책을 실시하였다.
④ (라) - 개경에 나성을 쌓고 몽골과의 전쟁을 준비하였다.

067

☐☐☐

(가)와 (나) 사건 사이에 있었던 사실로 옳은 것은?

> (가) 강감찬이 산골짜기 안에 병사를 숨기고 큰 줄로 쇠가죽을 꿰어 성 동쪽의 큰 개천을 막아서 기다리다가, 적이 이르자 물줄기를 티뜨려 크게 이겼다.
> (나) 윤관이 새로운 부대를 창설했는데, 말을 가진 자는 신기군으로 삼았고, 말이 없는 자는 신보군 등에 속하게 하였으며, 승려들을 뽑아 항마군으로 삼았다.

① 여진을 몰아내고 동북 9성을 설치하였다.
② 강조의 정변을 구실로 거란이 쳐들어왔다.
③ 『7대 실록』을 편찬하였다.
④ 대장도감을 두고 대장경을 만들었다.

068

☐☐☐

다음 표는 고려와 관련된 국가들의 요구 사항을 정리한 것이다. (가)~(다) 국가에 대한 고려의 정책으로 옳지 않은 것은?

국가	요구 사항
(가)	송과의 교류를 끊는다고 해서 압록강 동쪽의 땅도 주었는데, 왜 약속을 지키지 않는 것인가!
(나)	아골타께서 만주에서 일어난 후 이제 대제국으로 발전하였다. 형제 관계가 아니라 군신 관계로 바꾸어야 한다!
(다)	우리와 화의를 맺었는데, 왜 강화도로 도읍을 옮긴 것인가? 속히 개경으로 환도해야 한다!

① (가)와의 2차 전쟁에서 고려 국왕의 친조가 강화의 조건으로 제시되었다.
② 고려는 (나)의 침입에 대비하여 광군을 조직하기도 하였다.
③ (다)의 3차 침입 때는 경주까지 침략을 받아 황룡사 9층 목탑이 소실되었다.
④ (가)의 침입을 모두 물리친 이후 (가)와 (나)의 침입에 대비하여 압록강에서 도련포까지 천리장성을 쌓았다.

06 원 간섭기 및 자주 반원 정책

10개년 단원별 출제 빈도 분석

국가직 9급	4회	공민왕(2014), 충선왕(2016), 원 간섭기(2017, 2022)
지방직 9급	2회	공민왕(2020), 우왕(2022)
소방직	1회	충렬왕(2020)
계리직	0회	
법원직	1회	원 간섭기(2022)

대표 기출문제

국가직

(가) 시기의 사실로 옳지 않은 것은?

2022. 국가직 9급

```
무신 정권 몰락
     ⇩
    (가)
     ⇩
  공민왕 즉위
```

① 만권당이 만들어졌다.
② 정동행성이 설치되었다.
③ 쌍성총관부가 수복되었다.
④ 『제왕운기』가 저술되었다.

지방직

밑줄 친 '왕'의 재위 기간에 있었던 일로 옳은 것은?

2022. 지방직 9급

> 왕의 어릴 때 이름은 모니노이며, 신돈의 여종 반야의 소생이었다. 어떤 사람은 "반야가 낳은 아이가 죽어서 다른 아이를 훔쳐서 길렀는데, 공민왕이 자신의 아들이라고 칭하였다."라고 하였다. 왕은 공민왕이 죽은 뒤 이인임의 추대로 왕위에 올랐다. 이후 이인임, 염흥방, 임견미 등이 권력을 잡아 극심하게 횡포를 부렸다.

① 이종무가 왜구의 소굴인 대마도를 정벌하였다.
② 삼별초가 반란을 일으켜 대몽 항쟁을 계속하였다.
③ 쌍성총관부를 공격해 철령 이북 지역을 수복하였다.
④ 요동 정벌을 위해 출병한 이성계가 위화도에서 회군하였다.

출제경향 국가직에서 자주 출제되는 주제이다. 공민왕(2011년 · 2018년 7급, 2012년 · 2014년 9급), 원 간섭기(2017년 9급), 충선왕(2016년 9급)이 출제된 점을 유의하여, 원 간섭기의 영토 축소, 통치 기구의 변화, 반원 자주 정책을 편 충선왕, 충목왕, 공민왕의 업적을 정확히 알아두자.

정답찾기 무신 정권 몰락(1271) ⇨ (가) ⇨ 공민왕 즉위(1351)
③ 쌍성총관부 수복(1356, 공민왕 5년)

선지분석 ① 만권당 설치(1314, 충선왕), ② 정동행성 설치(1281, 충렬왕), ④ 이승휴의 『제왕운기』 편찬(1287, 충렬왕)

◦ 정답 ③

출제경향 국가직과 마찬가지로 지방직에서도 자주 출제되는 주제이다. 특히 공민왕과 우왕의 업적 및 재위 시기의 주요 사건을 물어보는 문제의 출제 비중이 높다.

정답찾기 밑줄 친 '왕'은 고려 우왕이다.
④ 우왕 14년(1388)에 이성계는 위화도 회군을 단행하여, 정치적 · 군사적 실권을 장악하였다.

선지분석 ① 조선 세종, ② 고려 원종, ③ 고려 공민왕 재위 시기에 해당한다.

◦ 정답 ④

실전문제

069

□□□

다음 자료에 나타난 시기의 사회 모습으로 옳은 것을 〈보기〉에서 모두 고른 것은?

제국 대장 공주의 겁령구*였던 인후가 갑자기 재상이 되어 나라 전체에 권력을 행사하니, 원경이 인후의 권세에 기대고자 하여 아들을 인후의 딸에게 장가보냈다. 이때부터 인후의 일파가 되어 온 갖 일들을 꾸며내어 나라에 해악이 되었다. …… 원경이 무략 장군 정동행중서성 도진무로 임명되어 금부(金符)를 찼다. 『고려사』

*겁령구: 원의 공주가 고려에 들어올 때 따라 온 시종

보기
㉠ 결혼도감에서는 공녀를, 응방에서는 해동청을 담당하였다.
㉡ 만호부에서 군사 문제를 논의하였다.
㉢ 중국 남종화법의 영향을 바탕으로 진경 산수화가 대두되었다.
㉣ 상감 청자가 더욱 발달하였고, 송설체라는 새로운 글자체가 도입되었다.
㉤ 도병마사는 도평의사사로 개칭되면서 국가의 모든 정무를 관장하는 최고 기구가 되었고, 10여 명의 권문세족이 장악하였다.

① ㉠, ㉡   ② ㉠, ㉢, ㉤
③ ㉠, ㉡, ㉢   ④ ㉠, ㉡, ㉣, ㉤

070

□□□

다음 괄호 안에 들어갈 국왕과 관련 있는 내용은?

(   )이 원나라의 제도를 따라 변발을 하고 호복을 입고 전상에 앉아 있었다. 이연종이 간하려고 문밖에서 기다리고 있었더니, 왕이 사람을 시켜 물었다. …… 답하기를 "변발과 호복은 선왕의 제도가 아니오니, 원컨대 전하께서는 본받지 마소서."라고 하니, 왕이 기뻐하면서 즉시 변발을 풀어 버리고 그에게 옷과 요를 하사하였다. 『고려사』

① 원나라 연호 사용을 중지하고 독자적 연호를 사용하였다.
② 정동행성 이문소를 폐지하고 요동 지방을 공략하였다.
③ 철령위 문제로 요동 수복 운동을 전개하였다.
④ 정방을 폐지하고 사림원을 설치하였다.

071

□□□

다음 사건이 있었던 국왕 때의 일로 옳은 것은?

• 왕에 관련된 칭호를 격하하였다.
• 정동행성을 설치하여 일본 원정을 단행하였다.

① 의염창을 설치하여 소금과 철의 전매사업을 실시하였다.
② 흥왕사의 변을 계기로 승려 신돈을 등용하여 개혁을 시도하였다.
③ 원이 탐라총관부와 쌍성총관부를 반환하였다.
④ 도병마사를 도평의사사로 개편하여 국가 중대사를 회의하고 결정하는 합좌 기관으로 만들었다.

072

고난도

□□□

밑줄 친 '왕'이 즉위한 이후에 편찬된 서적으로 옳지 않은 것은?

왕 5년, 도병마사를 고쳐서 도평의사사로 하였다. 무릇 나라에 큰 일이 있으면, 도병마사 이상이 모여서 의논하였기 때문에 합좌하는 관청의 이름으로 되었다. 원나라를 섬긴 이래 갑작스럽게 일어나는 일들이 많아서 첨의부와 밀직사가 언제나 합좌하였다. 『동국통감』

① 『삼국유사』   ② 『제왕운기』
③ 『사략』   ④ 『동명왕편』

01 신분 제도

10개년 단원별 출제 빈도 분석

국가직 9급	3회	향리(2014), 향·소·부곡(2012), 노비(2013)
지방직 9급	1회	소(2016)
소방직	1회	신분제(2022)
계리직	0회	
법원직	0회	

대표 기출문제

국가직

□□□

고려 사회의 모습으로 옳지 않은 것은?   2015. 국가직 9급

① 천민 출신인 이의민이 무신 정권의 최고 권력자가 되었다.
② 외거 노비가 재산을 늘려, 그 처지가 양인과 유사해질 수 있었다.
③ 지방 향리의 자제가 과거(科擧)를 통해 귀족의 대열에 진입할 수 있었다.
④ 향·부곡·소의 백성도 일반 군현민과 동일한 수준의 조세·공납·역을 부담하였다.

지방직

□□□

다음과 같은 사실이 있었던 시대의 신분 제도에 대한 설명으로 옳지 않은 것은?   2012. 지방직 7급

- 경학박사와 의학박사를 파견하여 지방 세력의 자제를 교육하였다.
- 문헌공도, 홍문공도 등의 사학이 설립되었다.

① 중류층인 남반은 중앙 관청의 말단에서 행정 실무를 관장하였다.
② 향리 자제들이 과거를 통해 중앙 관리가 되는 길이 열려 있었다.
③ 관청의 잡역에 종사한 공역 노비는 60세가 되면 역이 면제되었다.
④ 향, 부곡의 주민은 군현의 주민에 비해 여러 가지 차별 대우를 받았다.

출제경향 고려 사회에서는 사회 구조 및 생활 모습을 물어보는 문제가 주로 출제된다. 지배층의 변화 과정(문벌 귀족 ⇨ 무신 집권 ⇨ 권문세족) 및 백정 농민, 향·소·부곡, 노비의 특징을 정확히 이해해 두도록 하자.

정답찾기 ④ 양민인 군현민과 구별되는 특수 행정 구역인 향·부곡·소의 백성들은 일반 군현민보다 더 많은 세금을 부담하였다.

○ 정답 ④

출제경향 역사는 과거 시대를 보는 학문이다. 제시문을 통해 특정 시기를 파악하고 그 시기의 신분 제도나 사회 모습을 물어보는 문제 유형은 공무원 시험의 기본적인 문제 유형이다.

정답찾기 첫 번째는 고려 성종 때, 두 번째는 고려 중기 때의 사실이다.
① 남반은 궁중의 숙직이나 국왕의 호종 및 왕명의 전달, 의장 등의 일을 맡아보던 내료직(內僚職)이다. 중앙 관청의 말단에서 행정 실무를 관장했던 것은 서리이다.

○ 정답 ①

실전문제

073 □□□

다음과 같은 형벌 제도가 시행되고 있던 시기의 사회 모습으로 옳은 것은?

> • 감찰하는 관리 자신이 도적질하거나 감찰할 때에 재물을 받고 법을 어긴 자는 도형(徒刑)과 장형(杖刑)으로 논하지 말고 직전(職田)을 회수한 다음 귀향시킨다.
> • 승인(僧人)으로 사원의 미곡을 훔친 자는 귀향시켜 호적에 편제한다.

① 중류층 서리는 중앙관청에서 행정 실무를 관장하였다.
② 향리 자제들의 제술과 응시가 막혀있었다.
③ 화척·양수척 같은 신분도 백정과 마찬가지로 호적에 등재되었다.
④ 축첩제도를 법으로 금지하였다.

074 □□□

고려 시대의 신분 제도에 대한 설명으로 옳은 것은?

① 중류층에는 중앙 관청에서 실무를 담당하는 남반과 궁궐에서 실무를 담당하는 서리가 있었다.
② 고려의 귀족 세력은 9품 이상의 양반 관료들이 주류를 형성하였다.
③ 고려 시대의 대표적인 천민으로는 노비와 양수척, 백정이 있었다.
④ 외거 노비 중 일부는 재산을 모으거나 군공을 세워 양인 신분을 획득하였다.

075 □□□

다음 ㉠의 주민에 대한 설명으로 옳은 것은?

> 고려시기에 ㉠ 은/는 금, 은, 구리, 쇠 등 광산물을 채취하거나 도자기, 종이, 차 등 특정한 물품을 생산하여 국가에 공물로 바쳤다.

① 군현민과 같은 양인이지만 일반 군현민보다 세금을 더 많이 냈다.
② 천민의 취급을 받아 조세를 부담하지 않았다.
③ 재산으로 간주되어 매매·상속·증여의 대상이 되었다.
④ 과거에 응시하여 관리가 될 수 있었다.

076 □□□

다음 자료와 관련된 지배 계층에 대한 설명으로 옳은 것을 <보기>에서 고른 것은?

> 이제부터 만약 종친으로서 같은 성에 장가드는 자는 황제의 명령을 위배한 자로서 처리할 것이니, 마땅히 여러 대를 내려오면서 재상을 지낸 집안의 딸을 취하여 부인을 삼을 것이며, 재상의 아들은 왕족의 딸과 혼인함을 허락할 것이다. 만약 집안의 세력이 미비하면 반드시 그렇게 할 필요는 없다. …… 철원 최씨, 해주 최씨, 공암 허씨, 평강 채씨, 청주 이씨, 당성 홍씨, 황려 민씨, 횡천 조씨, 파평 윤씨, 평양 조씨는 다 여러 대의 공신 재상의 종족이니 가히 대대로 혼인할 것이다. 남자는 종친의 딸에게 장가가고 딸은 종비(宗妃)가 됨직하다.

[보기]
> ㉠ 권력이나 고리대를 이용하여 대농장을 형성하기도 하였다.
> ㉡ 사병 기관인 도방을 설치하여 신변을 경호하였다.
> ㉢ 급전도감을 설치하여 사전 개혁을 단행하였다.
> ㉣ 도평의사사를 장악하고, 첨의부의 관직을 독점하였다.

① ㉠, ㉡   ② ㉠, ㉣
③ ㉡, ㉢   ④ ㉢, ㉣

02 사회 정책과 생활 모습

대표 기출문제

국가직

(가)에 들어갈 기관으로 옳은 것은? 2020. 국가직 9급

5월에 조서를 내리기를 "개경 내의 사람들이 역질에 걸렸으니 마땅히 ___(가)___ 을/를 설치하여 이들을 치료하고, 또한 시신과 유골을 거두어 묻어서 비바람에 드러나지 않게 할 것이며, 신하를 보내어 동북도와 서남도의 굶주린 백성을 진휼하라." 라고 하였다.
『고려사』

① 의창
② 제위보
③ 혜민국
④ 구제도감

지방직

고려에서 행한 국가 제사에 대한 설명으로 옳지 않은 것은? 2018. 지방직 9급

① 태조 때에 환구단(圜丘壇)에서 풍년을 기원하는 제사를 올렸다.
② 성종 때에 사직(社稷)을 세워 지신과 오곡신에게 제사를 지냈다.
③ 숙종 때에 기자(箕子) 사당을 세워 국가에서 제사하였다.
④ 예종 때에 도관(道觀)인 복원궁을 세워 초제를 올렸다.

(출제경향) 국가의 백성 안정책(의창, 상평창, 제위보, 구급도감, 혜민국 등)을 알아두어야 한다. 2020년에는 코로나 19라는 질병과 함께 고려 시대의 역병 대처 기구를 물어보았다.

(정답찾기) (가)는 구제도감이다.
④ 구제도감은 고려 예종 때 질병 환자의 치료 및 병사자의 매장을 관장하기 위해 설치한 임시 기관이다.

(선지분석) ① 의창은 성종 때 흑창을 개칭한 것으로서 춘궁기(봄)에 관곡을 빌려주고 추수 후에 갚도록 하였다.
② 제위보는 광종 때 설치한 것으로 일정 정도의 기금을 만들어 그 이자로 빈민을 구제하고자 한 제도이다.
③ 혜민국은 예종 때 백성들이 약을 구할 수 있도록 편의를 제공한 기관이다.

○ 정답 ④

(출제경향) 자주 출제되는 주제는 아니나 만점을 위해서는 꼭 정리해서 알아두도록 하자. 더불어 연등회, 팔관회, 향도 등의 성격도 알아두자.

(정답찾기) ① 환구단은 천자가 하늘에 제사를 지내는 곳으로, 고려 성종 2년(983)에 처음 시행되었다.

(선지분석) ② 고려 성종 때 사직을 세워 땅의 신과 오곡신에게 제사 지내고, 왕이 직접 농사짓는 적전을 두어 농사를 권장하였다.
③ 고려 숙종 때 평양에 기자 사당을 세우고 기자를 '교화(敎化)의 임금'으로 숭상하였다.
④ 고려에서는 도사가 초제를 주관하여 국가의 안녕과 왕실의 번영을 기원하였으며, 예종 때 복원궁이라는 도관(도교 사원)을 건립하였다.

○ 정답 ①

실전문제

077

□□□

고려 시대 사회 모습에 대한 설명으로 가장 적절하지 않은 것은?

① 개경, 서경 및 각 12목에는 상평창을 두어 물가의 안정을 꾀하였다.

② 기금을 마련한 뒤 이자로 빈민을 구제하는 제위보가 설치되었다.

③ 귀양형을 받은 사람이 부모상을 당하였을 때에는 유형지에 도착하기 전에 7일간의 휴가를 주어 부모상을 치를 수 있도록 하였다.

④ 유랑자의 수용과 구휼을 담당하기 위해 동·서 활인서를 두었다.

078

□□□

다음 기록과 관련된 시대의 사실로 옳은 것은?

> 11월에 팔관회가 열렸다. [왕이] 신봉루에 들러 모든 관료에게 큰 잔치를 베풀었다. 그리고 다음 날 대회(大會)에서 또 술과 음식을 하사하고 음악을 관람하였다. …… 송의 상인과 탐라국도 특산물을 바쳤으므로 자리를 내주어 음악을 관람하게 하였는데, 이후에는 상례(常例)가 되었다.

① 법전에 의해 형법과 민사에 대한 사항을 규율하였다.

② 지방에서 성주·장군이라고 자칭하는 세력이 일어났다.

③ 관리들과 향리들은 국가로부터 전지의 소유권을 지급받았다.

④ 재정을 운영하는 관청으로 삼사를 두었다.

079

□□□

다음 기록과 관련된 나라의 사회 제도에 대한 내용으로 옳은 것을 〈보기〉에서 고르면?

> 색이 푸른데 사람들은 이를 비색이라 한다. 근년에 들어와 제작이 공교해지고 광택이 더욱 아름다워졌다. 술병의 형태는 참외와 같은데, 위에는 작은 뚜껑이 있고, 마치 연꽃에 엎드린 오리 모양이다.

보기

㉠ 아들과 딸 모두 부모의 제사를 주관할 수 있었다.

㉡ 미륵을 만나 구원받고자 하는 염원에서 향도가 민간에서 행해졌다.

㉢ 모계 원리에 따라 거주와 재산 상속이 이루어졌다.

㉣ 원의 영향으로 여러 명의 처와 첩을 두는 '다처병첩'이 법적으로 허용되었다.

① ㉠, ㉡   ② ㉠, ㉣

③ ㉡, ㉢   ④ ㉢, ㉣

080 고난도

□□□

괄호에 들어갈 행사에 대한 설명으로 옳은 것을 〈보기〉에서 모두 고르면?

> 왕건이 고려를 건국한 이후 산에 의지하여 나라 남쪽에 성을 쌓고 건자월*에 관속을 거느리고 나와 의장불을 갖추고 하늘에 제사를 지낸다. 10월에 동맹하는 모임은 지금은 그달 보름달 소찬*을 차려 놓고 그것을 (   )라 하는데, 의식이 극히 성대하다. 『고려도경』
>
> *건자월 : 동지가 들어 있는 달
> *소찬 : 고기나 생선이 들어 있지 않은 반찬

보기

㉠ 도교와 민간 신앙 및 불교가 어우러진 행사였다.

㉡ 국가적으로 이름난 명산대천에 제사를 지내는 것이었다.

㉢ 예종은 이 행사를 위해 복원관을 설치하였다.

㉣ 이 행사 때 외국 사신을 초빙하여 일종의 공무역의 역할까지 하였다.

① ㉠   ② ㉠, ㉡

③ ㉠, ㉡, ㉣   ④ ㉠, ㉡, ㉢, ㉣

01 토지 제도와 수취 제도

10개년 단원별 출제 빈도 분석

국가직 9급	2회	경정 전시과(2016), 시정 전시과(2019)
지방직 9급	2회	전시과(2015), 녹과전(2017)
소방직	1회	시정 전시과(2020)
계리직	1회	시정 전시과(2019)
법원직	2회	전시과(2019), 토지 제도(2020)

▌대표 기출문제

국가직

□□□

전시과 제도의 변천 과정을 나타낸 것이다. (가) 제도에 대한 〈보기〉의 설명으로 옳은 것만을 모두 고른 것은?

2016. 국가직 9급

> 시정 전시과
> (경종 1년, 976) ➡ 개정 전시과
> (목종 1년, 998) ➡ (가)
> (문종 30년, 1076)

[보기]
㉠ 4색 공복을 기준으로 등급을 나누었다.
㉡ 산직(散職)이 전시의 지급 대상에서 배제되었다.
㉢ 등급별 전시의 지급 액수가 전보다 감소하였다.
㉣ 무반과 일반 군인에 대한 대우가 전반적으로 향상되었다.

① ㉠, ㉡   ② ㉢, ㉣
③ ㉠, ㉡, ㉢   ④ ㉡, ㉢, ㉣

지방직

□□□

고려 시대 조세 수취에 대한 설명으로 옳지 않은 것은?

2011. 지방직 7급

① 조(租)는 토지를 논과 밭으로 나누어 비옥한 정도에 따라 3등급으로 나누어 부과하였다.
② 자연재해를 입었을 경우 그 비율에 따라 조(租), 조포(租布), 조포역(租布役)을 면제하기도 하였다.
③ 남자가 16세가 되면 정(丁)으로 삼아 국역에 복무하게 하였고, 60세가 되면 역을 면해 주었다.
④ 중앙 관청에서 필요한 공물은 향, 소, 부곡에서 주로 부담하였다.

출제경향 국가직·지방직 구분 없이 자주 출제되는 주제이다. 2019년 9급 시험에서 시정 전시과 관련 사료가 나와 역분전과 혼동을 주었다. 반드시 사료와 함께 토지 제도의 내용과 변화를 알아두자.

정답찾기 (가)는 경정 전시과이다.

선지분석 ㉠ 경종 때 시정 전시과의 내용이다.

❍ **정답 ④**

출제경향 이런 주제는 분류사로 파악해두는 것이 좋다. 자주 출제되는 부분은 아니기에 고려와 조선 전기·후기를 한 번에 비교해서 보도록 하자. 지방직에서 고려의 대외 무역, 화폐 정책을 물어보는 문제도 가끔씩 출제되는 점을 기억해 두자.

정답찾기 ④ 향·부곡은 농사나 목축을 하였고, 소(所)에서 수공업을 담당하였다. 향·부곡·소는 일반 백성과 마찬가지로 조세, 공납(물), 역의 의무가 있었는데 특히 중앙 관청에서 필요한 공물(별공)을 담당한 것은 소(所)였다.

❍ **정답 ④**

081
□□□

전시과 제도의 변천 과정을 나타낸 것이다. (가) 제도에 대한 〈보기〉의 설명으로 옳은 것만을 모두 고른 것은?

시정 전시과 (경종 1년, 976)	⇨	(가) (목종 1년, 998)	⇨	(나) (문종 30년, 1076)

보기
- ㉠ (가) – 4색 공복을 기준으로 등급을 나누었다.
- ㉡ (가) – 산관에 대한 지급이 전보다 감소되었다.
- ㉢ (나) – 한외과(限外科)가 소멸되고, 무관에 대한 차별을 완화하였다.
- ㉣ (나) – 관품을 기준으로 하되 인품도 고려하여 토지를 분급한다.

① ㉠, ㉡   ② ㉠, ㉣
③ ㉡, ㉢   ④ ㉡, ㉣

082
□□□

다음 중 고려시대의 토지와 지급된 대상을 바르게 연결한 것은?

① 군인전 – 경군에게 지급되었고, 세습이 가능하였다.
② 한인전 – 관청에서 필요한 경비를 마련하기 위한 수단으로 지급되었다.
③ 외역전 – 6품 이하의 관직에 오르지 못한 자에게 지급하였다.
④ 공해전 – 향리들에게 향역의 반대급부로 지급되었다.

083
□□□

다음 밑줄 친 인물에 대한 설명으로 옳은 것을 〈보기〉에서 고른 것은?

북계에 사는 직역이 없는 양인 박씨는 민전을 경작하며 생활을 하였다. 국가에서는 그의 민전을 새로 부임하는 병마사 최씨에게 과전으로 지급하였다. 양광도에 사는 직역이 없는 양인 김씨는 농토가 없어서 국유지를 빌려 생활을 하였다.

보기
- ㉠ 박씨는 최씨에게 수확량의 1/10을 바쳤다.
- ㉡ 병마사 최씨는 안찰사보다 지위가 높았다.
- ㉢ 김씨는 수확량의 1/4을 국가에 바쳤다.
- ㉣ 박씨와 김씨는 주현군에 편입되었다.

① ㉠, ㉢   ② ㉠, ㉣
③ ㉠, ㉡, ㉢   ④ ㉠, ㉡, ㉢, ㉣

084 고난도
□□□

㉠~㉣은 고려 시대에 국가가 시행한 토지 제도이다. 이에 대한 설명으로 옳지 않은 것은?

태조 23년에 처음으로 ㉠ 을/를 설정하여 조정의 관리들과 군사들에게 지급하였다. 경종 원년 11월에 비로소 직관과 산관 각 품의 ㉡ 을/를 제정하였다. 목종 원년 12월에 문무 관리와 군인, 한인에게 토지를 나누어 주는 것으로 토지 제도를 정비(㉢)하였다. 이후 문종 30년에 그간 정비를 거듭해 온 관제를 좀 더 세밀하게 정리하여 백관들에 대한 반열의 차서까지 정하고 있으며, 토지 제도를 재정비(㉣)하였다.

① ㉠ – 경기의 땅을 관리의 논공행상에 의해 지급하였다.
② ㉡ – 관리의 인품과 관품을 고려하여 녹봉이 적은 관리에게 경기 8현의 땅을 대상으로 전지와 시지를 처음으로 지급하였다.
③ ㉢ – 18품 외에 한외과를 지급하였고, 산관(散官)에게는 현직자에 비하여 몇 과를 낮추어 토지를 분급하였다.
④ ㉣ – 제1과(科)는 전지 100결, 시지 50결을 지급하였고 관리들에게 토지의 수조권 외에도 현물을 주는 녹봉 제도를 제정하였다.

02 경제 정책과 경제생활

10개년 단원별 출제 빈도 분석

국가직 9급	4회	숙종 대 경제(2013, 2017), 화폐(2017), 경제 생활(2022)
지방직 9급	1회	경제생활(2017)
소방직	0회	
계리직	0회	
법원직	0회	

대표 기출문제

국가직

□□□

⊙~㉣에 대한 설명으로 옳지 않은 것은? 2017. 하반기 국가직 9급

> 고려는 국가가 주도하여 산업을 재편하면서 ⊙ 경작지를 확대하고, ㉡ 상업과 수공업의 체제를 확립하여 안정된 경제 기반을 확보하였다. 또 ㉢ 수취 체제를 정비하면서 양전 사업을 실시하고 ㉣ 토지 제도를 정비하였다.

① ⊙ – 농민이 황무지를 개간하면 일정 기간 소작료나 조세를 감면해 주었고, 여러 수리 시설도 개축하였다.

② ㉡ – 개경에 시전을 만들어 관영 점포를 열었고, 소는 생산한 물품을 일정하게 공물로 납부하였다.

③ ㉢ – 국초부터 군현 단위로 20년마다 양전을 실시하여 1/10의 조세를 거두었다.

④ ㉣ – 경종 때의 전시과 제도는 문무 관리의 지위와 직역, 인품에 따라 전지와 시지를 지급하였다.

지방직

□□□

고려 시대의 수공업에 대한 설명으로 옳지 않은 것은?

2011. 지방직 9급

① 고려 시대의 수공업은 관청 수공업, 소(所) 수공업, 사원 수공업, 민간 수공업으로 구분할 수 있다.

② 중앙과 지방의 관청에서는 그곳에서 일할 기술자들을 공장안(工匠案)에 등록해 두었다.

③ 소(所)에서는 금, 은, 철 등 광산물과 실, 종이, 먹 등 수공업 제품 외에 생강을 생산하기도 하였다.

④ 고려 후기에는 소(所)에서 죽제품, 명주, 삼베 등 다양한 물품을 만들어 민간에 팔기도 하였다.

출제경향 고려의 경제 정책을 포괄적으로 이해하고 있는지 물어보는 문제이다. 고려의 경제 활동(농업, 상업, 수공업)과 국가적 차원의 토지 제도 및 수취 제도를 한 번에 정리해서 알아두자.

정답찾기 ③ 고려 태조 때 1/10의 조세를 거두었으나, 고려 초부터 양전 사업을 실시하지는 않았다.

선지분석 ① 고려 광종 때는 황무지[진전(陳田)] 개간을 장려하기 위하여 일정 기간 조세를 면제해 주었다.
② 개경에 시전을 설치하여 관허 상인들이 관청과 귀족을 상대로 물품을 판매하는 대신 국가에 상세를 납부하게 하였다.
④ 경종 때 실시된 시정 전시과(976)에서는 관등과 인품에 따라 전시과를 차등 지급하여 중앙 관료의 경제 기반을 마련하였다.

○ 정답 ③

출제경향 고려의 수공업을 이해하고 있는지 물어보는 문제이다. 이런 주제는 반드시 분류사로 고대 사회에서 조선 후기까지 정리하여 공부해 두는 것이 좋다.

정답찾기 고려 전기에는 관영 수공업과 소(所) 수공업이, 후기에는 사원 수공업과 민간 수공업이 발달하였다. 특히, 특수 행정 구역인 소(所)는 국가에 공물을 납부하기 위해 물품을 제조하였고, 주로 금·은·철·구리 등 각종 금속을 생산하였다.
④ 죽제품, 명주, 삼베 등 포목류는 주로 민간 수공업에서 이루어졌다.

○ 정답 ④

실전문제

085

□□□

다음 화폐가 사용된 시기의 경제 상황으로 옳지 않은 것은?

> 초기에는 은 1근으로 우리나라 지형을 본떠 만들었는데 그 가치는 포복 100필에 해당하는 고액이었다. 주로 외국과의 교역에 사용되었으며 후에 은의 조달이 힘들어지고 동을 혼합한 위조가 성행하자, 크기를 축소한 소은병을 만들었다.

① 중앙과 지방의 관청에서는 그곳에서 일할 기술자들을 공장안(工匠案)에 등록해 두었다.

② 소(所)에서는 금, 은, 철 등 광산물과 실, 종이, 먹 등 수공업 제품 외에 생강을 생산하기도 하였다.

③ 송나라와의 무역이 가장 활발하였는데 송 상인들은 쌀, 인삼, 화문석, 면포 등을 수입해 갔다.

④ 벽란도가 국제 무역항으로 번성했으며, 예성강 – 군산도 – 밍저우[明州] 노선이 가장 활발하게 이루어졌다.

086

□□□

다음과 같은 역사서가 편찬된 시기의 농업 발달에 대한 내용으로 옳은 것을 〈보기〉에서 모두 고르면?

> • 단군을 우리 민족의 시조로 여겨 단군 신화를 서술하였다.
> • 불교사를 중심으로 서술하였다.
> • '기이편'을 두어 우리 고유의 설화, 전래 기록 등을 서술하였다.

보기
> ㉠ 2년 3작의 윤작법이 점차 보급되었다.
> ㉡ 퇴비를 이용하면서 휴경지가 줄어들었다.
> ㉢ 우경에 의한 심경법이 확대되었다.
> ㉣ 이앙법이 전국적으로 확대되었다.

① ㉠, ㉡　　　　　② ㉡, ㉢
③ ㉠, ㉡, ㉢　　　④ ㉡, ㉢, ㉣

087

□□□

고려의 대외 무역에 대한 설명으로 옳은 것은?

① 고려와 가장 활발하게 교역을 한 나라는 일본이었다.

② 고려의 북진 정책으로 인해 여진과의 교류는 없었다.

③ 대식국인으로 불린 아라비아 상인들은 주로 요를 거쳐 고려와 교역하였다.

④ 고려는 송으로부터 비단, 약재, 책, 악기 등을 수입하였다.

088

□□□

(가)~(다)를 일어난 순서대로 바르게 나열한 것은?

> (가) 주전도감에서 아뢰기를, "나라 사람들이 비로소 전폐(錢幣) 사용의 이로움을 알아 편리하게 되었으니 바라건대 종묘에 고하소서."라고 하였다. 이 해에 또한 은병을 사용하여 화폐로 삼았는데, 그 제도는 은 1근으로 만들고, 형상은 우리나라 지형으로 하였으며, 속칭 활구라고 하였다.
>
> (나) 처음으로 직관과 산관 각 품의 전시과를 제정하였는데, 관품의 높고 낮음은 따지지 않고 단지 인품으로만 이를 정하였다.
>
> (다) 왕이 명하기를, "옛날에 소금을 전매하던 법은 국가 재정에 대비하려는 것이었다. 본국의 여러 궁원(宮院)·사사(寺社)와 권세가들이 사사로이 염분을 설치하여 그 이익을 독점하고 있으니 국가 재정을 무엇으로써 넉넉하게 할 수 있을 것인가? 이제 장차 내고·상적창·도염원·안국사 및 여러 궁원과 사사(社)가 소유한 염분을 모두 관에 납입시키도록 하라.

① (가) – (나) – (다)　　② (가) – (다) – (나)
③ (나) – (가) – (다)　　④ (나) – (다) – (가)

01 역사학, 유학, 한문학

10개년 단원별 출제 빈도 분석		
국가직 9급	6회	『삼국유사』(2013, 2019), 『삼국사기』와 『삼국유사』(2016), 진화(2018), 『제왕운기』(2020), 안향(2021)
지방직 9급	3회	『삼국유사』(2013), 『삼국사기』(2016, 2021)
소방직	0회	
계리직	3회	『삼국유사』(2021), 『삼국사기』와 『삼국유사』(2014), 안향(2019)
법원직	1회	『삼국유사』(2022)

대표 기출문제

국가직

밑줄 친 '이 책'에 대한 설명으로 옳은 것은? 2020. 국가직 9급

> 신(臣)이 이 책을 편수하여 바치는 것은 … (중략) … 중국은 반고부터 금국에 이르기까지, 동국은 단군으로부터 본조(本朝)에 이르기까지 처음 일어나게 된 근원을 간책에서 다 찾아보고 같고 다른 것을 비교하여 요점을 취하고 읊조림에 따라 상을 이루었습니다.

① 성리학적 유교 사관이 반영되어 대의명분을 강조하였다.
② 국왕, 훈신, 사림이 서로 합의하여 통사 체계를 구성하였다.
③ 원 간섭기에 중국과 구별되는 우리 역사의 독자성을 강조하였다.
④ 왕명으로 단군 조선에서 고려 말까지의 역사를 노래 형식으로 정리하였다.

지방직

다음 내용의 역사서에 대한 설명으로 옳은 것은?

2021. 지방직 9급

> 왕께서는 "우리나라 사람들은 유교 경전과 중국 역사에 대해서는 자세히 말하는 사람이 있으나 우리나라의 사실에 이르러서는 잘 알지 못하니 매우 유감이다. 중국 역사서에 우리 삼국의 열전이 있지만 상세하게 실리지 않았다. 또한, 삼국의 고기(古記)는 문체가 거칠고 졸렬하며 빠진 부분이 많으므로, 이런 까닭에 임금의 선과 악, 신하의 충과 사악, 국가의 안위 등에 관한 것을 다 드러내어 그로써 후세에 권계(勸戒)를 보이지 못했다. 마땅히 일관된 역사를 완성하고 만대에 물려주어 해와 별처럼 빛나도록 해야 하겠다."라고 하셨습니다.

① 불교를 중심으로 신화와 설화를 정리하였다.
② 유교적인 합리주의 사관에 따라 기전체로 서술되었다.
③ 단군 조선을 우리 역사의 시작으로 본 통사이다.
④ 진흥왕의 명을 받아 거칠부가 편찬하였다.

출제경향 고려 문화 파트에서 가장 자주 출제되는 것은 역사서이다. 『7대 실록』, 『삼국사기』, 『동명왕편』, 『해동고승전』, 『삼국유사』, 『제왕운기』, 『사략』은 정확하게 파악해 두고, 관련 역사서 사료들도 파악해 두도록 하자.

정답찾기 밑줄 친 '이 책'은 이승휴의 『제왕운기』(1287, 충렬왕 13년)이다. ③ 이승휴의 『제왕운기』는 단군을 민족의 시조로 서술하여 우리 역사를 중국사와 대등하게 파악하였으며, 요동 동쪽 지역을 중국과 다른 세계로 인식하여 우리 민족 문화의 독자성을 강조하였다.

선지분석 ① 이제현의 『사략』, ② 서거정의 『동국통감』, ④ 권제 등의 『동국세년가』(세종)에 대한 설명이다.

○ 정답 ③

출제경향 지방직에서도 국가직과 마찬가지로 역사서를 물어보는 문제가 자주 출제되고 있다. 각 역사서의 특징 및 주요 사료에 대해서 꼼꼼히 학습해 두도록 한다.

정답찾기 제시문은 김부식의 『삼국사기』(1145) 서문이다.
② 『삼국사기』는 유교의 도덕적 합리 사관에 입각하여 서술된 현존하는 가장 오래된 기전체 사서이다.

선지분석 ① 일연의 『삼국유사』(고려 충렬왕, 1281?), ③ 서거정의 『동국통감』(조선 성종), ④ 『국사』(신라 진흥왕, 545)에 대한 설명이다.

○ 정답 ②

실전문제

089 □□□

(가)와 (나)에 들어갈 역사서에 대한 설명으로 옳은 것은?

> • [(가)]은(는) 현존하는 우리나라의 가장 오래된 역사서로 고려 인종 때 편찬되었다. 본기 28권, 연표 3권, 지 9권, 열전 10권 등 총 50권으로 구성되어 있다.
> • [(나)]은(는) 충렬왕 때 한 승려가 일정한 역사 서술 체계에 구애받지 않고 자유로운 형식으로 저술한 역사서이다. 총 5권으로 구성되었으며, 왕력·기이·흥법·탑상·의해 등으로 구성되어 있다.

① (가) – 고조선의 역사를 중시하였다.
② (가) – 성리학적 유교사관이 반영되었다.
③ (나) – 현재 전하는 신라의 향가를 가장 많이 수록하고 있다.
④ (나) – 최초로 편년체와 강목체를 결합하여 서술하였다.

090 □□□

다음 내용의 역사서에 대한 설명으로 옳은 것은?

> 성상 폐하께서는 중국 요임금의 넓은 덕과 총명함을 타고 나시고 우임금의 부지런함과 검소함을 체득하시어, 나랏일로 바쁘신 와중에도 틈틈이 옛일을 두루 살펴보시고 이르시기를, "오늘날의 학사(學士)와 대부(大夫)가 5경(五經)·제자(諸子)의 책이나 진(秦)·한(漢) 역대의 역사에 대해서는 혹 널리 통하여 자세히 설명하는 자가 있으나, 우리나라의 일에 대해서는 도리어 아득하여 그 처음과 끝을 알지 못하니 매우 한탄스러운 일이다. 신라·고구려·백제가 나라를 세우고 솥발처럼 대립하면서 예를 갖추어 중국과 교통하였으므로, 범엽(范曄)의 『한서(漢書)』나 송기(宋祁)의 『당서(唐書)』에 모두 열전(列傳)을 두었는데, 중국의 일만을 자세히 기록하고 외국의 일은 간략히 하여 갖추어 싣지 않았습니다. 또한 그 고기(古記)라는 것은 글이 거칠고 졸렬하며 사적(事跡)이 누락되어 있어서, 임금된 이의 선함과 악함, 신하된 이의 충성과 사특함, 나라의 평안과 위기, 백성들의 다스려짐과 혼란스러움 등을 모두 드러내어 경계로 보이지 못하고 있다."라고 하셨습니다.

① 민간 설화와 신라의 향가 11수를 수록하였다.
② 묘청의 난이 진압된 직후에 왕명으로 편찬되었다.
③ 동명왕의 건국 설화를 5언시체로 재구성하여 서술하였다.
④ 민족 시조인 단군을 강조하고 발해에 대한 내용을 서술하였다.

091 □□□

다음 역사서에 대한 설명으로 옳은 것은?

> 대저 옛 성인들은 예(禮)·악(樂)으로써 나라를 흥륭시키고, 인의로 가르쳤으며, 괴상한 힘이나 난잡한 귀신을 말하지 아니하였다. 그러나 제왕들이 일어날 때는 …… 반드시 보통 사람보다 다른 것이 있은 뒤에 큰 변란 있는 기회를 타서 대기(大機)를 잡고 대업(大業)을 이루는 것이다. …… 삼국의 시조들이 모두 신기한 일로 태어났음이 어찌 괴이하겠는가. 이것이 신이(神異)로써 다른 편보다 먼저 놓는 까닭이다.

① 열전 부분에 백제인이나 고구려인보다 신라인의 비중이 많았다.
② 경주를 중심으로 한 신라 불교 관련 내용이 많다.
③ 교종의 입장에서 순도, 마라난타, 원광 등의 전기를 실었고, 발해 대조영을 고구려 장수로 저술하였으며 발해를 우리 역사로 처음 파악하였다.
④ 단군 신화를 기록하였고, 중국과 우리나라의 역사를 서사시로 표현하였다.

092 (고난도) □□□

다음 글에 나타난 역사관에 대한 설명으로 옳은 것을 〈보기〉에서 고른 것은?

> 동명왕의 일은 변화가 신이(神異)해서 사람들의 눈을 현혹하자는 것이 아니고, 실로 나라를 처음 일으킨 신성한 자취이니, 이것을 서술하지 않으면 후대 사람들이 장차 무엇을 볼 것인가? 그러므로 시를 지어 기록하노니, 우리나라가 본래 성인(聖人)의 고장임을 천하에 알리려 함이다.

보기
㉠ 우리의 고대사를 하늘[天]과 직결시키고자 하였다.
㉡ 단군 계승 의식을 반영하여 민족적 자주 의식을 고취하였다.
㉢ 민간의 전승 설화를 서사시로 엮어 자주적 국가 의식을 강조하였다.
㉣ 고구려와 신라를 이어받았다는 이중적인 계승 의식이 나타나 있다.

① ㉠, ㉡   ② ㉠, ㉢
③ ㉡, ㉢   ④ ㉡, ㉣

093

(가), (나)에는 각기 다른 역사 계승 의식이 나타나 있다. 이에 대한 설명으로 옳지 않은 것은?

> (가) 나는 삼한 산천 신령의 도움으로 왕업을 이루었다. 서경은 수덕(水德)이 순조로워 우리나라 지맥의 근본으로 되어 있으니 만대 왕업의 기지이다.
> (나) 경순왕이 왕건에게 귀순한 음덕에 힘입어 많은 신라 왕실의 외손들이 역대 고려의 왕이 되었다.

① (가)는 『동명왕편』에 반영되어 있다.
② (가)는 강동 6주를 확보하는 근거가 되었다.
③ (나)는 동경 건설의 사상적 배경이 되었다.
④ (나)를 표방한 대표적인 인물은 정지상이다.

094

밑줄 친 '이 인물'에 대한 설명으로 옳은 것은?

> 1541년 주세붕 공이 풍기 군수가 되어 이 인물을 기리기 위한 사당을 지었고 그 다음해에 사당 앞에 서원을 지었다.

① 최초의 성리학 입문서인 『학자지남도』를 편찬하였다.
② 충선왕이 세운 만권당에서 원의 학자들과 교류하였다.
③ 공민왕 때 중영(重營)된 성균관의 성균관 대사성에 임명되었다.
④ 충렬왕 때 성리학을 국내에 소개하였다.

095

고려 시대의 문학에 대한 설명으로 옳은 것은?

① 신라 시대의 향가가 계승되어 후기까지 지속적으로 발전하였다.
② 민간에 구전되는 이야기를 일부 고쳐 한문으로 기록한 패관 문학이 발달하였다.
③ 고려 후기에 형성된 경기체가는 민요를 바탕으로 한 민중들의 시가였다.
④ 고려 후기에 문인 화가들이 등장하면서 이규보, 이제현 등은 시화 분리론을 주장하였다.

096 고난도

다음 자료에서 추구하는 사상에 대한 설명으로 옳지 않은 것은?

> 성인의 도는 바로 현실 생활에서 윤리를 실천하는 것이다. 자식된 자는 효도하고, 신하된 자는 충성하고, 예의로 집안을 다스리고 …… 그런데 불교는 어떠한가. 부모를 버리고 집을 나서서 윤리를 파괴하니 이는 오랑캐 무리이다.
> 『회헌실기』

① 충렬왕 때 안향은 원에 갔다가 공자와 주자의 화상(畫像)을 그려와 고려에 이 사상을 보급하였다.
② 충렬왕 때 백이정은 주자의 『가례(家禮)』를 가지고 돌아와 이 사상을 본격적으로 연구하였다.
③ 안향과 백이정의 학통은 이제현에게 전승되었고, 이제현은 이색에게, 이색은 권근과 변계량에게 이 사상을 전수하였다.
④ 이제현은 만권당에서 원의 학자들과 교류하면서 이 사상에 대한 이해를 심화하였다.

02 불교 및 기타 종교

10개년 단원별 출제 빈도 분석

국가직 9급	1회	풍수지리 사상(2017)
지방직 9급	5회	의천(2014, 2017), 지눌(2016), 의천과 지눌(2017), 승려(2019)
소방직	3회	지눌(2018, 2020), 초조대장경(2019)
계리직	3회	의천(2016, 2018), 대장경(2019)
법원직	1회	의천과 지눌(2018)

대표 기출문제

국가직

□□□

고려 시대 불교에 대한 설명으로 옳지 않은 것은?

2015. 국가직 7급

① 국통 아래 주통과 군통 등의 승관을 두어 사찰과 승려를 관리하였다.
② 요세가 결사한 백련사는 법화 신앙을 내세운 천태종 계통의 신앙 단체였다.
③ 균여는 북악의 법손(法孫)으로서 북악을 중심으로 남악의 사상을 융합하였다.
④ 사찰에서는 토지와 노비를 소유하고 재산을 지키기 위해 승병을 양성하기도 하였다.

지방직

□□□

(가)~(다)와 설명이 옳게 짝지어진 것만 모두 고르면?

2020. 지방직 7급

> (가) 명예와 이익을 버리고 산림에 은둔하여 항상 선정을 익히고 지혜를 고루하기에 힘쓰며, 예불과 독경을 하고 나아가서는 노동에도 힘을 쏟자.
> (나) 불교를 행하는 것은 몸을 닦는 근본이며, 유교를 행하는 것은 나라를 다스리는 근원이니 몸을 닦는 것은 내생을 위한 것이며, 나라를 다스리는 것은 오늘의 할 일입니다.
> (다) 나는 옛날 공의 문하에 있었고 공은 지금 우리 수선사에 들어왔으니, 공은 불교의 유생이요, 나는 유교의 불자입니다. … (중략) … 유교와 불교는 다름이 없다고 보아야 하지 않겠습니까?

보기

㉠ (가) - 불교의 세속화에 반대하고 불교 본연의 자세를 찾으려 하였다.
㉡ (나) - 불교 행사를 장려하는 구실이 되었다.
㉢ (다) - 성리학 수용의 사상적 토대를 마련하였다.

① ㉠, ㉡   ② ㉠, ㉢
③ ㉡, ㉢   ④ ㉠, ㉡, ㉢

출제경향 지방직에서도 자주 출제되는 주제이다. 동시대의 인물을 비교해서 물어보는 문제뿐만 아니라 전(全) 시대의 주요 불교·유교 관련 인물을 물어보기도 한다.

정답찾기 (가) 지눌의 『권수정혜결사문』, (나) 최승로의 시무 28조, (다) 혜심의 유·불 일치설
㉠ 지눌은 불교의 세속화에 반대하고, 승려 본연의 자세로 돌아가 독경과 선수행, 노동에 고루 힘쓰자는 개혁 운동인 수선 결사를 조직하였다.
㉢ 혜심은 유·불 일치설을 주장하며 심성의 도야를 강조하였고 장차 성리학을 수용할 수 있는 사상적 토대를 마련하기도 하였다.

선지분석 ㉡ 고려 성종 때 최승로의 시무 28조를 받아들여 연등회·팔관회와 같이 비용이 많이 드는 불교 행사는 축소하였다.

○ 정답 ②

출제경향 고려 불교 역시 국가직·지방직 모두 자주 출제되는 주제이다. 균여, 의천, 지눌, 요세, 혜심, 보우의 불교 활동을 사료와 함께 정확히 파악해 두어야 한다.

정답찾기 ① 신라 진흥왕 때 고구려 승려 혜량을 맞아 불교 교단을 조직하여 국통·주통·군통 제도를 시행하였다.

○ 정답 ①

실전문제

097

밑줄 친 '스님'에 대한 설명으로 옳은 것을 〈보기〉에서 모두 고른 것은?

스님은 북악(北岳)의 법통을 이으신 분이다. 스님은 항상 남악과 북악의 종지(宗旨)가 서로 모순되며 분명해지지 않음을 탄식하여, 많은 분파가 생기는 것을 막아 한 길로 모이기를 바랐다. 그래서 스님은 수좌 인유(仁裕)와 가까이 사귀어 명산을 유람하고, 절을 왕래하면서 불법의 북을 울리고, 불법의 깃대를 세워, 불문의 젊은 학자들이 자신을 따르도록 하였다.

[보기]
㉠ 『목우자수심결』을 지어 마음을 닦고자 하였다.
㉡ 『천태사교의』를 저술하였다.
㉢ 성상융회를 주창하였다.
㉣ 향가 『보현십원가』를 지어 불교의 대중화에 기여하였다.

① ㉠, ㉡
② ㉡, ㉢
③ ㉡, ㉣
④ ㉢, ㉣

098

다음 밑줄 친 '나'와 관련된 내용으로 옳은 것을 〈보기〉에서 고른 것은?

지승법사의 호법(護法)하는 뜻을 본받아 교장(教藏)을 널리 찾아내는 것을 나의 책임으로 삼았다. …… 여러 종파의 의소(義疏)를 얻게 되면, 감히 사사로이 비장(秘藏)하지 않고 간행했으며, 책을 낸 후에 새로 발견된 것이 있으면 그 뒤에 계속해서 수록하고자 하였다. 이렇게 편집된 권질이 삼장(三藏)의 정문(正文)과 더불어 무궁하게 전해져 내려감이 나의 소원이다.

[보기]
㉠ 교관겸수와 성상겸학을 주장하였다.
㉡ 법안종을 수입하여 흥왕사를 중심으로 선종을 통합하려고 하였다.
㉢ 자신의 본성을 단번에 깨달은 후, 마음의 번뇌를 제거하도록 꾸준히 수행해야 한다고 주장하였다.
㉣ 문종의 아들로 출가한 이후 원효의 화쟁사상을 계승하였다.

① ㉠, ㉡
② ㉡, ㉢
③ ㉢, ㉣
④ ㉠, ㉣

099

다음 자료와 관련된 인물에 대한 설명으로 옳은 것은?

전에는 제가 공(公)의 문하에 있었지만 지금은 공이 우리 절에 왔으니, 공은 불교의 유생이고 저는 유교의 불자입니다. 서로 손님과 주인이 되고 스승과 제자가 되는 것은 옛날부터 있었던 일입니다. 불교와 유교는 그 이름만을 생각한다면 아주 다르지만, 그 실제를 알면 다른 것이 아닙니다.

① 성속무애 사상을 주장하여 사상의 통합을 시도하였다.
② 송·요·일본의 불교 서적을 모아 『신편제종교장총록』을 간행하였다.
③ 지눌의 제자로 『선문염송』을 저술하였다.
④ 화쟁사상을 주장하여 종파 통합을 시도하였다.

100 [고난도]

(가)와 (나)의 인물에 대한 〈보기〉의 설명으로 옳은 것은?

(가) 왕의 아들이었지만 스승을 좇아 출가(出家)하여 영통사(靈通寺)에 살면서 『화엄경(華嚴經)』을 업으로 삼고 곧 오교(五敎)에 통달하게 되었다.
(나) 한마음[一心]을 깨닫지 못하고 한없는 번뇌를 일으키는 것이 중생인데, 부처는 이 한마음을 깨달았다. 깨닫는 것과 깨닫지 못하는 것은 오직 한마음에 달려 있으니 이 마음을 떠나서 따로 부처를 찾을 수 없다.

[보기]
㉠ (가)는 국청사에서 해동 천태종을 창시하였다.
㉡ (나)는 강진에 백련사를 결사하여 법화 신앙을 내세웠다.
㉢ (가)는 불교계의 폐단을 개혁하기 위해 9산 선문의 통합을 주장하였다.
㉣ (나)는 송광사에서 『권수정혜결사문』을 통해 불교계의 개혁을 주장하였다.

① ㉠, ㉡
② ㉠, ㉢
③ ㉠, ㉣
④ ㉡, ㉣

101

□□□

다음 자료의 인물에 대한 설명으로 옳은 것은?

> 대사는 『묘종』을 설법하기 좋아하여 언변과 지혜가 막힘이 없었고 대중에게 참회 수행을 권하였다. …… 왕공대인과 지방 수령, 높고 낮은 사부 대중 가운데 결사에 들어온 자들이 300여 명이나 되었고, 가르침을 여기저기 전도하여 좋은 인연을 맺은 자들이 헤아릴 수 없이 많았다.
> 　　　　　　　　　　　　　　　　　　　『동문선』

① 부석사에서 화엄 사상을 바탕으로 관음 신앙을 중시하였다.

② 보현도량을 개설하고 정토왕생을 중심으로 한 법화 신앙을 강조하였다.

③ 아미타 신앙을 전도하며 불교 대중화의 길을 열었다.

④ 단번에 깨달은 뒤 꾸준히 수행해야 한다는 돈오점수를 주장하였다.

102 (고난도)

□□□

다음 ㉠, ㉡에 대한 설명으로 옳은 것은?

> 심하도다. 달단의 환란이여. 잔인한 것은 말할 것도 없고, 지극히 어리석기는 짐승보다 심하니, 어찌 천하에서 공경하는 바를 알겠으며, 불법(佛法)이 있음을 알겠습니까? 그들은 지나가는 곳마다 불상과 불서를 모두 불태워 ㉠부인사에 소장된 대장경 판본도 남기지 않고 쓸어버렸습니다. …… 이런 큰 보물이 없어졌는데 어찌 감히 역사(役事)가 클 것을 염려하며, ㉡고쳐 만드는 일을 주저할 수 있겠습니까?
> 　　　　　　　　　　　　　이규보, 『동국이상국집』

① ㉠ – 경(經) · 율(律) · 논(論) 삼장으로 구성된 불교 경전으로, 거란의 침입을 물리치기 위해 간행되기 시작하였다.

② ㉡ – 송과 요로부터 경전에 대한 주석서들을 모아 몽골 침입기에 만들었다.

③ ㉠ – 교장도감에서 판각을 전담하였다.

④ ㉡ – 강화도에서 완성되었으며, 원 간섭기에 해인사로 옮겨 보관되었다.

103 (고난도)

□□□

(가), (나)에 대한 설명으로 옳은 것을 〈보기〉에서 고른 것은?

> 김위제가 (가)도선의 술법을 공부한 후, 남경 천도를 청하며 다음과 같은 글을 올렸다. "『도선기』에는 '고려 땅에 세 곳의 수도가 있으니, 송악이 중경(中京), 목멱양이 [(나)], 평양이 서경(西京)이다. 11 · 12 · 1 · 2월은 중경에서, 3~6월은 [(나)]에서, 7~10월은 서경에서 지내면 36개국이 와서 조공할 것이다.'라고 했습니다. 또 '나라를 세운 지 160여 년 후에 목멱양에 도읍한다.'고도 했습니다. 그러므로 지금이 바로 새 수도를 돌아보시고 그곳으로 옮기실 때라고 봅니다."

<보기>

㉠ (가) – 신라 말 신라 중앙 정부의 권위를 약화시키는 역할을 하였다.

㉡ (가) – 공민왕과 우왕 때 한양 천도 주장의 근거가 되었다.

㉢ (나) – 이곳에 분사 제도를 두었고, 문종 때는 남경개창도감을 설치하였다.

㉣ (나) – 조선은 이곳으로 수도를 옮긴 이후 줄곧 이곳을 수도로 택하였다.

① ㉠ 　　　　　　　　　② ㉠, ㉡

③ ㉠, ㉢, ㉣ 　　　　　④ ㉠, ㉡, ㉢, ㉣

□□□

104 (고난도)

다음 자료 속에 보이는 사상과 관련되어 옳은 것을 〈보기〉에서 고른 것은?

> 을사년 8월 12일 영동대장군 백제 사마왕은 상기의 금액으로 매주(賣主)인 토왕(土王), 토백(土伯), 토부모(土父母), 상하 2,000석 이상의 여러 관리에게 문의하여 신지(申地)를 매입해서 능묘를 만들었기에 문서를 작성하여 명확한 증험으로 삼는다.

<보기>

㉠ 수나라는 천존상과 도사들을 정식으로 보내주었고 그 결과 『도덕경』을 강론하였다.

㉡ 고려 예종 때 복원궁이라는 도관을 세우고 국가 안녕과 왕실 번영을 기원하였다.

㉢ 고려 때 도사가 초제를 주관하면서 교단이 성립되었고, 민간 신앙으로 널리 퍼졌다.

㉣ 조선 초기에는 소격서라는 관청을 두고 일월성신에 대한 제사로서 초제를 주관하게 했다.

① ㉠, ㉡ 　　　　　　　② ㉡, ㉢

③ ㉡, ㉣ 　　　　　　　④ ㉢, ㉣

03 예술

대표 기출문제

국가직

□□□

다음 설명에 해당하는 문화유산은?

2022. 국가직 9급

> 이 건물은 주심포 양식에 맞배지붕 건물로 기둥은 배흘림 양식이다. 1972년 보수 공사 중에 공민왕 때 중창하였다는 상량문이 나와 우리나라에서 가장 오래된 목조 건물로 보고 있다.

① 서울 흥인지문
② 안동 봉정사 극락전
③ 영주 부석사 무량수전
④ 합천 해인사 장경판전

출제경향 고려의 건축 양식은 꼭 알아두어야 한다. 고려의 건축 양식(주심포 양식, 다포 양식, 배흘림기둥, 맞배지붕, 팔작지붕)을 정확하게 파악하고, 나아가 금속 활자, 도자기 등도 조선 건축과 함께 정리해서 지엽적인 문제에도 대비할 수 있게 하자.

정답찾기 제시문은 우리나라에서 가장 오래된 목조 건물인 안동 봉정사 극락전에 대한 설명이다.

○ 정답 ②

지방직

□□□

다음의 역사적 사실과 시기적으로 가장 가까운 것은?

2010. 지방직 9급

> 목판 인쇄술의 발달, 청동 주조 기술의 발달, 인쇄에 적합한 먹과 종이의 제조 등이 어우러져 세계 최초로 금속 활자를 주조하여 『고금상정예문』을 인쇄하였다.

① 난립한 교종의 종파를 화엄종 중심으로 재확립하기 위해 균여를 귀법사의 주지로 임명하였다.
② 삼별초는 개경 환도에 반대하여 반기를 들었으며, 진도로 거점을 옮겨 항몽전을 전개히였다.
③ 사림원을 설치하여 개혁 정치를 추진하고, 관료 정치를 회복하기 위해 관제를 바꾸었다.
④ 화약 무기의 필요성을 절감하고, 화통도감을 설치하여 각종 화약 무기를 제조하였다.

출제경향 특정 시대와 관련된 지문을 통해 그 시기의 정치·경제·사회·문화를 물어보는 문제 유형은 더 이상 강조하지 않아도 공무원 시험의 기본 출제 유형인 점을 다들 알고 있을 것이다. 『선우한국사 연결고리』를 통해 이러한 고난도 문제에 미리 대비해 두어야 한다.

정답찾기 제시문은 13세기 최우 정권 때의 상황이다. 제시문의 역사적 사실과 가장 가까운 시기는 ② 무신들의 마지막 저항인 삼별초의 저항기(1270~1273)이다.

선지분석 ① 고려 전기(광종), ③ 원 간섭기(충선왕), ④ 고려 말(우왕)의 사실이다.

○ 정답 ②

실전문제

105

(가)~(라) 불상에 대한 설명으로 옳지 않은 것은?

① (가) - 고려 전기에 철로 만들어진 불상이다.
② (나) - 부석사 무량수전에 있는 고려 전기 불상으로 신라 불상 양식을 계승하였다.
③ (다) - 고려 시대의 석불로 현세에서 고난을 구제받으려는 관음신앙과 관련이 깊다.
④ (라) - 고려 전기 지방문화의 한 모습으로 천연암벽에 불상 조각을 적절히 활용하였다.

106

고려 시대의 건축과 조형 예술에 대한 설명으로 옳지 않은 것은?

① 초기에는 하남 하사 창동 철불 같은 대형 철불이 많이 조성되었다.
② 지역에 따라서 고대 삼국의 전통을 계승한 석탑이 조성되기도 하였다.
③ 팔각 원당형의 승탑이 많이 만들어졌는데, 그 대표적인 예로 법천사 지광국사 현묘탑을 들 수 있다.
④ 안동 봉정사의 극락전은 지금 남아 있는 고려 시대 건물 가운데 가장 오래된 것이다.

107

다음 (가), (나)에 대한 설명으로 옳지 않은 것은?

(가)	(나)

① (가)는 송의 영향을 받은 탑으로, 다각 다층 석탑의 특징을 가지고 있다.
② (나)는 원의 영향을 받은 대리석 탑으로, 조선 세조 때 세워진 원각사지 10층 석탑에 영향을 주었다.
③ (가)가 있는 사찰 부근에 조선 광해군 때 사고가 세워졌다.
④ (나)는 일제 강점기에 일본으로 반출되었다가 해방 후 반환되었다.

108

㉠과 ㉡의 설명에 해당하는 건축물로 〈보기〉에서 옳게 고른 것은?

공포를 기둥 위에만 배치하는 (㉠) 양식은 고려 시대의 일반적 건축 양식이었다. 공포를 기둥과 기둥 사이에도 배치하는 (㉡) 양식 건물은 고려 후기에 등장하지만 조선 시대에 널리 유행하였다.

[보기]
(가) ㉠ - 팔작지붕의 부석사 무량수전
(나) ㉠ - 맞배지붕의 봉정사 극락전
(다) ㉡ - 맞배지붕의 성불사 응진전
(라) ㉡ - 팔작지붕의 심원사 보광전

① (가), (나)   ② (가), (다)
③ (가), (다), (라)   ④ (가), (나), (다), (라)

선우빈
선우한국사
기적의
단원별
300제

PART

04

근세 사회

01 정치

01 여말 선초 상황 및 전기 주요 왕들의 업적

10개년 단원별 출제 빈도 분석

국가직 9급	4회	정도전(2017), 중종(2018), 성종(2019), 세조(2021)
지방직 9급	8회	한양(2017), 정도전(2019), 세종(2013, 2016, 2019, 2020, 2022), 명종(2020)
소방직	3회	태종(2020), 세종(2018, 2019)
계리직	0회	
법원직	5회	태종(2017, 2022), 세종(2014), 세조(2022), 명종(2019)

대표 기출문제

국가직

(가)를 편찬한 왕대에 일어난 사실로 옳은 것은?

2020. 국가직 7급

S# 15. 어전 회의

국왕 : 짐이 오랫동안 농사에 관심을 두고 있어 옛글의 농사짓는 방법에도 관심이 있었소. 그런데, 옛글에 있는 방법으로 농사를 지으니 지방에 따라 농사가 잘 되는 곳과 안 되는 곳이 있다는 보고가 있었소. 짐의 생각으로는 지방마다 풍토가 달라 곡식을 심고 가꾸는 데 각기 맞는 방법이 있을 것 같은데, 이를 알아낼 방도를 말해 보시오.

신하 1 : 여러 도의 감사에게 명하여 고을의 나이 많은 농부에게 물어 이미 그 효과가 입증된 것을 아뢰도록 하는 것이 어떨까 합니다.

국왕 : 아주 좋은 생각이오. 그렇게 수집된 것 중 중요한 것을 추려서 편찬하고 책의 제목을 ___(가)___(이)라고 하는 것이 어떻겠소?

신하 2 : 어명을 받들어 책을 편찬하도록 하겠습니다.

국왕 : 편찬된 책은 각 도의 감사와 2품 이상에게 나누어 주어 백성에 도움이 되게 하라.

① 대보단을 설치하였다.
② 구리로 만든 계미자를 주조하였다.
③ 여민락 등을 짓고 정간보를 창안하였다.
④ 기유약조를 맺고 일본과의 무역을 허용하였다.

지방직

밑줄 친 '왕'의 업적으로 옳은 것은?

2022. 지방직 9급

풍토에 따라 곡식을 심고 가꾸는 법이 다르니, 고을의 경험 많은 농부를 각 도의 감사가 방문하여 농사짓는 방법을 알아본 후 아뢰라고 왕께서 명령하셨다. 이어 왕께서 정초와 변효문 등을 시켜 감사가 아뢴 바 중에서 꼭 필요하고 중요한 것만을 뽑아 『농사직설』을 편찬하게 하셨다.

① 공법을 제정하였다.
② 한양으로 도읍을 옮겼다.
③ 『경국대전』을 완성하였다.
④ 조광조를 등용하여 개혁 정치를 실시하였다.

출제경향 중앙 집권 체제를 마련한 조선 전기 주요 왕들의 업적을 물어보는 문제는 국가직·지방직에서 자주 출제된다. 특히 태조, 태종, 세종, 세조, 성종의 업적을 물어보는 문제가 출제되니 정확히 정리해 두도록 하자. 2019년에는 성종(국가직 9급), 명종(국가직 7급), 세종(지방직 9급)이 출제되었다.

정답찾기 (가)는 세종 때 편찬된 『농사직설』이다.
③ 세종은 백성과 더불어 즐거움을 함께 나눈다는 뜻을 가진 여민락을 만들었으며, 정간보라는 악보를 창안하였다.

선지분석 ① 숙종, ② 태종, ④ 광해군의 업적이다.

○ 정답 ③

출제경향 국가직과 마찬가지로 중앙 집권 체제를 마련한 조선 전기 주요 왕들의 업적을 물어보는 문제가 많이 출제되었다. 특히 세종의 업적을 묻는 문제의 출제 비중이 아주 높았다.

정답찾기 제시문은 세종 때 편찬된 『농사직설』에 대한 내용으로, 밑줄 친 '왕'은 세종이다.
① 세종 때 공법을 제정하여, 토지 비옥도에 따라 전분 6등법, 매년 풍흉의 정도에 따라 연분 9등법을 실시하였다.

선지분석 ② 태조, ③ 성종, ④ 중종에 대한 설명이다.

○ 정답 ①

실전문제

109 □□□

조선 건국 과정을 순서대로 바르게 나열한 것은?

> (가) 요동 정벌론에 반대한 이성계는 정벌군이 압록강 하류 위화도에 이르자 진군을 멈추고 좌군도통사 조민수와 상의하여 위화도에서 군대를 돌렸다.
>
> (나) 지금 요동을 정벌하는 것은 네 가지로 불가한 점이 있습니다. 소(小)로써 대(大)를 거역하는 것이 첫째요, 여름에 군대를 동원하는 것이 그 둘째입니다.
>
> (다) 우왕과 창왕은 공민왕의 자식이 아닌 신돈의 자식이므로 폐하고, 진짜 고려 왕씨를 왕으로 삼겠다.
>
> (라) 경기는 사방의 근본이니 마땅히 과전을 설치하여 사대부를 우대한다. 무릇 서울에 거주하여 왕실을 시위하는 자는 현·퇴직자를 막론하고 과에 따라 과전을 받는다. …… 전객(佃客)은 자기의 경작지를 멋대로 타인에게 팔거나 증여할 수 없다.

① (가) - (나) - (다) - (라)
② (가) - (다) - (나) - (라)
③ (나) - (가) - (다) - (라)
④ (나) - (가) - (라) - (다)

110 □□□

다음은 어느 책의 목차이다. 이 책을 저술한 인물에 대한 설명으로 옳은 것은?

> 목차
> 1. 불씨(佛氏)가 말한 윤회설에 대한 변
> 2. 불씨가 말한 인과설에 대한 변
>   :
> 7. 불씨가 인륜을 버림에 대한 변

① 전민변정도감을 설치하여 과전법을 실시하였다.
② 『경제육전』을 저술하여 재상 중심의 정치를 주장하였다.
③ 『진도』를 작성하여 이방원, 조준과 함께 요동수복을 주장하였다.
④ 『조선경국전』을 편찬하여 왕조의 통치 규범을 마련하였다.

111 □□□

고려 말에서 조선 초에 있었던 요동 정벌 운동을 설명한 것으로 옳지 않은 것은?

① 우왕 때 명이 철령위 설치를 통보해 오자, 최영은 요동을 공격할 계획을 세웠다.
② 최영은 즉각 출병을 주장한 데 반해 이성계는 출병에 반대하였다.
③ 조선 건국 직후 태조 이성계는 정도전의 요동 정벌 운동을 지지하였다.
④ 정도전은 『병장도설』을 작성하여 요동 정벌을 계획하였다.

112 □□□

(가)~(라) 시기의 역사적 사실로 적절하지 않은 것은?

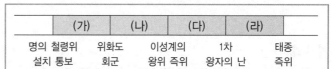

	(가)	(나)	(다)	(라)	
명의 철령위 설치 통보		위화도 회군		이성계의 왕위 즉위	1차 왕자의 난	태종 즉위

① (가) - 우왕과 최영이 요동 수복 운동을 추진하였다.
② (나) - 정도전이 급전도감을 설치하고 과전법을 실시하였다.
③ (다) - 명은 정도전을 '조선의 화근'이라며 명으로 압송할 것을 요구하였다.
④ (라) - 이방원은 1차 왕자의 난 때 정도전, 박포 등을 제거하였고, 중앙 집권 체제의 강화를 위한 제도 개혁을 추진하였다.

113

□□□

다음 정책을 추진한 국왕 대에 있었던 사실로 옳은 것은?

이제 계본(啓本)의 뜻이 본래 백성을 위하는 일에 관계되므로 나는 지나치다고 생각하지 아니한다. …… 내가 공법을 행하고자 한 것이 이제 20여 년이고, 대신들과 모의한 것도 이미 6년이었다. 공법을 이제 정하였으나 오히려 백성에게 불편이 있을까 염려하는 까닭으로, 이제 전라·경상도에만 행하여 그 편리한 여부를 시험하게 하였다.

① 사형의 판결에는 삼복법을 적용하였다.
② 주자소를 설치하여 계미자를 주조하였다.
③ 국방력 강화를 위해 진관체제를 실시하였다.
④ 육전상정소를 설치하고 『경국대전』을 편찬하기 시작하였다.

114

□□□

㉠과 ㉡ 사이 시기의 왕의 업적으로 옳지 않은 것은?

㉠ 의정부 설치
㉡ 『의방유취』 편찬

① 현존하는 동양 최고의 세계지도를 편찬하였다.
② 호적 제도를 정비하고 호패법을 실시하였다.
③ 억울하게 공노비가 된 자를 조사하여 해방시켰다.
④ 재가녀 자손의 관리 등용을 제한하는 법을 공포하였다.

115

□□□

다음과 같은 명령을 내린 국왕의 재위 기간에 있었던 일로 옳은 것은?

국가에 반역한 큰 도적인 임꺽정 등이 이제 모두 잡혀 내 마음이 매우 기쁘다. 토포사 남치근, 군관 곽순수·홍언성 및 전 사복(司僕) 윤임에게 각각 한 자급씩을 더해 주고, 종사관 한홍제와 박호원에게는 각각 말을 내려 주라.

① 삼포에서 일본 거류민들이 폭동을 일으켰다.
② 대비의 복상 문제로 두 차례의 예송이 전개되었다.
③ 현직 관료에게만 과전을 지급하는 직전제를 도입하였다.
④ 불교의 선·교 양종을 부활시키고 승과를 다시 설치하였다.

116 고난도

□□□

(가)~(라) 시기의 사실로 옳은 것을 〈보기〉에서 고른 것은?

	(가)	(나)	(다)	(라)	
세종 즉위	문종 즉위	성종 즉위	중종 즉위	명종 즉위

보기
㉠ (가) - 숭유억불정책에 의해 간경도감과 도첩제를 폐지하였다.
㉡ (나) - 고조선에서 고려까지의 전쟁사인 『동국병감』을 편찬하였다.
㉢ (다) - 음악 백과사전인 『악학궤범』과 음악 악보인 합자보를 편찬하였다.
㉣ (라) - 주세붕이 안향을 모시는 백운동 서원을 만들었다.

① ㉠, ㉡   ② ㉠, ㉣
③ ㉡, ㉣   ④ ㉢, ㉣

02 중앙 · 지방 · 군사 · 과거 제도

10개년 단원별 출제 빈도 분석

국가직 9급	3회	전기 중앙 정치(2015, 2022), 정치 제도(2019)
지방직 9급	1회	사헌부(2021)
소방직	1회	수령(2021)
계리직	0회	
법원직	5회	중앙 통치 체제(2017, 2020), 삼사(2013, 2015), 유향소(2022)

대표 기출문제

국가직

다음은 어떤 인물에 대한 연보이다. 밑줄 친 ㉠~㉣의 설명으로 옳은 것은?

2019. 국가직 9급

> 1566년(31세) ㉠ 사간원 정언에 제수되다.
> 1568년(33세) ㉡ 이조 좌랑이 되었으나 외할머니 이씨의 병환 소식을 듣고 사퇴하다.
> 1569년(34세) 동호독서당에 머물면서 『동호문답』을 찬진하다.
> 1574년(39세) ㉢ 승정원 우부승지에 제수되어 「만언봉사」를 올리다.
> 1575년(40세) ㉣ 홍문관 부제학에서 사퇴하고 『성학집요』를 편찬하다.

① ㉠ - 왕명을 출납하면서 왕의 비서 기관의 업무를 하였다.
② ㉡ - 삼사의 관리를 추천하는 권한이 있었다.
③ ㉢ - 왕의 정책을 간쟁하고 관원의 비행을 감찰하였다.
④ ㉣ - 서적 출판 및 간행의 업무를 전담하였다.

지방직

(가)에 들어갈 기구로 옳은 것은?

2021. 지방직 9급

> • 무릇 관직을 받은 자의 고신(임명장)은 5품 이하일 때는 (가) 과/와 사간원의 서경(署經)을 고려하여 발급한다.
> • (가) 는/은 시정(時政)을 논하고, 모든 관원을 규찰하며, 풍속을 바르게 하는 등의 일을 맡는다. 『경국대전』

① 사헌부   ② 교서관
③ 승문원   ④ 승정원

출제경향 국가직 · 지방직에서 자주 출제되는 주제이다. 중앙 제도, 지방 제도, 군사 제도, 교통 · 통신 제도, 과거 · 교육 제도를 꼼꼼하게 알아두어야 한다.

정답찾기 제시문은 율곡 이이의 연보이다.
② 이조 좌랑과 이조 전랑은 3사의 관리 임명권과 자기 후임자 추천권(자대낭천권), 당하관 청직의 후보자를 추천하는 통청권도 가지고 있었다.

선지분석 ① 사간원은 정책 결정과 정책 집행 과정의 착오와 부정을 막기 위하여 언관으로서 왕에 대한 간쟁을 맡아보았다. 왕의 비서 기관의 업무를 담당한 것은 승정원이다.
③ 왕에 대한 간쟁을 담당한 것은 사간원이고, 관리에 대한 감찰을 담당한 것은 사헌부이다.
④ 홍문관은 궁중의 경서(經書) · 사적(史籍)의 관리, 문한(文翰) 처리, 경연 관장, 왕의 학문적 자문에 응하는 고문 역할을 담당하였다. 서적 출판 및 간행의 업무를 전담한 것은 교서관이다.

○정답 ②

출제경향 지방직에서도 조선의 중앙 정치 제도에 대한 문제가 자주 출제된다. 각 관청의 주요 업무에 대해서도 확실히 알아두는 것이 필요하다.

정답찾기 (가)는 사헌부이다.
① 사헌부는 감찰 기관으로서 시정을 논하고, 관리를 규찰하며, 풍속의 교정을 맡았고, 사간원과 함께 서경의 권한을 가지고 있었다.

선지분석 ② 교서관은 조선 시대 인쇄소의 역할을 하던 기관이다.
③ 승문원은 조선 시대 외교 문서를 작성하던 기관이다.
④ 승정원은 조선 시대 왕명의 출납을 맡은 국왕의 비서 기관이다.

○정답 ①

실전문제

117

조선 시대 관계(官階)에 대한 설명으로 옳은 것은?

① 재상은 정2품 이상으로, 주요 관청의 최고 책임직을 겸임하였다.

② 당상관은 정2품 이상으로, 왕과 함께 정책을 논의하였다.

③ 참상관은 종6품 이상으로, 월 4회 개최되는 조참에 참가할 수 있었다.

④ 당하관은 근무 일수에 관계없이 왕의 명령에 따라 승진되었다.

119

(가)~(다) 통치 기구에 관한 설명으로 가장 옳지 않은 것은?

> (가) 시정을 논하여 바르게 이끌고, 모든 관원을 살피며, 풍속을 바로잡고, 원통하고 억울한 일을 밝히며, 건방지고 거짓된 행위를 금하는 등의 일을 맡는다.
>
> (나) 임금에게 간언하고, 정사의 잘못을 논박하는 직무를 관장한다.
>
> (다) 궁궐 안에 있는 경적(經籍)을 관리하고, 문서를 처리하며, 왕의 자문에 대비한다. 모두 경연(經筵)을 겸임한다.
>
> 『경국대전』

① (가)는 발해의 중정대와 비슷한 기능을 수행하였다.

② (나)는 고려의 중서문하성의 낭사를 태종이 독립적인 관청으로 만들었다.

③ (다)는 집현전을 계승하여 설치하였으며 옥당으로 일컬어졌다.

④ (가), (나), (다)는 삼사로 불리었으며 5품 이하의 관리에 대한 서경권을 가지고 있었다.

118

다음 표는 조선의 중앙 정치 기구와 직무에 관한 설명이다. 옳지 않은 것은?

관부	직무
승정원	㉠ 왕명 출납, 비서 기능
홍문관	㉡ 궁중 도서 관리, 경연
예문관	㉢ 국왕 교서 작성
교서관	㉣ 외교 문서 작성

① ㉠

② ㉡

③ ㉢

④ ㉣

120

다음 조선 시대 지방 통치 조직에 관한 설명 중 옳지 않은 것은?

① 수령은 자기 출신 지역에 부임하지 못하였으며, 각 도에는 관찰사를 파견하여 수령의 업무 성적을 평가하였다.

② 지방의 각 군·현 단위에는 중앙 6조를 모방한 6방을 두고 토착 세력인 향리가 근무하였다.

③ 군현 밑에는 면, 리, 통을 두고 다섯 집을 1통으로 편제하였다.

④ 사족(士族) 세력이 강한 지역에는 그 지역의 주민을 토관(土官)으로 임명하였다.

121

(가)에 대한 설명으로 옳은 것은?

> 지금까지 고을에서 백성을 예속(禮俗)으로 이끈 사람이 몇이나 되는가. 수령은 장부 처리에 바빠서 그럴 틈이 없었고, 선비들은 풍속을 교화시킬 방법은 있었으나 지위가 없어서 사람들이 따르지 않았다. 이제 우리 전하께서 진에 폐지되었던 ___(가)___ 를(을) 다시 두게 하셨으니, 나이와 덕망이 높은 자를 추대하여 좌수(座首)라고 일컫고, 그 다음을 별감(別監)이라고 일컬었다.

① 불교 신앙 조직이자 동계 조직이었다.
② 향리를 규찰하기 위해 예종 때 처음 설치되었다.
③ 유향품관을 중심으로 선현에 대한 제사와 교육을 담당하였다.
④ 재지사족들은 이곳을 통해 조세의 부과와 수세 과정에 관여하였다.

122

조선 전기의 군사제도에 대한 설명으로 옳지 않은 것은?

① 오위도총부가 군무를 통괄하였다.
② 지방의 주요 거점을 중심으로 진관을 편제하였다.
③ 양반, 고급 관료의 자제, 종친은 군역에서 면제되었다.
④ 잡색군은 생업에 종사하다가 일정 기간 군사 훈련을 받았다.

123

조선의 관리 등용제도에 대한 설명 중 옳지 않은 것은?

① 문과와 무과, 잡과 등이 있었고, 간단한 시험을 치러 하급 관원을 선발하는 취재도 시행되었다.
② 진사과는 한문학에 뛰어난 인재를, 생원과는 유교 경전에 뛰어난 인재를 선발하였다.
③ 3년마다 시행하는 정기 시험인 식년시 외에도 증광시, 알성시 등의 부정기 시험이 있었다.
④ 무과는 주로 서얼과 중간 계층이 응시하였고 최종 선발 인원은 33명이었다.

124 고난도

밑줄 친 '이 관직'에 대한 설명으로 옳은 것은?

> 임금께서 말하기를, "그대는 이미 이 관직을 지냈으니, 백성을 다스리는 데 무엇을 먼저 하겠는가?"하니, 변징원이 대답하기를, "마땅히 칠사(七事)를 먼저 할 것입니다." 하였다. 임금께서 말하기를, "칠사라는 것은 무엇인가?" 하니, 변징원이 대답하기를, "농상(農桑, 농사와 양잠)을 성(盛)하게 하는 일, 학교를 일으키는 일, 소송을 간략하게 하는 일, 간활(奸猾, 간사하고 교활함)을 없애는 일, 군정(軍政)을 닦는 일, 호구를 늘리는 일, 부역을 고르게 하는 일이 바로 칠사입니다."라고 하였다.

① 한성 판윤 갑은 이 업무를 제대로 수행하는지 평가받기 위해 관찰사의 지휘를 받았다.
② 의주 부윤 을은 이 업무를 수행하기 위해 6방에 소속된 향리의 도움을 받았다.
③ 강화 유수 병은 이 업무를 위해 자신의 출신지인 강화에 파견되어 1년간 근무하였다.
④ 이 업무를 맡게 된 관리들은 모두 문과 합격자였다.

03 사림의 대두와 붕당 정치

10개년 단원별 출제 빈도 분석

국가직 9급	4회	사림(2013), 조광조(2021), 중종(2018), 기묘사화(2022)
지방직 9급	1회	붕당의 시작(2015)
소방직	1회	사림(2019)
계리직	0회	
법원직	3회	김종직(2013), 조광조(2014, 2022)

대표 기출문제

국가직

(가) 인물에 대한 설명으로 옳은 것은? 2021. 국가직 9급

□□□

> (가) 이/가 올립니다. "지방의 경우에는 관찰사와 수령, 서울의 경우에는 홍문관과 육경(六卿), 그리고 대간(臺諫)들이 모두 능력 있는 사람을 천거하게 하십시오. 그 후 대궐에 모아 놓고 친히 여러 정책과 관련된 대책 시험을 치르게 한다면 인물을 많이 얻을 수 있을 것입니다. 이는 역대 선왕께서 하지 않으셨던 일이요, 한나라의 현량과와 방정과의 뜻을 이은 것입니다. 덕행은 여러 사람이 천거하는 바이므로 반드시 헛되거나 그릇되는 일이 없을 것입니다."

① 기묘사화로 탄압받았다.
② 조의제문을 사초에 실었다.
③ 문정 왕후의 수렴청정을 지지하였다.
④ 연산군의 생모 윤씨를 폐비하는 데 동조하였다.

지방직

다음은 조선 전기에 4차례 발생하였던 사화에 대한 설명이다. 이 사화들을 발생 순서대로 옳게 배열한 것은? 2013. 서울시 7급

□□□

> ⊙ 소윤(小尹)과 대윤(大尹)의 권력 투쟁 과정에서 많은 사림이 화를 당한 사건
> ⓒ 김일손의 사초 내용이 문제되어 김종직의 제자들이 다수 연루된 사건
> ⓔ 조광조 및 그와 뜻을 같이했던 신진 관료들이 죽거나 숙청된 사건
> ⓡ 당시 왕의 모후인 폐비 윤씨의 사망에 대한 책임을 물어 당시 관련자들을 처벌한 사건

① ⊙ - ⓒ - ⓔ - ⓡ
② ⓒ - ⓡ - ⓔ - ⊙
③ ⓒ - ⓔ - ⓡ - ⊙
④ ⓔ - ⓡ - ⓒ - ⊙
⑤ ⓡ - ⓒ - ⊙ - ⓔ

출제경향 해당 파트는 조선사에서 출제 빈도가 높다. 사림의 대표 인물인 조광조의 업적을 비롯하여 훈구파와 사림파의 비교, 서원과 향약의 역할, 4대 사화의 내용을 정확히 파악해 두도록 하자.

정답찾기 (가)는 중종 때 사림 천거제인 현량과의 실시를 주장한 조광조이다.
① 조광조는 도학 정치를 주장하면서 급진적 개혁을 시도하였지만 훈구 세력의 반발을 사서 기묘사화 때 죽임을 당했다.

선지분석 ② 무오사화(1498, 연산군 4년) 때 김일손(사림파)이 스승인 김종직의 조의제문(弔義帝文)을 사초에 실었다.
③ 윤원형을 중심으로 한 명종의 외척(소윤)에 대한 설명이다.
④ 갑자사화(1504, 연산군 10년) 때 화를 입은 한명회, 정창손 등에 대한 설명이다.

○ 정답 ①

출제경향 지방직에서는 사화의 구체적인 내용을 물어보는 문제가 주로 출제된다. 특히 무오사화와 기묘사화를 정확히 파악해 두자. 문제의 난도가 높아지면 16세기 명종 때의 정치, 경제, 사회, 문화를 총체적으로 물어볼 수 있으니 『선우한국사 연결고리』 시대사 16세기 도표를 정확히 파악해 두도록 하자.
CF 선우한국사 연결고리 p.12 참고

정답찾기 ⓒ 무오사화(1498, 연산군 4년) ⇨ ⓡ 갑자사화(1504, 연산군 10년) ⇨ ⓔ 기묘사화(1519, 중종 14년) ⇨ ⊙ 을사사화(1545, 명종 원년)

○ 정답 ②

실전문제

125

(가)에 대한 설명으로 옳은 것은?

> 우리나라의 교육 방법은 중국의 제도를 따라 중앙에는 성균관과 사학(四學)이 있고, 지방에는 향교가 있습니다. 진실로 좋은 일이지만 ___(가)___ 이(가) 설치되었다는 말은 들은 바가 없습니다. 이것은 우리 동방의 큰 결점입니다. …… 주세붕은 뜻을 더욱 가다듬어 많은 비웃음을 무릅쓰고 비방을 물리쳐 지금까지 누구도 하지 못했던 장한 일을 이루었습니다.

① 국가로부터 토지와 노비를 받은 관학 기관이었다.
② 수령 보좌를 목적으로 설치된 자문 기관이었다.
③ 선현들의 제사와 지방 양반 자제 교육이 목적이었다.
④ 유교적 기반이 약한 관서 지방에서는 설립되지 않았다.

126

조선 시대 어느 정치가의 일생을 정리한 것이다. ㉠~㉣에 대한 설명으로 옳은 것을 〈보기〉에서 모두 고르면?

> 1482년 한양에서 출생
> 1510년 소과에 장원으로 합격함.
> 1515년 ㉠ 증광시 문과에 급제
> 1518년 ㉡ 소격서 폐지와 ㉢ 현량과 실시를 주장
> 1519년 위훈 삭제 주장, ㉣ 능주에 유배된 후 사사됨.

┌ 보기 ┐
㉠ 국왕이 문묘에 제사지내러 갈 때 성균관 유생들을 대상으로 한 부정기 시험이었다.
㉡ 도교 행사를 주관하던 관청으로 특히 단군의 전설이 깃든 마니산 초제를 담당하였다.
㉢ 명망 높은 사람을 등용하기 위한 천거제의 일종이었다.
㉣ 외척끼리의 권력 다툼 과정에서 희생되었다.

① ㉠, ㉡   ② ㉡, ㉢
③ ㉢, ㉣   ④ ㉠, ㉣

127

(가), (나)와 관련된 사건에 대한 설명으로 옳지 않은 것은?

> (가) 그날 밤 꿈에 한 신인(神人)이 나타나, "나는 초나라 회왕의 손자인데 우리 조부께서 항우에게 죽임을 당하였다."라고 말하고는 갑자기 사라져 보이지 않았다. …(중략)… 나는 조선 사람이고 천여년이나 지난 뒤에 태어났지만 삼가 초의 회왕을 슬퍼하노라. …(중략)… 술잔을 들어 땅에 부으면서 조문한다.
>
> (나) 남곤은 나뭇잎의 감즙을 갉아 먹는 벌레를 잡아 모으고 꿀로 나뭇잎에다 '주초위왕(走肖爲王)' 네 글자를 쓰고서 벌레를 놓아 갉아 먹게 하였다. …(중략)… 중종에게 보여 화(禍)를 조성하였다.

① (가) – 사초의 내용이 문제가 되었다.
② (가) – 일당 전제화 현상이 강화되었다.
③ (나) – 공신들의 위훈 삭제 문제로 인해 일어났다.
④ (나) – 조광조를 비롯한 많은 사람들이 탄압을 받았다.

128 (고난도)

다음 인물에 대한 설명으로 옳은 것을 〈보기〉에서 고른 것은?

> • 세조 때 진사시에 합격하여 승문원권지부정자(承文院權知副正字)에 올랐다.
> • 성종 때 이조 참판, 형조 판서, 홍문관 제학 등을 역임하였다.

┌ 보기 ┐
㉠ 유향소의 복립 운동을 전개하였다.
㉡ 『소학』과 『주자가례』를 기반으로 하는 성리학의 실천 윤리를 강조하여, 『소학』을 국문으로 간행하였다.
㉢ 무오사화의 단서를 제공한 '조의제문'을 지었다.
㉣ 위훈 삭제를 주장하여 훈구 세력의 반발을 사게 되었다.

① ㉠, ㉡   ② ㉡, ㉢
③ ㉢, ㉣   ④ ㉠, ㉢

04 조선 전기의 대외 관계

10개년 단원별 출제 빈도 분석

국가직 9급	0회
지방직 9급	0회
소방직	0회
계리직	0회
법원직	0회

대표 기출문제

국가직

☐☐☐

조선 초기의 대일(對日) 외교에 대한 설명 중 옳지 않은 것은?

2003. 국가직 7급

① 대마도 정벌은 왜구를 근절하고 통교 체제를 확립하는 계기가 되었다.

② 조선은 왜구를 평화적 통교자로 전환시키기 위해 무역에 대한 제한 규정을 없앴다.

③ 조·일 외교는 중앙 정부끼리의 적례 관계 교린과 대마도를 중심으로 하는 기타 세력과의 기미 관계 교린으로 정비되었다.

④ 조선은 대마도를 매개로 일본의 여러 통교자들을 통제하려는 정책을 수립했다.

지방직

☐☐☐

조선 전기 대외 관계에 대한 설명으로 옳지 않은 것은?

2019. 지방직 7급

① 유구와 교류하여 불경·유교 경전·범종 등을 전해 주었다.

② 대마도주와 계해약조를 맺어 제한된 범위 내에서 교역을 허락하였다.

③ 태조 때 명으로부터 1년에 세 차례 이상의 정례적 사신 파견을 요청받았다.

④ 여진이나 일본과는 교린 관계를 유지하였고, 토벌과 회유의 양면 정책을 추진하였다.

출제경향 조선 전기의 대외 관계를 물어보는 문제는 국가직에서는 자주 출제되지 않는다. 그 이유는 조선 중·후기에 왜란, 호란 등 큰 사건이 많기 때문이다. 그러나 조선 전기의 대외 관계인 사대교린 정책을 이해해야 조선 전체의 대외관계를 이해할 수 있다.

정답찾기 ② 조선은 일본과의 무역에 제한 규정을 두었다. 예를 들면 1443년(세종 25)에 대마도주와 계해약조를 맺어 거류 왜인 60명, 세사미두 200석, 세견선 50척으로 무역량을 제한하였다.

○ 정답 ②

출제경향 2019년 지방직 7급·서울시 9급 시험에서는 조선 전기 대외 관계를 이해하고 있는지 물어보는 문제가 출제되었다. 조선의 기본 외교인 사대교린과 함께 성리학적 명분론(존화양이 사상)에 입각한 외교도 이해해 두어야 한다.

정답찾기 ③ 태조 때 명은 조선에 3년에 한 번씩 정례적 사신 파견을 요청하였으나, 조선은 명에 1년에 3차례씩 사신을 파견하였고 그밖에도 수시로 사절을 파견하였다.

선지분석 ① 조선 초기에 유구(오키나와)와의 문물 교류가 활발하여 불경, 유교 경전, 범종 등을 전해 주었다.

② 세종 때 일본에 3포를 개항하고 계해약조(1443)를 맺어 제한된 범위에서의 교류를 허용하였다.

④ 조선의 여진이나 일본에 대한 기본 외교 방침은 교린 정책을 펼쳤는데, 교린 정책의 경우 회유책과 강경책이 동시에 이루어졌다.

○ 정답 ③

실전문제

129

□□□

조선 초기 대외 관계의 설명으로 옳지 않은 것은?

① 신숙주는 세종 때 일본에 다녀온 뒤, 일본의 사정을 자세하게 소개한 견문록인 『해동제국기』를 성종 때에 편찬하였다.

② 세종 때 대마도주가 무역을 요청해오자, 벼슬을 내려 조선의 신하로 삼고, 부산포, 제포, 염포를 열어 무역을 허용하였다.

③ 동남아시아의 류큐(오키나와)와 교류하여 불경, 유교 경전, 범종 등을 전해 주었다.

④ 일본과는 교린정책에 의하여 무역에 대한 제한 규정을 없앴다.

130

다음 ㉠~㉣ 시기에 일본과의 관계를 바르게 서술한 것은?

1400	1450	1500	1550	1600(년)
㉠	㉡	㉢	㉣	

① ㉠ - 쓰시마 섬을 정벌하고 3포를 개항하였다.

② ㉡ - 임신약조를 체결하여 제포만 개항하였다.

③ ㉢ - 을묘왜변으로 국교를 단절하였다.

④ ㉣ - 기유약조를 체결하고 통신사를 파견하였다.

131 고난도

□□□

(가), (나)에 대한 설명으로 옳은 것은?

우리 주상 전하께서 신 ___(가)___ 에게 명하여 해동 여러 나라에 대한 조빙(朝聘)으로 왕래한 연고와 관곡을 주어 예접한 규례를 찬술하라 하시기에 …… 일찍이 바다 건너 그 땅을 답사해 보니, 여러 섬이 별처럼 분포되어 풍속이 전혀 다르다. …… 삼가 보건대 동해의 가운데 자리 잡은 나라가 하나만이 아니나, 그중 ___(나)___ (이)가 가장 오래되고 또 크다. 그 지역이 흑룡강 북쪽에서 비롯하여 우리 제주 남쪽에까지 이르고, 유구와 더불어 서로 맞대어 그 지형이 매우 길다. 처음에는 곳곳마다 집단으로 모여 각기 나라를 세웠는데, …… 우리와는 바다 하나를 사이에 두고 서로 바라보는 처지이기에 잘 어루만져 주면 예로써 조빙하고 잘못하면 번번이 강탈을 자행하였다. 『동문선』

① (가)는 표전 문제를 수습하기 위해 사신으로 명에 다녀왔다.

② (가)는 단종 복위 운동을 계획하였으나 발각되었다.

③ (나)의 사신들을 위해 한양에 동평관을 설치하였다.

④ (나)와의 무역을 위해 경원과 경성에 무역소를 설치하였다.

132 고난도

□□□

자료의 '○○왕'의 재위 시기에 있었던 일로 가장 옳은 것은?

사신은 논한다. …… 저들 도적이 생겨나는 것은 도적질하기를 좋아해서가 아니다. 굶주림과 추위에 몹시 시달리다가 부득이 하루라도 더 먹고살기 위해 도적이 되는 자가 많기 때문이다. 그렇다면 백성을 도적으로 만든 자가 과연 누구인가? 권세가의 집은 공공연히 벼슬을 사려는 자들로 시장을 이루고 무뢰배들이 백성을 약탈한다. 백성이 어찌 도적이 되지 않겠는가? ○○실록

① 여진과 일본에 대응하여 비변사를 처음 설치하였다.

② 회령에서 니탕개(尼蕩介)가 반란을 일으켰다.

③ 세견선의 감소로 곤란을 겪던 왜인들이 전라도를 침범해 왔다.

④ 일본과의 무역량을 정해 세견선을 25척으로, 세사미두를 100석으로 제한하였다.

05 왜란과 호란

10개년 단원별 출제 빈도 분석

국가직 9급	1회	임진왜란(2016)
지방직 9급	4회	임진왜란(2017, 2018, 2019), 효종의 북벌론(2018)
소방직	0회	
계리직	2회	임진왜란(2019, 2021)
법원직	1회	임진왜란(2022)

대표 기출문제

국가직

□□□

임진왜란 때의 주요 전투를 벌어진 순서대로 바르게 나열한 것은?

2016. 국가직 9급

ⓐ 권율 장군이 행주산성에서 왜군을 크게 무찔렀다.
ⓑ 조선과 명나라 군대가 합세하여 평양성을 탈환하였다.
ⓒ 진주 목사 김시민이 왜의 대군을 맞아 격전 끝에 진주성을 지켜냈다.
ⓓ 이순신 장군이 한산도 앞바다에서 왜의 수군을 격퇴하고 제해권을 장악하였다.

① ㉠ - ㉡ - ㉢ - ㉣
② ㉠ - ㉢ - ㉡ - ㉣
③ ㉣ - ㉡ - ㉢ - ㉠
④ ㉣ - ㉢ - ㉡ - ㉠

지방직

□□□

다음 자료와 관련된 설명으로 옳은 것은?

2010. 지방직 7급

(가) 최명길이 말하기를 "우리들이 비록 만고의 죄인이 될지라도 차마 임금을 망할 땅에 둘 수는 없으니, 오늘의 화친은 하지 않을 수 없을 것이다."라고 하였다.
(나) 정온이 상소를 올려 "예로부터 지금까지 천하 국가에 어찌 영원히 존속하며 망하지 않은 나라가 있겠습니까마는, 남에게 무릎을 꿇고 사는 것이 어찌 바른 도리를 지키면서 사직을 위해 죽는 것보다 낫겠습니까?"라고 하였다.

『연려실기술』

① 광해군 대 후금과의 전쟁을 앞둔 정부의 대책 논의이다.
② (가)의 입장에 동조하는 정파는 패전 직후 북학 운동을 적극 추진하였다.
③ (나)의 입장에 동조하는 정파는 이후 패전의 책임을 지고 정권에서 완전히 축출되었다.
④ 전쟁이 끝난 후 조선은 청과 러시아 간의 충돌 시 청의 군사 요청에 응할 수밖에 없었다.

출제경향 왜란과 호란은 우리 역사에서 반드시 알아야 할 주요 사건이다. 국가직보다는 지방직에서 왜란 사건 순서를 물어보는 문제가 자주 출제되었다.
정답찾기 ㉣ 한산도 대첩(1592. 7.) ⇨ ㉢ 1차 진주 대첩(1592. 10.) ⇨ ㉡ 평양성 탈환(1593. 1.) ⇨ ㉠ 행주 대첩(1593. 2.)

○ 정답 ④

출제경향 정묘호란과 병자호란, 호란 이후 광해군의 정책, 서인들의 친명배금 외교 정책과 북벌론을 물어보는 지엽적인 문제가 출제된다. 역사의 전체적인 흐름과 주요 사건을 파악해 두도록 하자.
정답찾기 (가) 최명길의 주화론, (나) 정온의 척화론
④ 병자호란 결과 청과 군신 관계를 맺게 되면서 청의 요구에 의해 효종 때 나선(러시아) 정벌에 참여하였다(1654, 1658).
선지분석 ① 인조 때 청의 군신 관계 요구에 대한 조정 관리의 상반된 대책 논의이다.
②③ 호란 이후 (나) 입장인 서인들이 여전히 정권을 장악하고 효종과 함께 북벌론을 주장하였다. 북학론은 북벌론 실패 이후 18세기에 재야의 지식인(북학파 실학자) 사이에서 나온 주장이다.

○ 정답 ④

실전문제

133

다음 사건을 시기순으로 바르게 나열한 것은?

> ㉠ 조·명 연합군이 평양성을 탈환하고, 왜군을 추격하다가 고양의 벽제관에서 패하였다.
> ㉡ 선조는 세자와 함께 의주로 피난하고, 임해군과 순화군을 함경도와 강원도로 보내 근왕병을 모집하게 하였다.
> ㉢ 이순신이 이끄는 수군이 한산도에서 일본 수군을 대파하여 해상권을 장악하였다.
> ㉣ 진주 목사 김시민이 왜의 대군을 맞아 격전 끝에 진주성을 지켜냈다.
> ㉤ 권율 장군이 행주산성에서 왜군을 크게 무찔렀다.

① ㉠ - ㉢ - ㉣ - ㉡ - ㉤
② ㉡ - ㉢ - ㉣ - ㉠ - ㉤
③ ㉡ - ㉣ - ㉠ - ㉤ - ㉢
④ ㉢ - ㉣ - ㉠ - ㉡ - ㉤

134

지도는 왜란 때의 주요 격전지를 나타낸 것이다. A~D에 대한 설명으로 옳은 것을 〈보기〉에서 고른 것은?

> [보기]
> ㉠ A - 조·명 연합군이 이 지역을 탈환한 뒤 서울 탈환을 위하여 남하하였다.
> ㉡ B - 의병이 주축이 되어 적의 대규모 공격을 물리친 곳이다.
> ㉢ C - 3도 수군통제사로 재등용된 이순신이 12척의 함선으로 300여 척의 왜군 함대를 무찌른 곳이다.
> ㉣ D - 정유재란 때 조선 수군이 대승을 거둔 곳이다.

① ㉠, ㉡   ② ㉠, ㉢
③ ㉡, ㉢   ④ ㉢, ㉣

135

(가) 이후에 일어난 사실로 옳지 않은 것은?

① 조총 부대가 나선 정벌에 동원되었다.
② 집권층 내부에서 중립 외교를 주장하였다.
③ 소현 세자와 봉림 대군 등이 청에 인질로 끌려갔다.
④ 청을 정벌하자는 북벌 운동이 제기되었다.

136

다음과 같은 외교를 맺었던 국왕의 업적으로 옳은 것을 〈보기〉에서 모두 고른 것은?

> ······ 대마도주에게 해마다 내리는 쌀과 콩은 모두 100석으로 한다. 대마도주의 세견선은 감해서 17척으로 하고 특송선 3척과 합해서 모두 20척으로 한다. 이밖에 만일 따로 보낼 일이 있으면 세견선에 부친다.

> [보기]
> ㉠ 사간원을 독립시켜 대신들을 견제하였다.
> ㉡ 적상산에 실록 보관을 위한 사고를 지었다.
> ㉢ 임진왜란 때 활약한 충신과 열녀를 조사하여 추앙하였다.
> ㉣ 명의 요청으로 심하(深河)에 군대를 파견하였다.

① ㉠, ㉡   ② ㉢, ㉣
③ ㉠, ㉡, ㉢   ④ ㉡, ㉢, ㉣

01 신분 제도와 사회 정책

10개년 단원별 출제 빈도 분석		
국가직 9급	1회	15세기 사회(2017)
지방직 9급	1회	임꺽정(2014)
소방직	0회	
계리직	1회	노비(2022)
법원직	0회	

대표 기출문제

국가직

다음 중 조선 시대의 신분 제도에 대한 설명으로 옳은 것을 모두 고르면?

2008. 국가직 7급

> ㉠ 법제상 양인과 천민으로 구분되었다.
> ㉡ 중인도 신분층으로 점차 정착되어 갔다.
> ㉢ 관영이나 민영 수공업에 종사하는 수공업자들도 상민에 포함되었다.
> ㉣ 신분 제도가 엄격하게 운영되었기 때문에 신분 이동이 불가능하였다.

① ㉠, ㉢   ② ㉡, ㉢
③ ㉠, ㉡, ㉢   ④ ㉠, ㉡, ㉢, ㉣

출제경향 조선의 양천 제도를 이해하고 있는지 물어보는 문제이다. 조선의 신분 제도는 전기보다 후기가 더 자주 출제된다. 전기와 후기의 신분 제도의 변화와 함께 전기의 경우도 15세기(양천제)와 16세기(반상제) 신분 제도의 변화를 파악해 두도록 하자.

선지분석 ㉣ 조선 시대의 신분은 아주 고정된 것이 아니어서 양반이 반역죄를 저질러 노비가 되거나 몰락하여 중인이나 상민이 되기도 하였으며, 반대로 중인과 상민, 노비가 과거나 군공(軍功) 등을 통하여 양반이 되기도 하였다.

○ 정답 ③

지방직

조선 시대 노비 제도 및 노비의 역할에 대한 설명으로 가장 옳은 것은?

2019. 서울시 7급 1차

① 조선 시대 노비의 자식들은 대대로 노비 신분이 세습되었으나, 일정 기간 국역(國役)에 종사하면 양인으로 신분이 상승하는 게 일반적이었다.
② 조선 시대 사노비는 주인이 마음대로 매매·양도·상속할 수 있었을 뿐 아니라, 주인이 사노비를 함부로 죽이거나 사형(私刑)을 가하는 게 법으로 허용되었다.
③ 사노비는 주인의 집에서 거주하는 솔거 노비와 주인과 떨어져 거주하는 외거 노비가 있었는데, 그 수는 솔거 노비가 절대 다수였다.
④ 외거하는 사노비는 주인으로부터 사경지(私耕地)를 받아 그 수확을 자신이 차지하여 재산을 축적하기도 하였다.

출제경향 지방직에서는 신분 구조보다는 향약, 족보, 향촌 사회를 물어보는 문제가 출제되었다. 조선의 신분 구조와 함께 특수 계층인 서얼, 칠반천역, 노비를 파악해 두도록 하자.

정답찾기 ④ 외거 노비는 주인 땅의 일부를 사경지(私耕地)로 받아 그 수확을 전부 차지하여 재산을 축적하였다.

선지분석 ① 노비는 국역의 의무가 없었다. 때로는 국가가 위기에 처했을 때 노비가 군공(軍功)을 세우거나, 맡은 바의 일을 잘하여 주인으로부터 면천(免賤)되는 경우도 있었지만 이것은 예외적인 경우이다.
② 노비는 재산으로 취급되어 매매·상속·증여의 대상이 되었고, 주인에 의해 죽음을 당하기도 하였지만 사형(私刑)을 할 수 있는 법은 없었다. 오히려 세종 때 노비에 대한 주인의 사형을 금지하였다.
③ 조선 시대에는 주인과 떨어져 거주하는 외거 노비의 수가 주인과 함께 거주하는 솔거 노비보다 많았다.

플러스 정리 작개지(作介地)와 사경지(私耕地)
외거 노비가 주인의 토지를 경작하고 수확량을 모두 주인에게 바치는 토지를 작개지라 하고, 외거 노비가 수확량을 가지는 토지를 사경지라고 한다.

○ 정답 ④

실전문제

137

다음은 조선 시대의 신분을 간단히 나타낸 표이다. 이에 대한 설명으로 옳지 않은 것은?

	(가)
양인	양반
	(나) 중인
	(다) 상민
(라) 천민	천민

① (가)는 조선 시대 법제적 신분 제도에 따른 구분이다.
② 서얼은 (나)에 속하였다.
③ 관영이나 민영 수공업에 종사하는 수공업자들은 (다)에 포함되었다.
④ (라)의 대부분은 재산으로 취급되던 노비였다.

138

다음 밑줄 친 ㉠, ㉡, ㉢에 대한 설명 중 옳지 않은 것은?

조선 시대에는 양반과 상민 사이에 있는 중간 계층을 중인이라 하였다. 중인에는 ㉠ 좁은 의미의 중인과 ㉡ 넓은 의미의 중인이 있었다. 한편, ㉢ 양반 첩에게서 태어난 서얼은 중인과 같은 신분적 대우를 받았다.

① ㉠에는 의관, 역관, 천문관, 화원 등이 포함되었다.
② 중앙 관청의 서리나 지방의 6방에 소속된 향리는 ㉡에 해당되었다.
③ ㉠, ㉡에게는 문과 응시가 금지되었으나 ㉢에게는 허용되었다.
④ ㉡, ㉢은 조선 후기에 이르러 청요직에도 오를 수 있었다.

139

(가)에 들어갈 제도에 대한 설명으로 옳은 것은?

처음에는 굶주린 사람 중 나이가 많거나 병이 들어 관아에서 [(가)] 를(을) 직접 받을 수 없는 경우는 곡식을 가져다 주기도 하였다. 그런데 근래에는 시골 백성이 받아 가는 것을 본 일이 없다. 한 톨의 곡식도 받아 온 일이 없는데도 겨울이 되면 집마다 곡식 5~7석을 관아에 바치고 있으니, 그러고도 [(가)] (이)라고 하는 것이 부끄럽지 않은가.

① 향약과 더불어 향촌 사회를 안정시키기 위해 운영되었다.
② 흉년에 백성을 구제하는 임시 관청으로 세종 때 설치되었다.
③ 봄에 양식과 종자를 빌려주고 가을에 회수하였다.
④ 재정 감소를 보충하기 위해 결작미를 징수하였다.

140 (고난도)

(가), (나)와 관련된 기구에 대한 설명으로 옳은 것을 〈보기〉에서 모두 고른 것은?

(가) 지금은 도성 안에 설치하여 굶주린 백성으로 하여금 모두 나아가 먹도록 하지 않을 수 없다. 그 가운데 병들어 죽게 된 자는 미리 구제해야 한다. 마을을 떠돌아다니며 빌어먹다가 거리에 쓰러져 죽게 하여서는 더욱 마땅치 않다. 속히 적당한 곳에 진장을 설치하고 마음을 다하여 구제하도록 하라.

(나) 해가 흉년이 들어 저자의 쌀값이 뛰어올라 귀해져서 면포 1필의 값이 쌀 3말에 지나지 않습니다. 군자감의 묵은 쌀 2만 석을 가지고 사고 팔게 하면 곡식이 뛰어올라 귀해지지 않을 것이고, 굶주리는 자도 먹을 수 있을 것입니다.

〈보기〉
㉠ (가) - 고려의 동·서대비원을 계승하였다.
㉡ (가) - 서민 환자의 구제와 약재 판매를 담당한 기관이었다.
㉢ (나) - 점차 고리대 기관으로 전락하여 성종 대에 폐지되었다.
㉣ (나) - 고려 성종 때 처음 설치되었다.

① ㉠, ㉡
② ㉠, ㉣
③ ㉡, ㉢
④ ㉢, ㉣

PART
04

02 향촌 사회 조직과 운영

10개년 단원별 출제 빈도 분석

국가직 9급	2회	향약(2013), 전기 향촌 사회(2015)
지방직 9급	2회	향약(2015), 족보(2017)
소방직	0회	
계리직	0회	
법원직	0회	

대표 기출문제

국가직

□□□

조선 전기(15~16세기) 사림의 향촌을 주도하기 위한 동향으로 옳지 않은 것은?

2015. 국가직 9급

① 도덕과 의례의 기본 서적인 『소학』을 보급하였다.
② 향사례(鄕射禮), 향음주례(鄕飮酒禮)의 실시를 주장하였다.
③ 향회를 통해서 자신들의 결속을 다지고, 향촌을 교화하였다.
④ 촌락 단위의 동약을 실시하고, 문중 중심으로 서원과 사우를 많이 세웠다.

지방직

□□□

16~17세기 재지사족의 향촌 지배와 운영에 대한 설명으로 옳지 않은 것은?

2010. 지방직 7급

① 수령과의 관계를 원활히 하면서 경재소를 만들어 중앙 진출의 발판으로 삼았다.
② 유향소를 통해 조세의 부과 및 수세 과정에 관여하며 향리와 농민을 통제하였다.
③ 향약 조직을 만들어 마을 공동체에 영향력을 행사하였다.
④ 임진왜란 이후에는 향촌 사회의 안정을 위해 사족들의 동계와 농민들의 향도계가 하나로 합쳐지기도 하였다.

출제경향 국가직과 지방직에서 비교적 자주 출제되는 주제이다. 조선 사회에서 중요한 역할을 한 서원과 향약을 물어보는 문제도 자주 출제되었다. 나아가 정부의 사회 정책과 사회 시설 역시 놓치지 말아야 할 부분이다.

정답찾기 ④ 조선 후기의 동향이다. 16세기 사림들은 군현 단위의 향약을 실시하였다. 조선 후기에 사족들은 군현 단위의 농민 지배가 어려워지자 촌락 단위의 동약을 실시하였고, 서원과 사우(祠宇)를 많이 세웠다.

○ 정답 ④

출제경향 향촌 사회의 모습을 물어보는 문제는 지방직에서 자주 출제되는 주제이다. 서원, 향약, 양반의 향촌 지배 모습을 전기와 후기를 비교해서 한 번에 알아두도록 하자.

정답찾기 ① 경재소는 향촌의 유향소를 지시·견제하기 위해 설치한 중앙 기구이다. 지방의 사족들은 유향소를 통해 세력을 강화하였다.

○ 정답 ①

실전문제

141 □□□

(가), (나)에 들어갈 말을 순서대로 바르게 나열한 것은?

> 향촌 사회에서 지주로 농민을 지배하던 사족들은 향촌 사회의 지배층(지방 사족)의 명단인 (가)을(를) 작성하고, 여기에 이름이 오른 사족들은 그들의 총회인 (나)을(를) 통해 자신들의 결속을 다지고 지방민을 통제하였다.

	(가)	(나)		(가)	(나)
①	향안	향회	②	향규	향약
③	향도	유향소	④	향안	향청

142 □□□

다음은 현존하는 우리나라 족보들 가운데 가장 오래된 족보의 기재 방식을 설명한 것이다. 이 족보가 편찬되었을 무렵의 사회 모습으로 옳지 않은 것은?

> • 자녀는 출생 순서에 따라 기재하였다.
> • 딸이 재혼하였을 경우 후부(後夫)라 하여 재혼한 남편의 성명을 기재하였다.
> • 자녀가 없는 사람은 무후(無後)라 기재하였고, 양자를 들인 사례는 거의 없다.

① 아들딸이 부모의 재산을 똑같이 상속받는 경우가 많았으며, 제사도 그 형제가 돌아가면서 지냈다.
② 재지사족들의 동성 마을이 형성되면서 사족의 향촌 지배력이 강화되었다.
③ 부인과 첩 사이의 엄격한 차별이 있어서, 첩의 자식인 서얼은 문과에 응시할 수 없었다.
④ 상복 제도에서 친가와 외가의 차이가 크지 않았다.

143 □□□

다음 자료의 시기에 볼 수 있는 모습으로 옳은 것을 〈보기〉에서 고르면?

> • 죽은 자를 위하여 부처에게 공양하거나 승려에게 재를 드리고, 사람이 죽으면 모두 좋은 길로 가게 한다 하면서 칠칠재(七七齋)를 올리거나 법석(法席)의 모임을 만드는 것은 무식한 무리들이 오로지 겉만 화려한 것만 숭상하여 남의 이목에 자랑만 하려 하는 것으로, …… 엎드려 바라오니, 전하께서 관련 관서에 명하여 상장과 제사 의식은 일체 『문공가례(文公家禮)』에 의하도록 하고, 부처에 대한 일은 엄금케 하여 여러 사람의 의혹을 끊어 없애게 하소서.
> • 전조(前朝)의 옛 풍습에 혼인 예법은 남자가 여가(女家)에 가서 자손을 낳으면 외가에서 자라므로, 외친의 은혜가 무거워서 외조부모와 처부모의 복(服)은 모두 30일 동안 가(暇)를 주었다.

> [보기]
> ㉠ 적서의 차별이 없었다.
> ㉡ 아들들은 동성 마을에 모여 살았다.
> ㉢ 『경국대전』의 재산 분배 원칙을 따랐다.
> ㉣ 제사를 승계하는 자식에게 재산의 5분의 1을 더 배정하고 나머지는 균분했다.

① ㉠, ㉡   ② ㉠, ㉢
③ ㉡, ㉣   ④ ㉢, ㉣

144 □□□

조선 시대의 성리학적 지배 이념과 사회 윤리에 대한 설명으로 옳지 않은 것은?

① 성리학은 신분제 사회 질서를 유지하고 소작인과의 모순·대립 관계를 완화하기 위해 명분론과 분수론을 강조하였다.
② 삼강오륜은 성리학적 사회 윤리에서 가장 기본이 되는 덕목으로, 가부장적 종법 질서로 구현되어 사족 중심의 사회를 유지하는 데 기여하였다.
③ 중종 말, 명종 대의 사림파는 향촌에서 세력을 유지하고 재생산하기 위해 서원을 설립하고, 일반민의 향도(香徒)나 계(契)를 향약의 포섭 대상으로 삼았다.
④ 예학이 발달하여 성리학은 사례(士禮)를 중시한 송시열 등의 이황 학파와 왕례(王禮)의 특수성을 강조한 허목·윤휴 등의 근기 남인 학파 및 이에 동조한 이이 학파로 나뉘었다.

01 경제 정책과 토지 제도 및 수취 제도

10개년 단원별 출제 빈도 분석		
국가직 9급	1회	과전법(2015)
지방직 9급	2회	과전법(2013), 공법(2017)
소방직	0회	
계리직	3회	과전법(2019, 2022), 공법(2022)
법원직	1회	직전법(2013)

대표 기출문제

국가직

□□□

고려의 전시과와 조선의 과전법에서 공통점에 해당되는 것으로 묶은 것은?

2011. 국가직 7급

> ㉠ 관리들에게 18등급에 따라 차등적으로 지급하였다.
> ㉡ 과전은 본인 사후 반납이 원칙이었다.
> ㉢ 현직 관리에게만 지급하였다.
> ㉣ 5품 이상의 관리들에게 세습이 허용된 별도의 토지가 지급되었다.

① ㉠, ㉡   ② ㉠, ㉢
③ ㉡, ㉣   ④ ㉢, ㉣

출제경향 해당 파트에서 출제 빈도가 가장 높은 것은 토지 제도이다. 특히 조선은 여러 번 토지 제도의 변화가 있었기에 출제자가 선호하는 주제이다. '과전법 ⇨ 직전법 ⇨ 관수 관급제'의 내용과 그로 인해 생기는 전주 전객제의 변화를 알아두자.

선지분석 ㉢ 전시과 중 경정 전시과는 현직 관리에게만 지급하였다.
㉣ 고려의 전시과 중 공음전에 대한 내용이다.

○ 정답 ①

지방직

□□□

다음 자료와 관련된 전세 제도에 대한 설명으로 옳은 것을 〈보기〉에서 모두 고른 것은?

2011. 지방직 7급

> 모든 토지는 6등급으로 나누었다. 20년마다 토지를 다시 측량하여 양안(토지 대장)을 만들어 호조와 해당 도, 고을에 갖추어 둔다. 1등전의 척(尺, 자)은 주척으로 4척 7촌 7분이며, 6등전의 척은 9척 5촌 5분이다. …… 항상 경작하는 토지를 정전(正田)이라 하고, 경작하다 때로 휴경하는 토지를 속전(續田)이라 부른다. 정전으로 기록되었더라도 토질이 좋지 못하여 곡식이 잘 되지 않는 토지라든지, 속전으로 기록되어도 토질이 비옥하여 소출이 많은 경우에는 수령이 이를 관찰사에게 보고하여 다음에 개정한다.
> 『경국대전』

> 보기
> ㉠ 전세는 풍흉에 따라 6등급으로 나누어 부과하였다.
> ㉡ 1등전의 1결과 6등전의 1결은 그 생산량이 같았다.
> ㉢ 조세 액수를 1결당 최고 20두에서 최하 4두를 내도록 하였다.
> ㉣ 토지를 측량할 때 등급에 따라서 사용하는 척이 달랐다.

① ㉠, ㉡   ② ㉡, ㉢
③ ㉠, ㉡, ㉣   ④ ㉡, ㉢, ㉣

출제경향 조선의 조세 제도는 중요한 주제이다. 세종의 공법(전분 6등법, 연분 9등법) 내용과 이후 변화되는 내용을 파악해 두자.

정답찾기 제시문은 세종의 공법(1444)에 대한 내용이다.
㉡ 전분 6등법은 토지의 비옥도에 따라 6등급으로 구분한 것으로[수등이척법(隨等異尺法)에 의거], 실제 면적은 다르지만 연분(年分)이 같다는 것을 전제로 1등전 1결이나 6등전 1결이나 같은 세액을 내게 되었다.
㉢ 세종은 1443년에 전제상정소를 설치하고 연분 9등법과 전분 6등법을 마련하여 1결당 최고 20두에서 최하 4두까지 차등을 두어 조세를 거두게 하였다.
㉣ 수등이척법에 대한 설명이다. 전분 6등법은 토지의 비옥도에 따라 길이가 다른 자를 사용하여 토지를 측량하던 방식인 수등이척법에 의거하여 시행되었다.

선지분석 ㉠ 전세는 풍흉에 따라 9등급(연분 9등법)으로 나누어 부과하였다.

○ 정답 ④

실전문제

145 □□□

다음 괄호 안에 들어갈 제도에 대한 설명으로 옳지 않은 것은?

> 경기는 사방의 근본이니 마땅히 (   )을(를) 설치하여 사대부를 우대한다. 무릇 수조권자가 죽은 후, 자식이 있는 아내가 수신하면 남편이 받은 토지를 모두 물려받고, 자식이 없으면 그 절반을 물려받으며, 수신하지 않는 경우는 물려받지 못한다. 부모가 사망하고 자식들이 어리면 휼양하여야 하니 그 토지를 모두 물려받는다.

① 전·현직 관리에게 전지와 시지를 지급하였다.
② 수조권자가 매년 풍흉에 따라 수확량을 조사하여 납부액을 조정하였다.
③ 지방 거주의 한량품관에게 군전으로 5결 혹은 10결씩 지급하였다.
④ 관료들은 경기 땅에서 관등에 따라 최고 150결, 최하 10결의 토지를 수조지로 받았다.

146 □□□

(가), (나) 규정에 대한 옳은 설명을 〈보기〉에서 고른 것은?

> (가) 토지의 조세는 비옥도와 연분의 높고 낮음에 따라 거둔다. 감사는 각 읍(邑)마다 연분을 살펴 정하되, 곡식의 작황이 비록 같지 않더라도 종합하여 10분을 기준으로 삼아 소출이 10분이면 상상년, 9분이면 상중년, …… 2분이면 하하년으로 각각 등급을 정하여 보고한다. 이를 바탕으로 의정부와 6조에서 의논하여 결정한다.
> (나) 모든 토지는 6등급으로 나누었다. 20년마다 토지를 다시 측량하여 양안(토지 대장)을 만들어 호조와 해당 도, 고을에 갖추어 둔다. 1등전의 척(尺, 자)은 주척으로 4척 7촌 7분이며, 6등전의 척은 9척 5촌 5분이다. 『경국대전』

[보기]
㉠ (가) - 연분은 지역에 따라 결정되었다.
㉡ (나) - 토지를 측량할 때 등급에 따라서 사용하는 척이 달랐으나, 1등전의 1결과 6등전의 1결은 그 생산량이 같았다.
㉢ (가) - 세종 때 시행되었으나 16세기에는 제대로 시행되지 못하였다.
㉣ (가)는 전지에, (나)는 시지에 적용되었다.

① ㉠, ㉡   ② ㉠, ㉡, ㉢
③ ㉡, ㉢   ④ ㉡, ㉢, ㉣

147 □□□

다음은 16세기 상황이다. 이와 관련된 서술 중 옳은 것은?

> (가) 백성으로 농지를 가진 자가 없고 농지를 가진 자는 오직 부유한 상인들과 사족(士族)들의 집뿐입니다.
> (나) 지방에서 토산물을 공물로 바칠 때 (중앙 관청의 서리들이) 공납을 일체 막고 본래 값의 백배가 되지 않으면 받지도 않습니다. 백성들이 견디지 못하여 세금을 못 내고 도망하는 자가 줄을 이었습니다.

① (가)의 문제는 영정법의 시행으로 어느 정도 개선되었다.
② 이이는 (가)의 문제를 개선하기 위해 수미법을 주장하였으나 실현되지 못하였다.
③ 조선 후기에 (나)를 개선하기 위해 실시한 제도는 상품 화폐 경제의 발달을 초래하였다.
④ (나)의 문제점을 시정하기 위해 대동법을 전국적으로 실시하는 과정에서 공인들의 반발이 컸다.

148 (고난도) □□□

다음은 조선시대 토지제도의 폐단을 기술한 것이다. 이를 시정하기 위해 실시한 내용으로 옳지 않은 것은?

> (가) 수신전, 휼양전, 공신전 세습과 증가로 신진 관료에게 지급할 수조지가 부족해졌다.
> (나) 수조권을 받은 관료가 권한을 남용하여 과다하게 수취하는 일이 빈번하게 발생하였다.
> (다) 거듭되는 흉년과 왜구의 침입 등으로 국가 재정이 악화되어 직전이 유명무실해졌다.

① (가) - 하삼도 땅을 대상으로 현직 관리에게만 과전을 지급하였고 유가족에게 주는 토지 지급을 폐지하였다.
② (나) - 관료의 직접적인 수조권 행사를 금지하고 관청에서 수조권 행사를 대행하였다.
③ (다) - 수조권 지급제도를 폐지하고 관리는 녹봉만 받게 되었다.
④ (가) - (나) - (다) 과정을 통해 전주전객제 소멸과정과 지주전호제 확산 과정을 볼 수 있다.

02 경제 활동

10개년 단원별 출제 빈도 분석		
국가직 9급	2회	전기 경제(2013), 이앙법(2021)
지방직 9급	0회	
소방직	0회	
계리직	1회	농서(2022)
법원직	0회	

대표 기출문제

국가직

다음 제시문의 수취 제도가 만들어질 당시의 농업 발달 특징으로 옳은 것을 모두 고르면? 2011. 국가직 9급

> 각 도의 수전(水田), 한전(旱田)의 소출 다소를 자세히 알 수가 없으니, 공법(貢法)에서의 수세액을 규정하기가 어렵습니다. 지금부터는 전척(田尺)으로 측량한 매 1결에 대하여, 상상(上上)의 수전에는 몇 석을 파종하고 한전에서는 무슨 곡종 몇 두를 파종하여, 상상년에는 수전은 몇 석, 한전은 몇 두를 수확하며, 하하년에는 수전은 몇 석, 한전은 몇 석을 수확하는지, …… 각 관의 관둔전에서도 과거 5년간의 파종 및 수확의 다소를 위와 같이 조사하여 보고하도록 합니다.

[보기]
㉠ 쌀의 수요가 늘면서 밭을 논으로 바꾸는 현상이 활발하였다.
㉡ 신속은 『농가집성』을 펴내 벼농사 중심의 농법을 소개하였다.
㉢ 남부 지방에서 모내기가 보급되어 일부 지역은 벼와 보리의 이모작이 가능해졌다.
㉣ 시비법의 발달로 경작지를 묵히지 않고 계속 농사지을 수 있게 되었다.

① ㉠, ㉡   ② ㉡, ㉢
③ ㉢, ㉣   ④ ㉠, ㉢, ㉣

지방직

조선 시대 시전에 대한 설명으로 옳은 것은? 2012. 지방직 9급
① 신해통공으로 육의전의 금난전권이 폐지되었다.
② 경시서를 두어 시전과 지방의 장시를 통제하였다.
③ 시전은 보부상을 관장하여 독점 판매의 혜택을 오래 누렸다.
④ 국역의 형태로 궁중과 관청에 필요한 물품을 조달할 의무가 있었다.

출제경향 조선 피지배층의 경제 활동은 늘 조선 전기·후기를 비교하는 문제가 출제된다. 조선 전기와 후기의 농업, 상업, 수공업, 광업의 변화를 비교해서 암기해 두자.

정답찾기 제시문은 15세기 세종의 공법, 즉 전분 6등법과 연분 9등법에 대한 내용이다.
㉢ 고려 말·조선 초에는 남부 일부 지방에서 이앙법(모내기법)이 보급되면서 벼와 보리의 이모작이 가능해졌다.
㉣ 조선 전기에는 시비법의 발달로 연작이 가능하게 되었다.

선지분석 ㉠㉡ 조선 후기의 상황이다.
○ 정답 ③

출제경향 지방직도 국가직과 마찬가지로 경제 활동을 물어보는 문제 유형은 동일하다. 조선 전기와 후기의 경제 활동의 변화를 함께 살펴야 한다.
정답찾기 ④ 조선은 한양에 관허상점인 시전을 설치하고 시전 상인으로 하여금 국가가 필요로 하는 물품을 조달·공급하도록 하였고, 그 대가로 특정 물품을 독점 판매할 수 있는 권한을 주었다.
선지분석 ① 정조의 신해통공은 육의전을 제외한 금난전권의 폐지이다.
② 경시서는 시전 상인들의 상행위를 감시하는 기구이다.
③ 시전은 보부상을 관장하지 않았다. 시전은 서울과 대도시에, 보부상은 지방 장시에 있었던 관허 상인이다.
○ 정답 ④

실전문제

149

□□□

밑줄 친 '농서'가 편찬된 시대의 경제생활로 옳은 것은?

> 각 지역의 풍토가 달라 곡식을 심고 가꾸는 법이 옛글과 다 같을 수 없습니다. 이에 여러 도의 감사들이 주현의 늙은 농부를 방문하여 실제 농사 경험을 들었습니다. 저희 정초 등은 이를 참고하여 농서를 편찬하였습니다.

① 녹비법을 활용하여 지력을 회복하였다.
② 시전에서 남초를 거래하였다.
③ 명과 개시·후시무역이 이루어졌다.
④ 수령들에게 이앙법 보급을 지시하였다.

150

□□□

다음 ㉠~㉢에 대한 설명으로 옳지 않은 것은?

> 조선은 건국 이후 조세, 공납, 역의 수취 제도를 다시 정립하여 국가의 재정 기반을 확충하고 양반 지배층의 경제 기반을 마련하였다. 농업에서는 유교적 민본주의를 바탕으로 ㉠ 농서의 편찬과 보급, 수리 시설의 확충 등 안정된 농업 조건을 만들기 위한 ㉡ 권농 정책이 추진되었다. 또한, ㉢ 상공업의 통제책을 세워 안정적으로 국가에서 필요로 하는 물품을 조달할 수 있는 체계를 만들었다. 이런 토대 위에 점차 ㉣ 농업 생산력이 증대되고 상공업 활동이 활발해지면서 지방에서 장시가 출현하였다.

① ㉠ - 『농사직설』, 『금양잡록』 등 농서가 간행되었다.
② ㉡ - 토지 개간 장려와 농업 기술을 개발하여 보급하였다.
③ ㉢ - 시전을 설치하고 관영 수공업을 정비하였다.
④ ㉣ - 밭농사에서는 2년 3작이 일반화되었고, 파종을 밭고랑에 하는 견종법이 보급되었다.

151

□□□

(가)에 대한 설명으로 옳지 않은 것은?

> • 비로소 [(가)]의 좌우 행랑 8백여 칸의 터를 닦았는데, 혜정교 (惠政橋)에서 창덕궁의 동구(洞口)에 이르렀다. 『태종실록』
> • 서울에서 놀고먹는 무리들 중에 [(가)]을(를) 새로 설립한 자가 5~6년 내에 매우 많아졌다. 이들은 상품을 판매하는 일보다 난전 잡는 일에 전념하고 있다. 『비변사등록』

① 보부상을 관장하여 독점 판매의 혜택을 오래 누렸다.
② 국가가 필요로 하는 물품을 조달·공급하였다.
③ 특정 물품을 독점 판매할 수 있는 권한이 있었다.
④ 정부의 감독을 받으며 상설 점포에서 영업하였다.

152

□□□

(가), (나)의 밑줄 친 '이들'에 대한 설명으로 옳지 않은 것은?

> (가) 정부는 종로에 상가를 만들어 이들로 하여금 영업을 하게하고 세금을 거두었다.
> (나) 정부는 이들을 공장안에 등록시켜 서울과 지방의 각급 관청에 소속하게 하고 관청에 필요한 물품을 제조하게 하였다.

① (가)는 왕실이나 관청에 물품을 공급하는 대신 독점 판매권을 가지고 있었다.
② (가)의 불법적 상행위를 통제하기 위해 경시서를 두었다.
③ (나)는 관청에서 근무하는 대가로 국가로부터 녹봉을 지급받았다.
④ (나)는 책임량을 초과한 물품의 경우, 세(稅)를 내고 판매할 수 있었다.

PART
04

01 민족 문화의 발달, 성리학, 불교, 민간 신앙

10개년 단원별 출제 빈도 분석

국가직 9급	2회	이황(2016), 성리학(2018)
지방직 9급	5회	이황과 이이(2013), 이이(2014, 2017, 2022), 조선왕조의궤(2014)
소방직	2회	이황(2021), 이이(2020)
계리직	1회	『동국통감』(2019)
법원직	2회	이기론(2015), 이황(2020)

대표 기출문제

국가직

괄호 안에 들어갈 역사책에 대한 설명으로 옳은 것은?

2015. 국가직 7급

> 동양에서는 역사학이 정책을 입안하는 데 이론적 근거와 참고 자료를 마련하기 위하여 연구되었다. 동양에서는 역사학의 제1차적인 목적을 귀감에서 찾는다. 그러기에 대부분의 역사책은 '거울 감(鑑)'자를 쓴다. 우리나라에서는 서거정이 편찬한 (   ), 중국에서는 사마광의 자치통감, 주희의 통감강목, 원추의 통감기사본말 등이 그 대표적인 예이다.

① 성리학적 가치관으로 고려 역사를 정리한 기전체 사서이다.
② 단군 조선에서 고려 말까지의 역사를 노래 형식으로 정리하였다.
③ 단군 조선에서 삼한까지의 역사를 외기(外紀)로 구분하여 서술하였다.
④ 역대 국왕의 사적(事績) 가운데 후세의 귀감이 될 만한 내용만을 뽑아 편년체로 편찬하였다.

출제경향 역사서는 국가직과 지방직에서 자주 출제되는 주제이지만 대부분의 수험생들이 어려워하는 주제이기도 하다. 특히 조선 전기, 15세기와 16세기 역사 의식의 변화와 함께 대표 사서들을 정확하게 파악해 두도록 하자.
정답찾기 괄호 안의 역사책은 『동국통감』이다.
③ 성종 때 서거정이 편찬한 『동국통감』은 단군 조선에서 고려 말까지의 역사를 편년체로 쓴 통사로, 단군 조선에서 삼한까지는 외기(外紀)로 서술하였다.
선지분석 ① 『고려사』, ② 『제왕운기』, ④ 『국조보감』에 대한 설명이다.

○ 정답 ③

지방직

밑줄 친 '저'에 대한 설명으로 옳은 것은?

2022. 지방직 9급

> 올해 초가을에 비로소 저는 책을 완성하여 그 이름을 『성학집요』라고 하였습니다. 이 책에는 임금이 공부해야 할 내용과 방법, 정치하는 방법, 덕을 쌓아 실천하는 방법과 백성을 새롭게 하는 방법이 실려 있습니다. 또한 작은 것을 미루어 큰 것을 알게 하고 이것을 비루어 저것을 밝혔으니, 천하의 이치가 여기에서 벗어나지 않을 것입니다. 따라서 이것은 저의 글이 아니라 성현의 글이옵니다.

① 예안향약을 만들었다.
② 『동호문답』을 저술하였다.
③ 백운동 서원을 건립하였다.
④ 왕자의 난 때 죽임을 당했다.

출제경향 16세기 성리철학의 경향, 특히 이황과 이이의 사상은 자주 출제되는 주제이다. 정확하게 이들의 업적을 파악하고, 조선 후기 성리학의 변화와 붕당과의 관계까지 연결시켜 파악하는 것이 중요하다.
정답찾기 밑줄 친 '저'는 율곡 이이이다.
② 이이는 『동호문답』을 통해 수미법을 주장하였다.
선지분석 ① 이황, ③ 주세붕, ④ 정도전에 대한 설명이다.

○ 정답 ②

153

□□□

다음 밑줄 친 '이 책'에 대한 설명으로 옳지 않은 것은?

> 이 책에는 태종 때 일본에서 코끼리가 건너온 사실과 정조가 안경을 쓴 사실 등 조선 시대 여러 사실들이 기록되어 있다. 연산군 때 왕을 비판하다가 유배를 간 배우 공길과 중종 때 왕실의 의녀로 활약한 장금이의 이야기는 영화나 드라마의 모티프가 되어 최고의 인기 문화 상품이 되기도 했다. 역사 기록에서 우리 선조들이 살았던 모습을 생생하게 구체적으로 접할 수 있음은 물론이고, 전통 기록들이 현대적 상품으로 거듭날 수 있는 가능성을 보여 준 것이다.

① 조선 태조부터 제25대 철종까지의 역사를 편년체로 기록하였다.

② 이 책을 만드는 곳은 실록청으로 이곳에서 사초와 각 관청의 문서들을 종합하여 시정기(時政記)를 만들었다.

③ 임진왜란 전에는 춘추관 외에도 충주, 성주, 전주에 각각 사고를 두어 보관하였다.

④ 고려 시대의 왕대별 실록을 편찬하는 전통이 조선 시대에도 계속되었다.

154

□□□

밑줄 친 '왕'의 재위 기간에 있었던 사실로 옳은 것은?

> 왕의 명으로 이 책을 완성하였다. 그 내용은 제사에 대한 길례(吉禮), 왕실에 관례와 혼례에 대한 가례(嘉禮), 접대에 대한 빈례(賓禮), 군사 의식에 대한 군례(軍禮), 상례 의식에 대한 흉례(凶禮)이다.

① 서울의 원각사 안에 대리석 10층탑을 건립하였다.

② 간경도감을 폐지하고 숭유억불 정책을 철저하게 시행하였다.

③ 『동국병감』, 『병장도설』을 간행하여 군사 훈련 지침서로 사용하였다.

④ 경연을 강조하여 이이의 『성학집요』를 경연 과목에 포함시켰다.

155 고난도

□□□

다음 역사서에 대한 내용으로 옳은 것을 〈보기〉에서 고른 것은?

> 우리 동방은 단군으로부터 기자를 지나 삼한에 이르기까지 고증할 만한 문적이 없었으며, 아래로 삼국에 이르러 겨우 역사책이 있었지만 대강 간략함이 매우 심하였고, 게다가 근거도 없고 경전에도 나오지 않는 말들을 더하였습니다. …고려가 삼국을 통일시켜 33세대를 전하면서 거의 500년을 지났는데, 비록 국사(國史)가 있었지만 중간에 기재한 것이 너무 번잡하거나 간략하여 자못 사실과 같지 않은 것이 있었고, 또한 빠뜨리고 누락시키는 실수를 면치 못하였습니다. 주상께서 그 뜻을 이어받아 서거정 등에게 편찬을 명하였습니다. …… 이 책을 지음에 명분과 인륜을 중시하고 절의를 숭상하여, 난신을 성토하고 간사한 자를 비난하는 것을 더욱 엄격히 하였습니다.

보기

> ㉠ 편년체로 서술되었다.
> ㉡ 단군 조선에서 고려 말까지의 역사를 정리하였다.
> ㉢ 『자치통감』의 범례를 규범으로 삼아 서술하였다.
> ㉣ 삼국을 대등한 국가로 해석하여 고구려 계승 주의와 신라 계승 주의의 갈등을 해소하였다.

① ㉠, ㉡

② ㉠, ㉡, ㉢

③ ㉡, ㉣

④ ㉠, ㉡, ㉢, ㉣

156 고난도

□□□

다음 기록과 관련하여 임금의 명에 따라 새로이 개수된 역사서에 대한 설명으로 옳은 것은?

> 임금이 말하기를, "…… 『고려실록』에 기록되어 있는 천변과 지괴를 정사(正史)에 기록하지 않은 것은 전례에 의하여 다시 첨가하여 기록하지 말고, 또 그 군왕의 시호는 아울러 실록에 의하여 태조 신성왕, 혜종 의공왕이라 하고, 묘효와 시호도 그 사실을 인멸하지 말 것이며, 그 태후, 태자와 관제(官制)도 또한 모름지기 고치지 말고, 오직 대사천하(大赦天下)라고 한 곳에는 천하 두 글자만 고칠 것이요, 또한 천하를 경내로 고칠 필요는 없는 것이다."라고 하였다. 『○○실록』

① 훈신과 사림, 그리고 성종의 공동 합작으로 편찬되었다.

② 본기에 해당되는 세가를 확대하여 군주 중심으로 역사를 서술하였다.

③ 단군 조선에서 삼한까지의 역사를 외기(外紀)로 구분하여 서술하였다.

④ 역대 국왕의 사적(事績) 가운데 후세의 귀감이 될 만한 내용만을 뽑아 편년체로 편찬하였다.

PART

04

157

□□□

다음 저술에 대한 설명으로 옳은 것은?

> 예로부터 제왕이 천하와 국가를 소유함에, 창업 군주는 초창기여서 경륜하느라 전고(典故)를 돌볼 겨를이 없고, 수성 군주는 예법을 준수하느라 새 법을 제정하는 것을 일삼지 않는다. 세조께서 말씀하시기를 "우리 조종의 심후한 인덕과 크고 아름다운 규범이 퍼져 있고, 또 여러 번 내린 교지가 있어, 법이 아름답지 않은 것이 아니지만, 관리들이 용렬하고 어리석어 제대로 받들어 행하지 못한다. 이제 손익을 헤아리고 회통할 것을 산정하여 만대의 성법을 만들고자 한다."고 하였다. 책을 완성하여 6권으로 만들었다.

① 업무 관련 내용이 일지 형식으로 작성되었다.
② 성종 때 육전상정소를 설치하여 편찬하기 시작하였다.
③ 가급적 형벌을 완화하려는 관형주의를 표방하였다.
④ 영구히 시행해야 할 전(典)과 편의에 따라 시행해야 할 록(錄)으로 구분되었다.

158

□□□

〈보기〉와 같은 사상 체계를 지닌 인물에 대한 설명으로 가장 옳지 않은 것은?

> **보기**
> • 이기호발설(理氣互發說)을 내세워 이(理)는 착하고 보편적이지만, 기(氣)는 착한 것과 악한 것이 섞여 있어 비천한 것으로 보았다.
> • 정지운의 『천명도』 해석을 둘러싸고 사단 칠정 논쟁이 시작되었다.

① 임진왜란 이후 일본에 전해져 일본 성리학 발전에 큰 영향을 끼쳤다.
② 도학의 입문서인 『격몽요결』을 저술하였다.
③ 유성룡, 김성일, 정구, 장현광 등 영남 학자들에게 학설이 계승되었다.
④ 향촌 사회의 도덕적 질서를 안정시키기 위해 예안 향약을 만들었다.

159

□□□

다음과 같이 주장한 인물에 대한 설명으로 옳은 것은?

> 이기(理氣)는 서로 섞이고 융합되어 있어서 원래 서로 떨어지지 않는다. 그러므로 심(心)이 움직여서 정(情)이 될 때 발현시키는 것은 기(氣)이고 발현되는 원인은 이(理)이니, 기(氣)가 아니면 발현될 수 없고, 이(理)가 아니면 발현될 바가 없다. 어찌 이발기발(理發・氣發)의 다름이 있겠는가.

① 우리 역사에서 기자의 행적을 주목하고 그 전통을 계승하기 위해 『기자실기』를 지었다.
② 우주 자연은 기(氣)로 구성되어 있으며, 기는 영원불멸하면서 생명을 낳는다고 보았다.
③ 왕이 지켜야 할 왕도 정치 규범을 체계화한 『성학십도』를 지었다.
④ 경과 의를 근본으로 하는 실천적 성리학풍을 창도하였다.

160 고난도

□□□

다음과 같은 작품이 나왔던 시기의 문화적 경향에 대한 설명으로 옳은 것은?

> 우리나라의 글은 송・원의 글도 아니고, 또한 한・당의 글도 아니며, 바로 우리나라의 글인 것입니다. 마땅히 중국 역대의 글과 나란히 천지 사이에 행하게 하여야 할 것입니다.

① 성리학에만 국한되지 않고 불교・도교・민간 신앙 등을 포용하였다.
② 단군을 교화지군(敎化之君)으로 인식하면서 문화적 자부심을 표출하였다.
③ 한글과 한자음 관계 연구서인 『언문지』가 편찬되었다.
④ 우리 문화에 대한 자신감이 생기면서 실경산수화가 유행하였다.

02 과학·문학·예술

10개년 단원별 출제 빈도 분석		
국가직 9급	3회	세종 때의 문화(2014), 혼일강리역대국도지도(2018), 전기 문화(2020)
지방직 9급	1회	몽유도원도(2014)
소방직	0회	
계리직	3회	전기 문화(2021), 전기 문학(2018), 과학 기술(2016)
법원직	2회	15세기 문화(2013), 15세기 과학 기술(2016)

대표 기출문제

국가직

㉠~㉣에 대한 설명으로 옳은 것은? 2015. 국가직 7급

> 일제 강점기 조선 총독부는 수많은 우리 문화재를 훼손하였는데 남산도 예외가 아니었다. ㉠ 장충단을 공원화하고 그 동쪽에다 이토 히로부미를 기념하는 박문사를 세웠다. 거기에는 ㉡ 경복궁을 훼손하여 여러 부속 건물을 가져다 놓고, ㉢ 원구단에 있던 석고전을 종각으로 변조하였으며, ㉣ 경희궁의 정문인 흥화문을 헐어서 정문으로 삼았다.

① ㉠ - 숙종 때 명나라 신종을 제사하려고 지은 사당이었다.
② ㉡ - 세종 때 만든 보루각과 간의대가 있었다.
③ ㉢ - 을미사변 때 죽은 이경직과 홍계훈 등 충신·열사의 넋을 기리는 제단이었다.
④ ㉣ - 역대 임금의 초상을 봉안하던 선원전이 있었다.

지방직

조선 시대의 예술에 대한 설명으로 옳은 것은? 2010. 지방직 9급

① 공예는 생활용품이나 문방구 등에서 특색 있는 발달을 보였다.
② 분청사기와 백자가 많이 만들어졌는데 후기로 갈수록 분청사기가 주류를 이루었다.
③ 궁궐, 관아, 성문, 학교 건축이 발달했던 고려 시대와 대조적으로 사원 건축이 발달하였다.
④ 양반들은 장인들이 하는 일이라 하여 서예를 기피하였으나 그림은 필수적 교양으로 여겼다.

출제경향 정치사에 비해 자주 출제되는 파트는 아니지만 한국사 만점의 당락을 결정하는 문제가 예술사이다.

정답찾기 ② 보루각은 경복궁 경회루 남쪽에 세워진 건물로서, 물시계인 자격루가 설치되었다. 천문 관측 기구인 간의를 설치한 관측대인 간의대는 경복궁 경회루 북쪽에 위치하고 있다.

선지분석 ① ㉠ - 숙종 때 명나라 신종을 제사하려고 지은 사당은 대보단과 만동묘이다. 장충단(1900)은 대한 제국 때 을미사변·임오군란 등으로 순사한 충신과 열사의 제사를 지내던 곳이다.
③ ㉢ - 원구단은 하늘에 제사 지내는 곳이다. 을미사변 때 죽은 이경직과 홍계훈 등 충신·열사의 넋을 기리는 제단은 장충단이다.
④ ㉣ - 선원전은 조선 시대 태조 이하 역대 임금과 왕후의 영정을 봉안한 곳으로, 조선 초기 이래로는 창덕궁에 위치하였으나, 고종 대에 창덕궁뿐 아니라 경복궁과 경운궁에도 영정을 봉안하여 왕이 거처하는 궁궐을 바꿀 때를 대비하였다. 그러나 경희궁에는 선원전을 두지 않았다.

○ 정답 ②

출제경향 국가직과 마찬가지로 자주 출제되는 파트는 아니지만 한국사 만점을 위해 전(全) 시대의 주요 예술을 비교해서 보는 것이 효율적이다.

선지분석 ② 조선 전기에는 분청사기와 백자가 많이 만들어졌는데 후기로 갈수록 청화 백자가 새로이 발달하면서 주류를 이루었다.
③ 고려 시대에는 주로 사원 건축이 발달하였으며, 조선 시대에는 궁궐·관아·성문·학교 건축이 발달하였다.
④ 조선의 양반들은 시(詩)·서(書)·화(畵)를 삼절(三絶)이라 하여 모두 중요시하였다.

○ 정답 ①

실전문제

161

□□□

〈보기〉에서 조선 전기 건축물을 모두 고른 것은?

보기
㉠ 무위사 극락전	㉡ 해인사 장경판전
㉢ 금산사 미륵전	㉣ 수원 화성

① ㉠, ㉡   ② ㉡, ㉣

③ ㉢, ㉣   ④ ㉠, ㉢

162

□□□

밑줄 친 '왕'의 업적으로 옳지 않은 것은?

왕은 원나라의 수시력을 참고하여 역법을 만들게 하였다. 그 책의 말미에 동지·하지 후의 일출·일몰 시각과 밤낮의 길이를 나타낸 표가 실려 있는데, 우리나라 역사상 최초로 한양을 기준으로 하여 계산한 것이다.

① 경복궁에 간의대(簡儀臺)를 축조하고 간의를 설치하였다.
② 경기 지역의 농사 경험을 토대로 『금양잡록』을 편찬하였다.
③ 약용 식물의 채취에 적합한 월령(月令)으로 만든 『향약채취월령』을 간행하였다.
④ 경자자(庚子字)·갑인자(甲寅字)를 주조하였고, 밀랍 대신 식자판을 조립하는 방법을 창안하였다.

163

□□□

다음 중 조선의 주요 건축물에 대한 설명으로 옳지 않은 것은?

① 경복궁 앞에 육조 거리를 조성하여 왼쪽에는 의정부, 이조, 호조, 한성부 등을, 오른쪽에는 예조, 병조, 형조, 사헌부 등을 두었다.
② 풍수지리설에 입각하여 백악산, 낙산, 목멱산, 인왕산을 배치하고 둘레 18km의 도성을 쌓았다.
③ 국립 교육 기관이었던 성균관과 4부 학당, 향교에 각각 문묘를 설치하였다.
④ 종묘는 정전(正殿)과 영녕전(永寧殿)의 기단과 처마, 지붕의 높이, 기둥의 굵기를 그 위계에 따라 달리하였다.

164

□□□

다음 자료에 나타난 사상과 동일한 성격을 보여주고 있는 것을 모두 고르면?

지금 우리 왕께서도 밝은 가르침을 계승하시고 다스리는 도리를 도모하시어 더욱 백성들의 일에 뜻을 두셨다. 여러 지방의 풍토가 같지 않아 심고 가꾸는 방법이 지방에 따라서 차이가 있기 때문에 옛 글의 내용과 모두 같을 수가 없었다. 이에 각 도의 감사들에게 명령하시어, 주·현의 노농(老農)을 방문하여 그 땅에서 몸소 시험한 결과를 자세히 듣게 하시었다. 또 신 정초(鄭招)에게 명하시어 말의 순서를 보충케 하시고, 신 종부소윤 변효문(卞孝文) 등이 검토해 살피고 참고하게 하여, 그 중복된 것은 버리고 절실하고 중요한 것은 취해서 한 편의 책을 만들었다.

보기
㉠ 『향약집성방』	㉡ 『칠정산』
㉢ 『농상집요』	㉣ 『동의보감』
㉤ 정선의 '인왕제색도'	㉥ 김정희의 '세한도'

① ㉠, ㉡, ㉢, ㉤   ② ㉡, ㉢, ㉣, ㉥

③ ㉠, ㉡, ㉣, ㉤   ④ ㉠, ㉢, ㉣, ㉥

165

□□□

(가)~(라) 시기에 있었던 역사적 사실로 옳지 않은 것은?

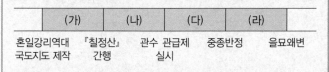

	(가)	(나)	(다)	(라)	
혼일강리역대 국도지도 제작		『칠정산』 간행	관수 관급제 실시	중종반정	을묘왜변

① (가) – 부산포, 제포, 염포 등 3포를 개항하였다.
② (나) – 익군 체제를 진관 체제로 개편하였다.
③ (다) – 원각사지 10층 석탑을 건립하였다.
④ (라) – 임시 기구로 비변사를 설치하였다.

166

□□□

다음 작품이 제작된 시기의 문화 예술에 대한 설명으로 옳은 것은?

① 우리 자연을 있는 그대로 그리려는 진경산수화가 유행하였다.
② 자연을 벗 삼아 사는 모습을 노래한 「청산별곡」이 창작되었다.
③ 중인이 결성한 시사(詩社)를 중심으로 위항 문학(委巷文學)이 유행하였다.
④ 회청색의 분청사기가 유행하였다.

167

□□□

(가), (나)의 밑줄 친 '이 지도'에 대한 설명으로 옳은 것은?

> (가) 이 지도는 의정부 정승 이무와 김사형이 발의하여 이회가 제작하고, 권근이 발문을 작성한 것이다. 권근의 글에 의하면 중국에서 수입한 '성교광피도'와 '혼일강리도'를 기초로 하였다고 한다.
> (나) 이 지도는 이이를 비롯한 12명이 제작하였다. 각 군현은 도별로 색을 달리하여 경기도는 주황색, 충청도는 황색, 강원도는 연녹색, 황해도는 연백색, 경상도는 적색, 전라도는 백색, 함경도는 청색, 평안도는 녹색으로 표시하고 있다.

① (가) – 만주와 쓰시마 섬을 한국 영토로 표기하였다.
② (가) – 이슬람 지도학의 영향을 받아 작성되었다.
③ (나) – 과학 기구를 이용한 최초의 실측 지도이다.
④ (나) – 최초로 백리척을 고안한 전국 지도이다.

PART

04

168 고난도

□□□

다음은 외국인에게 경복궁에 대해 설명한 내용이다. 밑줄 친 (가)~(라)에 대한 설명으로 옳은 것을 〈보기〉에서 고른 것은?

> 조선 왕조는 한양으로 천도한 이후 (가) 5대 궁궐을 지었는데, 그 가운데에서 법궁이 바로 이 경복궁이고, 나머지는 이궁으로 사용되었습니다. 경복궁의 정문을 통과하면 (나) 가장 먼저 나오는 큰 건물은 바로 왕의 즉위식이나 책봉 등 국가적 의례가 있을 때에 사용하였고, 그 뒤에 (다) 왕의 집무실이 있었습니다. 임금이 거처하는 공간을 기준으로 왕세자는 동쪽에 있어 동궁이라 하였고, (라) 왕비의 거처 공간이 따로 있었습니다.

보기

㉠ (가)는 경복궁, 창덕궁, 창경궁, 경희궁, 경운궁(덕수궁)을 말한다.
㉡ (나)는 광화문을 가리키며, 좌측에 종묘, 우측에 사직이 배치되었다.
㉢ (다)는 사정전으로, 주로 경연이 열리는 곳이었다.
㉣ (라)는 교태전으로, 임금이 거처하는 공간의 서쪽에 배치되었다.

① ㉠, ㉡　　　　　　　② ㉠, ㉢
③ ㉡, ㉢　　　　　　　④ ㉡, ㉣

선우빈
선우한국사

기적의
단원별
300제

PART

05

근대 사회의
태동

01 근대 사회의 태동과 통치 체제의 개편

10개년 단원별 출제 빈도 분석

국가직 9급	1회	16~18세기 상황(2017)
지방직 9급	1회	비변사(2020)
소방직	1회	비변사(2021)
계리직	0회	
법원직	3회	비변사(2013, 2016), 훈련도감(2018)

대표 기출문제

국가직

다음 관청에 대한 설명으로 옳지 않은 것은? 2020. 국가직 7급

중앙과 지방의 군국 기무를 모두 관장한다. … (중략) … 도제조(都提調)는 현임과 전임 의정이 겸임한다. 제조는 정수가 없으며, 왕에게 아뢰어 차출하되 이조·호조·예조·병조·형조의 판서, 훈련도감과 어영청의 대장, 개성·강화의 유수(留守), 대제학이 예겸(例兼)한다. 4명은 유사당상(有司堂上)이라 부르고 부제조가 있으면 예겸하게 한다. 8명은 팔도구관당상(八道句管堂上)을 겸임한다. 『속대전』

① 삼포왜란 중에 상설화되었다.
② 흥선 대원군 집권 시기에 사실상 폐지되었다.
③ 본래 외적의 침입에 대비한 임시 기구였다.
④ 임진왜란을 계기로 군사 및 정무 전반을 관할하였다.

출제경향 조선 후기의 정치 제도 변화는 국가직·지방직 구분할 것 없이 출제되는 영역이 정해져 있다. 즉, 비변사와 군사 제도의 변화만 알아두면 된다.
정답찾기 제시문은 비변사에 대한 설명이다.
① 비변사는 중종 때 삼포왜란(1510)을 계기로 설치된 임시 군무 협의 기구이고, 명종 때 을묘왜변(1555)을 계기로 상설 기구가 되었다.
○정답 ①

지방직

다음의 군사 제도를 시대순으로 바르게 나열한 것은?
2020. 지방직 7급

(가) 중앙군인 5위를 두어 궁궐과 수도를 방어하게 하였다.
(나) 10정을 두었는데, 9주 가운데 8주에 1정씩 배치하고, 국경 지대인 한주(漢州)에는 2개의 정을 두었다.
(다) 금위영이 설치되면서 5군영 체제가 갖추어졌다.
(라) 국왕의 친위 부대인 2군, 수도 및 국경 방어를 담당하는 6위로 구성되었다.

① (가)-(라)-(나)-(다)　　② (가)-(라)-(다)-(나)
③ (나)-(가)-(다)-(라)　　④ (나)-(라)-(가)-(다)

출제경향 이 파트는 국가직과 마찬가지로 비변사, 군사 제도의 변화와 함께 전(全) 시대의 중앙 제도와 군사 제도 변화 양상을 물어보는 문제가 출제된다.
정답찾기 (나) 통일 신라 ⇨ (라) 고려 ⇨ (가) 조선 전기(세조) ⇨ (다) 조선 후기(숙종)

플러스정리 역대 군사 조직의 변천

시기	중앙군	지방군
통일 신라	9서당	10정
발해	10위	
고려	2군 6위	주현군(5도), 주진군(양계)
조선 전기	5위	영진군
조선 후기	5군영	속오군
개화기	별기군, 2영	속오군
을미개혁	친위대	진위대
대한 제국	시위대	진위대

○정답 ④

실전문제

169

☐☐☐

다음 (가)~(라)에 대한 설명 중 옳지 않은 것은?

> 조선 후기의 위정자들은 (가) 지배 체제의 모순이 크게 드러나는 상황 속에서 (나) 통치 체제를 개편하고 (다) 수취 체제를 조정하며 붕당 정치를 전개하였다. 그러나 (라) 붕당 정치가 17세기 후반 이래로 변질되어 가면서 위정자들이 정치를 잘 이끌지 못해 사회 모순은 더욱 심화되어 갔고, 그것은 농촌 사회를 더욱 어렵게 하였다.

① (가) - 토지 제도 면에서는 지주 전호제가 발달하였다.

② (나) - 비변사의 기능이 강화되고 5군영이 성립됨으로써 특정 붕당의 지위가 강화되었다.

③ (다) - 조세의 금납화가 촉진되고 조세의 부과 대상이 토지로 집중되었다.

④ (라) - 양반들의 분열과 대립이 심화되어 전제 왕권이 발달하였다.

170

☐☐☐

(가) 기구에 대한 설명으로 옳지 않은 것은?

> 대신들이 아뢰기를 " __(가)__ 이/가 설치된 이후 의정부가 한가한 관청이 되어 버려 식견 있는 사람들이 항상 개탄하였습니다. …… __(가)__ 이/가 창설된 지도 이미 300년이나 되었으니, 국왕에게 아뢰거나 관리 후보자를 추천하는 등의 일은 두 관청에 적당히 나누어 담당시켜 마치 송나라 때에 중서성과 추밀원에서 하던 것과 마찬가지로 해야 할 것입니다." 하였다. 이에 하교하기를 "그렇게 규정을 만들어 시행하라." 하였다.

① 흥선 대원군 집권 시기에 폐지되었다.

② 을묘왜변 이후 상설 기구로 발전하였다.

③ 의정부와 6조의 정무 기능을 분담하였다.

④ 3정승, 공조 판서를 제외한 5조 판서 등 고위 관료들이 참여하였다.

171

☐☐☐

조선 후기의 5군영에 대한 설명으로 옳지 않은 것은?

① 임진왜란 때 삼수병을 양성하기 위해 훈련도감이 설치되었다.

② 어영청, 수어청, 총융청, 금위영 순서대로 설치되었다.

③ 인조 때 남한산성을 방어하기 위해 수어청을 두었다.

④ 훈련도감은 장번 급료병으로 구성되었다.

172

☐☐☐

다음 (가), (나)에 대한 설명으로 옳지 않은 것은?

> 각 도에 교사를 보내 삼수 기법을 훈련시키고 초군을 배치하였다. 앞서 서울에는 __(가)__ 을/를 설치하여 군사를 모집해서 포수·사수·살수로 나누어 훈련시켰다. 이 때에 이르러 지방에도 __(나)__ 을/를 설치했는데, 속오법에 의해 군사훈련을 하였다.

① (가)는 척계광의 『기효신서』를 참고하여 훈련하였다.

② 네델란드인 벨테브레는 (가)에 소속되어 서양식 대포의 제조법을 가르쳐 주었다.

③ (나)는 양반에서부터 노비에 이르기까지 편제 대상이었다.

④ (나)는 일정 기간 번상하면서 국경의 요충지에 배속되었다.

02 정국의 변화, 탕평책, 외척 세도 정치

10개년 단원별 출제 빈도 분석

국가직 9급	7회	주요 국왕(2022), 영조(2013, 2015), 정조(2014, 2018, 2021), 순조 때 사건(2014)
지방직 9급	4회	숙종(2020), 영조(2014, 2016, 2022)
소방직	3회	영조(2020), 광해군(2022), 사건 순서(2022)
계리직	2회	붕당 정치(2016), 정조(2014)
법원직	10회	예송 논쟁과 환국(2016), 서인(2013, 2022), 환국과 탕평책(2021), 탕평책(2014), 영조(2013, 2020), 정조(2019), 영조와 정조(2022), 사건 순서(2014)

대표 기출문제

국가직

(가)~(라) 국왕대에 있었던 사실로 옳지 않은 것은?

2022. 국가직 9급

조선 시대 국가를 운영하는 핵심 법전인 『경국대전』은 세조 대에 그 편찬이 시작되어 __(가)__ 대에 완성되었다. 이후 여러 차례의 전쟁으로 혼란에 빠진 국가 체제를 수습하고 새로운 정치·사회적 변화에 대응하기 위해 법전 정비가 필요하게 되었다. 이에 따라 __(나)__ 대에 『속대전』을 편찬하였으며, __(다)__ 대에 『대전통편』을, 그리고 __(라)__ 대에는 『대전회통』을 편찬하였다.

① (가) - 홍문관을 두어 집현전을 계승하였다.
② (나) - 서원을 붕당의 근거지로 인식하여 대폭 정리하였다.
③ (다) - 사도세자의 무덤을 옮기고 화성을 축조하였다.
④ (라) - 삼정의 문란을 바로잡기 위해 삼정이정청을 설치했다.

지방직

밑줄 친 '나'가 국왕으로 재위하던 기간에 있었던 일은?

2022. 지방직 9급

팔순 동안 내가 한 일을 만약 나 자신에게 묻는다면 첫째는 탕평책인데, 스스로 '탕평'이란 두 글자가 부끄럽다. 둘째는 균역법인데, 그 효과가 승려에게까지 미쳤다. 셋째는 청계천 준설인데, 만세에 이어질 업적이다. …(하략)…

『어제문업(御製問業)』

① 장용영이 창설되었다.
② 나선정벌이 단행되었다.
③ 홍경래의 난이 발생하였다.
④ 『동국문헌비고』가 편찬되었다.

출제경향 조선 후기 붕당 정치, 예송 논쟁, 탕평책은 시험에 자주 출제되는 주제이다. 임진왜란 이후 조선의 정치사를 흐름으로 파악하면서 시기별 주요 사건을 정확히 파악해 두도록 하자.

정답찾기 (가) 성종, (나) 영조, (다) 정조, (라) 고종
④ 삼정의 문란을 바로잡기 위한 삼정이정청은 철종 때 임술민란을 계기로 설치되었다.

○ 정답 ④

출제경향 지방직에서도 자주 출제되는 파트이다. 특히 조선 후기 특정 국왕의 업적(광해군, 효종, 숙종, 영조, 정조)을 정확히 파악해 두어야 한다.

정답찾기 밑줄 친 '나'는 조선 영조이다.
④ 영조의 명에 의해 한국학 백과사전인 『동국문헌비고』가 편찬되었다.

선지분석 ① 정조, ② 효종[1차(1654, 효종 5년), 2차(1658, 효종 9년)], ③ 순조(1811) 재위 시기에 해당한다.

○ 정답 ④

실전문제

173

☐☐☐

(가) 붕당에 대한 설명으로 옳은 것은?

> 김효원이 이조 전랑의 물망에 올랐을 때, 심의겸이 이전의 잘못을 지적하였다. 그 후에 심의겸의 동생 심충겸이 이조 전랑으로 천거되자, 이번에는 김효원이 나서 외척이라 하여 반대하였다. 이로 인해 양쪽으로 편이 갈라져 서로 배척하였는데, 김효원을 지지하는 사람들을 동인, 심의겸을 지지하는 사람들을 ▢(가)▢ (으)로 부르기 시작하였다.

① 이황과 조식, 서경덕의 학문을 계승한 사람들을 중심으로 이루어졌다.

② 인조반정 후 집권하여 어영청, 총융청, 수어청 등의 군영을 설치하고 권력 기반을 확보하였다.

③ 허적의 유악 사건과 허견 역모 사건을 빌미로 일어난 경신 환국을 계기로 몰락하였다.

④ 임진왜란 이후에 집권하였으며, 명과 후금 사이에서 실리적 중립외교를 펼쳤다.

174

☐☐☐

다음의 (가), (나)는 예송 논쟁에서 있던 정치적 대립이다. (가), (나)를 주장한 각 붕당에 대한 설명으로 옳지 않은 것은?

> (가) 효종은 임금이셨으니 새어머니인 인조 임금의 계비는 돌아가신 효종에 대해 3년 상복을 입어야 합니다. 임금의 예는 보통 사람과 다릅니다.
>
> (나) 효종은 형제 서열상 차남이셨으니 새어머니인 인조 임금의 계비는 돌아가신 효종에 대해 1년 복을 입어야 합니다. 천하의 예는 모두 같은 원칙에 따라야 합니다.

① (가)의 주장을 한 붕당은 왕권 강화를 중시하였고, (나)의 주장을 한 붕당은 신권 강화를 중시하였다.

② 1차 기해예송에서 (나)의 기년설이 채택되었다.

③ (가)는 『국조오례의』의 상복 규정에 따라 기년설을 주장하였다.

④ (나)의 주장을 한 붕당은 경신환국 이후 노론과 소론으로 분열하였다.

175

☐☐☐

다음 역사적 사건을 시간순으로 바르게 나열한 것은?

> ㉠ 탕평비를 세우고 국왕이 정국을 주도하려 하였다.
> ㉡ 허적의 유악 사건과 남인 역모 사건으로 남인 정권이 붕괴되었다.
> ㉢ 이인좌는 소론, 남인 세력과 중소 상인, 노비 등을 규합하여 반란을 일으켰다.
> ㉣ 인현 왕후 민씨가 복위되어 서인이 재집권하고, 남인이 몰락하였다.

① ㉠ - ㉢ - ㉡ - ㉣   ② ㉡ - ㉣ - ㉢ - ㉠

③ ㉢ - ㉡ - ㉣ - ㉠   ④ ㉣ - ㉡ - ㉠ - ㉢

176

☐☐☐

다음의 조치를 시행한 국왕의 업적으로 옳은 것은?

> • 노산 대군의 시호를 올리고 (중략) 묘호를 단종이라 하였다.
> • 충무공 이순신의 사우(祠字)에 '현충'이라는 호를 내렸다.

① 창덕궁 안에 대보단을 두고 임금이 친히 명나라 신종 황제를 제사하였다.

② 수원에 새로운 성곽 도시인 화성을 건설하였다.

③ 이조 전랑의 권한을 약화시켰다.

④ 어영청을 강화하여 북벌을 준비하였다.

177 □□□

밑줄 친 '왕'의 업적으로 옳지 않은 것은?

> 경연에서 신하들이 "붕당(朋黨)이 나누어지는 것은 전랑(銓郞)으로부터 비롯되었으므로 그 권한을 없애야 합니다."라고 하였다. 왕도 역시 이를 인정하여 이조 낭관(郞官)과 한림(翰林)들이 자신의 후임을 자천(自薦)하는 제도를 폐지하도록 명하였다. 그 결과 이조 전랑의 인사 권한이 축소되었다.

① 한글의 음운 연구서인 『훈민정음운해』를 편찬·간행하였다.
② 『속대전』을 편찬하여 법전 체계를 정리하였다.
③ 산림의 존재를 부정하고 그들의 본거지인 서원을 대폭 정리하였다.
④ 상평통보가 법화로 채택되고,

178 □□□

다음 역사적 사건을 시기 순으로 바르게 나열한 것은?

> ㉠ 민간의 광산 개발 참여를 허용하는 설점수세제를 처음 실시하였다.
> ㉡ 외교 문서집인 『동문휘고』를 편찬하였다.
> ㉢ 국왕의 명으로 『동국문헌비고』를 편찬하였다.
> ㉣ 안용복이 쓰시마 도주로부터 독도가 조선 땅이라는 확인을 받아 왔다.

① ㉠ - ㉢ - ㉡ - ㉣
② ㉡ - ㉣ - ㉢ - ㉠
③ ㉠ - ㉣ - ㉢ - ㉡
④ ㉣ - ㉡ - ㉠ - ㉢

179 고난도 □□□

다음 전교를 내린 임금에 대한 설명으로 옳지 않은 것은?

> 붕당의 폐단이 요즈음보다 심한 적이 없었다. …… 다른 붕당의 사람들을 모조리 역당으로 몰고 있다. …… 사람을 임용하는 것은 모두 같은 붕당의 인사들만이니 이렇게 하고도 천리의 공(公)에 부합하고 온 세상의 마음을 복종시킬 수 있겠는가. …… 귀양 간 사람들은 그 경중을 참작하여 풀어 주고 관리의 임용을 담당하는 관서에서는 탕평(蕩平)하게 거두어 쓰도록 하라.

① 강화도에 외성을 쌓고 평양에 중성을 쌓는 등의 축성 사업을 실시하였다.
② 노론 내의 온건론인 완론(緩論)을 중심으로 공정한 자세를 견지하여 소론에 대한 보복을 억제하고자 하였다.
③ 당하문신 중 승문원·교서관·성균관에서 추천받은 인물을 뽑아 40세까지 교육시켰다.
④ 노비종모법을 확정하여 양인의 수를 늘렸다.

180 고난도 □□□

밑줄 친 '국왕'의 업적으로 옳은 것을 〈보기〉에서 고른 것은?

> 국왕이 말하기를, "영상이 바야흐로 지문(誌文)을 짓고 있거니와, 선대왕의 사업과 실적은 곧 균역·탕평·준천이다. 탕평은 50년 동안의 대정(大政)인데, 말을 만들어 갈 적에 단지 탕평 두 글자만 쓴다면 혼돈하게 될 염려가 없지 않다. 충신과 역적을 구분하는 데 이쪽이 옳고 저쪽이 그른 것과, 저쪽이 객(客)이고 이쪽은 주(主)인 구별을 분명하게 말하지 않을 수 없다. …… 탕평은 의리에 방해받지 않고 의리는 탕평에 방해받지 않은 다음에야 바야흐로 탕탕평평(蕩蕩平平)의 큰 의리라 할 수 있다. 지금 내가 한 말은 곧 의리의 탕평이지, 혼돈의 탕평이 아니다."라고 하였다.

보기

> ㉠ 청에서 사용하는 시헌력을 채택하였다.
> ㉡ 서얼 출신 이덕무, 박제가를 규장각 검서관으로 등용하였고, 『무예도보통지』를 편찬하였다.
> ㉢ 민(民)의 상언과 격쟁의 기회를 늘려 주었다.
> ㉣ 탕평비를 세우고 당파의 옳고 그름을 명백히 가리는 적극적인 준론 탕평을 추진하였다.
> ㉤ 제언의 신축과 수리를 강화하고 수리 시설의 개인 독점을 금지하는 제언절목을 반포하였다.
> ㉥ 세종 때 설치했다가 폐지한 폐사군의 일부를 복설하였다.

① ㉠, ㉡, ㉣
② ㉡, ㉢, ㉤
③ ㉢, ㉣, ㉥
④ ㉠, ㉡, ㉤

03 대외 관계의 변화

대표 기출문제

PART
05

국가직

□□□

다음 내용과 관련된 외교 사절에 대한 설명으로 옳지 않은 것은?

2008. 국가직 9급

> 일본 사람이 우리나라의 시문을 구하여 얻은 자는 귀천현우(貴賤賢愚)를 막론하고 우러러보기를 신선처럼 하고 보배로 여기기를 주옥처럼 하지 않음이 없어, 비록 가마를 메고 말을 모는 천한 사람이라도 조선 사람의 해서(楷書)나 초서(草書)를 두어 글자만 얻으면 모두 손으로 이마를 받치고 감사의 성의를 표시한다.

① 1811년까지 십여 차례 수행되었다.
② 일본의 정한론을 잠재우는 데 기여하였다.
③ 일본 막부가 자신의 권위를 높이려는 목적도 있었다.
④ 18세기 후반 일본에서 국학 운동이 일어나는 자극제가 되었다.

지방직

□□□

다음 역사적 사실을 순서대로 바르게 나열한 것은?

2017. 서울시 7급

> ㉠ 청의 요청으로 조선은 나선(러시아) 정벌에 조총병을 파병하였다.
> ㉡ 청의 정세 변화를 이용하여 윤휴를 중심으로 북벌 움직임이 제기되었다.
> ㉢ 조선과 청의 두 나라 대표가 백두산 일대를 답사하고, 국경을 확정하는 백두산정계비를 세웠다.
> ㉣ 안용복은 울릉도에 출몰하는 일본 어민들을 쫓아내고, 일본에 건너가 울릉도와 독도가 조선의 영토임을 확인받고 돌아왔다.

① ㉠ - ㉡ - ㉢ - ㉣
② ㉠ - ㉡ - ㉣ - ㉢
③ ㉡ - ㉠ - ㉢ - ㉣
④ ㉡ - ㉠ - ㉣ - ㉢

출제경향 임진왜란의 전개 과정과 함께 왜란 이후 일본과의 국교 관계를 파악해 두어야 한다. 더불어 독도 관련 내용도 확인해 두자.

정답찾기 제시문은 1607년부터 1811년까지 총 12회 파견된 조선 통신사에 대한 설명이다. 통신사는 막부 장군이 새로이 교체될 때 국제적 권위를 보장받기 위해 축하 사절로 파견되었으며, 외교 사절로서만이 아니라 조선의 선진 문화를 전파하는 역할을 하였다.
② 일본의 정한론은 흥선 대원군 집권기에 대두되었다.

◦정답 ②

출제경향 임진왜란과 호란의 전개 과정, 이후 조선의 대외 관계, 독도와 간도에 대하여 알아두어야 한다.

정답찾기 ㉠ 나선 정벌[변급(1차, 1654, 효종 5년), 신유(2차, 1658, 효종 9년)] ⇨ ㉡ 윤휴를 중심으로 한 북벌론 제기[조선 숙종 즉위 초, 경신환국(1680) 이전 시기] ⇨ ㉣ 안용복의 활약(1696) ⇨ ㉢ 백두산정계비 건립(1712)

◦정답 ②

실전문제

181
□□□

밑줄 친 ㉠~㉣에 대한 설명으로 옳지 않은 것은?

> • 우리나라가 천조(天朝)에 대하여 의리상으로는 군신 관계에 있다 할지라도 정리상으로는 부자 사이와 같다. 더구나 ㉠ 임진왜란 때 위급한 상황을 구제해 준 큰 은혜가 있는데 말해 무엇하겠는가. …… 다만 우리나라는 평소 병(兵)과 농(農)을 분리하지 않았으므로 아침에 명을 내려 저녁에 집결하기는 형세상 불가능하다. …… ㉡ 군병 수천 명을 뽑아 천조 국경과 가까운 의주 등에 정비시켜 대기하게 한 뒤 기각(앞뒤에서 적을 견제함)의 형세를 지어 성원하는 것이 지금의 상황에 적합할 듯하다. 『광해군일기』
>
> • 우리나라에서 중국 조정을 섬겨 온 지 200여 년이다. 의리는 군신이며 은혜는 부자와 같다. 임진년에 입은 은혜는 만세토록 잊을 수 없다. …… ㉢ 광해군은 배은망덕하여 천명(天命)을 두려워하지 않고 속으로 다른 뜻을 품어 오랑캐에게 성의를 베풀었다. 기미년 오랑캐를 정벌할 때는 은밀히 장수를 시켜 동태를 보아 행동하게 하였다. ㉣ 끝내 전군이 오랑캐에게 투항함으로써 추한 소문이 사해에 퍼지게 하였다. …… 예의의 나라인 삼한(三韓)을 오랑캐와 더불어 금수가 됨을 면치 못하게 하였다. 어찌 그 통분함을 이루 다 말할 수 있겠는가. 『인조실록』

① ㉠ - 명은 조선의 원군 요청을 수용하여 임진왜란에 참여하였다.
② ㉡ - 광해군은 강홍립을 조·명 연합군으로 보냈다.
③ ㉢ - 북인은 광해군의 정책을 지지하였다.
④ ㉣ - 정봉수·이립 부대가 후금에 항복하였다.

182
□□□

다음 비석이 건립된 지역에 관련된 내용으로 옳지 않은 것은?

> 오라총관 목극등이 황제의 명을 받들어 변경을 답사하여 이곳에 와서 살펴보니 서쪽은 압록이 되고, 동쪽은 토문이 되므로, 분수령 위에 돌을 새겨 기록하노라.

① 숙종 때 조선과 청의 대표가 직접 현지를 답사하고 비를 세웠다.
② 비석 내용의 토문에 대한 위치 문제로 19세기에 간도 귀속 문제가 발생하였다.
③ 대한제국은 이 지역에 이범윤을 파견하며 평안도 행정구역에 편입시켰다.
④ 신민회는 삼원보에 독립군 기지를 마련하였다.

183
□□□

밑줄 친 '일도'와 관련된 역사적 사실로 옳지 않은 것은?

> 동해에 있는 울릉도 외 일도를 지적 편찬에 넣을 것인가에 대한 품의
>
> 울릉도를 관할로 할 것인가에 대해 시마네 현으로부터 별지와 같은 질의가 있어서 조사해 본 결과, 울릉도는 1692년 조선인이 입도한 이후 별지 서류에서 요약정리한 바, 1696년 정월 제1호 구 정부(막부)의 평의, 제2호 역관에의 통보서, 제3호 조선에서 온 서한, 제4호 이에 대한 우리나라(일본)의 답서 및 보고서 등과 같이 우리나라(일본)와 관계없는 곳이라고 들었습니다.
>
> 일본 내무성이 태정관(일본 최고 권력 기관)에 올린 품의서, 1877년 3월 17일

① 『삼국사기』에 따르면 6세기 초 신라 지증왕 때 이사부가 현재의 울릉도와 독도 일대에 있던 우산국을 정벌하여 신라에 복속시켰다.
② 일본 측 기록인 『은주시청합기』, 「삼국접양지도」, 「해산조륙도」 등에는 독도가 조선의 영토임을 확실히 기록하였다.
③ 대한 제국 칙령 제41호(1900)에 의하면 울릉도를 울도로 개칭하여 독도를 관할하였다.
④ 청·일 전쟁 당시 일본은 독도를 불법적으로 강탈하고 다케시마[竹島]라 하여 일본에 불법 편입시켰다.

184
□□□

다음 역사적 사실을 순서대로 바르게 나열한 것은?

> ㉠ 남한산성에서 45일간 항전하였으나, 결국 청의 요구를 받아들여 삼전도에서 굴욕적인 강화를 맺었다.
> ㉡ 명나라 황실의 제사를 지내기 위해 창덕궁 금원 옆에 대보단을 설치하여 명의 태조, 신종, 의종의 제사를 받들었다.
> ㉢ 조선은 일본과 조약을 체결하여 세사미두는 100석, 세견선은 20척으로 제한하고, 부산포 이외의 곳에 머무르는 것을 금지하였다.
> ㉣ 명나라 장군 모문룡이 후금이 차지한 요동 지방을 빼앗기 위하여 평안도 철산 앞바다의 가도에 주둔하였다.

① ㉠ - ㉢ - ㉡ - ㉣
② ㉡ - ㉠ - ㉣ - ㉢
③ ㉢ - ㉣ - ㉠ - ㉡
④ ㉣ - ㉢ - ㉡ - ㉠

10개년 단원별 출제 빈도 분석

국가직 9급	6회	사회 변화(2016, 2020), 천주교(2014), 중인(2015, 2020), 동학(2020)
지방직 9급	3회	향반(2013), 향촌 변화(2015), 천주교(2019)
소방직	1회	임술민란(2021)
계리직	2회	홍경래의 난(2021), 가족 제도(2014)
법원직	5회	후기 사회(2013, 2018, 2020), 임술민란(2016), 인구 변동(2020)

대표 기출문제

국가직

□□□

(가), (나) 신분층에 대한 설명으로 옳지 않은 것은?

2020. 국가직 9급

> 오래도록 막혀 있으면 반드시 터놓아야 하고, 원한은 쌓이면 반드시 풀어야 하는 것이 하늘의 이치이다. ⌈(가)⌋와/과 ⌈(나)⌋에게 벼슬길이 막히게 된 것은 우리나라의 편벽된 일로 이제 몇백 년이 되었다. ⌈(가)⌋은/는 다행히 조정의 큰 성덕을 입어 문관은 승문원, 무관은 선전관에 임명되고 있다. 그런데도 우리들 ⌈(나)⌋은/는 홀로 이 은혜를 함께 입지 못하니 어찌 탄식조차 없겠는가?

① (가)의 신분 상승 운동은 (나)에게 자극을 주었다.
② (가)는 수차례에 걸친 집단 상소를 통해 관직 진출의 제한을 없애 줄 것을 요구하였다.
③ (나)에 해당하는 인물로는 정조 때 규장각 검서관으로 등용된 유득공, 박제가, 이덕무 등이 있다.
④ (나)는 주로 기술직에 종사하며 축적한 재산과 탄탄한 실무 경력을 바탕으로 신분 상승을 추구하였다.

출제경향 조선 후기 신분 제도의 변화와 향촌 사회의 변화는 국가직과 지방직에서 자주 출제되는 주제이다.

정답찾기 (가) 서얼, (나) 중인
③ 정조 때 규장각 검서관으로 등용된 유득공, 박제가, 이덕무 등은 (나)에 해당하는 서얼이다.

선지분석 ① 중인은 서얼의 신분 상승 운동에 자극받아 19세기 중엽(철종)에 1,800여 명이 대규모의 소청 운동[통청(通淸) 운동]을 전개하였다.
② 서얼은 영·정조 때의 개혁 분위기에 편승하여 수차례에 걸쳐 동반이나 홍문관 같은 청요직으로의 진출 허용을 요구하는 신분 상승 운동을 전개하였다.
④ 중인은 기술직에 종사하면서 역량이 뛰어날 경우에는 요직에 오를 수 있도록 법제적으로 보장되어 있었다.

◯ 정답 ③

지방직

□□□

조선 후기 신분제의 변화에 대한 설명으로 옳지 않은 것은?

2011. 지방직 7급

① 양천제가 해체되면서 이를 대신해서 정부는 반상제를 법제적 신분제로 규정하였다.
② 노비는 군공과 납속 등을 통해서 자신의 신분을 상승시킬 수 있었다.
③ 서얼도 18세기 후반부터는 점차적으로 청요직의 허통이 이루어졌다.
④ '환부역조'와 '모칭유학' 등이 신분 상승을 위해 사용되었다.

출제경향 국가직과 마찬가지로 지방직에서도 자주 출제되었다. 특히 지방직에서는 19세기 민란과 중인의 변화가 자주 출제되었던 점도 기억해 두자.

정답찾기 ① 1894년 갑오개혁에 의해 신분제가 폐지될 때까지 조선의 법제적 신분제는 양천제였다.

선지분석 ② 변란으로 인한 재정적 위기의 타개와 흉년 시 굶주린 백성의 구제에 필요한 재정 확보를 위해 국가에서 일시적으로 일정한 특전을 내걸어 곡식이나 돈을 받는 납속 제도를 시행하였고, 이를 통해 양인은 물론 노비도 신분에서 해방될 수 있었다. 또한 조선 후기 속오군에 들어간 노비들은 군공을 통해 신분 상승이 가능하였다.
③ 영조·정조의 개혁 분위기에서 서얼들의 청요직 진출이 점차 허용되었다.
④ '환부역조(換父易祖)'란 아버지와 할아버지를 바꾼다는 뜻으로, 지체가 낮은 사람이 부정한 방법으로 양반 행세 함을 이르는 말이다. '모칭유학(冒稱幼學)'은 조선 후기 일종의 신분 세탁 방법으로, 족보를 위조하고 유생을 사칭하는 것이다.

◯ 정답 ①

실전문제

185

□□□

다음 자료에 나타난 시기의 사회 변동에 대한 내용으로 옳지 않은 것은?

> 옷차림은 신분의 귀천을 나타내는 것이다. 그런데 어찌된 까닭인지 근래 이것이 문란해져 상민·천민들이 갓을 쓰고 도포를 입는 것을 마치 조정의 관리나 선비와 같이 한다. 진실로 한심스럽기 짝이 없다. 심지어 시전 상인들이나 군역을 지는 상민들까지도 서로 양반이라 부른다.

① 노비는 군공과 납속 등을 통해서 자신의 신분을 상승시킬 수 있었다.

② 정부는 신분제의 동요를 막기 위해서 납속이나 향임직 매매를 금지하였다.

③ '환부역조'와 '모칭유학' 등이 신분 상승을 위해 사용되었다.

④ 부계 중심의 가족 제도가 강화되었으며 적서의 차별이 심화되었다.

186

□□□

다음과 같은 상황에서 밑줄 친 ㉠, ㉡ 세력의 움직임으로 옳은 것을 〈보기〉에서 고른 것은?

> 사족의 향촌 지배를 해체시키는 데 결정적인 동기를 만든 것은 신구 세력 간의 갈등, 곧 향전이었다. 향전은 사족 간에도 발생하였지만, 기본적으로는 ㉠ 기존의 향권을 장악하고 있던 사족(구향)에 대한 ㉡ 새로운 성장 계층(신향)의 도전에 의해 야기된 것이었다. 이른바 신향 세력은 기존의 사족 지배 체제에서 소외되었던 양반층이나 서얼, 그리고 사회 경제적인 발전을 기초로 성장한 요호부민층, 중인층이 포함된 새로운 세력이었다.

보기
ㄱ. ㉠ - 군현 단위로 동약을 확대하여 향촌에 대한 지배권을 강화하였다.
ㄴ. ㉠ - 동족 마을을 형성하고, 문중 중심의 서원, 사우를 건립하였다.
ㄷ. ㉡ - 향임직에 진출하거나 기존 향촌 세력과 타협하였다.
ㄹ. ㉡ - 향청을 새로 만들어 향안과 향규를 새로이 작성하였다.

① ㄱ, ㄴ   ② ㄱ, ㄷ
③ ㄴ, ㄷ   ④ ㄴ, ㄹ

187

□□□

(가), (나)의 밑줄 친 '이들'에 대한 설명으로 옳지 않은 것은?

> (가) 옛날에는 이웃 나라의 어진 선비들이 오지 않을까 걱정하였는데, 지금은 나라 안의 인재를 쓰지 않고 혹시라도 이들이 등용될까 염려합니다. …… 그들은 신하가 되어서 임금을 가까이 모실 수 없으니 군신의 의리가 멀어지고, 자식이 되어도 감히 아버지를 아버지라 부르지 못하니 부자의 인륜이 어그러지게 됩니다. 심지어 그들을 버리고 먼 일가붙이를 양자로 삼고 있으니 하늘의 이치를 어김이 너무나 심합니다.
>
> 『규사』
>
> (나) 이들은 본시 모두 사대부였는데 또는 의료직에 들어가고 또는 통역에 들어가 그 역할을 7~8대나 10여 대로 전하니 사람들이 서울 중촌(中村)의 오래된 집안이라고 불렀다. 문장과 대대로 쌓아 내려오는 미덕은 비록 사대부에 비길 수 없으나 유명한 재상, 지체 높고 번창한 집안 외에 이들보다 나은 자는 없다. 비록 나라의 법전에 금지한 바 없으나 자연히 명예롭고 좋은 관직으로의 진출은 막히거나 걸려 수백 년 원한이 쌓여 펴지 못한 한이 있고 이를 호소할 기약조차 없으니 이는 무슨 죄악이며 무슨 업보인가?
>
> 『상원과방』

① (가)는 임진왜란 이후 납속이나 공명첩을 통한 관직 진출이 가능해졌다.

② (나)는 서학 등의 외래문화 수용에 선구적 역할을 하였다.

③ (나)는 직업적 전문성보다 인문적 교양을 중시하여 시사(詩社)를 조직하였다.

④ (가)는 조선 전기에 문과 응시가 금지되었으나, (나)는 가능하였다.

188 고난도

□□□

다음 지도의 (가)~(라) 지역과 관련된 역사적 사실로 옳지 않은 것은?

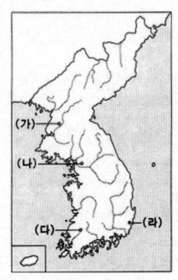

① (가) - 19세기 순조 때 홍경래가 중심이 되어 난을 일으켰다.

② (나) - 조선 후기 경강상인들이 이곳을 중심으로 활동하였다.

③ (다) - 후고구려의 왕건이 이곳을 일시 점령한 적이 있었다.

④ (라) - 통일 신라 때 이슬람 상인까지 들어와 국제항의 역할을 하였다.

10개년 단원별 출제 빈도 분석		
국가직 9급	7회	대동법(2016), 균역법(2014), 후기 경제(2015, 2017, 2019), 19세기 도결(2017), 이앙법(2021)
지방직 9급	3회	대동법(2013, 2016), 균역법(2017)
소방직	1회	후기 경제(2019)
계리직	2회	경제 정책(2018), 후기 경제(2018)
법원직	2회	경제 정책(2019), 후기 경제(2019)

대표 기출문제

국가직

☐☐☐

밑줄 친 ⊙~㉣과 관련된 임란 이후 경제에 대한 설명으로 옳지 않은 것은?
2019. 국가직 9급

- ⊙ 서울 안팎과 번화한 큰 도시에 파·마늘·배추·오이밭 따위의 10묘의 땅에서 얻은 수확이 돈 수만을 헤아리게 된다. 서도 지방의 ⓒ 담배밭, 북도 지방의 삼밭, 한산의 모시밭, 전주의 생강밭, 강진의 ⓒ 고구마밭, 황주의 지황밭에서의 수확은 모두 상상등전(上上等田)의 논에서 나는 수확보다 그 이익이 10배에 이른다.
- 작은 보습으로 이랑에다 고랑을 내는데, 너비 1척, 깊이 1척이다. 이렇게 한 이랑, 즉 1묘 마다 고랑 3개와 두둑 3개를 만들면, 두둑의 높이와 너비는 고랑의 깊이와 너비와 같아진다. 그 뒤 ㉣ 고랑에 거름 재를 두껍게 펴고 구멍 뚫린 박에 조를 담고서 파종한다.

① ⊙ – 신해통공을 반포하여 육의전의 금난전권을 폐지하였다.
② ⓒ – 인삼과 더불어 대표적인 상업 작물로 재배되었다.
③ ⓒ – 『감저보』, 『감저신보』에서 재배법을 기술하였다.
④ ㉣ – 밭농사에서 농업 생산력의 발전을 가져온 농법이었다.

지방직

☐☐☐

다음 대화에 나타난 수취 제도에 대한 설명으로 옳은 것은?
2016. 지방직 9급

- 갑: 호(戶)에 부과하던 공물을 토지에 부과하게 되면서 땅이 많은 대가(大家)와 거족(巨族)이 불만을 가져 원망을 하고 있으니 가뜩이나 어려운 시기에 심히 걱정스럽군.
- 을: 부자는 토지 소유에 비례하여 많은 액수의 세금을 한꺼번에 내기 어렵다고 불평하지만, 수확과 노동력이 많은 부자가 가난한 사람도 여태껏 그럭저럭 납부해 온 것을 왜 못 내겠소?

① 광해군 때 경기도에서 처음 실시되었다.
② 농민의 군포 부담을 1년에 1필로 줄여 주었다.
③ 지주에게 토지 1결당 2두의 결작미를 징수하였다.
④ 농민 부담을 낮추기 위해 전세를 토지 1결당 미곡 4두로 고정하였다.

출제경향 조선 후기 피지배층의 경제적 변화는 국가직·지방직에서 자주 출제되는 주제이다. 꼭 조선 전기와 후기 농업, 상업, 수공업, 광업의 변화를 비교해 두도록 하자.

정답찾기 ① 정조의 신해통공(1791)은 육의전을 제외한 금난전권을 폐지한 것이다.

선지분석 ② 18세기에는 상품 유통이 활발해지면서 곡물, 목화, 채소, 담배, 인삼 등을 재배해 소득을 높였다.
③ 고구마는 구황 작물로 18세기에 일본에서 들여왔으며, 『감저보』(강필리), 『감저신보』(김장순), 『종저보』(서유구) 등 고구마 재배법에 관한 저서도 간행되었다.
④ 조선 후기 견종법에 대한 설명이다.

○ 정답 ①

출제경향 조선 후기 정부의 세제 개혁(영정법·대동법·균역법)은 국가직과 지방직에서 자주 출제되는 주제이다. 꼭 조선 전기와 후기의 수취 체제를 비교해서 파악해 두도록 하자.

정답찾기 제시문은 대동법에 대한 내용이다.
① 대동법은 광해군 때 경기도에서 처음 실시되어 숙종 때 잉류 지역을 제외하고 전국에서 실시되었다.

선지분석 ②③ 균역법, ④ 영정법에 대한 내용이다.

○ 정답 ①

실전문제

189

☐☐☐

다음 정책에 대한 내용으로 옳은 것을 〈보기〉에서 모두 고르면?

- 담당 관서로 선혜청을 설치하고, 도제조 1명, 부제조 1명, 낭청 2명을 둔다.
- 도내의 모든 전토에서 1결당 쌀 16말을 징수하되, 봄가을로 나누어 8말을 징수한다.
- 봄가을로 7말은 선혜청에서 수납하여 경기도에서 상납하던 모든 경납물의 구매에 사용하고, 봄가을로 1말은 각 군현에 유치하여 수령의 공비(公費)로 사용하게 한다.

[보기]
㉠ 방납의 폐단이 발생되는 원인이 되었다.
㉡ 공법 운영 과정에서 나타난 문제점을 해결하였다.
㉢ 농민의 부담을 줄이고 국가 재정을 확충하려는 것이었다.
㉣ 선혜청은 중앙의 궁방이나 관아에서 사용할 유치미의 확보에 주력하였다.
㉤ 과거 세제인 조(調)가 본질적으로 조(租)로 전환되었다.

① ㉠, ㉡
② ㉢, ㉤
③ ㉡, ㉣, ㉤
④ ㉢, ㉣, ㉤

190

☐☐☐

밑줄 친 '이 법'에 대한 설명으로 옳은 것은?

우의정 김육이 말했다. "이 법은 역(役)을 고르게 하여 백성을 편안케 하기 위한 것이니 실로 시대를 구할 수 있는 좋은 계책입니다. 비록 여러 도(道)에 두루 행하지 못하더라도 기전과 관동에 이미 시행하여 힘을 얻었으니, 양호(兩湖) 지방에서 시행하면 백성을 편안케 하고 나라에 도움이 되는 방도로 이것보다 더 큰 것이 없습니다."

① 민호를 대상으로 내던 세금을 토지를 대상으로 징수하였다.
② 이 제도의 실시로 인한 재정의 부족은 결작(1결당 2두)을 통해 보충하였다.
③ 풍흉에 관계없이 1결당 4~6두 정도를 부과하였다.
④ 이 제도의 실시 결과 현물 징수가 모두 사라졌다.

191

☐☐☐

밑줄 친 '대책'으로 시행된 조치에 대한 설명으로 옳지 않은 것은?

양역을 절반으로 줄이라고 명하였다. "구전(口錢)을 한 집안에서 거두게 되면 주인과 노비의 명분이 문란해진다. 결포(結布)는 정해진 세율이 있어 더 부과하기 어렵다. …… 호포나 결포는 모두 문제가 있다. 이제 군포를 1필로 줄이도록 하고 감소된 액수를 채울 수 있는 대책을 강구하라." 『영조실록』

① 일부 양반층에게 선무군관이라는 칭호를 주고 군포 1필을 납부하게 하였다.
② 지주에게 결작이라 하여 토지 1결당 미곡 2두를 부과하였다.
③ 영(營)과 진(鎭)을 통폐합하여 군사의 수를 감축시켰다.
④ 각 아문이나 궁방에서 받던 어세, 염세 등을 균역청에서 담당하였다.

192

☐☐☐

(가), (나) 제도에 대한 설명으로 옳지 않은 것은?

(가) 각 도의 공물은 이제 미(米)와 포(布)로 상납한다. 방민(坊民)을 선택하여 공가를 넉넉히 계산해 주어 관청 수요에 미리 준비하게 한다.
(나) 왕이 말하였다. "양역을 절반으로 줄이라. …… 호포나 결포는 모두 문제점이 있다. 이제는 1필로 줄일 것이니 경들은 대책을 강구하라."

① (가) – 효종 때 전국적으로 실시되었다.
② (나) – 균역청에서 업무를 담당하였다.
③ (가) – (나)보다 앞선 시기에 실시되었다.
④ (가), (나) – 토지를 가진 사람의 세금 부담이 증가하였다.

193 □□□

다음은 조선 후기의 경제 변화에 대한 글이다. 밑줄 친 내용에 대한 설명으로 옳은 것을 〈보기〉에서 모두 고르면?

> 조선 후기 농민들은 생산력을 높이기 위하여 (가) 새로운 영농 방법을 추구하였고, (나) 상품 작물을 재배하여 소득을 늘리려고 하였다. (다) 상인들도 상업 활동에 적극적으로 참여하여 대자본을 가진 상인들도 출현하였다. (라) 수공업 생산도 활발해져 민간에서 생산 활동을 주도하여 갔다.

──〔보기〕──
㉠ (가) – 『양화소록』이 편찬되어 화초재배가 활발해졌다.
㉡ (나) – 농민 수입의 증가로 농촌 내 빈부 격차가 벌어지게 되었다.
㉢ (다) – 육의전을 포함한 시전상인의 금난전권이 폐지되어 관허상인과 사상간의 자유 경쟁이 이루어졌다.
㉣ (라) – 원료의 구입과 제품의 처분에서 대부분 상업 자본의 지배를 받았다.

① ㉠, ㉢
② ㉡, ㉣
③ ㉡, ㉢, ㉣
④ ㉠, ㉡, ㉢, ㉣

194 □□□

다음 내용과 관련된 설명으로 옳지 않은 것은?

> 숙종 4년 1월 을미, 대신과 비변사의 여러 신하들을 접견하고 비로소 돈을 사용하는 일을 정하였다. 돈은 천하에 통행하는 재화인데, 오직 우리나라에서는 예부터 누차 행하려 하였으나 행할 수 없었다. … … 시중에 유통하게 되었다.　　　　『숙종실록』

① 위의 화폐 이전에는 팔분체 조선통보가 주조 유통되었다.
② 일시적으로 동(銅)의 부족으로 화폐가 발행되지 못하면서 전황현상이 발생하였다.
③ 호조, 상평창, 선혜청, 지방 감영 등에서도 이 화폐를 주조하였다.
④ 화폐가 고리대 수단으로 이용되자 이익은 폐전론을 주장하였다.

195 □□□

다음과 같은 시기에 일어난 경제 상황으로 옳지 않은 것은?

> 농민이 밭에 심는 것은 곡물만이 아니다. 모시, 오이, 배추, 도라지 등의 농사도 잘 지으면 그 이익이 헤아릴 수 없이 크다. 도회지 주변에는 파밭, 마늘밭, 배추밭, 오이밭 등이 많다. 특히 서도 지방의 담배밭, 북도의 삼밭, 한산의 모시밭, 전주의 생강밭, 강진의 고구마밭 등의 수확은 모두 상상등전의 논에서 나는 수확보다 그 이익이 10배에 이른다.　　　　『경세유표』

① 농민의 경제력 향상으로 지주 전호제가 유명무실해졌다.
② 국가 사업에서 부역 노동의 비중이 줄어들었다.
③ 농촌을 떠나 도시나 광산 등에서 임노동자가 되는 농민이 늘어났다.
④ 상품 화폐 경제가 발달하면서 신용 화폐도 보급되었다.

196 〔고난도〕 □□□

다음 자료의 밑줄 친 부분에 대한 설명으로 옳지 않은 것은?

> 16세기 초 ㉠ 은을 제련하는 획기적인 기술이 개발되었다. 이후 17세기 중엽부터 ㉡ 민간인에게 광산 채굴을 허용하고 세금을 받는 정책을 실시하였다. 17세기 이후 ㉢ 청과의 무역에서 은의 수요가 더욱 늘어나게 도면서 18세기 조선의 광산 개발에서는 ㉣ 근대적 생산 방식이 나타나고 있었다.

① ㉠ – 은광석에서 순수 은을 추출하는 연은분리법 기술이 발명되었다.
② ㉡ – 단천공은점(端川貢銀店)에서 지역민의 저항에 직면한 정부가 공납할 은을 채굴하지 않는 시간에 사적인 은 채굴을 허용하게 한 사건을 계기로 이루어졌다.
③ ㉢ – 팔포 무역, 개시·후시 무역의 방식이 있었다.
④ ㉣ – 정부가 전문경영인 덕대를 고용하면서 근대적 생산 방식까지 가게 되었다.

01 성리학의 발달과 사상의 변화·사회 개혁론의 대두

10개년 단원별 출제 빈도 분석		
국가직 9급	4회	호락논쟁(2013), 홍대용(2014, 2017), 박지원(2022)
지방직 9급	5회	후기 학문과 사상(2017), 박제가(2013), 정약용(2017), 박지원(2020), 박제가와 한치윤(2021)
소방직	0회	
계리직	5회	정약용(2014, 2021), 정약용과 이익(2019), 박제가(2016, 2018)
법원직	5회	주요 실학자(2016), 유형원(2018), 이익(2019), 정약용(2020), 박제가(2020)

대표 기출문제

국가직

□□□

다음 주장을 한 실학자가 쓴 책은?

2022. 국가직 9급

토지를 겸병하는 자라고 해서 어찌 진정으로 빈민을 못살게 굴고 나라의 정치를 해치려고 했겠습니까? 근본을 다스리고자 하는 자라면 역시 부호를 심하게 책망할 것이 아니라 관련 법제가 세워지지 않은 것을 걱정해야 할 것입니다. …(중략)… 진실로 토지의 소유를 제한하는 법령을 세워, "어느 해 어느 달 이후로는 제한된 면적을 초과해 소유한 자는 더는 토지를 점하지 못한다. 이 법령이 시행되기 이전부터 소유한 것에 대해서는 아무리 광대한 면적이라 해도 불문에 부친다. 자손에게 분급해 주는 것은 허락한다. 만약에 사실대로 고하지 않고 숨기거나 법령을 공포한 이후에 제한을 넘어 더 점한 자는 백성이 적발하면 백성에게 주고, 관(官)에서 적발하면 몰수한다."라고 하면, 수십 년이 못 가서 전국의 토지 소유는 균등하게 될 것입니다.

① 반계수록   ② 성호사설
③ 열하일기   ④ 목민심서

지방직

□□□

(가), (나)에 들어갈 이름을 바르게 연결한 것은?

2021. 지방직 9급

　(가)　는/은 『북학의』를 저술하여 청의 선진 기술을 적극적으로 수용할 것과 상공업 육성 등을 역설하였다. 한편, 　(나)　는/은 중국 및 일본의 방대한 자료를 참고하여 『해동역사』를 편찬함으로써, 한·중·일 간의 문화 교류를 잘 보여주었다.

	(가)	(나)
①	박지원	한치윤
②	박지원	안정복
③	박제가	한치윤
④	박제가	안정복

출제경향 조선 후기 실학자의 개혁안은 자주 출제되는 주제이다. 실학자의 개혁안과 주요 저서를 정확히 알아두어야 한다.

정답찾기 제시문은 토지 소유의 상한선을 정하면 토지 소유의 양극화를 해소할 수 있다고 주장한 박지원의 한전론이다.
③ 박지원은 『열하일기』에서 수레와 선박 이용의 필요성을 강조하였다.

선지분석 ① 유형원, ② 이익, ④ 정약용에 대한 설명이다.
○ 정답 ③

출제경향 지방직에서는 조선 후기 실학자의 저서를 물어보는 문제가 자주 출제되고 있다. 국가직과 마찬가지로 실학자의 개혁안과 주요 저서를 정확히 알아두는 것이 중요하다.

정답찾기 (가) 박제가, (나) 한치윤
③ 박제가는 『북학의』에서 소비를 권장하여 생산을 촉진하자고 주장하였고, 한치윤은 고조선에서 고려까지의 역사를 서술한 『해동역사』(19세기 초, 순조)를 저술하였다.
○ 정답 ③

실전문제

197

□□□

다음 중 조선 시대 성리학의 변화에 대한 설명으로 가장 옳은 것은?

① 성노선은 『춘추』를 국가의 통치 이념으로 중요하게 여겼다.

② 이황은 16세기 조선 사회의 모순을 극복하는 방안으로 통치 체제의 정비와 수취 제도의 개혁 등을 주장하였다.

③ 서경덕과 조식은 성리학에 국한되지 않고 노장사상에 포용적이었다.

④ 18세기에는 노론과 소론 사이에서 인간과 사물의 본성을 둘러싼 호락논쟁이 벌어졌다.

198

□□□

조선 후기의 사상 동향에 대한 설명으로 옳은 것만을 모두 고른 것은?

> ㉠ 서울 부근의 일부 남인 학자는 천주교를 수용하였다.
> ㉡ 정조는 기존의 문체에 얽매이지 않는 신문체를 장려하였다.
> ㉢ 인물성이론은 대체로 충청도 지역의 노론 학자들이 주장했다.
> ㉣ 북학 사상은 인물성동론을 철학적 기초로 하였다.

① ㉠, ㉡   ② ㉠, ㉢

③ ㉡, ㉢, ㉣   ④ ㉠, ㉢, ㉣

199 (고난도)

□□□

다음 사상이 조선에 수용되는 과정과 거리가 먼 것은?

> 시비(是非)를 가리는 마음은 생각을 기다려서 아는 것이 아니고 학(學)을 기다려서 아는 것이 아니다. 그러므로 양지(良知)라 한다. …… 심(心)이 없는 곳에 이(理)가 존재할 수 없다. 비록 이가 객관적이고 밖에 있다고 하더라도 그것은 공리(空理)일 뿐이나. 공리를 추구하는 것은 유가의 본래 영역이 아니다.

① 백성을 교화의 대상이 아닌 도덕 실천의 주체로 여기는 왕수인의 사상을 지지하였다.

② 이황이 『전습록변』에서 이 사상을 비판한 이후 몇몇 학자들의 관심에만 머무른 채 깊이 연구되지 않았다.

③ 중종 때 조선에 전래되었으며, 17세기에 들어와 정권에서 소외된 북인 집안의 후손에게 계승되었다.

④ 병자호란 당시 주화론을 주장한 최명길은 학문에 있어서 이 사상을 긍정적으로 수용하려는 입장이었다.

200 (고난도)

□□□

다음 글의 저자와 같은 사상적 맥락을 가진 사람은?

> 주자의 장구는 이미 그대로 완성된 글이기에 감히 내 소견대로 인용하고 분열하여 취사선택할 수 없었다. 그뿐만 아니라 큰 줄거리는 이미 다 거론되었기에 지금은 다만 나의 하잘것없는 견해를 대략 수록하여 주자가 미처 드러내지 못한 여운(餘韻)과 유의(遺義)를 밝혀 보려 하였으니……이로써 전현(前賢)을 조술(祖述)한 내 뜻을 밝히는 한편 동지(同志)들과 함께 토론하고자 한다. 우리 동지들이 행여 나의 광간(狂簡)을 이해하고 함께 득실(得失)을 논해 준다면, 실로 주자가 이른바 "천하의 공변된 의리를 모든 사람과 함께 의논한다"는 뜻이 될 것이다.

① 이이   ② 박세당

③ 송시열   ④ 조식

201

□□□

다음 내용을 주장한 인물에 대한 설명으로 옳지 않은 것은?

> 하늘이 날짐승과 길짐승에게 발톱을 주고 뿔을 주고 단단한 발굽과 예리한 이빨을 주고 여러 가지 독을 주어서 각각 저 하고 싶어 하는 것을 얻게 하고, 사람으로 인하여 염려되는 것을 막을 수 있게 하였는데, 사람에게는 벌거숭이로 유약하여 제 생명도 구하지 못할 듯이 하였으니 어찌하여 하늘은 천한 금수한테는 후하게 하고 귀하게 해야 할 인간에게는 박하게 하였는가? 그것은 인간에게는 지혜로운 생각과 교묘한 궁리가 있으므로 기예를 익혀서 제 힘으로 살아가도록 한 것이다.

① 신해박해 때 전라도 강진으로 유배를 가게 되었다.
② 향촌 단위의 방위 체제를 강화하고자 하였다.
③ 『기기도설』을 참고하여 거중기를 제작하였다.
④ 채소, 약재, 담배 등 상품화할 수 있는 작물의 재배를 주장하였다.

202

□□□

다음과 같이 양반 사회를 비판한 실학자에 대한 설명으로 옳은 것은?

> 양반이란 사족(士族)을 높여서 일컫는 말이다. 정선 고을에 어떤 양반이 살고 있었는데, 어질고 책 읽기를 좋아하였다. 고을 군수가 부임할 적마다 방문하여 인사하였는데, 살림이 무척 가난하였다. 그래서 관가에서 내주는 환자(還子)를 타서 먹었는데 결국 큰 빚을 졌다. 그러자 마을 부자가 양반의 위세를 부러워해서 양반을 사겠노라 권유하니 그 양반은 기뻐하며 승낙하였다.

① 지방 행정 개혁을 주장하며 목민관의 근무 지침서인 『목민심서』를 저술하였다.
② 청에 다녀와 남긴 『연행록』에서 수레와 선박의 이용, 화폐 유통의 필요성을 주장하였다.
③ 나라를 좀먹는 여섯 가지 악폐를 지적하며 『성호사설』을 저술하였다.
④ 『임하경륜』에서 신분에 구애됨이 없이 인재를 등용해야 한다고 하였다.

203

□□□

다음 (가), (나) 종교에 관한 설명으로 옳은 것은?

> • 죽은 사람 앞에 술과 음식을 차려 놓는 것은 __(가)__ 에서 금하는 일입니다. 살아 있는 동안에도 영혼은 술과 밥을 받아먹을 수 없는데, 하물며 죽은 뒤에 영혼이 어찌하겠습니까? …… 자식된 도리로 어찌 허위와 가식의 예(禮)로써 이미 죽은 부모를 섬기겠습니까?　　　　　　　『상재상서』
> • 사람이 곧 하늘이라. 그러므로 사람은 평등하며 차별이 없나니 사람이 마음대로 귀천을 나눔은 하늘을 거스르는 것이다. 우리 __(나)__ 은/는 차별을 없애고 선사의 뜻을 받들어 생활하기를 바라노라.

① (가) – 17세기 베이징을 왕래하던 남인 출신의 사신들에 의해 신앙으로 받아들여졌다.
② (가) – 시천주·인내천 사상을 주장하였다.
③ (나) – 하나님 앞에서의 인간 평등과 내세에서의 영생을 주장하였다.
④ (나) – 한글 가사로 이 종교의 사상을 적은 『용담유사』를 전파하였다.

204 고난도

□□□

다음 각 주장에 대한 설명으로 옳은 것을 〈보기〉에서 모두 고르면?

> (가) 관리, 선비, 농민 등에게 차등을 두어 토지를 재분배하자.
> (나) 한 마을을 단위로 하여 토지를 공동으로 소유하고 공동으로 경작하여 그 수확량을 노동량에 따라 분배하자.
> (다) 한 가정의 생활을 유지하는 데 필요한 일정한 토지를 영업전으로 하고, 그 밖의 토지는 매매할 수 있게 하여 점진적으로 토지 소유의 평등을 이루자.
> (라) 모년 모일 이후 이 법보다 많은 자는 더 이상 사들이지 못하게 하고, 법령 공포 이전에 사들인 것은 비록 산천을 경계로 할 정도로 넓어도 불문에 붙이자.
> (마) 아홉 도의 전답은 고루 나누어 3분의 1을 취하여 아내가 있는 남자에 한해서 각각 2결을 주도록 하자.

〈보기〉
㉠ (가) – 자영농의 육성을 주장하였다.
㉡ (나) – 결부제 폐지와 경무법 실시를 주장하였다.
㉢ (다) – 토지 소유의 상한선을 설정하자고 주장하였다.
㉣ (라) – 매매와 상속을 통해 토지 소유가 균등해진다고 주장하였다.
㉤ (마) – 경기 남인 실학자의 주장이었다.

① ㉠, ㉡
② ㉠, ㉣
③ ㉡, ㉢, ㉤
④ ㉠, ㉣, ㉤

02 국학 · 과학 · 문학 · 예술의 발달

10개년 단원별 출제 빈도 분석

국가직 9급	2회	농서(2015), 발해고(2022)
지방직 9급	4회	『동사강목』(2015), 농서(2018), 역사서(2018), 의서 편찬 순서(2019)
소방직	1회	영조 재위기 편찬 서적(2018)
계리직	1회	후기 문화(2022)
법원직	1회	후기 문화(2019)

대표 기출문제

국가직

(가), (나)에 대한 설명으로 옳은 것은?   2022. 국가직 9급

> **(가)** 역사서의 저자는 다음과 같은 글을 지어 왕에게 바쳤다. "성상 전하께서 옛 사서를 널리 열람하시고, '지금의 학사 대부는 모두 오경과 제자의 책과 진한(秦漢) 역대의 사서에는 널리 통하여 상세히 말하는 이는 있으나, 도리어 우리나라의 사실에 대하여서는 망연하고 그 시말(始末)을 알지 못하니 심히 통탄할 일이다. 하물며 신라 · 고구려 · 백제가 나라를 세우고 정립하여 능히 예의로써 중국과 통교한 까닭으로 범엽의 『한서』나 송기의 『당서』에는 모두 열전이 있으나 국내는 상세하고 국외는 소략하게 써서 자세히 실리지 않았다. … (중략)… 일관된 역사를 완성하고 만대에 물려주어 해와 별처럼 빛나게 해야 하겠다.'라고 하셨다."
>
> **(나)** 역사서에는 다음과 같은 서문이 실려 있다. "부여씨와 고씨가 망한 다음에 김씨의 신라가 남에 있고, 대씨의 발해가 북에 있으니 이것이 남북국이다. 여기에는 마땅히 남북국사가 있어야 할 터인데, 고려가 그것을 편찬하지 않은 것이 잘못이다."

① (가)는 동명왕의 업적을 칭송한 영웅 서사시이다.
② (가)는 불교를 중심으로 고대 설화를 수록하였다.
③ (나)는 만주 지역까지 우리 역사의 범위를 확장하였다.
④ (나)는 고조선에서 고려에 이르는 역사를 체계적으로 정리하였다.

지방직

다음 서적을 편찬된 시기순으로 바르게 나열한 것은?   2019. 지방직 9급

> ㉠ 『의방유취』   ㉡ 『동의보감』
> ㉢ 『향약구급방』   ㉣ 『향약집성방』

① ㉠ - ㉡ - ㉢ - ㉣   ② ㉠ - ㉢ - ㉡ - ㉣
③ ㉢ - ㉠ - ㉣ - ㉡   ④ ㉢ - ㉣ - ㉠ - ㉡

PART
05

출제경향 역사서 관련 문제는 때로는 합격의 당락을 결정하는 고난도 문제로 출제된다. 특히 국가직에서 역사서 문제가 자주 출제되고 있으므로, 조선 후기 다양한 역사서의 내용을 정확히 알아두도록 하자.

정답찾기 (가) 『삼국사기』(김부식, 고려 인종), (나) 『발해고』(유득공, 18세기)

선지분석 ① 이규보의 『동명왕편』, ② 일연의 『삼국유사』, ④ 서거정의 『동국통감』에 대한 설명이다.

○ 정답 ③

출제경향 조선 후기에 새롭게 등장한 국학에 대한 문제도 자주 출제된다. 사서, 지도와 지리학, 진경산수화, 풍속화, 한글 소설 등 조선 후기 예술의 새로운 경향에 대해서도 정확히 알아두고 반드시 조선 전기와 비교해 두어야 한다.

정답찾기 ㉢ 『향약구급방』(1236~1251?, 고종 연간) ⇨ ㉣ 『향약집성방』(1433, 세종 15년) ⇨ ㉠ 『의방유취』(1445, 세종 27년) ⇨ ㉡ 『동의보감』(1610, 광해군 2년)

○ 정답 ④

실전문제

205 □□□

조선 후기의 지도 및 지리서에 대한 설명으로 옳지 않은 것은?

① 「요계관방지도」에는 우리나라 북방 지역과 만주, 만리장성을 포함하여 중국 동북 지방의 군사 요새지가 상세히 그려져 있다.

② 정상기의 「동국지도」는 백리척이라는 축척을 사용하여 압록강 이북의 북방 영토를 실측하여 만들었다.

③ 정약용은 『아방강역고』를 통해 백제의 첫 도읍지가 서울이고, 발해의 중심지가 백두산 동쪽임을 고증하였다.

④ 이중환은 『택리지』에서 우리나라 각 지방의 자연환경, 인물, 풍속, 인심의 특색 등을 세밀하게 서술하였다.

206 □□□

다음과 같은 특징을 가진 조선 후기 역사서는?

정통은 단군·기자·마한·신라 문무왕(9년 이후)·고려 태조(19년 이후)를 말한다. 신라는 고구려에 대해 나라를 합병한 예를 썼으므로 통일한 이듬해에 정통을 이었다. 고려는 견훤에게 도적을 평정한 예를 썼으므로 통합한 해에 정통을 이었다. 무통(無統)은 삼국이 병립한 때를 말한다. 『구사(舊史)』에는 백제가 의자왕에서 그쳤으나, 의자왕 뒤에 왕자 풍(豊)이 3년 동안 즉위하였으므로 이제 풍으로 대를 이었다.

① 허목의 동사

② 유계의 여사제강

③ 한치윤의 해동역사

④ 안정복의 동사강목

207 □□□

다음은 조선 후기에 집필된 역사서의 일부이다. 이 책에 대한 설명으로 옳은 것은?

삼국사에서 신라를 으뜸으로 한 것은 신라가 가장 먼저 건국했고, 뒤에 고구려와 백제를 통합하였으며, 또 고려는 신라를 계승하였으므로 편찬한 것이 모두 신라의 남은 문적(文籍)을 근거로 했기 때문이다. … (중략) … 고구려의 강대하고 현저함은 백제에 비할 바가 아니며, 신라가 차지한 땅은 남쪽의 일부에 불과할 뿐이다. 그러므로 김씨는 신라사에 쓰여진 고구려 땅을 근거로 했을 뿐이다.

① 삼한정통론을 주장하면서 삼국을 무통(無統)으로 보는 입장에서 우리 역사를 체계화하였다.

② 단군 – 부여 – 고구려의 흐름에 중점을 두어 만주 수복을 희구하였다.

③ 중국 및 일본의 자료를 망라한 기전체 사서로 민족사 인식의 폭을 넓혔다.

④ 여러 영역을 항목별로 나눈 백과사전적 서술로 문화 인식의 폭을 확대하였다.

208 [고난도] □□□

조선 후기 역사서에 나타나는 정통론에 대한 설명으로 옳지 않은 것은?

① 임상덕의 『동사회강』 : 통일신라부터 고려까지를 인정하고 삼국을 무통으로 보았다.

② 안정복의 『동사강목』 : 삼국을 무통으로 하고 단군 – 기자 – 마한 – 통일 신라를 정통으로 보았다.

③ 홍만종의 『동국역대총목』 : 단군 – 기자 – 마한 – 통일 신라의 흐름을 정통으로 규정하였다.

④ 홍여하의 『동국통감제강』 : 단군 – 기자 – 마한 – 신라를 정통 국가로 내세웠다.

209

□□□

조선 후기 과학 기술에 대한 설명으로 옳지 않은 것은?

① 역법 - 김육 등이 청에서 사용하던 시헌력을 도입하였다.

② 천문학 - 홍대용은 『지구전요』를 저술하여 지전설을 주장하였다.

③ 의학 - 이제마는 『동의수세보원』에서 체질 의학의 이론으로 독특한 사상 의설을 확립하였다.

④ 어업 - 정약전은 『자산어보』에서 해산물에 대한 명칭, 분포, 형태, 습성, 이용 등을 기록하였다.

210

□□□

조선 시대의 미술 작품에 대한 설명이다. 바르게 연결한 것은?

- 창덕궁과 창경궁의 전모를 그려낸 (㉠)는 기록화로서의 정확성과 정밀성이 뛰어날 뿐 아니라 배경 산수의 묘사가 극히 예술적이다.
- 강희안의 (㉡)는 무념무상에 빠진 선비의 모습을 그린 작품으로 간결하고 과감한 필치로 인물의 내면세계를 느낄 수 있게 표현하였다.
- 중인 출신으로 도화서에 근무하였던 김홍도는 (㉢)는 서민들의 생활모습을 사실적으로 표현하였다.

	㉠	㉡	㉢
①	동궐도	송하보월도	금강전도
②	동궐도	고사관수도	서당도
③	서궐도	송하보월도	인왕제색도
④	서궐도	고사관수도	단오풍정

211

□□□

다음 그림이 그려진 시기의 사실로 옳은 것은?

① 이앙법이 전국적으로 보급되었고 밭농사에서 견종법이 보급되었다.

② 시전 상인의 금난전권이 더욱 강화됨에 따라 도고 상업이 위축되었다.

③ 경강상인은 중강 개시나 책문 후시를 통해 청과의 사무역에 종사하였다.

④ 『홍길동전』, 『춘향전』 등과 같이 신분제를 비판하거나 탐관오리를 응징하는 한문 소설이 유행하였다.

212

□□□

다음 글에서 제시하는 자료와 관련된 설명으로 옳지 않은 것은?

> 정조 18년 1월부터 정조 20년 8월에 걸친 ㉠ 성곽의 축조는 큰 토목 건축 공사로서 많은 경비와 기술이 필요하였으므로, 그 공사 내용에 관한 자세한 기록을 남겨야 하겠다는 뜻에서 정조가 편찬을 명령, 1796년 9월에 시작하여 그해 11월에 ㉡ 원고가 완성되었고, 이어 순조 1년 9월에 발간되었다.

① ㉠ - 청의 『기기도설』에 나오는 거중기를 사용하여 2년 만에 완성되었다.

② ㉡ - 의식 절차와 공사 진행에 관한 절차를 기록한 『화성일기』이다.

③ ㉠ - 포루, 공심돈 등 방어 시설을 갖추었다.

④ ㉡ - 현재 유네스코 세계기록문화유산에 등재되었다.

선우빈
선우한국사
기적의
단원별
300제

PART
06

근대 사회의
전개

01 흥선 대원군의 개혁 정치

10개년 단원별 출제 빈도 분석		
국가직 9급	3회	흥선 대원군(2020, 2021, 2022)
지방직 9급	5회	흥선 대원군(2019, 2021), 병인양요(2015), 신미양요(2017), 사건 순서(2021)
소방직	1회	흥선 대원군(2021)
계리직	1회	흥선 대원군(2014)
법원직	3회	흥선 대원군(2021), 신미양요(2018), 사건 순서(2022)

대표 기출문제

국가직

밑줄 친 '그'에 대한 설명으로 옳은 것은? 2021. 국가직 9급

> 군역에 뽑힌 장정에게 군포를 거두었는데, 그 폐단이 많아서 백성들이 뼈를 깎는 원한을 가졌다. 그런데 사족들은 한평생 한가하게 놀며 신역(身役)이 없었다. … (중략) … 그러나 유속(流俗)에 끌려 이행되지 못하였으나 갑자년 초에 그가 강력히 나서서 귀천이 동일하게 장정 한 사람마다 세납선(稅納錢) 2민(緡)을 바치게 하니, 이를 동포전(洞布錢)이라고 하였다.
>
> 『매천야록』

① 만동묘 건립을 주도하였다.
② 군국기무처 총재를 역임하였다.
③ 통리기무아문을 폐지하고 5군영을 부활하였다.
④ 탕평 정치를 정리한 『만기요람』을 편찬하였다.

지방직

(가) 시기에 있었던 사실로 옳은 것은? 2021. 지방직 9급

> 평양의 관민이 제너럴셔먼호를 불태웠다.
> ↓
> (가)
> ↓
> 미군이 광성보를 공격해 점령하였다.

① 고종이 홍범 14조를 발표하였다.
② 일본의 운요호가 초지진을 포격하였다.
③ 오페르트가 남연군의 묘 도굴을 시도하였다.
④ 차별 대우에 불만을 품은 군인이 임오군란을 일으켰다.

출제경향 근현대사의 첫 출발인 흥선 대원군의 정책과 시대적 상황은 국가직과 지방직에서 자주 출제된다. 대원군의 국내·국외 정책을 사료와 함께 파악해 두자.

정답찾기 밑줄 친 '그'는 흥선 대원군이다.
③ 1873년에 하야한 흥선 대원군은 임오군란을 계기로 재집권하면서 그동안 민씨 정권이 추진해 온 개화 정책을 되돌리는 정책을 실시하여 통리기무아문과 별기군을 폐지하고 5군영과 삼군부를 부활시켰다.

선지분석 ① 흥선 대원군은 만동묘와 폐단이 큰 서원을 철폐하였다.
② 김홍집에 대한 설명이다.
④ 『만기요람』은 순조 때(1808) 서영보·심상규 등이 왕명에 의해 편찬한 책이다.

○ 정답 ③

출제경향 지방직에서는 병인양요·신미양요 등의 1860년대 주요 사건의 순서를 물어보는 문제가 자주 출제되고 있다. 역사의 흐름을 정확히 파악해 두도록 하자.
CF 선우한국사 연결고리 p.16~17 참고
정답찾기 제너럴셔먼호 사건(1866) ⇨ (가) ⇨ 신미양요(1871)
③ 오페르트 도굴 사건(1868)
선지분석 ① 2차 갑오개혁 직전(1894. 12.), ② 운요호 사건(1875), ④ 임오군란(1882)

○ 정답 ③

실전문제

213 □□□

밑줄 친 '그'에 대한 설명으로 옳은 것은?

그가 집권한 후 어느 회의 석상에서 유성 높여 여러 대신들에게 말하기를 "나는 천리(千里)를 끌어다 지척(咫尺)을 삼겠으며, 태산을 깎아내려 평지를 만들고, 또한 남대문을 3층으로 높이려 하는데, 여러분들은 어떻게 생각하오?"라고 하였다. 『매천야록』

① 만동묘 건립을 주도하였다.
② 군국기무처 총재를 역임하였다.
③ 통리기무아문을 폐지하고 5군영을 부활하였다.
④ 갑신정변 때 청군의 파견을 요청하였다.

214 □□□

(가), (나) 정책의 공통점을 〈보기〉에서 고른 것은?

(가) 8도의 사족들이 서원을 건립하여 명현을 제사하고, 무리를 모아 교육을 시키는 데 그 폐단이 백성의 생활에 미쳤다. 대원군은 …… 폐단이 큰 서원을 철폐하도록 명령을 내렸다. …… 드디어 600여 개소의 서원을 철폐하고 그 토지를 몰수하여 관청에 속하게 하였다. 정교, 『대한계년사』, 고종 3년 병인

(나) 대원군은 동포(洞布)라는 법을 제정하였다. …… 매호에 더부살이 호가 약간씩 있는 것을 정밀하게 밝혀내어 계산하고, 신포(身布)를 고르게 징수하였다. 이 때문에 예전에 면제되던 자라도 신포를 바치지 않을 수 없게 되었다.
박제형, 『근세조선정감』

[보기]
㉠ 왕권 강화에 기여하였다.
㉡ 농민들의 봉기를 초래하였다.
㉢ 정부의 재정 확충에 도움이 되었다.
㉣ 유생들의 지지를 받으며 추진되었다.

① ㉠, ㉡   ② ㉠, ㉢
③ ㉡, ㉢   ④ ㉡, ㉣

215 □□□

다음 (가)에 들어갈 사건으로 옳은 것은?

너희 나라와 우리나라의 사이에는 애당초 소통이 없었고, 또 서로 은혜를 입거나 원수진 일도 없었다. 그런데 이번 덕산 묘소에서 저지른 변고야말로 어찌 인간의 도리상 차마 할 수 있는 일이겠는가?

(가)

서양 오랑캐가 침범하는데도 싸우지 않음은 곧 화친하는 것이요, 화친을 주장함은 곧 나라를 파는 것이다. …… 신미년에 비(碑)를 세우다.

① 영남 유생들은 『조선책략』의 내용을 비판하였다.
② 프랑스가 조선과 조약을 체결한 후 천주교 포교를 허용받았다.
③ 영국이 거문도를 불법 점령하였다.
④ 어재연이 이끄는 부대가 전력의 열세로 결국 함락당하였다.

216 □□□

밑줄 친 '(가) 사건'에 대한 설명으로 적절한 것은?

1. 저들은 재정이 부족하여 최대 3개월분의 군량만을 적재하였으므로 그 이상의 기간은 버티지 못한다고 합니다.
5. 부득이 통상하는 경우에는 우리의 물품과 저들의 금은을 교역해야지, 우리의 금은과 저들의 물품을 교역해서는 안 됩니다.
6. 저들의 포교는 타국의 인심을 얻어 동조 세력을 만들려는 계책이 포함되어 있습니다. (가) 사건 당시 오경석이 청에게 보낸 보고

① 거문도를 불법 점령하면서 발생하였다.
② 강화도의 외규장각 도서가 약탈당하였다.
③ 제너럴셔먼호 사건을 빌미로 침입하였다.
④ 어재연의 수비대가 광성보에서 결사적으로 항전하였다.

02 강화도 조약과 개항, 정부의 개화 정책, 개화사상과 위정척사 사상

10개년 단원별 출제 빈도 분석		
국가직 9급	5회	외국과의 조약(2019), 일본과의 조약(2016), 개화 통상 협약(2016), 개화사상(2020), 조·미 수호 통상 조약(2021)
지방직 9급	2회	강화도 조약과 조·청 상민 수륙 무역 장정(2014), 『조선책략』(2017)
소방직	2회	최익현(2019), 조·미 수호 통상 조약(2018)
계리직	1회	『조선책략』(2018)
법원직	2회	조·일 수호 조약(2013), 근대 조약(2021)

대표 기출문제

국가직

☐☐☐

㉠~㉢에 대한 설명으로 옳은 것은? 2016. 국가직 7급

> 운요호 사건으로 조선은 일본과 ㉠ 조·일 수호 조규를 체결하였고, 몇 달 후에는 부속으로 ㉡ 조·일 수호 조규 부록과 ㉢ 조·일 무역 규칙을 약정하였다.

① ㉠ - 개항장에서 일본 화폐의 유통을 허용하였다.
② ㉡ - 일본국 항해자가 조선의 연해를 자유롭게 측량하도록 허가하였다.
③ ㉢ - 일본 정부 소속의 선박에는 항세를 면제하였다.
④ ㉠, ㉡, ㉢ - 일본이 범죄자에 대한 영사 재판을 허용하는 조항이 모두 들어 있다.

지방직

☐☐☐

다음 자료가 조선 조정에 소개된 이후에 일어난 사건으로 옳지 않은 것은? 2017. 지방직 9급

> 러시아를 막을 수 있는 조선의 책략은 무엇인가? 중국과 친하고[親中] 일본과 맺고[結日] 미국과 연합해[聯美] 자강을 도모하는 길뿐이다.

① 육영 공원(育英公院)을 설립해 서양의 새 학문을 교육했다.
② 임오군란이 일어나고 제물포 조약이 체결되어 일본에 배상금을 지불하였다.
③ 개화파가 우정총국 개국 축하연을 이용해 정변을 일으켜 정권을 장악하였다.
④ 최익현은 일본과 통상을 반대하는 「오불가소(五不可疏)」를 올렸다.

출제경향 국가직·지방직에서 자주 출제되는 주제이다. 외세와 맺은 불평등 조약 내용을 정확하게 파악해 두어야 한다.

정답찾기 ③ ㉢ 조·일 무역 규칙(통상 장정)에서 일본의 수출입 상품에 대한 무관세·무항세와 양곡의 무제한 유출이 허용되었다.

선지분석 ① 개항장에서 일본 화폐의 유통을 허용한 조약은 ㉡ 조·일 수호 조규 부록이다.
②④ 해안 측량권과 치외 법권 조항은 ㉠ 조·일 수호 조규의 내용이다.
　　　　　　　　　　　　　　　　　　　　　　　　　● 정답 ③

출제경향 국가직·지방직에서 자주 출제되는 주제이다. 개항 이후 정부의 개화 정책, 개화사상과 위정척사 사상의 주장을 시기별로 파악해야 한다.

정답찾기 제시문은 황쭌셴의 『조선책략』으로, 2차 수신사 김홍집이 1880년에 가지고 와서 고종에게 바쳤다.
④ 최익현은 1876년 문호 개방 시기를 전후해서 왜양일체론에 의한 개항 불가론을 적은 「오불가소(五不可疏)」를 고종에게 올렸다.

선지분석 ① 1886년, ② 1882년, ③ 1884년(갑신정변)의 일이다.
　　　　　　　　　　　　　　　　　　　　　　　　　● 정답 ④

실전문제

217

□□□

다음 주장에 부합하는 일본의 정책으로 옳은 것은?

> 지금 천하의 정세는 각국이 분쟁하고 대소 강약이 서로 병탄하여, 갑(甲)이 일어나면 을(乙)이 쓰러져 성쇠(盛衰)가 엇갈리고 있다. 이때를 당하여 우리 일본은 동양의 바다 가운데 고립되어 2,500여 년 간의 국풍(國風)에 익숙하여 아직 5대주 내부의 정세를 알지 못한다. …… 지금 이를 떨치고 일어나 우리나라로 하여금 각국과 같이 달려 천하에 독립시키고자 한다면 오직 전투하고 공격하고 정벌하여 해외로 건너가 먼저 구주 각국 사이에 종횡무진 활동하고 위력을 비교하여 이로써 마침내 천하만국 사이에 나란히 서는 길밖에 없다. 지금 영국·프랑스·프러시아·러시아와 같은 각국은 서로 맞서 아직 힘을 중국·조선·만주에 미칠 여가가 없다. 이때에 우리 일본은 마땅히 그 틈을 타 중국·조선·만주로 건너가 이를 빼앗아 가져 이로써 구주 각국에 침입하는 기초를 세워야 한다.

① 경복궁을 점령하고 국모를 시해하였다.
② 급진 개화파의 정변 계획을 후원하였다.
③ 운요호 사건을 일으켜 조선의 문호 개방을 강요하였다.
④ 조선에 대한 영향력을 강화하기 위해 청·일 전쟁을 일으켰다.

218

□□□

다음 조약에 대한 설명으로 옳은 것을 〈보기〉에서 고른 것은?

> 일본국 정부의 특명전권변리대신 육군중장 겸 참의 개척장관 구로다 기요타카와 특명부전권변리대신 의관 이노우에 가오루가 조선국 강화부에 와서 조선국 정부의 판중추부사 신헌과 부총관 윤지승과 함께 각기 받든 유지에 따라 의결한 조관을 아래에 열거한다.
>
> 제1관 조선국은 자주 국가로서 일본국과 평등한 권리를 보유한다.
> 제7관 조선국 연해의 섬과 암초는 종전에 자세히 조사한 적이 없어 지극히 위험하므로 일본국 항해자가 수시로 해안을 측량하는 것을 허락하여 위치와 깊이를 재고 지도를 제작하여 ……

[보기]
㉠ 청을 의식하여 조선을 자주국으로 인정하였다.
㉡ 조선에서 죄를 범한 일본인은 일본국 관원이 재판하였다.
㉢ 부산, 인천, 원산에 이어 군산, 마산까지 개항하기로 하였다.
㉣ 초량에 전관거류지를 설치하고, 수출입 물품에 5% 관세를 부과하였다.

① ㉠, ㉡   ② ㉠, ㉣
③ ㉡, ㉢   ④ ㉢, ㉣

219

□□□

(가)~(라) 조약과 관련된 설명으로 가장 적절한 것은?

> (가) 양국 관리는 양국 인민의 자유로운 무역 활동에 일체 간섭하지 않는다.
> (나) 개항장 부산에서 일본인 간행이정(間行里程)은 10리로 한정한다.
> (다) 조선국이 어느 때든지 어느 국가나 어느 나라 상인에게 본 조약에 의하여 부여되지 않는 어떤 특혜를 허가할 때는 이와 같은 특혜는 미합중국의 관민과 상인 및 공민에게도 무조건 균점된다.
> (라) 북경과 한성, 양화진에서 청과 조선 양국 상인의 무역을 허용한다. 지방관이 발행한 여행 허가증이 있으면 내지 행상도 할 수 있다.

① (가) – 수출입 상품에 대한 무관세 내용이 포함되어 있다.
② (나) – 은행권의 발행이 용인되면서 제일 은행권이 조선의 본위 화폐가 되었다.
③ (다) – 최혜국 대우와 관세 조항이 함께 명문화되었다.
④ (라) – 이를 계기로 청나라의 조선 시장 점유율이 일본보다 높아지게 되었다.

220

□□□

(가)와 (나)에 대한 설명으로 옳은 것을 〈보기〉에서 고른 것은?

> (가)(이)라는 한 책이 유포되는 것을 보고서 저도 모르게 머리털이 쭈뼛 서고 간담이 떨리었으며, 곧이어 통곡하며 눈물을 흘리고 말았습니다. …… (나)은/는 우리와 본래 혐의가 없습니다. 그런데도 헛되이 다른 사람의 이간질을 믿어서 우리의 위신을 손상시키고, 원교(遠交)를 믿고 근린(近隣)을 도발하여 만약 이를 구실로 침략해 온다면 장차 어떻게 막으시겠습니까?

[보기]
㉠ (가) – '조선 중립화론'을 제기하였다.
㉡ (가) – 2차 수신사 김홍집에 의해 도입되었다.
㉢ (나) – 삼국 간섭에 참여하였다.
㉣ (나) – 임오군란 이후 조선에 대한 내정 간섭을 강화하였다.

① ㉠, ㉢   ② ㉠, ㉣
③ ㉡, ㉢   ④ ㉡, ㉣

221 □□□

밑줄 친 '조약'과 관련된 설명으로 옳은 것을 〈보기〉에서 고른 것은?

> 미국 상민(商民)의 활동에 지장을 주지 않는 한, 조선과 중국 사이의 관계에 관여하지 않을 것이다. 미국은 귀 군주가 내치, 외교와 통상을 자주(自主)하고 있음을 잘 알고 있다. 국회는 조선과 수호하는 데 동의하였으며, 본인도 이를 비준하였다. 조선이 자주국이 아니라면 미국은 조약을 체결하지 않았을 것이다.
> 　　　　　　　　　　　　　미국 아서 대통령이 고종에게 보낸 회답 국서

보기
> ㉠ 서구 국가와 맺은 최초의 조약이다.
> ㉡ 청의 주장으로 거중 조정의 조항을 넣었다.
> ㉢ 천주교의 선교 인정 문제로 조약 체결이 지연되었다.
> ㉣ 외국 상인의 내지 통상권을 최초로 규정하였다.

① ㉠, ㉡ 　　　　　　　　② ㉠, ㉢
③ ㉡, ㉢ 　　　　　　　　④ ㉢, ㉣

222 □□□

(가)~(다) 조약에 대한 설명으로 옳지 않은 것은?

> (가) 제5조 경기, 충청, 전라, 경상, 함경 5도 연해 중에서 통상하기 편리한 항구 두 곳을 택하여 지정한다.
> (나) 제4조 부산 항구에서 일본국 인민이 통행할 수 있는 도로의 이정(里程)은 부두에서부터 계산하여 동서남북 각 조선의 이법(里法)상 직경 10리로 정한다.
> (다) 제7조 일본국 정부에 소속된 모든 선박은 항세(港稅)를 납부하지 않는다.

① (가) - 청의 개입을 차단하기 위해 조선을 자주국이라 명시하였다.
② (나) - 일본인 거류지에서 일본 화폐의 유통을 허용하였다.
③ (다) - 일본 상인이 양화진에서 활동할 수 있도록 하였다.
④ (다) - 담배와 아편의 유입을 금지하였다.

223 □□□

다음 중 사절단의 파견 순서를 바르게 나열한 것은?

> ㉠ 영선사 김윤식 인솔하에 38명의 학도와 장인들을 청에 파견하여 무기 제조법과 근대적 군사 훈련법을 배우게 하였다.
> ㉡ 수신사 김홍집이 일본을 시찰하고 오면서 『조선책략』을 가져왔다.
> ㉢ 박정양, 어윤중 등으로 구성된 조사 시찰단을 일본에 파견하였다.
> ㉣ 미국과 수교 이후 전권대신 김기수와 홍영식, 유길준 등을 보빙사로 파견하였다.
> ㉤ 수신사 박영효가 일본에 파견되어 일본 숙소에 태극기를 게양하였다.

① ㉠-㉡-㉢-㉣-㉤ 　　② ㉡-㉢-㉠-㉣-㉤
③ ㉡-㉢-㉠-㉤-㉣ 　　④ ㉢-㉡-㉠-㉤-㉣

224 고난도 □□□

다음 (가)와 (나)의 입장을 가진 세력에 대한 설명으로 옳지 않은 것은?

> (가) 군신, 부자, 부부, 붕우, 장유의 윤리는 인간의 본성에 부여된 것으로서 천지를 통하는 만고불변의 이치이고, 위에 존재하는 것으로서 도(道)가 됩니다. 이에 대해 배, 수레, 군사, 농사, 기계의 편민이국(便民利國)하는 것은 외형적인 것으로서, 기(器)가 됩니다. 신(臣)이 변혁을 꾀하고자 하는 것은 기(器)이지 도(道)가 아닙니다. 오늘날 나라를 다스리는 이가 서양 문물의 편리함을 인정하지 아니하고 고제(古制)의 불편함을 뒤집어 쓴다면 이것은 부강의 도를 생각하지 않는 것입니다.
> (나) 이른바 외물이라는 것은 종류가 극히 많아서 일일이 열거할 수 없지만, 그 중에도 양품(洋品)이 가장 심합니다. 몸을 닦아 집안을 잘 다스리고 나라가 바로잡힌다면 양품이 쓰일 곳이 없어져 교역하는 일이 끊어질 것입니다. 교역하는 일이 끊어지면 저들의 기이함과 교묘함이 수용되지 못할 것이며, 그러면 저들은 기필코 할 일이 없어져 오지 않으리이다.

① (가) - 중체서용을 바탕으로 한 양무운동과 같은 개혁을 추진하였다.
② (가) - 서구 기술을 도입하고 근대 산업을 육성하고자 하였다.
③ (나) - 왜양일체론(倭洋一體論)으로 친청(親淸) 사대당을 결성하였다.
④ (나) - 외양(外攘)을 위한 내수(內修)를 강조하였다.

03 임오군란과 갑신정변

대표 기출문제

국가직

밑줄 친 '사건'에 대한 설명으로 옳은 것은?   2016. 국가직 9급

> 4~5명의 개화당이 사건을 일으켜서 나라를 위태롭게 한 다음 청나라 사람의 억압과 능멸이 대단하였다. … (중략) … 종전에는 개화가 이롭다고 말하면 그다지 싫어하지 않았으나 이 사건 이후 조야(朝野) 모두 '개화당은 충의를 모르고 외인과 연결하여 매국배종(賣國背宗)하였다.'고 하였다.
>
> 『윤치호일기』

① 정동 구락부 세력이 주도하였다.
② 일본군과 함께 경복궁을 침범하였다.
③ 차관 도입을 위한 수신사 파견의 계기가 되었다.
④ 일본 공사관이 불타고 일본군이 청군에 패퇴하였다.

지방직

다음 사건에 대한 설명으로 옳은 것은?   2016. 지방직 9급

> 임오년 서울의 영군(營軍)들이 큰 소란을 피웠다. 갑술년 이후 대내의 경비가 불법으로 지출되고 호조와 선혜청의 창고도 고갈되어 서울의 관리들은 봉급을 못 받았으며, 5영의 병사들도 가끔 결식을 하여 급기야 5영을 2영으로 줄이고 노병과 약졸들을 쫓아냈는데, 내쫓긴 사람들은 발붙일 곳이 없으므로 그들은 난을 일으키려 했다.

① 군대 해산에 반발한 군인들은 의병 부대에 합류하였다.
② 보국안민, 제폭구민의 대의를 위해 봉기할 것을 호소하였다.
③ 정부의 개화 정책에 반대하는 서울의 하층민들도 참여하였다.
④ 충의를 위해 역적을 토벌한다는 명분을 내걸고 유생들이 주동하였다.

출제경향 갑신정변은 자주 출제되는 사건은 아니지만 반드시 알아두어야 한다. 개화사상의 두 흐름, 급진 개화파의 주장, 갑신정변 이후의 정세 변화 등을 파악해 두자.

정답찾기 밑줄 친 '사건'은 갑신정변(1884)이다.
④ 임오군란으로 일본 공사관이 불타버리자, 일본은 1884년 교동에 일본 공사관을 새로 설치하였으나 갑신정변으로 다시 불타게 되었다.

선지분석 ① 정동 구락부는 1894년 서울 정동에 있던 주한 외교관과 조선 외교관들의 사교·친목 단체로, 이들은 독립 협회 창립에 개입하였다.
② 일본군이 경복궁에 침입한 사건이 두 번 있었는데, 첫 번째는 1894년 갑오개혁 직전에 일본 공사가 일본군을 동원하여 경복궁에 침입한 사건이다. 이때 일본은 고종을 감금하고 1차 김홍집 내각을 구성하여 1차 갑오개혁을 실시하였다. 두 번째는 1895년 경복궁에 침입하여 명성 황후를 시해한 사건이다.
③ 갑신정변 이전 사건이다. 1883년 김옥균 등 개화당은 정부의 근대적 개혁을 위한 자본 마련을 위해 고종의 위임장을 얻어 일본에 차관 교섭을 시도하였으나 실패하였다.

○ 정답 ④

출제경향 임오군란 역시 가끔 출제되는 주제이다. 임오군란과 을미사변(명성 황후 시해 사건)의 관련 사료를 비교해서 알아두면 함정 문제에 빠지지 않을 것이다.

정답찾기 제시문은 임오군란(1882)에 대한 내용이다.
③ 임오군란은 정부의 신식군(별기군) 우대에 대한 반발로 구식 군대들이 일으킨 사건이나, 정부의 개화 정책에 반대하는 서울의 하층민들도 대거 참여하였다.

선지분석 ① 정미의병(1907), ② 동학 농민 운동(1894), ④ 의병 운동에 대한 내용이다.

○ 정답 ③

PART
06

실전문제

225

□□□

다음 조약 체결의 배경이 되었던 사건에 대한 설명으로 옳은 것을 〈보기〉에서 고른 것은?

- 금일부터 20일 안에 조선국은 흉도를 체포하고 그 괴수를 엄중히 취조하여 중벌에 처한다.
- 일본 공사관에 군인 약간 명을 두어 경비한다. 그 비용은 조선국이 부담한다.

보기
㉠ 민씨 세력의 개화당 탄압으로 발생하였다.
㉡ 청의 군대가 조선에 주둔하는 결과를 낳았다.
㉢ 청·프 전쟁이 진행되는 상황 아래 전개되었다.
㉣ 흥선 대원군이 일시적으로 재집권하는 계기가 되었다.

① ㉠, ㉡   ② ㉠, ㉢
③ ㉡, ㉢   ④ ㉡, ㉣

226

□□□

다음 정강을 내세운 개혁 운동에 대한 내용으로 옳은 것은?

- 대원군을 돌아오게 하고 청에 대한 조공을 폐지한다.
- 문벌을 폐지하여 인민 평등의 권리를 제정한다.
- 재정은 모두 호조에서 관할하게 한다.
- 대신들은 의정부에 모여서 법령을 의결한다.

① 이 정변을 계기로 주미공사 박정양을 미국에 파견하였다.
② 이 정변 직후 차관 도입을 위한 수신사가 파견되었다.
③ 이 정변의 평화적 해결을 위한 상호 약속으로 제물포 조약이 체결되었다.
④ 이 정변으로 일본 공사관이 불타고 일본군이 청군에 패퇴하였다.

227

□□□

(가), (나) 조약에 대한 설명으로 옳은 것은?

(가) 제5조 일본 공사관에 약간의 군사를 두어 경비한다. 병영을 설치하고 수리하는 것은 조선이 맡는다.
(나) 제1조 청은 조선에 주둔하고 있는 군대를 철수하고, 일본은 공사관을 호위하기 위하여 조선에 주둔하고 있는 군대를 철수한다. 서명 날인한 날부터 4개월 이내에 각각 철수를 완료해 양국 간 분쟁이 야기될 우려를 없앤다.

① (가)는 치외 법권을 규정한 불평등 조약이었다.
② (가)는 흥선 대원군이 재집권하는 계기가 되었다.
③ (나)는 동학 농민 운동의 전개 과정에서 체결되었다.
④ (나)는 청과 일본이 조선 파병 시 상대국에게 알리도록 하였다.

228

□□□

다음 글이 쓰인 배경으로 옳은 것을 〈보기〉에서 고른 것은?

우리나라의 지리는 아시아의 목구멍에 처해 있어서 그 위치는 유럽의 벨기에와 같고, 중국에 조공하던 처지는 터키에 조공하던 불가리아와 같다. 그런데 불가리아가 중립 조약을 체결한 것은 유럽의 여러 대국들이 러시아의 침략을 막으려는 목적에서 나온 것이었고, 벨기에가 중립 조약을 체결한 것은 유럽의 여러 대국들이 자국을 보전하려는 계책에서 나온 것이었다. 대저 조선이 아시아의 중립국이 된다면 러시아를 방어하는 큰 기틀이 될 것이고, 또한 아시아의 여러 대국들이 서로 보전하는 방책도 될 것이다.

보기
㉠ 영국이 거문도를 점령하였다.
㉡ 고종이 러시아 공사관으로 거처를 옮겼다.
㉢ 갑신정변 이후에 청국과 일본의 대립이 격화되었다.
㉣ 『조선책략』이 유포되었다.

① ㉠, ㉡   ② ㉠, ㉢
③ ㉡, ㉢   ④ ㉢, ㉣

04 동학 농민 운동 · 갑오개혁 · 을미개혁

10개년 단원별 출제 빈도 분석

국가직 9급	4회	갑오개혁(2013), 동학 농민 운동(2015, 2018, 2019)
지방직 9급	2회	갑오개혁(2016), 동학 농민 운동(2015)
소방직	3회	갑오개혁(2020), 동학 농민 운동(2018, 2019)
계리직	1회	동학 농민 운동(2016)
법원직	7회	갑오개혁(2018, 2019), 을미개혁(2013), 동학 농민 운동(2014, 2015, 2016, 2022)

대표 기출문제

국가직

□□□

다음 상황이 일어난 이후의 사실을 〈보기〉에서 모두 고른 것은?

2017. 국가직 7급

> 일본군이 경복궁을 습격하자 이에 전봉준은 삼례에 대도소를 설치하여 농민군의 삼례 집결을 도모하였고, 기병을 촉구하는 통문을 돌렸다. 통문에는 "이번 거사에 호응하지 아니하는 자는 불충무도(不忠無道)한 자이다."라는 내용이 담겨 있었다.

[보기]
> ㉠ 농민군은 황토현에서 관군을 격파하였다.
> ㉡ 정부와 농민군은 전주에서 화약을 맺었다.
> ㉢ 북접군과 남접군이 논산에서 합류하여 집결하였다.
> ㉣ 농민군은 공주 우금치에서 관군과 일본군 연합 부대를 맞아 격돌하였다.

① ㉠, ㉡
② ㉠, ㉢
③ ㉡, ㉣
④ ㉢, ㉣

지방직

□□□

다음은 홍범 14조의 조항 일부이다. 이 발표에 따라 추진된 것만을 〈보기〉에서 모두 고른 것은?

2014. 지방직 7급

> • 청에 의존하는 생각을 버리고, 자주독립의 기초를 세운다.
> • 종실, 외척의 정치 간섭을 용납하지 않는다.
> • 조세의 징수와 경비 지출은 모두 탁지아문의 관할에 속한다.
> • 문벌을 가리지 않고 인재 등용의 길을 넓힌다.

[보기]
> ㉠ 재판소를 설치하여 사법권을 행정부로부터 독립시켰다.
> ㉡ 지방의 군현제를 폐지하고 전국을 23부로 나누었다.
> ㉢ 은 본위 제도와 조세 금납화를 실시하였다.
> ㉣ 지방의 영세 상인인 보부상을 지원하기 위하여 상무사를 조직하여 상업 특권을 부여하였다.

① ㉠, ㉡, ㉢
② ㉡, ㉢
③ ㉠, ㉡
④ ㉡, ㉢, ㉣

출제경향 동학 농민 운동은 국가직 · 지방직 모두 출제 빈도가 높은 사건이다. 동학 농민 운동의 전개 과정, 12개조 폐정 개혁안, 동학 농민 운동의 국내외 영향을 물어보는 문제가 출제된다.

정답찾기 제시문은 동학 농민 운동 전개 과정 중 2차 농민 봉기에 대한 내용이다. 일본이 경복궁을 점령(1894. 6.)하고 1차 갑오개혁을 추진하는 등 내정 간섭을 강화하자, 이에 대항하여 농민군은 척왜(斥倭)를 외치면서 삼례에서 재봉기하였다(1894. 9.).
㉢ 남 · 북접군의 논산 집결(1894. 10.), ㉣ 우금치 전투(1894. 11.)

선지분석 ㉠ 황토현 전투(1894. 4.), ㉡ 전주 화약(1894. 5.)

○ 정답 ④

출제경향 갑오개혁 역시 자주 출제되는 사건이다. 1차 갑오개혁, 2차 갑오개혁 당시의 국내외 상황을 파악하는 문제가 자주 출제된다. 또한 홍범 14조의 내용도 잘 파악하도록 하자. 을미개혁(3차)은 자주 출제되지는 않지만 갑오개혁을 물어보는 문제에서 함정 지문으로 제시될 수 있다.

정답찾기 홍범 14조는 2차 갑오개혁(1894~1895) 직전에 발표한 국정 개혁의 기본 강령으로, 이를 계기로 2차 갑오개혁이 이루어졌다.
㉠ ㉡ 2차 갑오개혁의 개혁안이다.

선지분석 ㉢ 1차 갑오개혁의 내용이다.
㉣ 상무사(1899)는 대한 제국 시기에 조직되었다.

○ 정답 ③

실전문제

229

☐☐☐

(가)와 (나) 사이에 있었던 일로 옳은 것은?

(가) 우리가 의(義)를 들어 여기에 이르렀음은 그 본의가 결코 다른 데 있지 아니하고, 창생(蒼生)을 도탄 중에서 건지고 국가를 반석 위에다 두자 함이라.

(나) 전라도 53주 골목마다 집강소가 아니 설립된 곳이 없이 일률(一律)로 다 되었고, 집강소의 안에는 기천 명의 의군이 호위를 하였고, 행정에 있어서는 집강이 주무로 십수 인의 의원이 있어 협의체로 조직이 되었고, 집강소 일원을 뽑아 전 도의 대표가 되게 하였고 ……

① 논산에서 남접과 북접이 연합하였다.
② 황토현 전투에서 관군에 승리하였다.
③ 서울에서 교조 신원을 위한 복합 상소를 올렸다.
④ 우금치에서 관군과 일본군에 패하였다.

230

☐☐☐

다음 자료가 반포된 이후 실시된 정책으로 옳은 것을 모두 고른 것은?

감히 황조(皇祖)와 열성(列聖)의 신령 앞에 고합니다. …… 이제부터는 다른 나라에 의거하지 말고 국운을 융성하게 하여 백성의 복리를 증진함으로써 자주독립의 터전을 튼튼히 할 것입니다. …… 짐은 이에 14개 조목의 큰 규범을 하늘에 있는 우리 조종의 신령 앞에 고하면서 조종이 남긴 업적을 우러러 능히 공적을 이룩하고 감히 어기지 않을 것이니 밝은 신령은 굽어 살피시기 바랍니다.

〈보기〉
㉠ 재판소를 설치하여 사법권을 행정부로부터 독립시켰다.
㉡ 청의 연호를 쓰지 않고 개국 기년을 사용하였다.
㉢ 두 차례의 양전 사업을 실시하고, 지계를 발행하였다.
㉣ 지방 제도를 23부 337군으로 개편하였다.

① ㉠, ㉡   ② ㉡, ㉢
③ ㉢, ㉣   ④ ㉠, ㉣

231 고난도

☐☐☐

다음의 행동 강령을 주장했던 세력이 제기한 요구 사항을 〈보기〉에서 고른 것은?

1. 사람을 죽이지 말고 가축을 잡아먹지 말라.
2. 충효를 다하고 세상을 구하고 백성을 평안하게 하라.
3. 일본 오랑캐를 몰아내고 나라의 정치를 깨끗이 한다.
4. 군대를 몰고 서울로 들어가 권세가와 귀족을 모두 없앤다.

〈보기〉
㉠ 무명잡세는 일체 폐지할 것
㉡ 외국에 철도 부설권을 허용하지 말 것
㉢ 관리 채용에는 지벌을 타파하고 인재를 등용할 것
㉣ 중대한 범죄는 공판하되 피고의 인권을 존중할 것

① ㉠, ㉡   ② ㉠, ㉢
③ ㉡, ㉢   ④ ㉢, ㉣

232 고난도

☐☐☐

(가)~(다)와 관련된 개혁에 대한 설명으로 옳은 것을 〈보기〉에서 모두 고른 것은?

(가) 7. 규장각을 혁파한다.
    9. 혜상공국을 혁파한다.
    12. 모든 재정은 호조에서 관할한다.
(나) 1. 이후 국내외 공사(公私) 문서에 개국 기년을 사용한다.
    6. 남자 20세, 여자 16세 이하의 조혼을 금지한다.
    8. 공사 노비법을 혁파하고 인신매매를 금지한다.
(다) 2. 탐관오리는 그 죄상을 조사하여 엄징한다.
    5. 노비 문서는 모두 소각한다.
    12. 토지는 평균 분작한다.

〈보기〉
㉠ (가) 개혁이 실패한 후 청과 일본은 톈진 조약을 체결하였다.
㉡ (나) 개혁은 구본신참의 원칙 아래 이루어졌다.
㉢ (다) 개혁 과정에서 농민군은 전라도 일대에 교정청을 설치하였다.
㉣ (다) - (가) - (나)의 순으로 전개되었다.

① ㉠   ② ㉠, ㉡
③ ㉠, ㉡, ㉢   ④ ㉠, ㉡, ㉢, ㉣

05 독립 협회와 대한 제국, 의병 운동과 애국 계몽 운동

10개년 단원별 출제 빈도 분석

국가직 9급	4회	대한 제국(2015, 2016), 독립협회(2022), 헌의 6조(2017)
지방직 9급	5회	광무개혁(2013), 대한 자강회(2015), 대한 제국(2018, 2019), 독립 협회(2020)
소방직	3회	대한 제국(2022), 독립 협회(2021), 사건 순서(2020)
계리직	0회	
법원직	7회	대한 제국(2016, 2019), 독립 협회(2013, 2014), 정미의병(2021), 신민회(2013, 2020)

대표 기출문제

국가직

□□□

다음 건의문이 결의된 이후에 일어난 사실로 옳은 것은?

2017. 국가직 9급

1. 외국인에게 의지하지 말고 관·민이 한마음으로 힘을 합하여 전제 황권을 견고하게 할 것
2. 외국과의 이권에 관한 계약과 조약은 각 대신과 중추원 의장이 합동 날인하여 시행할 것
3. 국가 재정은 탁지부에서 전관하고, 예산과 결산을 국민에게 공포할 것
4. 중대 범죄를 공판하되, 피고의 인권을 존중할 것
5. 칙임관을 임명할 때에는 정부의 자문을 받아 다수의 의견에 따를 것
6. 정해진 규정을 실천할 것

① 서재필을 중심으로 민중 계몽을 위한 「독립신문」이 창간되었다.
② 고종이 러시아 공사관으로 거처를 옮기게 되었다.
③ 황제권 강화 작업의 일환으로 원수부가 설치되었다.
④ 군국기무처를 중심으로 개혁이 추진되었다.

지방직

□□□

밑줄 친 '대한국'에 대한 설명으로 옳지 않은 것은?

2020. 지방직 7급

제1조 대한국은 세계만국에 공인된 자주독립한 제국이다.
… (중략) …
제9조 대한국 대황제는 각 조약국에 사신을 파송(派送) 주재하게 하고 선전(宣戰), 강화 및 제반 약조를 체결한다. 공법에 이른바 사신을 자체로 파견하는 것이다.

『대한국 국제』

① 양전 사업을 실시하고 지계(地契)를 발급하였다.
② 국가 재정은 탁지아문으로 일원화하였다.
③ 서북 철도국을 설치하여 경의 철도 부설을 시도하였다.
④ 원수부를 설치하여 황제가 군의 통수권을 장악하였다.

출제경향 독립 협회는 대한 제국만큼은 아니지만 가끔씩 출제되는 주제이다. 독립 협회의 헌의 6조와 주요 활동을 파악해 두자.

정답찾기 제시문은 독립 협회의 관민 공동회에서 결의한 헌의 6조(1898)이다.
③ 원수부 설치(1899)

선지분석 ① 「독립신문」 창간(1896), ② 아관 파천(1896), ④ 1차 갑오개혁(1894)에 대한 설명이다.

○ 정답 ③

출제경향 대한 제국의 광무개혁은 국가직·지방직에서 자주 출제되었다. 대한 제국의 광무개혁의 성격을 정확히 파악하고, 또 이 시기의 자주적 외교와 간도, 독도에 대한 정부의 정책도 알아두자.

정답찾기 제시문은 대한국 국제(1899)로, 밑줄 친 '대한국'은 대한 제국(1897~1910)이다.
② 1차 갑오개혁(1894)의 내용이다.

○ 정답 ②

실전문제

233

□□□

다음 연설과 관련 있는 단체의 주장으로 옳은 것은?

백정 박성춘이 말하였다. "이 사람은 바로 대한에서 가장 천한 사람이고 매우 무식합니다. 그러나 임금께 충성하고 나라를 사랑하는 뜻은 대강 알고 있습니다. 이제 나라를 이롭게 하고 백성을 편리하게 하는 방도는 관리와 백성이 마음을 합한 뒤에야 가능하다고 생각합니다. 저 차일[즉 천막]에 비유하면, 한 개의 장대로 받치자면 힘이 부족하지만 만일 많은 장대로 힘을 합친다면 그 힘은 매우 튼튼합니다. 삼가 원하건대, 관리와 백성이 마음을 합하여 우리 대황제의 훌륭한 덕에 보답하고 국운이 영원토록 무궁하게 합시다." 회중이 박수를 보냈다.

① 신분제를 없애고 백정에 대한 모욕적 칭호를 없애자.
② 백정이 쓰는 평량갓을 없애고 왜와 통하는 자는 엄징하라.
③ 갑오개혁 이후 제정된 장정을 반드시 지켜라.
④ 미국, 영국 등이 차지한 경제적 이권을 철회하라.

234

□□□

다음 자료에 나타난 기구에 대한 설명으로 옳은 것은?

직원은 의장 1인, 부의장 1인, 의관 50인, 참서관 2인, 주사 4인으로 정한다. 의장은 대황제 폐하께서 칙수(勅授)*하시고 …… 의관의 절반은 정부가 나라에 공로가 있는 사람을 회의를 통해 추천한다. 나머지 절반은 인민이 만든 협회의 27세 이상 되는 회원들이 정치, 법률, 학식에 통달한 자를 투표해서 추천한다.

*칙수: 조칙을 내려 임명함.

① 정부의 개화 정책을 담당하였다.
② 조선 총독부의 자문 기구 역할을 담당하였다.
③ 황제가 지계를 발급하기 위해 설치하였다.
④ 정부가 관민 공동회의 건의를 받아들여 구성하였다.

235

□□□

다음 조칙 이후 정부가 추진한 정책으로 옳지 않은 것은?

황제께서 조칙을 내리시길 "민은 오직 나라의 근본이라. 근본이 굳어야 나라가 평안한 것이다. 근본을 굳게 하는 방도는 제산안업(制産安業)하여 항심(恒心)이 있게 하는 것이니 누가 그 직책을 맡는 것인가 하면 정부일 뿐이다."라고 하였다.

① 한성 전기 회사를 통하여 서울에 전차 노선을 개통하였다.
② 금 본위제를 실시하려고 하였다.
③ 산업 정책을 담당하는 공무아문을 설치하였다.
④ 한성 은행, 대한 천일 은행 등 민족계 은행을 지원하였다.

236 고난도

□□□

밑줄 친 (가)~(라)에 대한 설명으로 옳지 않은 것은?

- 외국인에게 의존하지 말고 (가) 관민이 합심하여 전제 황권을 견고하게 할 것
- (나) 외국과의 이권에 관한 계약과 조약은 각 부 대신과 중추원 의장이 합동으로 서명하여 시행할 것
- (다) 국가 재정은 모두 탁지부에서 관장하며, 예산·결산을 국민에게 공포할 것
- 중대 범죄인은 반드시 재판을 통하여 판결할 것
- 칙임관을 임명할 때 (라) 의정부에 자문하여 과반수를 얻은 자를 임명할 것

① (가) – 의회제와 공화정을 주장하였다.
② (나) – 러시아의 절영도 조차 요구를 반대하였다.
③ (다) – 갑오개혁과 마찬가지로 재정의 일원화를 추구하였다.
④ (라) – 내각의 인사 정책 권한을 강화하려는 것이었다.

237

다음 자료와 관련된 단체에 대한 설명으로 옳지 않은 것은?

> 무릇 우리 대한인은 내외를 막론하고 통일 연합으로써 그 진로를 정하고 독립 자유로써 그 목적을 세움이니, 이것이 원하는 바이며 품어 생각하는 것이다. 간단히 말하면 오직 신정신을 불러 깨우쳐서 신단체를 조직한 후에 신국가를 건설할 뿐이다.

① 국권 회복과 입헌 군주 체제의 국민 국가 건설을 목표로 하였다.
② 서간도 삼원보에 신한민촌을 건설하고, 민단 조직인 경학사를 조직하였다.
③ 「대한매일신보」를 기관지로 활용하고, 최남선 주도하에 잡지 『소년』을 기관지로 창간하였다.
④ 안창호, 양기탁, 신채호, 이동녕 등의 인사들이 비밀 결사로 조직하였다.

238

(가)~(다) 의병 운동에 대한 설명으로 옳은 것은?

> (가) 작년 10월에 저들이 한 행위는 오랜 옛날에도 일찍이 없던 일로서, 억압으로써 한 조각의 종이에 조인하여 500년 전해 오던 종묘사직이 드디어 하룻밤에 망하였으니, 천지신명도 놀라고 조종(祖宗)의 영혼도 슬퍼하였다.
> (나) 우리 국모의 원수를 생각하며 이미 이를 갈았는데, 참혹한 일이 더하여 우리 부모에게서 받은 머리털을 풀 베듯이 베어 버리니 이 무슨 변고란 말인가.
> (다) 군사장 허위는 미리 군비를 신속히 정돈하여 철통과 같이 함에 한 방울의 물도 샐 틈이 없는지라. 이에 전군에 전령하여 일제히 진군을 재촉하여 동대문 밖으로 진격하였다.

① (가) 시기에 평민 출신 의병장 신돌석이 처음으로 등장하여 강원도와 경상도의 접경지대에서 크게 활약하였다.
② (나) 시기의 지도자들은 13도 창의군을 결성하였다.
③ (다) 시기에 최익현은 정부 진위대와의 전투에서 스스로 부대를 해산시키고 체포되었다.
④ (가) – (나) – (다) 순서로 의병 운동이 전개되었다.

239

다음 취지서를 발표한 단체의 활동으로 옳은 것은?

> 나라의 독립은 오직 자강(自强)의 여하에 달려 있을 뿐이다. 우리 나라가 예전부터 자강할 방법을 배우지 않아 인민이 저절로 우매해지고 국력이 쇠퇴의 길로 나아가, 마침내 오늘날의 어려운 처지에 이르러 끝내 다른 나라의 보호를 받게 되었다. 이는 모두 자강할 방법에 뜻을 두지 않았기 때문이다. 이러함에도 불구하고 완고함과 게으름으로 말미암아 자강의 방도에 힘쓸 생각을 하지 않으면 끝내는 멸망에 다다를 뿐이니 ……

① 일진회와 일진회 기관지인 국민신보사를 파괴하였다.
② 일본의 황무지 개간권 요구에 반대 운동을 벌였다.
③ 국권의 회복과 공화 정체의 국민 국가 건설을 궁극적 목적으로 하였다.
④ 신흥 무관 학교를 설립하고 북간도에 한흥동을 건설하였다.

240

다음 글을 남긴 인물에 대한 설명으로 옳은 것은?

> 오늘날, 서양 세력이 동양으로 점차 밀려오는 환난을 동양 인종이 일치단결해서 온 힘을 다하여 방어해야 하는 것이 제일 상책임은 어린아이일지라도 익히 아는 바이다. 그런데 무슨 까닭으로 일본은 이러한 순리의 형세를 돌아보지 않고 같은 인종인 이웃 나라를 약탈하고 우의를 끊어, 스스로 도요새가 조개를 쪼려다 부리를 물리는 형세를 만들어 어부에게 둘 다 잡히기를 기다리는 듯 하는가?

① 친일 활동에 앞장선 미국인 외교 고문을 사살하였다.
② 도쿄에서 일본 국왕에게 폭탄을 투척하였다.
③ 명동성당 앞에서 이완용을 습격하였다.
④ 만주 하얼빈에서 초대 통감을 저격하였다.

10개년 단원별 출제 빈도 분석

국가직 9급	5회	메가타의 화폐 정리 사업(2013), 국채 보상 운동(2014), 농광 회사(2018), 경부선(2020), 개항기 무역(2021)
지방직 9급	1회	일본과의 경제적 조약(2013)
소방직	1회	화폐 정리 사업(2022)
계리직	1회	국채 보상 운동(2016)
법원직	0회	

대표 기출문제

국가직

□□□

다음의 정부 조치에 대한 설명으로 옳은 것만을 〈보기〉에서 모두 고르면?

2019. 국가직 7급

> 상태가 매우 좋은 갑종 백동화는 개당 2전 5리의 가격으로 새 돈으로 바꾸어 주고, 상태가 좋지 않은 을종 백동화는 개당 1전의 가격으로 정부에서 사들이며, 팔기를 원치 않는 자에 대해서는 정부가 절단하여 돌려준다. 다만 모양과 질이 조잡하여 화폐로 인정하기 어려운 병종 백동화는 사들이지 않는다.
> 「탁지부령」

〔보기〕
㉠ 한·일 신협약을 계기로 추진되었다.
㉡ 은화를 발행하여 본위화로 삼고자 하였다.
㉢ 제일 은행권을 교환용 화폐로 사용하였다.
㉣ 필요한 자금을 대느라 거액의 국채가 발생하였다.

① ㉠, ㉡   ② ㉠, ㉣
③ ㉡, ㉢   ④ ㉢, ㉣

지방직

□□□

조약 (가), (나) 사이 시기의 경제 상황으로 옳은 것은?

2019. 지방직 9급

(가)	(나)
• 조선국 항구에 머무르는 일본은 쌀과 잡곡을 수출·수입할 수 있다. • 일본국 정부에 소속된 모든 선박은 항세(港稅)를 납부하지 않는다.	• 입항하거나 출항하는 각 화물이 세관을 통과할 때에는 세칙에 따라 관세를 납부해야 한다. • 조선 정부가 쌀 수출을 금지하고자 할 때에는 반드시 먼저 1개월 전에 지방관이 일본 영사관에게 통고해야 한다.

① 메가타 재정 고문이 화폐 정리 사업을 시도하였다.
② 혜상공국의 폐지 등을 주장한 정변이 발생하였다.
③ 양화진에 청국인 상점을 허용하는 조약이 체결되었다.
④ 함경도 방곡령 사건으로 일본과 외교적 마찰이 일어났다.

출제경향 개항 이후 열강의 경제적 침략 과정과 이에 대한 우리의 저항이 주로 출제되고 있다.

정답찾기 ㉢ 화폐 정리 사업 당시 메가타는 백동화를 일본 제일 은행권의 화폐로 교환하여 사용하게 하였다.
㉣ 화폐 정리 사업의 결과 우리나라 은행은 몰락하거나 자주성을 잃게 되었고, 화폐 정리 사업에 필요한 자금을 일본 차관으로 조달하여 대한 제국은 거액의 국채를 떠안게 되었다.

선지분석 ㉠ 한·일 신협약은 1907년에 체결된 것으로, 메가타의 화폐 정리 사업(1905) 이후의 사건이다.
㉡ 일본인 재정 고문 메가타는 우리나라 화폐 제도를 일본과 같은 금 본위제로 하고자 하였다. 은 본위제는 1차 갑오개혁 때 시행되었다.

○ 정답 ④

출제경향 국가직과 출제경향이 동일하다. 외세의 경제적 침략 관련 조약 내용을 정확히 정리해 두자.

정답찾기 (가) 조·일 통상 장정(1876), (나) 개정 조·일 통상 장정(1883)
③ 조·청 상민 수륙 무역 장정(1882)

선지분석 ① 화폐 정리 사업(1905), ② 갑신정변(1884), ④ 방곡령 사건(1889)

○ 정답 ③

실전문제

241

☐☐☐

다음 조약이 체결된 시기를 연표에서 고르면?

> 만일 조선국이 자연재해나 변란 등으로 말미암아 국내의 양곡이 부족해질 염려가 있어서 조선 정부가 잠정적으로 양곡 수출을 금지하려고 할 때는 그 시기보다 1개월 앞서 지방관으로부터 일본 영사관에 알리고, 또 일본 영사관은 그 시기보다 앞서 각 개항장의 일본 상인에게 알려 일률적으로 준수케 한다.

(가)	(나)	(다)	(라)	
강화도 조약	임오 군란	갑신 정변	청·일 전쟁	아관 파천

① (가) ② (나)
③ (다) ④ (라)

242

☐☐☐

다음은 개항 이후 각국과 맺은 조약의 주요 내용이다. 이와 연관된 설명으로 옳은 것을 〈보기〉에서 고르면?

> (가) 부산, 원산, 인천 각 항의 간행이정(間行里程)을 금후 확정하여 사방 오십 리로 하고 2년 후에는 다시 각 백 리로 한다.
> (나) 조선은 청의 속방(屬邦)이다. 청 상인의 조선에서의 내지 통상권, 연안 어업권, 연안 무역권을 인정하며, 청국 군함의 연안 항해권을 허용한다.
> (다) 만약 조선국이 재해로 인하여 식량이 부족해질 것을 염려하여 잠정적으로 식량 수출을 금하고자 할 때는 1개월 전에 지방관이 일본 영사관에 알려야 한다.
> (라) 이 조약을 협정한 후에 통상, 무역 등에서 본 조약에 의해 부여되지 않는 어떤 권리 또는 특혜를 다른 나라에 허가할 때에는 같은 권리와 특혜를 미국의 관민에게도 동일하게 적용해야 한다.

보기
> ㉠ (가)의 체결을 계기로 조선 상인을 매개로 한 거류지 무역이 발달하였다.
> ㉡ (나)를 계기로 조선에서 청 상인과 일본 상인의 경쟁이 치열하였다.
> ㉢ (다)로 인한 문제점을 해결하기 위해 보안회에서 농광 회사를 설립하였다.
> ㉣ (라)는 아관 파천 이후 열강의 이권 침탈의 원인이 되기도 하였다.

① ㉠, ㉡ ② ㉠, ㉢
③ ㉡, ㉢ ④ ㉡, ㉣

243 (고난도)

☐☐☐

이 법령과 관련된 사업에 대한 설명으로 옳지 않은 것은?

> 제2조 전답·산림·천택·가옥을 매매 양도하는 경우 관계(官契)를 반납한다.
> 제3조 소유주가 관계를 받지 않거나, 저당 잡힐 때 관허가 없으면 모두 몰수한다.
> 제4조 대한 제국 인민 외 소유주가 될 권리가 없고, 외국인에게 명의를 빌려주거나 사사로이 매매·저당·양도할 경우 법에 따라 처벌한다.
>
> 순창군훈령총등

① 지계아문에서 토지 측량과 지계 발급을 담당하였다.
② 개항장에서 외국인의 토지 소유를 인정하지 않았다.
③ 모든 산림, 토지, 전답, 가옥을 발급 대상에 포함하였다.
④ 러·일 전쟁으로 중단되어 전국적으로 확대되지 못하였다.

244 (고난도)

☐☐☐

다음은 근대의 화폐 변천을 정리한 것이다. 밑줄 친 ㉠~㉣에 대한 설명으로 옳지 않은 것은?

> ㉠ 당백전은 왕실의 위엄을 회복하려는 목적으로 시행된 각종 사업을 위하여 발행되었다. 주전소에서 발행한 당오전은 일본에 대한 배상금 등을 충당하기 위해 임시방편으로 사용되기도 하였으나 곧 발행이 중단되었다. ㉡ 전환국에서 발행한 ㉢ 백동화는 정부가 재정난 해소를 위해 남발하여 악전(惡錢)*으로 전락하였다. 이후 ㉣ 화폐 정리 사업을 통해 백동화는 사라졌고 조선인 상인들이 피해를 입었다.
>
> *악전: 가치가 현저히 떨어져 문제를 일으킨 화폐를 뜻함.

① ㉠과 ㉢의 남발로 물가가 급등하였다.
② ㉡은 갑오개혁의 일환으로 설치되었다.
③ ㉣은 1차 한·일 협약 때 들어온 일본인 재정 고문이 주도하였다.
④ ㉣은 대한 제국의 금 본위제 개정 화폐 조례를 답습하였다.

245

다음은 경제적 구국 운동과 관련된 사료들이다. 순서대로 나열한 것은?

> (가) 우리 고을에 흉년이 든 것은 귀하도 잘 알고 있을 것이다. 궁지에 몰리고 먹을 것이 없어 비참하다. 곡물이 유출되는 것을 당분간 막지 않을 수 없다. 이에 조·일 통상 장정 제37칙에 근거하여 ······.
>
> (나) 현재 러시아가 우리 대한을 향하여 절영도를 요구하고 있습니다. ······ 그 신하 된 자가 만약 조그마한 땅이라도 타국인에게 주면 이는 황제 폐하의 역신이며 역대 임금의 죄인이며 우리 대한 2천만 동포의 원수입니다.
>
> (다) 전의관 정기조, 전참봉 최동식, 유생 김기우, 정동시 등이 일본이 우리 땅 황무지를 힘으로 눌러 차용하려는 데 항의와 저지의 목적으로, 조선 13도에 통문을 돌려서 일제히 서울에 모이도록 하였다.
>
> (라) 국채 1,300만 원을 갚지 못하면 장차 토지라도 잡혀야 되는데 지금 국고금으로는 갚지 못한다. 우리 2,000만 동포가 담배를 석 달만 끊고, 그 대금을 매달 매인마다 20전씩만 수합하면 그 빚을 갚을 터인데 ······.

① (가) - (나) - (다) - (라)
② (가) - (나) - (라) - (다)
③ (나) - (가) - (다) - (라)
④ (나) - (라) - (다) - (가)

246

다음과 같은 운동이 전개되었을 때 서울에서 볼 수 있었던 모습으로 적절하지 않은 것은?

> 지금은 우리들이 정신을 새로이 하고 충의를 떨칠 때이니, 국채 1,300만 원은 바로 우리 한(韓) 제국의 존망에 직결된 것이라. 이것을 갚으면 나라가 존재하고, 갚지 못하면 나라가 망할 것은 필연적인 사실이나, 지금 국고는 도저히 상환할 능력이 없으며, ······

① 전차를 타고 가는 여학생
② 순 한글 신문을 읽고 있는 아낙네
③ 백화점을 가기 위해 서울로 가는 지방 상인
④ 전신을 이용하여 소식을 전하는 외국인

247

다음은 개항 이후 이루어진 개혁안이다. 시대순으로 바르게 나열한 것은?

> ㉠ 지조법을 개혁하여 관리의 부정을 막고 백성을 보호하며 국가의 재정을 넉넉하게 한다.
> ㉡ 양반·평민의 계급을 타파하고 백정·광대 등 모든 천민 신분을 폐지하였으며, 공·사노비 제도를 혁파하였다.
> ㉢ 청상과부의 개가를 허용하고, 노비 문서를 소각한다.
> ㉣ 민중에게 민권 의식을 고취시키고 자유 민권의 민주주의 이념을 전파하였다.

① ㉠ - ㉡ - ㉢ - ㉣
② ㉠ - ㉢ - ㉡ - ㉣
③ ㉡ - ㉠ - ㉢ - ㉣
④ ㉢ - ㉠ - ㉡ - ㉣

248 고난도

다음 자료와 관련된 조치가 취해진 시기를 연표에서 고르면?

> 일반 가정의 경우는 한번 노비가 되면 종신토록 복종하고 섬겨야 하며, 대대로 그 역(役)을 지면서 노비라는 이름에서 벗어나지 못하였다. ······ 신분을 나누는 데는 원래 엄격한 법도가 있으므로 본인에게만 적용하도록 하고 세습하지 못하도록 한성 부윤이 총리대신과 의논하여 절목을 만들어 나라에 반포하라.

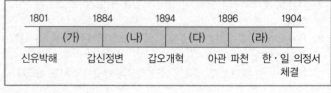

1801	1884	1894	1896	1904
(가)	(나)	(다)	(라)	
신유박해	갑신정변	갑오개혁	아관 파천	한·일 의정서 체결

① (가)
② (나)
③ (다)
④ (라)

10개년 단원별 출제 빈도 분석

국가직 9급	0회	
지방직 9급	0회	
소방직	1회	대한매일신보(2019)
계리직	3회	근대 문물(2021), 황성신문(2019), 한성순보(2014)
법원직	3회	헐버트(2015), 경인선 개통 시기 사회(2016), 원산학사(2017)

대표 기출문제

국가직

☐☐☐

다음 글의 저자에 대한 설명으로 옳은 것은?   2018. 국가직 7급

국가의 역사는 민족의 소장성쇠(消長盛衰)의 상태를 서술할지라. 민족을 빼면 역사가 없으며 역사를 빼어 버리면 민족의 그 국가에 대한 관념이 크지 않을지니, 오호라 역사가의 책임이 그 역시 무거울진저 … (중략) … 만일 그렇지 않으면 이는 무정신의 역사이다. 무정신의 역사는 무정신의 민족을 낳으며, 무정신의 국가를 만들 것이니 어찌 두렵지 아니하리오.

① 이순신, 을지문덕 등 위인의 전기를 써 민족의식을 고취하였다.
② 한국의 독립운동 과정을 서술한 『한국독립운동지혈사』를 저술하였다.
③ '5천년간 조선의 얼'이라는 글을 신문에 연재하여 민족정신을 고취하였다.
④ '조선심'을 강조하며 정약용 연구를 중심으로 한 조선학 운동을 전개하였다.

지방직

☐☐☐

아관 파천 기간에 사람들이 볼 수 있었던 사실로 적절한 것은?

2016. 지방직 7급

① 청량리행 전차를 운행하는 기사
② 한성순보를 배부하는 관리
③ 대한 천일 은행에서 근무하는 은행원
④ 백동화를 주조하는 주전관

PART

06

출제경향 자주 출제되는 주제는 아니지만 소홀히 할 수 없는 파트이다. 특히 국가직에서는 애국 계몽 사학과 관련된 박은식, 신채호 문제가 가끔씩 출제된다.

정답찾기 제시문은 신채호의 「독사신론」(1908) 중 일부이다.
① 신채호는 을지문덕, 강감찬, 최영, 이순신 등의 애국 명장에 관한 전기를 써서 애국심을 고취하였다.

선지분석 ② 박은식, ③ 정인보, ④ 문일평에 대한 설명이다.

○정답 ①

출제경향 대부분의 수험생들이 어려워하는 문제 유형이다. 이 시기의 주요 사건과 함께 근대적 문물의 시기를 정확하게 파악해 두자.

정답찾기 아관 파천 기간은 1896~1897년이다.
④ 백동화는 1892년부터 1904년까지 주조되었다.

선지분석 ① 전차 개통식(1899), ② 「한성순보」(1883~1884), ③ 대한 천일 은행 설립(1899)

○정답 ④

실전문제

249

□□□

(가)~(라) 시기의 사회 모습에 대한 설명으로 옳은 것은?

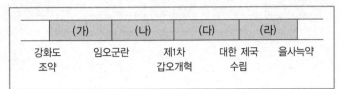

	(가)	(나)	(다)	(라)	
강화도 조약	임오군란	제1차 갑오개혁	대한 제국 수립	을사늑약	

① (가) – 최초의 근대적 사립 학교인 원산 학사가 설립되었다.

② (나) – 최초의 국한문 신문인 한성주보가 창간되었다.

③ (다) – 서대문에서 청량리까지 전차가 완공되었다.

④ (라) – 덕수궁 석조전이 완공되었다.

250

□□□

우리나라 근대 교육에 대한 설명으로 옳은 것을 모두 고른 것은?

> ㉠ 관립학교인 육영 공원은 좌원과 우원의 두 반으로 편성되었다.
> ㉡ 동문학은 영어 통역관을 양성하기 위해 정부가 설립하였다.
> ㉢ 순성 여학교는 한국인이 세운 최초의 사립 여학교이다.
> ㉣ 경신 학교는 고종의 교육 입국 조서에 따라 설립된 관립 학교이다.

① ㉠

② ㉠, ㉡

③ ㉠, ㉡, ㉢

④ ㉠, ㉡, ㉢, ㉣

251

□□□

근대의 구국 계몽 운동에 대한 설명으로 옳지 않은 것은?

① '시일야방성대곡'을 게재한 신문은 남궁억이 창간한 국한문 혼용체 일간지로 민족의식을 고취하였다.

② '경부 철도가'를 쓴 육당(六堂)은 '해에게서 소년에게'라는 신체시를 발표하여 근대시의 형식을 개척하였다.

③ 「독립신문」은 한글과 영문을 동시에 기록하였으며, 근대적인 지식의 보급과 국권·민권 사상을 고취하였다.

④ 20세기 초 김택영은 대동 학회를 결성한 후 유교를 통한 애국 계몽 운동을 전개하였다.

252 고난도

□□□

(가)와 (나)가 발표된 사이 시기에 볼 수 있었던 모습으로 옳은 것을 〈보기〉에서 고른 것은?

> (가) 교육은 국가를 보존하는 근본이다. 이제 짐은 정부에 명하여 전국에 학교를 세우고 인재를 길러 새로운 국민의 학식으로써 국가 발전을 이루고자 한다. 그대들 국민은 충군하고 애국하는 마음으로 덕(德)·체(體)·지(智)를 기를지어다.
> (나) 짐이 생각건데 쓸데없는 비용을 절약하여 이용후생에 응용함이 급무라. 현재 군대는 용병으로서 상하의 일치와 국가 안전을 지키는 방위에 부족한지라. 훗날 징병법을 발표하여 공고한 병력을 구비할 때까지 황실 시위에 필요한 자를 빼고 모두 일시에 해산하노라.

보기

> ㉠ 전환국에서 주조된 당오전이 유통되었다.
> ㉡ 서대문과 청량리 사이에 전차가 개통되었다.
> ㉢ 만국 우편 연합에 가입하여 외국과 우편물을 교환하였다.
> ㉣ 알렌에 의해 최초의 근대식 병원인 광혜원이 설립되었다.

① ㉠, ㉡

② ㉡, ㉢

③ ㉢, ㉣

④ ㉠, ㉣

선우빈
선우한국사
기적의
단원별
300제

PART
07

민족
독립운동기

01 국권 피탈 과정 및 일제의 단계별 식민 통치

대표 기출문제

국가직

(가) 시기에 있었던 사실로 옳은 것은? 2022. 국가직 9급

한국을 식민지로 삼은 일제는 헌병에게 경찰 업무를 부여한 헌병 경찰제를 시행했다. 헌병 경찰은 정식 재판 없이 한국인에게 벌금 등의 처벌을 가하거나 태형에 처할 수도 있었다. 한국인은 이처럼 강압적인 지배에 저항해 3·1 운동을 일으켰으며, 일제는 이를 계기로 지배 성책을 전환했다. 일세가 한국을 병합한 직후부터 3·1 운동이 벌어진 때까지를 (가) 시기라고 부른다.

① 토지 조사령이 공포되었다.
② 창씨개명 조치가 시행되었다.
③ 초등 교육 기관의 명칭이 국민학교로 변경되었다.
④ 전쟁 물자 동원을 내용으로 한 국가총동원법이 적용되었다.

출제경향 일제의 단계별 침략 형태와 이 시기의 민족의 저항을 물어보는 문제가 자주 출제된다.

정답찾기 (가)는 무단 통치(1910~1919)이다.
① 토지 조사령(1912)

선지분석 ② 창씨개명(1940), ③ 국민학교로 변경(1941), ④ 국가 총동원법(1938. 4. 발표, 5. 시행)

○ 정답 ①

지방직

밑줄 친 ㉠, ㉡에 대한 설명으로 옳은 것은? 2019. 지방직 9급

신고산이 우르르 함흥차 가는 소리에
㉠ 지원병 보낸 어머니 가슴만 쥐어뜯고요
… (중략) …
신고산이 우르르 함흥차 가는 소리에
㉡ 정신내 보낸 어머니 딸이 가엾어 울고요

① ㉠ - 학생들도 모집 대상이었다.
② ㉠ - 처음에는 징병제에 따라 동원되기 시작하였다.
③ ㉡ - 국민 징용령에 근거한 조직이었다.
④ ㉡ - 물자 공출 장려를 목표로 결성하였다.

출제경향 일제의 식민지 정책의 단계별 과정은 국가직·지방직에서 자주 출제되는 파트이다. 일제의 단계별 정치적·경제적 지배 내용을 지문으로 제시하고 그 내용을 파악하고 있는지 물어보는 문제가 가장 기본적인 출제유형이고, 더불어 이 시기 우리 민족의 저항을 물어보는 문제가 자주 출제된다.

정답찾기 ① 일제는 1943년 10월에 공포한 육군 특별 지원병 임시 채용 규칙에 의해 학도병이라는 명목으로 전문학교 재학생 이상의 한국인들을 전선에 투입하였다.

선지분석 ② 징병제(1943)는 일본 군부가 병력 부족 현상을 해소할 마지막 방법으로 실시하였다.
③④ 일제는 '여자 정신대 근무령(1944)'을 공포하고 수십만 명의 여성들을 군수 공장에서 일하게 했으며, 그중 많은 여성을 전쟁터로 보내 일본군 '위안부'가 되게 하였다.

○ 정답 ①

253

(가)~(다)에 대한 설명으로 옳은 것은?

> 일본은 러·일 전쟁을 일으키자 대한 제국은 국외 중립을 선언하였다. 그러나 일본은 개전하자마자 서울에 군대를 주둔시키고 (가) 의 체결을 강요하였다. 그 후 미국 루스벨트 대통령의 중재로 (나) 조약이 체결됨으로써 일본이 완전히 승리하게 되었고 곧 (다) 조약을 체결하였고 통감부를 설치하여 조선의 모든 내정을 간섭하였다.

① (가) - 조선에 대한 청의 종주권을 빼앗게 되었다.
② (나) - 체결 이후 일본은 랴오둥 반도와 타이완을 할양받았다.
③ (나) - 미국은 조·미 수호 통상 조약의 거중조정 내용에 입각하여 대한제국의 입장을 대변하였다.
④ (다) - 일본이 군사 전략상 필요한 곳을 제공받았다.

254

(가), (나) 조약의 영향을 받아 나타난 사실로 옳은 것만을 〈보기〉에서 고른 것은?

> (가) 제1조 대한제국 정부는 대일본 정부가 추천하는 일본인 1명을 재정 고문으로 하여, 대한 정부에 용빙하고, 재무에 관한 사항은 일체 그 의견을 물어 시행할 것
> (나) 제5조 한국 정부는 통감이 추천하는 일본인을 한국 관리로 임명할 것

보기
㉠ (가) - 메가타의 화폐 정리사업이 추진되었다.
㉡ (가) - 1차 영·일 동맹을 체결하였다.
㉢ (나) - 대한제국의 군대가 해산되었다.
㉣ (나) - 고종 황제가 강제 퇴위당하였다.

① ㉠, ㉢   ② ㉠, ㉣
③ ㉡, ㉢   ④ ㉡, ㉣

255

다음 (가), (나), (다)에 대한 설명으로 옳은 것은?

> (가) 소위 우리 정부의 대신이라는 자들이 출세와 부귀를 바라고 거짓 위협에 겁을 먹어 뒤로 물러나 벌벌 떨며 매국의 역적이 되기를 달게 받아들였다. 4천 년 강토와 5백 년 종사를 남에게 비치고 2친만 국민을 남의 노예로 만드니 ……
> (나) 아! 나라의 수치와 백성의 욕됨이 이에 이르렀으니 우리 인민은 장차 생존 경쟁에서 잔멸하리라. 다만 나는 한번 죽음으로써 임금의 은혜에 보답하고 이천만 동포 형제에게 사죄하노라. …… 일심협력하여 우리의 자유와 독립을 회복하면 죽은 몸도 저승에서 기뻐 웃으리라. 아! 실망하지 말라. 우리 대한 제국 이천만 동포 형제들에게 이별을 고하노라.
> (다) 오호라. 작년 10월에 저들이 한 행위는 만고에 일찍이 없던 일로서, 한 조각의 종이에 강제로 조인하게 하여 5백 년 전해 오던 종묘사직이 마침내 하룻밤 사이에 망했으니 ……

보기
㉠ (가)는 외교권 박탈에 저항하여 황성신문에 발표하였다.
㉡ (나)는 고종 황제의 강제 퇴위와 일제에 의한 군대 해산으로 인해 발표되었다.
㉢ (다)의 저자는 의병을 일으켰으나, 고종의 해산 권고 조칙으로 해산하였다.
㉣ (가)와 (나)는 제2차 한·일 협약에, (다)는 한·일 강제 병합 조약에 반발하여 발표되었다.

① ㉠
③ ㉠, ㉡, ㉢

② ㉠, ㉡
④ ㉠, ㉡, ㉢, ㉣

256

(가), (나) 법령이 시행되던 시기에 대한 설명으로 옳은 것은?

> (가) 제1조 3개월 이하의 징역 또는 구류에 처하여야 할 자는 그 정상에 따라 태형에 처할 수 있다.
>   제13조 본령은 조선인에 한하여 적용한다.
> (나) 제1조 심상소학교는 국민 도덕의 함양과 국민 생활의 필수적인 보통의 지능을 갖게 함으로써 충량한 황국 신민을 육성하는 데 있다.
>   제13조 심상소학교의 교과목은 수신, 국어(일어), 산술, 국사(일본사), 지리, 이과, 직업, 도화, 수공, 창가, 체조이다. 조선어는 수의 과목(선택 과목)으로 한다.

① (가) - 경성 제국 대학이 설립되었다.
② (가) - 회사령이 제정되어 한국인의 회사 설립이 어려워졌다.
③ (나) - 단천 산림조합 가입에 반대하여 농민들이 반대 운동을 하였다.
④ (나) - 동아일보와 조선일보의 발행이 허용되었다.

02 3·1 운동 이전의 독립운동, 3·1 운동

10개년 단원별 출제 빈도 분석		
국가직 9급	3회	1910년대 비밀 결사(2015), 3·1 운동(2014), 3·1 운동 이후 사건(2019)
지방직 9급	0회	
소방직	1회	3·1 운동(2020)
계리직	0회	
법원직	3회	3·1 운동(2013, 2022), 독립의군부(2014)

대표 기출문제

국가직

밑줄 친 ㉠, ㉡에 대한 설명으로 옳은 것은? 2015. 국가직 9급

> 일제의 가혹한 탄압으로 독립운동은 큰 제약을 받게 되었다. 그러나 그러한 제약 속에서도 비밀 결사의 형태로 독립운동 단체가 결성되었다. ㉠ 독립 의군부와 ㉡ 대한 광복회는 모두 이러한 비밀 결사 단체였다.

① ㉠은 공화국의 건설을 목표로 하였다.
② ㉡은 고종의 비밀 지령을 받아 조직되었다.
③ ㉠과 ㉡은 모두 1910년대 국내에서 결성된 단체이다.
④ ㉠은 박상진을 중심으로, ㉡은 임병찬을 중심으로 한 조직이었다.

지방직

밑줄 친 '시위'에 대한 설명으로 옳은 것은? 2015. 교육행정직 9급

> 토요일 오후 서울에서 수천 명의 한인들이 집회를 열고 가두를 따라 시위를 벌였다. … (중략) … 시위자들은 독립 선언서를 배포하였고 길 옆 행인들을 향해 연설했다. 지방 각 도·군의 백성들도 오늘 서울로 올라와 전 황제의 국장을 지켜보았다. 헌병들이 이미 몇백 명을 연행했다고 한다.
> 『중국신보』, 19○○년 ○월 ○일

① 광주에서 시작되어 전국으로 확산되었다.
② 조선 학생 과학 연구회를 중심으로 계획되었다.
③ 대한매일신보, 제국신문 등 언론의 지원을 받았다.
④ 도쿄에서 발표된 2·8 독립 선언에 자극을 받았다.

출제경향 1910년대 국내 독립운동을 물어보는 문제이다. 국내 비밀 결사 단체 중 독립 의군부, 대한 광복회, 조선 국권 회복단에 대하여 정확히 알아두도록 하자.

정답찾기 ③ 독립 의군부(1912~1914)와 대한 광복회(1915~1918)는 모두 1910년대에 국내에서 활동한 항일 비밀 결사 단체이다.

선지분석 ① ㉡ 대한 광복회가 공화국의 건설을 목표로 하였다. ㉠ 독립 의군부는 복벽주의를 지향하였다.
② ㉠ 독립 의군부가 고종의 비밀 지령을 받아 조직되었다.
④ ㉠ 독립 의군부는 임병찬을 중심으로, ㉡ 대한 광복회는 박상진을 중심으로 한 조직이었다.

⊙ 정답 ③

출제경향 민족 독립운동의 도화선이 된 3·1 운동은 그 중요도를 말할 필요도 없다. 3·1 운동의 전개 이후 독립운동의 방향(임시 정부와 무장 독립운동)까지 정확히 알아두도록 하자.

정답찾기 밑줄 친 '시위'는 3·1 운동(1919)이다.
④ 3·1 운동은 도쿄에서 발표된 2·8 독립 선언에 자극을 받았다.

선지분석 ① 광주 학생 항일 운동(1929)에 대한 내용이다.
② 6·10 만세 운동(1926)은 조선 학생 과학 연구회 등의 학생 조직과 사회주의 계열에 의해 각각 진행되었다.
③ 국채 보상 운동(1907)에 대한 내용이다.

⊙ 정답 ④

실전문제

257

밑줄 친 ㉠, ㉡에 대한 설명으로 옳지 않은 것은?

> 일제의 가혹한 탄압으로 독립운동은 큰 제약을 받게 되었다. 그러나 그러한 제약 속에서도 비밀 결사의 형태로 독립운동 단체가 결성되었다. ㉠ 독립 의군부와 ㉡ 대한 광복회는 모두 이러한 비밀 결사 단체였다.

① ㉠은 복벽주의(復辟主義)를 목표로 하였다.
② ㉡은 고종의 비밀 지령을 받아 조직되었다.
③ ㉠은 1차 세계대전 발발 전에 구성되었다.
④ ㉡은 공화주의 정부 수립을 목표로 하였다.

258

다음의 정치적 이념과 추구하는 방향이 같은 단체를 〈보기〉에서 고른 것은?

> 융희 황제가 삼보(三寶: 토지·인민·정치)를 포기한 8월 29일은 즉 우리 동지가 삼보를 계승한 8월 29일이니, 그동안에 한순간도 숨을 멈춘 적이 없음이라. 우리 동지는 완전한 상속자니 저 황제권 소멸의 때가 즉 민권 발생의 때요, 구한국 최후의 날은 즉 신한국 최초의 날이다. …… 따라서 경술년 융희 황제의 주권 포기는 곧 우리 국민 동지에 대한 묵시적 선위니, 우리 동지는 당연히 삼보를 계승하여 통치할 특권이 있고 대통을 상속할 의무가 있도다.

보기
㉠ 대한 독립 의군부	㉡ 대한 광복회
㉢ 조선 국권 회복단	㉣ 헌정 연구회
㉤ 신민회	

① ㉠, ㉡, ㉢
② ㉡, ㉢, ㉣
③ ㉡, ㉢, ㉤
④ ㉢, ㉣, ㉤

259

밑줄 친 ㉠, ㉡과 관련된 설명으로 옳지 않은 것은?

> 3·1 운동 이후 일제가 소위 문화 통치를 내걸고 기만 술책으로 우리 민족을 회유·동화하고 나서자 국내의 세력들은 ㉠ 일제와 타협하면서 실력을 양성하자는 부류와, ㉡ 일제에 대한 타협을 거부하면서 적극적인 항일 운동을 전개하는 부류로 크게 나누어졌다.

① ㉠ - 이광수가 동아일보에 『민족적 경륜』을 발표하였다.
② ㉡ - 조선 민흥회가 사회주의 세력과의 연대를 모색하였다.
③ ㉠ - 국내에 한성 정부를 조직하였다.
④ ㉡ - 경성 고무 공장 노동자들의 아사 동맹이 전개되었다.

260

(가), (나)에 들어갈 내용이 옳게 묶인 것은?

> 우리 민족은 일본의 기반에서 벗어나려고 혁명 운동을 일으켜 세계에 독립을 선포하였고 자결주의를 발표하였다. 무릇 혁명 사업의 초창기에는 임시 정부라는 최고 기관이 있어 국민의 지표가 되고 나라 간의 교섭을 담당하는 것이 세계 혁명사의 관례이다. 3월 1일 이후, 각 처의 독립단들은 모두 이러한 생각을 가졌다. …… 국외로 말할 것 같으면 (가) 은(는) 우리 교포가 가장 많이 거주하는 지역이었지만, 안전 지대가 되지 못하였다. …… 오직 (나) 이(가) 교통의 요지이며, 다른 지역보다 비교적 안전하였다. 결국 3월 하순 경에 우리 독립단의 많은 사람들이 (나) 에 몰려들었다.
>
> 박은식, 『한국독립운동지혈사』

	(가)	(나)		(가)	(나)
①	상하이	연해주	②	상하이	미국
③	연해주	미국	④	연해주	상하이

03 대한민국 임시 정부와 무장 독립운동

10개년 단원별 출제 빈도 분석

국가직 9급	10회	임시 정부(2020, 2022), 국민 대표 회의(2017, 2021), 1920년대 무장 항쟁(2016), 만주 무장 항일 운동(2013), 광복군(2014), 한국 독립당(2015), 의열단(2016), 한국 독립군(2019)
지방직 9급	11회	임시 정부(2021), 광복군(2013), 의열단(2014, 2017, 2018, 2019), 김원봉과 신채호(2022), 안중근(2022), 조소앙(2017), 한국 독립군(2018), 이회영(2020)
소방직	7회	1920년대 사건 순서(2018, 2021), 무장 독립 투쟁(2020), 이상설(2019), 의열단(2019), 대전자령 전투(2022), 조소앙(2022)
계리직	3회	조선 혁명당(2021), 독립운동 단체(2019), 의열단(2018)
법원직	11회	임시 정부(2015, 2019, 2021), 청산리 전투(2017), 이상설(2018), 의열단(2013), 1930년대 무장 독립 운동(2020, 2021), 한국 독립군(2019), 조선 혁명군(2018), 한국 광복군(2014)

대표 기출문제

국가직

(가)에 대한 설명으로 옳은 것은?   2022. 국가직 9급

> 3·1 운동 직후에 만들어진 [(가)] 은/는 연통제라는 비밀 행정 조직을 만들었으며, 국내 인사와의 연락과 이동을 위해 교통국을 두었다. 또 외교 선전물을 간행하여 일제 침략의 부당성을 널리 알리고자 하였다. 그러나 이러한 활동은 뚜렷한 성과를 내지 못하였다. 그러한 가운데 [(가)]의 활동 방향을 두고 외교 운동 노선과 무장투쟁 노선 사이에서 갈등이 빚어지기도 하였다.

① 외교 운동을 위해 미국에 구미 위원부를 설치하였다.
② 비밀결사 운동을 추진하고자 독립 의군부를 만들었다.
③ 이인영, 허위 등을 중심으로 서울 진공 작전을 추진하였다.
④ 영국인 베델을 발행인으로 한 「대한매일신보」를 창간하였다.

출제경향 임시 정부의 활동은 국가직·지방직에서 자주 출제되는 주제로, 상하이 시절과 충칭 시절의 임시 정부 활동을 정확히 파악해 두자.
정답찾기 (가)는 대한민국 임시 정부이다.
① 대한민국 임시 정부는 구미 위원부를 미국 워싱턴에 설치하고, 미국, 유럽 각국을 대상으로 한 외교 행정 업무를 주관하게 하였다.
선지분석 ② 임병찬, ③ 13도 창의군, ④ 양기탁 등에 대한 설명이다.
 ○ **정답** ①

지방직

다음 글은 (가)의 부탁을 받고 (나)가 지은 것이다. (가)와 (나)에 대한 설명으로 옳은 것은?   2022. 지방직 9급

> 우리는 '외교', '준비' 등의 미련한 꿈을 버리고 민중 직접 혁명의 수단을 취함을 선언하노라. 조선 민족의 생존을 유지하자며 강도 일본을 쫓아내야 하고, 강도 일본을 쫓아내려면 오직 혁명으로써만 가능하니, 혁명이 아니고는 강도 일본을 쫓아낼 방법이 없는 바이다.

① (가)는 조선 의용대를 결성하였고, (나)는 '국혼'을 강조하였다.
② (가)는 신흥 무관 학교를 세웠고, (나)는 형평사를 창립하였다.
③ (가)는 조선 건국 동맹을 조직하였고, (나)는 식민 사학의 한국사 정체성론을 반박하였다.
④ (가)는 황포 군관 학교에서 훈련받았고, (나)는 민족주의 역사 서술의 기본 틀을 제시하였다.

출제경향 일제 강점기 무장 독립운동의 중요도는 강조할 필요도 없다. 특히 의열단의 활동과 무장 독립 투쟁을 주도한 주요 인물의 활동에 대해서도 반드시 정리해 두자.
정답찾기 제시문은 김원봉의 부탁을 받고 신채호가 작성한 의열단 선언문인 '조선 혁명 선언'(1923)이다.
④ 김원봉을 비롯한 조선 의열단 단원들이 황포 군관 학교에 입학하여 군사 교육 및 간부 훈련을 받았다. 신채호는 대한매일신보에 「독사신론」(1908)을 발표하여 일제의 임나일본부설과 일선 동조론의 허구성을 비판하면서 민족주의 역사학의 기반을 마련하였다.
선지분석 ① 김원봉이 조선 의용대를 결성한 것은 옳은 설명이나, '국혼'을 강조한 것은 박은식이다.
② 신흥 무관 학교를 세운 것은 이시영·이회영을 중심으로 한 신민회이고, 조선 형평사는 백정 이학찬을 주축으로 창립되었다.
③ 조선 건국 동맹을 조직한 것은 여운형과 안재홍이고, 식민사학의 한국사 정체성론을 반박한 것은 백남운을 대표로 하는 사회 경제 사학자들이다.
 ○ **정답** ④

실전문제

261

□□□

대한민국 임시 정부에 대한 설명으로 옳지 않은 것은?

① 1919년 4월 한인 대표자 29명이 모여 임시 의정원을 구성하고 대한민국이라는 국호를 제정하였다.

② 임시 의정원에서 선출한 초대 대통령은 이승만, 국무총리는 이동녕이었다.

③ 사료 편찬소를 두어 박은식의 『한국독립운동지혈사』를 간행하였고 기관지로 「독립신문」을 발행하였다.

④ 만주의 이륭양행이나 부산의 백산 상회를 통해 군자금을 조달하였다.

262

□□□

밑줄 친 ㉠~㉣에 대한 설명으로 옳은 것을 <보기>에서 모두 고른 것은?

대한민국 임시 정부는 1921년을 고비로 ㉠ 위기 상태에 빠졌다. 임시 정부 내에서 ㉡ 독립운동의 노선을 둘러싼 갈등도 나타났다. 각계의 독립운동 지도자들은 이 국면을 타개하고자 ㉢ 국민 대표 회의를 열어 독립운동의 새로운 방향을 모색하였다. 하지만 임시 정부의 진로 문제를 놓고 회의는 결렬되었다. 이후 ㉣ 지도 체제가 개편되었지만 대한민국 임시 정부는 한동안 침체 상태에 빠졌다.

[보기]
ㄱ. ㉠ - 연통제 조직이 일제에 발각되었다.
ㄴ. ㉡ - 무장 투쟁론에 대한 외교론자들의 비판이 거세졌다.
ㄷ. ㉢ - 새로운 정부를 수립하기 위해 임시 의정원을 구성하였다.
ㄹ. ㉣ - 이승만을 해임하고 박은식을 2대 대통령으로 추대하였다.

① ㄱ, ㄴ
② ㄱ, ㄹ
③ ㄴ, ㄷ
④ ㄷ, ㄹ

263

□□□

(가)~(다)에 대한 설명으로 옳은 것은?

대한민국 임시 정부는 1940년에 _(가)_ 로 이동하고 본격적인 대일 항전 체제를 갖추고 국제적으로 한국 독립의 기운이 조성되도록 노력을 하였다. 그 결과 제5차 개헌을 하여 주석·부주석의 지도 체제가 채택되고, _(나)_ 을/를 주석에, _(다)_ 을/를 부주석에 선출하였다.

① (가) - 이곳에서 한인애국단을 조직하였다.

② (나) - 임시정부의 초대 경무국장을 역임하였다.

③ (나) - 하와이에 대조선 국민군단을 창설하였다.

④ (나), (다) - 해방 이후 5·10 총선거에 참여하였다.

264 [고난도]

□□□

다음 선언문을 작성한 인물의 활동에 대하여 바르게 설명한 것은?

우리의 털끝만한 권리도 이민족에게 양보할 수 없고 우리 강토의 한 치 땅도 이민족이 점령할 수 없으며 한 사람의 한국인도 이민족의 간섭을 받을 의무가 없다. 우리 국토는 완전한 한국인의 한국 땅이다. 궐기하라 독립군아. 독립군은 일제히 천지(세계)를 바르게 하라. 한번 죽음은 면할 수 없는 인간의 숙명이니 남의 노예가 되어 짐승 같은 일생을 누가 바라랴. 살신성인하면 2천만 동포가 다 부활하는 것이다. 육탄혈전으로 독립을 완성하라.

① 광복 직후 친일파를 배제한 좌우 정치 세력의 민족 연합 전선을 추구하였다.

② 대한민국 임시 정부에서 활동하였고, 광복 후 단독 정부 수립에 반대하여 남북 협상에 참가하였다.

③ 한인 애국단을 조직하였고, 광복 후 귀국하여 신탁 통치 반대에 앞장섰다.

④ 조선 민족 혁명당을 조직하였고 정치·경제·문화의 삼균주의를 주장하였다.

265

□□□

(가), (나) 사이에 전개된 무장 항일 운동에 대한 설명으로 옳은 것은?

> (가) 용정촌에서 40리가량 떨어져 있는 한 마을을 왜군이 야간에 습격하여 청년을 모조리 죽였으니 밤마다 죽는 사람이 2, 3명씩 되었다. …… 사흘 전 새벽에 무장한 일개 대대가 이 기독교 마을을 포위하고 남자라면 늙은이, 어린이를 막론하고 끌어내어 때려죽이고 ……
> (나) 지청천이 인솔하는 한국 독립군이 중국 호로군과 한·중 연합군을 편성하여 쌍성보 전투, 사도하자 전투, 동경성 전투에서 형식상의 일본·만주 연합 부대를 크게 격파하였다.

① 소련 영토에서 되돌아온 독립군을 중심으로 신민부가 조직되었다.
② 각지의 무장 세력을 임시 정부 산하의 한국 광복군으로 통합하였다.
③ 일본군 월강 추격대를 홍범도의 대한 독립군 등이 격퇴하였다.
④ 동북 항일 연군의 독립운동가들이 조국 광복회를 결성하였다.

266

□□□

(가) 단체에 대한 설명으로 옳은 것은?

> 김창숙은 동년 음력 3월 중순에 상하이에 도착하여 본래부터 친분이 있는 (가)의 간부 김원봉, 유우근, 한봉근 등을 만나 여러 가지로 의논하였다. …… (가)의 단원인 나석주를 조선에 잠입시켜 동양 척식 주식회사, 조선 식산 은행 등에 폭탄을 던지고 권총을 난사하여 인명을 살상케 하였다는 것인데, 김창숙은 나석주가 조선에 건너가서 암살할 자로 영남의 부호 장모, 하모, 권모 등을 지적한 일까지 있었다고 한다.

① 태평양 전쟁 발발 이후에 조직되었다.
② 고종의 밀지를 받아 결성된 비밀 단체였다.
③ 일제가 조작한 105인 사건으로 큰 타격을 입었다.
④ 단원 일부가 황포 군관 학교에 입학해 군사 훈련을 받았다.

267

□□□

다음 선언이 발표된 결과 나타난 독립운동의 변화에 대한 설명으로 옳은 것은?

> 우리는 한국 국민당, 조선 혁명당, 한국 독립당 등 3당의 과거 조직을 공동으로 해산하고 통일적인 신당을 창립하며 창립의 의의를 국내외에 알린다. …… 신당은 보다 큰 권위, 보다 많은 인원, 보다 광대한 성세, 보다 고급적 지위를 가지고 우리 독립운동을 보다 유력하게 추진케 할 것을 확실히 믿고 바라며 3당 자신은 이에 해소됨을 선언한다.

① 일제와 만주 군벌의 탄압 속에서도 조직의 재건에 착수하여 참의부, 정의부, 신민부를 조직하였다.
② 중국 관내에서 좌우 합작으로 민족 혁명당이 결성되었다.
③ 중국의 화북 전선에서 일본군에 대항하여 팔로군과 연합 작전을 전개하였다.
④ 삼균주의에 입각한 건국 강령을 발표하고, 김원봉이 이끄는 조선 의용대의 일부를 통합하여 군사력을 증강하였다.

268

□□□

(가), (나)와 관련된 군사 조직에 대한 설명으로 옳지 않은 것은?

> (가) 본 당의 군대 조직에 관하여 …… 최대 임무는 조선에 있는 일본 제국주의를 격멸하는 데 있는 것을 확인하고 …… 별동대 조선 모대(某隊)라는 명칭을 조선 민족 혁명당군의 명칭으로 개정할 것   제3차 전당 대회 결정서
> (나) 시국이 점점 절박하여 중·일의 전운이 날로 짙어지는 것을 관찰한 본 정부는 …… 병력을 모집, 훈련하여 기본 대오를 삼고 하급 장교 속성소를 설치하고, 남·북만주의 의용군 및 교포와의 긴밀한 조직을 완성하여 활동을 도모함.   임시 의정원 30회 의회록

① (가) - 중국군의 지원을 받아 정보 수집, 포로 심문 등의 임무를 수행하였다.
② (가) - 영릉가 전투와 흥경성 전투에서 일본군을 격파하였다.
③ (나) - 태평양 전쟁 이후에 대일·대독 선전 포고문을 발표하였다.
④ (나) - O.S.S.와 연합한 국내 진입 작전을 계획하였으나, 실현하지 못하였다.

10개년 단원별 출제 빈도 분석

국가직 9급	3회	1921~1936년 농업(2013), 토지 조사 사업(2016, 2021)
지방직 9급	4회	산미 증식 계획(2015), 물산 장려 운동과 민립 대학 설립 운동(2013), 물산 장려 운동(2018, 2022)
소방직	1회	토지 조사 사업(2021)
계리직	0회	
법원직	3회	토지 조사 사업(2019), 물산 장려 운동(2013, 2014)

대표 기출문제

국가직

□□□

다음 법령에 대한 설명으로 옳은 것은?   2016. 국가직 9급

> 제17관 임시 토지 조사국은 토지 대장 및 지도를 작성하고,
> 토지의 조사 및 측량한 것을 사정하여 확정한 사항 또
> 는 재결을 거친 사항을 이에 등록한다.

① 토지와 임야를 함께 조사하도록 하였다.
② 토지 등급은 물론 지적, 결수, 지목 등을 신고하도록 하였다.
③ 지역별 지가와 그것의 1.3%를 지세로 하는 과세 표준을 명시하였다.
④ 본 법령에 따라 토지 소유를 증명하는 토지가옥증명규칙과 시행 세칙이 공포되었다.

지방직

□□□

다음과 관련된 운동에 대한 설명으로 옳은 것은?

2022. 지방직 9급

① 가뭄과 홍수로 인해 중단되었다.
② 조선 총독부의 「회사령」에 맞서기 위해 전개되었다.
③ 일부 사회주의자는 자본가 계급을 위한 운동이라고 비판하였다.
④ 조선에 사는 일본인이 일본 자본에 대항하기 위해 일으켰다.

출제경향 일제의 경제적 침략 중 토지 조사 사업은 국가직·지방직에서 자주 출제되는 주제이다. 일제의 시기별 경제 침략 과정과 토지 조사 사업·산미 증식 계획 및 1930년대 물적 수탈 내용을 정확히 파악해 두자.

정답찾기 제시문은 일제가 토지 조사 사업(1910~1918)을 위해 공포한 토지 조사령(1912)이다.
② 토지 조사 사업 당시 토지 소유자는 조선 총독이 정하는 기간 내에 주소, 씨명, 명칭 및 소유지의 소재, 지목, 자번호(字番號), 사표(四標), 등급, 지적, 결수(結數)를 임시 토지 조사국장에게 신고해야 했다.

선지분석 ① 토지 조사 사업은 토지만 조사하였다.
③ 지세령 개정(1918)의 내용이다.
④ 토지가옥증명규칙은 1906년 대한 제국에서 일본인의 토지 소유를 규정하기 위해 제정하였다.

○ 정답 ②

출제경향 일제의 경제 수탈에 대한 민족 저항 운동 중 하나인 물산 장려 운동을 물어보는 문제가 주로 출제되었다.

정답찾기 제시된 자료는 물산 장려 운동(1922)에 대한 내용이다.
③ 물산 장려 운동은 자본가들의 이익을 대변한다 하여 사회주의자들로부터 비판을 받았다.

선지분석 ① 물산 장려 운동은 1923년에 절정을 맞이하였으나, 일제의 분열 공작과 탄압으로 흐지부지되었다.
② 회사령은 1910년에 제정(허가제)되었으나 1920년에 신고제로 바뀌면서 사실상 폐지되었다. 물산 장려 운동은 일본 상품에 대한 관세 철폐 움직임에 대항하여 전개되었다.
④ 물산 장려 운동은 1922년 조만식 등이 중심이 되어 서북 지방의 사회계·종교계·교육계 인사를 규합하여 조선 물산 장려회를 발족시켰고, 1923년 1월에는 조선 물산 장려회가 서울에서 창립되면서 전국적인 운동으로 발전하였다.

○ 정답 ③

PART
07

실전문제

269
□□□

다음은 일제가 우리나라에서 실시했던 경제 정책을 나열한 것이다. 이에 대한 설명으로 옳은 것을 〈보기〉에서 고르면?

> (가) 토지 조사령을 발표하여 전국적인 토지 조사 사업을 벌였다.
> (나) 회사령을 제정하여, 기업의 설립을 총독의 허가제로 하였다.
> (다) 발전소를 건립하고, 군수 산업 중심의 중화학 공업을 일으켰다.

보기
> ㉠ (가)의 결과로 우리 농민이 종래 보유하고 있던 경작권이 근대적 소유권으로 전환되었다.
> ㉡ (나)는 우리의 민족 자본을 억압하기 위해 실시되었다.
> ㉢ (가), (나)의 정책이 추진되었던 시기에 일제는 내선일체를 강조하였다.
> ㉣ (다)의 시설은 북동부 해안 지방에 편중되어 남북 간의 공업 발달에 심각한 불균형을 초래하였다.

① ㉠, ㉡   ② ㉡, ㉢
③ ㉢, ㉣   ④ ㉡, ㉣

270
□□□

다음 법령의 시행 결과에 대한 설명으로 옳지 않은 것은?

> 제4관 토지 소유자는 조선 총독이 정하는 기간 내에 주소, 씨명, 명칭 및 소유지의 소재, 지목, 자번호(字番號), 사표(四標), 등급, 지적, 결수(結數)를 임시 토지 조사국장에게 신고해야 한다. 단, 국유지는 보관 관청이 임시 토지 조사국장에게 통지해야 한다.
> 제17관 임시 토지 조사국은 토지 대장 및 지도를 작성하고, 토지의 조사 및 측량한 것을 사정하여 확정한 사항 또는 재결을 거친 사항을 이에 등록한다.

① 소작인들이 경작지에 대해 가지고 있던 부분 소유권이 부정되었다.
② 명의상의 주인을 내세우기 어려운 동중·문중 토지의 상당 부분이 국유지에 편입되었다.
③ 조선 총독부는 전 농토의 40%를 탈취하였다.
④ 조선인 지주 대부분이 소유권 취득에 실패하였다.

271
□□□

다음은 일제 강점기에 우리 민족이 전개한 운동이다. (가), (나)에 대한 설명으로 옳은 것은?

> (가) 노동자 수의 증가, 값싼 임금, 열악한 노동 조건이 원인이 되어 노동자들이 일으킨 운동이다.
> (나) 일제의 식민지 수탈 정책으로 인한 농촌 경제의 파탄, 고율 소작료, 불안정한 소작권을 배경으로 농민들이 일으킨 운동이다.

보기
> ㉠ (가)에 참여한 계층이 물산 장려 운동을 주도하였다.
> ㉡ (나)는 일제의 산미 증식 계획의 결과 쌀 생산이 증가하자 주춤하였다.
> ㉢ 1910년대 전반기에는 공업이 아직 발달하지 못하여, (가)는 빈번하지 않았다.
> ㉣ (가)와 (나)는 1920년대 초에 유입된 사회주의 사상으로 더욱 활기를 띠었다.
> ㉤ 1930년대 후반 이후 일제의 수탈이 심화되자 (가)와 (나)는 더욱 활발하게 전개되었다.

① ㉠, ㉡   ② ㉠, ㉤
③ ㉡, ㉢   ④ ㉢, ㉣

272
□□□

(가), (나)의 민족 운동에 대한 설명으로 옳지 않은 것은?

> (가) 정치와 외교도 교육을 기다려서 비로소 그 효능을 다할 것이요, 산업도 교육을 기다려서 비로소 그 작흥(作興)을 기할 것이니, 교육은 우리들의 진로를 개척함에 있어서 유일한 방편이요, 수단임이 명료하다. 그런데 교육에도 단계와 종류가 있어서 …… 사회 최고의 비판을 구하며, 유위유능(有爲有能)의 인물을 양성하려면 최고 학부의 존재가 가장 필요하도다.
> (나) 의복은 우선 남자는 두루마기, 여자는 치마를 음력 계해 정월 1월부터 조선인 산품 또는 가공품을 염색하여 착용할 것이며, 일용품은 조선인 제품으로 대응이 가능한 것은 이를 사용할 것

① (가) - 전국적인 모금 운동을 실시하였다.
② (가) - 「동아일보」에 의해 1931년부터 추진되었다.
③ (나) - 사회주의자들로부터 비판을 받았다.
④ (나) - 회사령 폐지와 관세령 폐지 움직임에 저항하여 추진되었다.

10개년 단원별 출제 빈도 분석		
국가직 9급	2회	신민회 관련 단체(2013), 하와이 민족 운동(2017)
지방직 9급	3회	신간회(2017, 2021), 근우회(2020)
소방직	1회	신간회(2021)
계리직	2회	신간회(2018), 형평 운동(2014)
법원직	4회	신간회(2016), 광주 학생 항일 운동(2017, 2021), 형평 운동(2022)

대표 기출문제

국가직

다음 선언으로 결성된 단체에 대한 설명으로 옳은 것은?

2017. 하반기 국가직 9급

> 민족주의적 세력에 대하여는 그 부르주아 민주주의적 성질을 분명히 인식함과 동시에 과정상의 동맹자적 성질도 충분히 승인하여, 그것이 타락하지 않는 한 적극적으로 제휴하여 대중의 이익을 위해서도 종래의 소극적인 태도를 버리고 싸워야 할 것이다.

① 조선인 본위의 교육 제도 실시를 주장하였고, 원산 노동자 총파업을 지원하였다.
② 민중의 직접 폭력 혁명으로 강도 일본을 무너뜨리는 목표를 설정하였다.
③ 언론을 통한 국민 계몽과 문맹 퇴치 운동, 민립 대학 설립 운동 등을 추진하였다.
④ 민족 자본의 육성을 위해 자급자족, 토산품 애용 등을 주장하며 물산 장려 운동을 벌였다.

지방직

밑줄 친 '이 단체'에 대한 설명으로 옳은 것은? 2021. 지방직 9급

> 1920년대 국내에서는 일본과 타협해 실익을 찾자는 자치 운동이 대두하였다. 비타협적인 민족주의자들은 이를 경계하면서 사회주의 세력과 연대하고자 하였다. 사회주의 세력도 정우회 선언을 발표해 비타협적 민족주의 세력과 제휴를 주장하였다. 그 결과 비타협적 민족주의 세력과 사회주의 세력은 1927년 2월에 이 단체를 창립하고 이상재를 회장으로 추대하였다.

① 조선 물산 장려회를 조직해 물산 장려 운동을 펼쳤다.
② 고등 교육 기관을 설립하기 위해 민립 대학 설립 운동을 시작하였다.
③ 문맹 퇴치와 미신 타파를 목적으로 브나로드 운동을 전개하였다.
④ 광주 학생 항일 운동의 진상을 조사하고 이를 알리는 대회를 개최하고자 하였다.

출제경향 신간회는 국가직·지방직에서 자주 출제되는 주제이다. 신간회의 결성 배경과 활동 및 신간회의 여성 자매 단체인 근우회에 대하여 알아두자.

정답찾기 제시문은 정우회 선언(1926) 중 일부로, 정우회 선언을 계기로 1927년에 신간회가 결성되었다.
① 신간회는 조선인 본위의 교육 실시, 착취 기관 철폐 등을 주장하였고, 원산 노동자 총파업(1929)의 지원, 갑산 화전민 학살 사건(1929)에 대한 진상 규명 운동 등을 전개하였다.

선지분석 ② 의열단(1919), ③ 조선 교육회(1920), ④ 조선 물산 장려회(1920)의 활동이다.

○ 정답 ①

출제경향 신간회는 국가직과 마찬가지로 지방직에서도 자주 출제되는 주제이다. 신간회의 활동 및 그동안 출제된 신간회 관련 주요 사료에 대해서도 꼭 한번 정리해 두도록 하자.

정답찾기 밑줄 친 '이 단체'는 신간회(1927)이다.
④ 광주 학생 항일 운동이 발발하자 신간회 광주 지회는 조사단을 파견하고 대규모 민중 대회를 열어 대대적인 반일 시위 운동을 전개하려고 하였으나 실패하였다.

선지분석 ① 1922년 평양에서 조만식을 중심으로 조선 물산 장려회가 발족되었다.
② 민립 대학 설립 기성회, ③ 동아일보에 대한 설명이다.

○ 정답 ④

PART
07

실전문제

273

□□□

다음 강령과 관련 있는 단체의 활동으로 옳은 것은?

> • 우리는 정치 경제적 각성을 촉진함.
> • 우리는 단결을 공고히 함.
> • 우리는 기회주의를 일체 부인함.

① 고등 교육 기관으로서 대학을 설립하려는 운동을 펼쳤다.

② 광주 학생 의거의 진상을 보고하기 위한 민중 대회를 열 것을 계획하였다.

③ 군대식 조직을 갖추고자 각 도는 물론이고 해외까지 지부를 설치하고자 하였다.

④ 모든 민족주의 세력과 사회주의 세력의 통합을 위한 민족 협동 전선이었다.

275

□□□

다음 사건에 대한 설명으로 옳은 것은?

> ㉠ 3 · 1 운동
> ㉡ 6 · 10 만세 운동
> ㉢ 광주 학생 항일 운동
> ㉣ 암태도 소작 쟁의

① ㉠ – 도쿄에서 발표된 2 · 8 독립 선언에 자극을 받았다.

② ㉡ – 신간회에서 진상 조사단을 파견하였다.

③ ㉢ – 조선 학생 과학 연구회를 중심으로 계획되었다.

④ ㉣ – 1930년대에 발생한 대표적인 소작 쟁의이다.

274

□□□

다음 강령을 채택한 단체에 대한 설명으로 옳지 않은 것은?

> • 조선 농민의 교양에 적극적으로 노력한다.
> • 조선 농민의 경작권을 확보하고 일본인 이민을 방지한다.
> • 조선인 본위의 교육을 확보한다.
> • 언론, 출판, 결사의 자유를 확보한다.

① 이 단체의 본부가 자치론자들과 제휴를 주장하는 등 우경화 경향을 보이자 해소론이 제기되었다.

② 일제와의 비타협을 원칙으로 민족의 반일 역량이 총결집한 항일 단체였다.

③ 원산 노동자 총파업, 단천 농민 조합 사건 등을 지원하였다.

④ 이 단체의 본부는 주로 사회주의자들로 구성되었다.

276

□□□

다음 선언과 관련된 단체에 대한 설명으로 옳은 것은?

> 공평은 사회의 근본이고 애정은 인류의 본령이다. 그런고로 우리들은 계급을 타파하고 모욕적 칭호를 폐지하여 교육을 장려하며 우리들도 참다운 인간이 되는 것을 기하고자 한다.

① 민족 해방 운동의 성격까지 내포하게 되었다.

② 조선 공산당을 중심으로 사회주의 운동을 전개하였다.

③ 5월 1일을 어린이날로 제정하고, 잡지 『어린이』를 발간하였다.

④ 일제와의 비타협을 원칙으로 민족의 반일 역량이 총결집한 항일 단체였다.

10개년 단원별 출제 빈도 분석

국가직 9급	4회	박은식(2019), 손진태(2017), 일제 강점기 생활(2018), 동아일보(2020)
지방직 9급	3회	박은식(2014, 2020), 신채호(2017)
소방직	4회	박은식(2018, 2020), 신채호(2021), 백남운과 신채호(2019)
계리직	2회	박은식(2016), 신채호(2019)
법원직	2회	신채호(2019), 백남운(2021)

대표 기출문제

국가직

☐☐☐

(가), (나) 사론에 대한 설명으로 옳지 않은 것은?

2011. 국가직 7급

> (가) 역사란 무엇이뇨. 인류 사회의 아(我)와 비아(非我)의 투쟁이 시간에서 발전하여 공간까지 확대하는 심적 활동의 기록이니, 세계사라 하면 세계 인류의 그리되어 온 상태의 기록이며, 조선사라 하면 조선 민족이 그리되어 온 상태의 기록이니라.
>
> (나) 한국사는 역사적 발전 단계를 거치지 못하여 근대로의 이행에 필수적인 봉건 사회를 거치지 못하고 전근대 단계에 머물러 있어 사회 경제적으로 낙후한 상태다.

① (가)와 같은 입장에서 쓰인 대표적인 사서로 박은식의 『한국독립운동지혈사』가 있다.

② (가)의 저자는 묘청의 난을 '조선 역사상 일천년래 제일대사건'이라고 칭하였다.

③ (나) 사론의 주장자들은 식민주의 사관의 정체성 이론을 반박하였다.

④ (나)의 사관에 입각해서 조선사 편수회의 『조선사』가 집필되었다.

지방직

☐☐☐

(가), (나)를 주장한 인물에 대한 설명으로 옳은 것은?

2012. 지방직 9급

> (가) 내정 독립이나 참정권이나 자치를 운운하는 자 누구이냐? 너희들이 '동양 평화', '한국 독립 보전' 등을 담보한 맹약이 먹도 마르지 아니하여 삼천리강토를 집어먹힌 역사를 잊었느냐? …… 민중은 우리 혁명의 대본영이다. 폭력은 우리 혁명의 유일한 무기이다.
>
> (나) 나라는 없어질 수 있으나 역사는 없어질 수 없으니 그것은 나라는 형체이고 역사는 정신이기 때문이다. …… 정신이 보존되어 없어지지 않으면 형체는 부활할 때가 있을 것이다.

① (가) - 대한민국 임시 정부에서 처음으로 대통령을 역임하였다.

② (가) - 「독사신론」을 연재하여 민족주의 사학의 발판을 마련하였다.

③ (나) - 조선 불교 유신론을 통해 새로운 사회의 방향을 추구하였다.

④ (나) - 낭가사상을 강조하여 민족 독립의 정신적 기반을 만들려고 하였다.

PART
07

277

□□□

다음과 같은 일제의 정책을 뒷받침하는 논리로 볼 수 없는 것은?

> 우리 민족이 정체성을 확인하고 자긍심을 갖는 것은 일제의 식민
> 지 지배에 커다란 장애가 되었다. 이에 일제는 우리 민족이 역사에
> 서 긍지를 갖는 것을 차단하고, 나아가 식민지 지배에 대한 당위성
> 을 우리 역사에서 이끌어 내고자 하였다.

① 조선의 역사는 시작부터 기자, 위만, 한 군현 등 중국 세력
  의 지배를 받았다.

② 삼국 시대에는 일본 세력이 임나일본부를 설치하여 한반도
  남부를 지배하였다.

③ 조선이 사회·경제적으로 낙후된 것은 봉건 사회가 너무 오
  래전에 형성되었기 때문이다.

④ 조선에서는 왕조의 교체가 되풀이되었으나, 사회·경제 구
  조에는 아무런 내적 발전이 없었다.

278

□□□

**일제 강점기 우리나라 역사학자들의 역사 연구 활동에 대한
설명으로 옳지 않은 것은?**

① 정인보는 우리나라 역사를 통사 형식으로 쓴 『조선사연구초』
  를 편찬하였다.

② 백남운 등의 사회 경제 사학자들은 민족주의 사학자들의 정
  신 사관을 비판하기도 하였다.

③ 신채호는 『조선상고문화사』를 저술하여 대종교와 연결되는
  전통적 민간 신앙에 관심을 보였다.

④ 『조선민족사개론』을 발표한 손진태는 진단학회의 발기인으
  로 활동하였다.

279

□□□

(가), (나)를 주장한 인물에 대한 설명으로 옳은 것은?

> (가) 역사란 무엇이뇨. 인류 사회의 아(我)와 비아(非我)의 투쟁이
> 시간에서 발전하여 공간까지 확대하는 심적 활동의 기록이니,
> 세계사라 하면 세계 인류의 그리되어 온 상태의 기록이며, 조
> 선사라 하면 조선 민족이 그리되어 온 상태의 기록이니라.
>
> (나) 나라는 없어질 수 있으나 역사는 없어질 수 없으니 그것은 나
> 라는 형체이고 역사는 정신이기 때문이다. …… 정신이 보존
> 되어 없어지지 않으면 형체는 부활할 때가 있을 것이다.

① (가) – 우리의 민족정신을 '혼'으로 파악하고, '혼'이 담겨
  있는 민족사의 중요성을 강조하였다.

② (가) – 묘청의 난을 '조선 역사상 일천년래 제일대사건'이
  라고 평가하였다.

③ (나) – 조선 불교 유신론을 통해 새로운 사회의 방향을 추
  구하였다.

④ (나) – 양기탁의 추천으로 제국신문의 주필을 지냈다.

280

고난도

□□□

다음 글을 쓴 인물에 대한 설명으로 옳지 않은 것은?

> (가) 이른바 3대 문제는 무엇인가. 첫째는 유교계의 정신이 오로지
> 제왕 측에 있고, 인민 사회에 보급할 정신이 부족함이오, 둘째
> 는 여러 나라를 돌아다니면서 천하를 변혁하려 하는 정신을
> 강구하지 않고, 내가 동몽(童蒙)을 찾는 것이 아니라 동몽이
> 나를 찾는다는 생각을 간직함이오, 셋째는 우리 대한의 유가
> 에서 쉽고 정확한 법문을 구하지 아니하고 질질 끌고 되어 가
> 는 대로 내버려 두는 공부만을 숭상함이다.
>
> (나) 조선 민족의 발전사는 그 과정이 아시아적이라고 하더라도
> 사회 구성의 내면적 발전 법칙 그 자체는 오로지 세계사적인
> 것이며, 삼국 시대의 노예제 사회, 통일 신라기 이래의 동양
> 적 봉건 사회, 이식 자본주의 사회는 오늘날에 이르기까지 조
> 선 역사의 단계를 나타내는 보편사적인 특징이다.

① (가)의 저자는 민족정신으로서 국혼을 강조하였다.

② (가)의 저자는 대한민국 임시 정부의 대통령을 역임하였다.

③ (나) 사론의 주장자들은 식민주의 사관의 정체성 이론을 반
  박하였다.

④ (나)의 사관에 입각해서 『조선사』가 집필되었다.

MEMO

선우빈
선우한국사
기적의
단원별
300제

PART

08

현대 사회

01 광복 전후 정세와 대한민국 정부의 수립, 6·25 전쟁

10개년 단원별 출제 빈도 분석

국가직 9급	10회	모스크바 3국 외상 회의(2016), 광복 직후 정당(2014), 광복 전후 사건(2015), 사건 순서(2013, 2019), 제헌 국회(2022), 6·25 전쟁(2015, 2016), 이승만과 김구(2018), 김구(2022)
지방직 9급	7회	카이로 선언(2017), 미·소 공동 위원회(2021), 김구(2014, 2018), 사건 순서(2015, 2020), 반민족 행위 처벌법(2022)
소방직	4회	사건 순서(2020), 좌우 합작 운동(2019), 조선 건국 준비 위원회(2018), 6·25 전쟁(2020)
계리직	2회	6·25 전쟁(2016, 2022)
법원직	5회	사건 순서(2015), 조선 건국 준비 위원회(2021), 좌우 합작 위원회(2019), 김구(2022), 이승만과 김구(2015)

대표 기출문제

국가직

□□□

(가), (나) 사건 사이에 있었던 사실로 옳은 것은?

2020. 국가직 7급

> (가) UN 한국 위원단이 총선거 감시와 협의를 할 수 있었던 그 지역에서 효과적으로 통제 및 사법권을 보유한 합법 정부가 수립되었으며, … (중략) … 한국 위원단은 지난번 한국 인민의 자유로 표현된 의사에 기초하여 장차의 대의정부 발전에 유용한 감시와 협의를 수행할 것이다.
> (나) 안전 보장 이사회는 … (중략) … 북한군의 대한민국에 대한 무력공격이 평화 파괴를 조성한다고 단정하였다. 이 지역에서 그 무력공격을 격퇴하고 국제적 평화와 안전을 회복시키기 위하여 필요한 원조를 대한민국에 제공하도록 국제 연합 제 회원국에게 권고하였다.

① 제헌 헌법이 공포되었다.
② 남조선 과도 입법 의원이 구성되었다.
③ 귀속 재산 처리를 위한 「귀속 재산 처리법」이 제정되었다.
④ 일본인 토지의 분배를 위해 중앙 토지 행정처가 발족되었다.

지방직

□□□

다음의 사건을 시기순으로 바르게 나열한 것은?

2020. 지방직 9급

> (가) 제헌 국회가 구성되어 헌법을 제정하였다.
> (나) 여운형과 김규식은 좌우 합작 위원회를 조직하였다.
> (다) 조선 건국 동맹을 기반으로 조선 건국 준비 위원회가 조직되었다.
> (라) 민주주의 임시 정부 수립을 논의하기 위해 제1차 미·소 공동 위원회가 열렸다.

① (가) – (다) – (나) – (라)
② (나) – (다) – (라) – (가)
③ (다) – (라) – (나) – (가)
④ (라) – (나) – (가) – (다)

출제경향 해방 이후 정부 수립 과정을 물어보는 문제는 자주 출제되는 주제이다. 1945년 8월 15일에서 1948년 8월 15일까지의 주요 사건을 정확히 파악해 두어야 한다.
정답찾기 (가) 제3차 유엔 총회 결의문(1948. 12.), (나) 유엔 긴급 안전 보장 이사회(1950. 6. 26.)
③ 귀속 재산 처리법 제정(1949. 12.)
선지분석 ① 제헌 헌법 공포(1948. 7.), ② 남조선 과도 입법 의원 구성(1946. 12.), ④ 중앙 토지 행정처 발족(1948. 3.)

○ 정답 ③

출제경향 지방직 역시 해방 이후 정부 수립 과정을 물어보는 문제가 자주 출제된다. 더불어 여운형, 김규식, 김구, 조소앙 등 주요 인물의 활동에 대해서도 꼭 파악해 두어야 한다.
정답찾기 (다) 조선 건국 준비 위원회 조직(1945. 8.) ⇨ (라) 1차 미·소 공동 위원회(1946. 3.) ⇨ (나) 좌우 합작 위원회 조직(1946. 7.) ⇨ (가) 제헌 헌법 제정(1948. 7.)

○ 정답 ③

실전문제

281

□□□

(가), (나)는 우리 민족의 문제를 논의한 국제회의의 결정사항이다. 이에 대한 설명으로 옳은 것을 〈보기〉에서 고른 것은?

(가) 일본국으로부터 1914년 제1차 세계 대전 이후 일본이 탈취 또는 점령한 태평양의 도서 일체를 박탈할 것과 …… 앞의 3대국은 조선 인민의 노예 상태에 유의하여 적당한 시기에 한국을 자주 독립하게 할 것을 결의한다.

(나) 공동 위원회의 역할은 한국인의 정치적·경제적·사회적 진보와 민주주의 발전 및 조선 독립 국가 수립을 도와줄 방안을 만드는 것이다. …… 공동 위원회는 미·영·소·중 4국 정부가 최고 5년 기간의 4개국 통치 협약을 작성하는 데 공동으로 참작할 수 있는 제안을 한국 임시정부와 협의하여 제출해야 한다.

〔보기〕
㉠ (가) - 미국, 영국, 소련의 대표들이 참석하였다.
㉡ (가) - 한국의 독립을 약속한 최초의 회담이다.
㉢ (나) - 신탁 통치를 둘러싸고 좌우 대립이 격화되었다.
㉣ (나) - 유엔 감시하의 남북한 총선거 실시를 결정하였다.

① ㉠, ㉡　　　　　② ㉠, ㉢
③ ㉡, ㉢　　　　　④ ㉡, ㉣

282

□□□

다음 단체에 대한 설명으로 옳은 것은?

본 준비 위원회는 우리 민족을 진정한 민주주의적 정권으로 재조직하기 위한 새 국가 건설의 준비 기관인 동시에 모든 진보적 민주주의 세력을 집결하기 위하여 각계각층에 완전히 개방된 통일 기관이요, 결코 혼잡한 협동 기관은 아니다.
1. 우리는 완전한 독립 국가의 건설을 기함.
2. 우리는 전 민족의 정치적, 사회적 기본 요구를 실현할 수 있는 민주주의 정권의 수립을 기함.
3. 우리는 일시적인 과도기에 있어서 국내 질서를 자주적으로 유지하며 대중 생활의 확보를 기함.

〔보기〕
㉠ 조선 건국 동맹을 모체로 창설되었다.
㉡ 미군정은 이 단체를 새로운 정부 수립의 모체로 삼으려 하였다.
㉢ 김성수, 송진우 등이 참여하면서 좌우 연합적 성격을 갖게 되었다.
㉣ 중앙 조직을 실질적인 정부 형태로 개편하여 조선 인민 공화국을 조직·선포하고 이승만을 주석으로, 여운형을 부주석으로 임명하였다.

① ㉠, ㉡　　　　　② ㉡, ㉢
③ ㉢, ㉣　　　　　④ ㉠, ㉣

283

□□□

다음 강령을 발표한 단체에 대한 설명으로 옳은 것을 〈보기〉에서 모두 고르면?

• 우리는 완전한 독립 국가의 건설을 기함.
• 우리는 전민족의 정치적·경제적·사회적 기본 요구를 실현할 수 있는 민주주의 정권의 수립을 기함.
• 우리는 일시적 과도기에 있어서 국내 질서를 자주적으로 유지하며 대중 생활의 확보를 기함.

〔보기〕
㉠ 좌익과 우익 인사들이 함께 결성하였다.
㉡ 치안대를 조직하여 질서 유지 활동을 하였다.
㉢ 모스크바 3국 외상 회의의 결정을 반대하였다.
㉣ 미 군정의 지지를 받아 좌우 합작 운동을 전개하였다.

① ㉠, ㉡　　　　　② ㉠, ㉣
③ ㉡, ㉢　　　　　④ ㉢, ㉣

284

□□□

다음을 시기순으로 바르게 배열한 것은?

(가) 제1조 북위 38도선 이남의 조선 영토와 조선 인민에 대한 통치의 모든 권한은 당분간 본관의 권한하에 시행한다.
제5조 군정 기간 동안 영어를 모든 목적을 위해 사용하는 공용어로 한다.

(나) 우리는 3천만 한국 인민과 정부를 대표하여 삼가 중·영·미·소·캐나다 기타 제국의 대일 선전이 일본을 격패케 하고 동아를 재건하는 가장 유효한 수단이 됨을 축하하여 이에 특히 다음과 같이 성명한다.

(다) 삼천만 한인은 다 같이 남북 통일 정부가 수립되기를 갈망한다. 그러므로 북한에서도 남한과 동시에 유엔 한국 위원단 감시하에 총선거가 실시되도록 협조하여 주기를 기대하여 마지 않는다. 그러나 소련 등 6개국이 이미 유엔 한국 독립안의 보이콧을 선언하고 …… 그러므로 만일 이 경우에는 남한에서 총선거를 실시하여 한국의 자주 정부를 수립하여야 한다.

(라) 소총회는 …… 국제 연합 한국 임시 위원단이 한국 전역 선거의 감시를 진행시킬 것과 만일 그것이 불가능하다면 위원단이 접근할 수 있는 한의 한국 내 지역의 선거 감시를 진행시킬 것이 필요하다고 간주하며, …… 동 위원단에 부과된 임무임을 결의한다.

① (가) - (나) - (다) - (라)　② (가) - (나) - (라) - (다)
③ (나) - (가) - (다) - (라)　④ (나) - (라) - (가) - (다)

285

□□□

밑줄 친 '7원칙'에 해당하지 않는 것은?

> 조선의 좌우 합작은 민주 독립의 단계요, 남북 통일의 관건인 점에서 3천만 민족의 지상명령이며 국제 민주화의 필연적 요청이었음에도 불구하고 저간의 복잡다단한 내외 정세로 오랫동안 파란곡절을 거듭해 오던 바 …… 다음과 같은 <u>7원칙</u>을 결정하였다.

① 미·소 공동 위원회 속개를 요청하는 공동 성명문을 발표할 것

② 토지 개혁에 있어서 몰수, 유조건 몰수, 체감 매상 등으로 토지를 농민에게 무상으로 나누어줄 것

③ 민족 반역자를 처리할 조례는 입법 기구로 하여금 심의·결정하여 실시케 할 것

④ 국민 의무 교육 제도를 실시하고 국가가 경비를 부담할 것

286

다음에서 설명하고 있는 선거로 구성된 국회에서 처리한 것을 〈보기〉에서 모두 고르면?

> 21세 이상 모든 국민에게 투표권이 부여된 우리나라 최초의 보통 선거로, 직접, 평등, 비밀, 자유 원칙에 따라 실시된 민주 선거였다.

┌ 보기 ┐
㉠ 발췌 개헌   ㉡ 농지 개혁법
㉢ 사사오입 개헌   ㉣ 반민족 행위 처벌법
㉤ 귀속재산처리법

① ㉠, ㉡
② ㉡, ㉣, ㉤
③ ㉠, ㉢, ㉤
④ ㉠, ㉡, ㉢, ㉣

287

□□□

(가) 시기에 있었던 사건으로 옳은 것을 〈보기〉에서 고른 것은?

대한민국 정부 수립		6·25 전쟁		휴전 협정 조인		진보당 사건		3·15 부정 선거
			(가)					

┌ 보기 ┐
㉠ 평화선 선언
㉡ 조선 정판사 위조지폐 사건
㉢ 『우리말 큰사전』 완간
㉣ 국민 방위군 사건
㉤ 한·미 상호 방위 조약 체결
㉥ 거제도 반공 포로 2만 5천 명 석방

① ㉠, ㉡, ㉢
② ㉡, ㉢, ㉥
③ ㉢, ㉣, ㉤
④ ㉠, ㉣, ㉥

288

□□□

(가), (나)를 주장한 인물에 대한 설명으로 옳은 것은?

> (가) 이제 우리는 무기 휴회된 공위가 재개될 기색도 보이지 않으며 통일 정부를 고대하나 여의케 되지 않으니 남방만이라도 임시 정부 혹은 위원회 같은 것을 조직하여 38 이북에서 소련이 철퇴하도록 세계 공론에 호소하여야 될 것이니 여러분도 결심하여야 될 것이다.
>
> (나) 통일하면 살고 분열하면 죽는 것은 고금의 철칙이나 자기의 생명을 연장하기 위하여 남북의 분열을 연장시키는 것은 전민족을 죽음의 구덩이에 넣는 극악 극흉의 위험한 일이다. …… 사은망념(邪恩忘念)은 남을 해치고 자기를 해칠 뿐이니 통일 정부 독립만 위하여 노력할 것이다.

① (가) - 독립 촉성 중앙 협의회를 조직하였다.

② (가) - 5·10 총선거에 불참하였다.

③ (나) - 대한민국 정부의 초대 대법원장에 임명되었다.

④ (나) - 연합성 신민주주의를 표방한 신민당을 결성하였다.

02 민주주의의 시련과 발전, 통일 정책

10개년 단원별 출제 빈도 분석

국가직 9급	6회	4·19 혁명(2014), 유신 정부(2021), 6월 민주 항쟁(2013), 통일 정책(2017), 사건 순서(2018, 2020)
지방직 9급	11회	4·19 혁명(2022), 1970년대 정책(2015), 유신 헌법(2022), 헌법 개헌 과정(2017, 2020), 사건 순서(2017, 2021), 통일 정책(2012, 2017), 7·4 남북 공동 성명(2013, 2018)
소방직	9회	4·19 혁명(2018, 2021), 유신 헌법(2021), 5·18 민주화 운동(2019), 민주화 운동(2022), 김영삼 정부(2019), 통일 정책(2018, 2020), 노태우 정부의 통일 정책(2022)
계리직	3회	민주화의 진전(2021), 사건 순서(2022), 7·4 남북 공동 선언(2018)
법원직	10회	사건 순서(2017, 2018), 4·19 혁명과 6월 민주 항쟁(2017), 6월 민주 항쟁(2014), 6차 개헌(2020), 7·4 남북 공동 선언(2014), 통일 정책(2015, 2018, 2020, 2022)

대표 기출문제

국가직

밑줄 친 '헌법'이 시행 중인 시기에 일어난 사건은?

2021. 국가직 7급

이 헌법은 한 사람의 집권자가 긴급 조치라는 형식적인 법 절차와 권력 남용으로 양보할 수 없는 국민의 기본인권과 존엄성을 억압하였다. 그리고 이러한 권력 남용에 형식적인 합법성을 부여하고자 … (중략) … 입법, 사법, 행정 3권을 한 사람의 집권자에게 집중시키고 있다.

① 부·마 민주 항쟁이 일어났다.
② 국민 교육 헌장을 선포하였다.
③ 7·4 남북 공동 성명이 발표되었다.
④ 한·일 협정 체결을 반대하는 6·3 시위가 있었다.

출제경향 최근 국가직에서는 유신 헌법 시기에 발생한 사건을 물어보는 문제의 출제 비중이 늘고 있다. 연결고리를 통해서 특정 시기의 주요 사건을 정리해 두는 것이 필요하다.

정답찾기 밑줄 친 '헌법'은 유신 헌법(1972)으로, 이 헌법은 1972년부터 1980년 제8차 개헌이 이루어질 때까지 시행되었다.
① 부·마 민주 항쟁(1979)

선지분석 ② 국민 교육 헌장 선포(1968), ③ 7·4 남북 공동 성명(1972. 7.), ④ 6·3 시위(1964)

○ 정답 ①

지방직

(가) 시기에 있었던 사실로 옳은 것은?

2021. 지방직 9급

(가)	
4·19 혁명이 일어나다.	유신 헌법이 공포되다.

① 「반민족 행위 처벌법」이 제정되다.
② 7·4 남북 공동 성명이 발표되다.
③ 남북한이 유엔에 동시 가입하다.
④ 5·18 민주화 운동이 일어나다.

출제경향 지방직에서 현대사의 주요 사건 순서를 물어보는 문제는 자주 출제되고 있다. 주요 사건을 꼭 정리해 두도록 하자.

정답찾기 4·19 혁명(1960) ⇨ (가) ⇨ 유신 헌법 공포(1972. 12.)
② 7·4 남북 공동 성명(1972. 7.)

선지분석 ① 반민족 행위 처벌법 제정(1948. 9.), ③ 남북한 유엔 동시 가입(1991), ④ 5·18 민주화 운동(1980)

플러스정리 | 유신 헌법의 확정 과정
유신 헌법은 일반적으로 10월 유신 헌법이라고 부르나 실제로는 12월에 공포·시행되었다. 1972년 10월 17일에 선포된 유신 체제에 따라 유신 정부는 11월 21일 유신 헌법에 대한 국민 투표를 실시하였다. 유신 헌법은 찬성률 91.5%로 통과·확정되었고, 12월 27일에 박정희가 유신 정부의 대통령으로 취임하면서 유신 헌법을 공포하였다.

○ 정답 ②

실전문제

289

□□□

(가), (나) 사이의 시기에 있었던 사실로 옳은 것은?

> (가) 대통령에 자유당의 이승만이, 부통령에 무소속의 함태영이 당선되었다. 처음으로 지방 자치를 위한 지방 선거가 시행되었으나 정부의 관권 아래 실시되어 여당의 압도적 승리로 끝났다.
>
> (나) 대통령에 자유당의 이승만이, 부통령에 민주당의 장면이 선출되었다. 당시 대통령 후보였던 신익희는 '못살겠다, 갈아보자.'라는 구호로 기대를 모았지만 갑작스러운 죽음을 맞이하였다.

① 보수 정치인들이 민주당을 만들어 자유당과 대립하였다.
② 장면을 지지하였던 야당지 「경향신문」이 폐간되었다.
③ 국가 보안법 개정안과 지방 자치법 개정안이 강제 통과되었다.
④ 진보당 사건이 일어났다.

290

□□□

다음은 4·19 혁명 당시에 일어났던 사건들이다. 이를 순서대로 바르게 나열한 것은?

> ㉠ 3·15 부정 선거
> ㉡ 2·28 대구 학생 의거
> ㉢ 허정의 과도 정부 수립
> ㉣ 대학 교수단의 시국 선언문 발표
> ㉤ 민주당 내각 구성
> ㉥ 김주열의 죽음

① ㉠ - ㉡ - ㉢ - ㉥ - ㉤ - ㉣
② ㉠ - ㉡ - ㉥ - ㉤ - ㉢ - ㉣
③ ㉡ - ㉠ - ㉥ - ㉣ - ㉢ - ㉤
④ ㉡ - ㉥ - ㉠ - ㉢ - ㉣ - ㉤

291

□□□

다음 연표의 (가)~(라) 시기에 대한 설명으로 옳지 않은 것은?

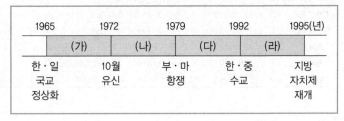

1965	1972	1979	1992	1995(년)
	(가)	(나)	(다)	(라)
한·일 국교 정상화	10월 유신	부·마 항쟁	한·중 수교	지방 자치제 재개

① (가) - 베트남에 국군을 파병하였다.
② (나) - 6·23 평화 통일 선언을 발표하였다.
③ (다) - 5·18 민주화 운동이 일어났다.
④ (라) - 남북한이 유엔에 동시 가입하였다.

292

□□□

다음 (가)에 들어갈 사건으로 옳은 것은?

> 일제 35년간의 지배에 대한 보상으로 일본은 3억 달러를 10년간 걸쳐서 지불하되, 그 명목은 '독립 축하금'으로 한다.

↓

> (가)

↓

> • 미국은 앞으로 베트남 전쟁과 같은 군사적 개입을 피한다.
> • 미국은 아시아 각국과의 조약상 약속을 지키지만, 강대국의 핵에 의한 위협의 경우를 제외하고는 내란이나 침략에 대하여 아시아 각국이 스스로 협력하여 그에 대처하여야 할 것이다.

① 5·16 군사 정변
② 3·1 민주 구국선언 발표
③ 국민 교육 헌장 제정
④ 경부 고속 도로 개통

293 □□□

밑줄 친 '헌법'이 적용된 시기에 있었던 사실로 옳은 것을 〈보기〉에서 모두 고른 것은?

3선 개헌으로 재집권한 이 정부는 권위주의 질서를 더욱 강화하고자 하였다. 이에 따라 전국에 비상계엄을 선포하고 국회가 해산되었다. 그리고 대통령에게 국가 권력을 집중시키는 것을 골자로 하는 <u>헌법</u>이 국민 투표로 확정되었다.

[보기]
㉠ 김영삼 신민당 총재가 의원직에서 제명되었다.
㉡ 한일국교 정상화가 이루어졌다.
㉢ 3당 합당으로 민주 자유당이 창당되었다.
㉣ 남북 당사자 간에 7·4 남북 공동선언을 발표하였다.

① ㉠
② ㉠, ㉣
③ ㉠, ㉡, ㉢
④ ㉠, ㉡, ㉢, ㉣

294 □□□

(가)~(라) 시기에 대한 설명으로 옳은 것은?

(가) 대통령의 임기를 5년으로 하고 직선제로 선출하였다.
(나) 대통령의 연임을 3회까지 허용하였다.
(다) 대통령의 임기를 6년으로 하고, 중임 제한 규정을 없앴다.
(라) 대통령의 임기를 7년으로 하고 간선제로 선출하였다.

① (가) – 전 국민을 대상으로 의료 보험 제도가 시행되었다.
② (나) – 제1차 석유 파동으로 유가가 급등하였다.
③ (다) – 언론 보도 내용 및 형식을 위한 가이드라인이 규정되었다.
④ (라) – 정부가 도시 빈민을 경기도 광주군으로 강제 이주시켰다.

295 □□□

(가), (나)의 통일 정책을 합의한 정부에 대한 설명으로 옳은 것은?

(가) 첫째, 통일은 외세에 의존하거나 외세의 간섭을 받음이 없이 자주적으로 해결하여야 한다. 둘째, 통일은 상대방을 반대하는 무력행사에 의거하지 않고 평화적 방법으로 실현하여야 한다. 셋째, 사상과 이념, 제도의 차이를 초월하여 우선 하나의 민족으로서 민족적 대단결을 도모하여야 한다.
(나) 1. 남과 북은 서로 상대방의 체제를 인정하고 존중한다.
9. 남과 북은 상대방에 대하여 무력을 사용하지 않으며 상대방을 무력으로 침략하지 아니한다.

① (가) – 대통령 긴급 명령으로 금융 실명제가 실시되었다.
② (가) – 금강산 관광이 시작되었다.
③ (나) – 중국·소련과 수교하였다.
④ (나) – 최초로 이산가족 상봉이 이루어졌다.

296 고난도 □□□

다음의 내용을 발표한 정부 시기에 있었던 사실로 옳은 것은?

우리는 오늘날 우리 사회가 처한 미증유의 난관을 극복할 수 있는 길이 자유로운 활동에 있음을 선언한다. …… 본질적으로 자유 언론은 바로 우리 언론 종사자들 자신의 실천 과제일 뿐 당국에서 허용받거나 국민 대중이 찾아다 쥐어 주는 것이 아니다. ……
1. 신문, 방송, 잡지에 대한 어떠한 외부 간섭도 우리의 일치된 단결로 강력히 배제한다.
2. 기관원의 출입을 엄격히 거부한다.
3. 언론인의 불법 연행을 일체 거부한다. 만약, 어떠한 명목으로라도 불법 연행이 자행되는 경우 그가 귀사할 때까지 퇴근하지 않기로 한다.

① 박종철 사건 – 4·13 호헌 조치
② 인혁당 재건위 사건 – YH 사건
③ 부산 보안법 파동 – 천주교 정의 사회 구현 사제단 결성
④ 신한 민주당 창당 – 전태일 분신

대표 기출문제

국가직

□□□

다음은 연대별 인구 정책을 상징하는 표어이다. 각 연대별로 일어난 일에 대한 설명으로 옳은 것만을 〈보기〉에서 모두 고른 것은?

2017. 하반기 국가직 9급

연대	표어
(가)	덮어 놓고 낳다 보면 거지꼴을 못 면한다.
(나)	딸 아들 구별 말고 둘만 낳아 잘 기르자.
(다)	잘 키운 딸 하나 열 아들 안 부럽다.

─ 보기 ─

㉠ (가) – 군사 정부가 '경제 개발 5개년'을 추진하였다.
㉡ (나) – 유신 체제가 성립되었고, 2차례의 오일 쇼크와 중화학 공업 과잉 중복 투자에 따른 경제 불황이 있었다.
㉢ (다) – 6월 민주 항쟁과 저금리, 저유가, 저달러의 3저 호황이 있었다.

① ㉠, ㉡   ② ㉠, ㉢
③ ㉡, ㉢   ④ ㉠, ㉡, ㉢

지방직

□□□

정부 수립 이후 이승만 정부의 경제 정책에 대한 설명으로 옳지 않은 것은?

2014. 지방직 7급

① 미국과 경제 원조 협정을 체결하여 경제 안정과 시설 복구를 위한 원조를 받았다.
② '귀속 재산 처리법'에 따라 일본인이 소유했던 재산과 공장 등을 민간인에게 불하하였다.
③ '농지 개혁법'을 제정하여 유싱 매입, 무싱 분배의 농지 개혁을 실시하였다.
④ 금융 기관의 공공성 유지와 경영 건실화를 위하여 '한국 은행법'과 '은행법'을 제정하였다.

출제경향 자주 출제되는 파트는 아니다. 그러나 만점을 위해 현대 사회와 문화에 대한 큰 흐름은 알아두자.

정답찾기 (가) 1960년대, (나) 1970년대, (다) 1980년대
㉠ 5·16 군정(1961~1963) – 1차 경제 개발 계획 실시(1962)
㉡ 유신 체제(1972~1979) – 1차 석유 파동(1973), 2차 석유 파동(1979)
㉢ 전두환 정부(1981~1988) – 6월 민주 항쟁(1987), 3저 호황

○ 정답 ④

출제경향 현대 사회에서 경제 파트는 정치사만큼 자주 출제되지는 않지만 이승만 정부의 농지 개혁과 경제 개발 5개년 계획이 주로 출제되고 있다.

정답찾기 ③ 유상 매입, 유상 분배의 원칙에 따라 농지 개혁을 실시하였다.

선지분석 ① 1950년대 한국 경제는 미국의 경제 원조에 의존하였다. 원조 물자는 소비재와 소비재 산업의 원료 중심이었는데, 이른바 삼백(三白) 산업이라 하여 밀가루, 설탕, 면화 산업이 중심을 이루었다.
② 귀속 재산 처리법(1949. 12.)을 제정하여 일본인이 소유하였던 공장을 민간 기업에 불하하였다. 귀속 기업체들은 정부의 원조 물자 독점 배당, 금융 특혜, 독과점 가격 보장 등에 의해 독점 자본으로 성장하게 되었다.
④ 1950년 5월에 제정된 은행법은 금융 기관의 건전한 운영을 기하고 예금자를 보호하며 신용 질서를 유지하기 위하여 제정된 법률로, 9장 43조 및 부칙으로 구성되어 있다.

○ 정답 ③

실전문제

297

☐☐☐

다음을 발표한 정부의 경제 정책에 대한 설명으로 옳은 것은?

> 반민 특위 사업에 대한 견해는 사람에 따라 다르다 그러나 가장 심했던 자만 처단하고 나머지는 관대히 할 것이 인정을 펴고 민심을 수습하는 도리가 되는 것이다. 사람을 벌하려는 것이 아니요, 반민족 정신인 죄를 징계하는 것이 목적이니 이 정도의 처단으로 족히 민족정기를 바로잡을 수 있으리라 생각한다. 더욱이 38도선이 그대로 있고 시국이 혼란하고 인재가 부족한 이때에 반민족 행위 처단을 지나치게 하는 것은 도저히 민족과 국가를 위한 것이 아니다.

① 소작제의 철폐, 기업 활동의 자유, 사회 보장 제도 실시 등을 강조하였다.

② 마산(현 창원)과 이리(현 익산)에 수출 자유 무역 지역을 만들고 울산, 구미 등에 새로운 공업 단지를 조성하였다.

③ 기업들이 연쇄 도산의 위기에 직면하자 기업의 사채 원리금 상환을 동결시켰다.

④ 중화학 공업 육성 사업으로 포항 제철과 고리 원자력 발전소를 준공하였다.

298

☐☐☐

다음은 대한민국 정부 수립 후 실시된 경제 정책이다. 이 개혁의 기본 방향으로 옳은 것은?

> 제5조 정부는 다음에 의하여 농지를 매수한다.
> 　　1. 다음의 농지는 정부에 귀속한다.
> 　　　(가) 법령 및 조약에 의하여 몰수 또는 국유로 된 토지
> 　　　(나) 소유권의 명의가 분명하지 않은 농지
> 　　2. 다음의 농지는 본법 규정에 의하여 정부가 매수한다.
> 　　　　　……
> 제12조 농지의 분배는 1가구당 총 경영 면적 3정보를 초과하지 못한다.

① 신한 공사가 보유하던 귀속 농지는 무상 몰수하고 무상 분배하였다.

② 유상 매수, 유상 분배 방식이었고 분배받은 농민은 평년 생산량의 30%를 5년간 상환하였다.

③ 경작 농민에 대한 경작권의 보장을 통하여 자본주의적 경쟁을 완화시키고자 하였다.

④ 친일파의 토지를 정리하여 민족정기를 바로잡으려 하였다.

299

☐☐☐

(가)~(라) 시기에 대한 설명으로 옳지 않은 것은?

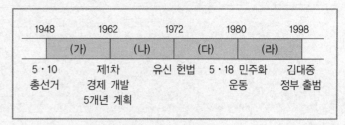

① (가) - 경부 고속 국도가 개통되었다.

② (나) - 미국으로부터 브라운 각서를 통한 경제 지원을 약속받았다.

③ (다) - 수출 100억 불을 달성하였다.

④ (라) - 경제 협력 개발 기구(OECD)에 가입하였다.

300

☐☐☐

시대별 교육 문화에 대한 설명으로 옳지 않은 것은?

① 1960년대 : 국민 교육 헌장을 선포하였다.

② 1970년대 : 법적으로 과외를 금지하였다.

③ 1980년대 : 대학 졸업 정원제를 실시하였다.

④ 1990년대 : 대학 수학 능력 시험을 실시하였다.

PART
08

선우빈
선우한국사
기적의
단원별
300제

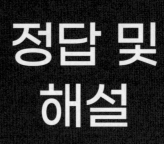

정답 및
해설

001 한반도의 선사 시대 이해 　　　　　　　○ 정답 ③

정답찾기 ㉠ 구석기 시대, ㉢ 철기 시대에 주로 사용되었다.

선지분석 ㉡ 이른 민무늬 토기는 신석기 시대 토기이다. 거친무늬 거울은 청동기 시대에 사용하였다.

㉣ 청천강 이남에서 집중적으로 발견된 것은 세형동검이다. 비파형 동검은 요동·요서·한반도 서북지역에서 집중적으로 발견되었다. 나아가 한반도 남쪽에서도 발견되어 이 지역이 동일한 문화권임을 알 수 있게 해준다.

002 선사 시대의 이해 　　　　　　　○ 정답 ③

정답찾기 ③ 흑요석이 발견된 양구 상무룡리는 구석기 시대의 대표적인 유적지이다.

선지분석 ① ② ④ 황해도 봉산 지탑리, 강원도 양양 오산리, 평안남도 온천 궁산리 유적은 모두 신석기 시대의 유적이다. 신석기 흑요석이 발견된 곳은 양양 오산리(백두산 산지), 부산 동삼동(일본 규슈 산지)이다.

📖플러스 정리 **구석기 시대 대표 유적지**
• 충북 단양 금굴: 우리나라 최고(最古) 유적지(70만 년 전)
• 평남 상원 검은모루 동굴: 주먹 도끼, 긁개 등 발견
• 충남 공주 석장리: 전기~후기 유적지, 해방 이후 남한 최초의 유적 발견지(1964)
• 경기 연천 전곡리: 전기~후기 유적지, 전기 - 유럽 아슐리안계 주먹 도끼가 아시아 최초 출토
• 양구 상무룡리: 후기 - 백두산 산지 추정의 흑요석 출토
• 충북 청원 두루봉 동굴: 후기 - 흥수아이, 국화꽃을 뿌린 장례 의식 확인
• 충북 단양 수양개: 후기 - 석기 제작지, 눈금새김돌 출토

📖플러스 정리 **신석기 시대 대표 유적지**
• 평남 온천 궁산리: 뼈바늘 등 발견
• 평양 남경: 빗살무늬 토기, 탄화된 좁쌀 등 발견
• 웅기 굴포리 서포항: 조개더미 - 인골(동침신전앙와장), 토기, 화살촉 등 발견 ⇨ 태양 숭배, 내세관
• 황해도 봉산 지탑리: 탄화된 좁쌀 등 발견
• 서울 암사동: 빗살무늬 토기, 움집 터 등 발견
• 부산 동삼동: 이른 민무늬 토기, 조개더미, 흑요석 등 발견
• 제주 한경 고산리: 우리나라 최고(最古) 신석기 유적지(B.C. 8,000)
• 강원 양양 오산리: 흑요석, 빗살무늬 토기 등 발견
• 강원도 고성 문암리: 2012년 동아시아 최초 신석기 밭 유적지 발견

003 청동기 시대의 이해 　　　　　　　○ 정답 ④

정답찾기 (가)는 청동기이다.

④ 청동기 부여 송국리 유적에서 발견된 목책, 도랑 등의 방어 시설을 통해 이 시기 주변 부족과 전쟁이 있었음을 짐작할 수 있다.

선지분석 ① 철기 시대, ② 신석기 시대, ③ 농경에 소를 이용한 우경은 신라 지증왕 때 이루어졌다.

004 청동검의 변화 이해 　　　　　　　○ 정답 ④

정답찾기 (가) 비파형 동검(청동기), (나) 세형동검(청동기 후기~철기)

㉠ (가) 비파형 동검은 요동·요서·한반도 전역에 걸쳐 발견되어 이 지역이 같은 청동기 문화권임을 알 수 있게 해준다.

㉢ (나) 세형동검은 거푸집[용범]을 사용하여 만든 청동기로, 이 시기에 청동기를 우리가 독자적으로 만들었음을 알 수 있다.

㉣ (나) 세형동검 시기는 철기 시기로 이 시기에 중국과 교류가 활발하였고 한자가 도입되었다.

선지분석 ㉡ 중국 연나라와 요서 지방을 경계로 세력을 다툰 것은 기원전 4세기경으로, 이 시기는 (나)를 사용하던 철기 시대이다.

약점 체크하기 ✓

005 고조선의 이해　　　　　　　　　　○정답 ④

정답찾기　(가) 위만 조선 성립기(B.C. 194), (나) 고조선 멸망기(B.C. 108)
ⓒ 위만 조선은 지리적 이점을 이용하여 예(濊)나 남방의 진(辰)이 중국 한
(漢)과 직접 무역하는 것을 막고 중계 무역의 이득을 독점하려 하였다.
ⓔ 위만 조선은 활발한 정복 사업을 전개하여 진번·임둔 등의 소국을 정복
하였다.

선지분석　㉠ 기원전 300년 전후의 상황으로 (가) 이전에 해당된다.
ⓒ 부왕·준왕이 재위했던 시기는 기원전 3세기이고, 연나라와 대립하
던 시기는 기원전 4세기로 (가) 이전에 해당한다.

006 고조선 관련 기록의 이해　　　　　　　○정답 ③

정답찾기　제시문은 중국 『한서』 지리지에 수록된 고조선의 8조 금법에 대한
내용이다.
③ 『동국이상국집』은 고려 후기 문신 이규보의 시문집으로, 고조선 관련 이
야기는 기록되지 않았다. 『동국이상국집』에 수록된 '동명왕편'에는 고구려
건국 신화가 기록되었다.

선지분석　① 『표제음주동국사략』은 조선 중종 때 유희령이 단군부터 고
려 시대까지를 간략히 줄여 쓴 통사이다.
② 『관자(管子)』는 춘추 시대 제(齊)나라의 정치가이며 사상가인 관중(管
仲)이 지은 역사서로, (고)조선이 기록된 사서 중 가장 오래된 문헌이다.
③ 『삼국유사』(일연, 고려 충렬왕 때)는 단군 건국 이야기가 처음 기록된
책이다.

🗂 플러스 정리　단군 건국 이야기 수록 문헌

문헌	저자	연대
삼국유사	일연	고려 충렬왕
제왕운기	이승휴	고려 충렬왕
세종실록지리지	실록청(춘추관)	조선 단종
응제시주	권람	조선 세조
동국여지승람	노사신	조선 성종

007 초기 국가의 이해　　　　　　　　　　○정답 ①

정답찾기　(가) 부여, (나) 삼한
① 부여에 대한 설명이다.

선지분석　② 동예, ③ 고조선, ④ 부여에 대한 설명이다.

008 초기 국가의 이해　　　　　　　　　　○정답 ③

정답찾기　(가) 옥저의 골장제, (나) 고구려의 장례 풍습
③ 고구려에 대한 내용이다.

선지분석　① 동예, ② 옥저, ④ 삼한에 대한 설명이다.

약점 체크하기 ✓

01 고대 사회의 성격 및 가야의 발전

009 고대 국가의 성립 과정 이해 ○정답②

선지분석 ① 왕위의 형제 세습(1세기 후반~2세기 태조왕)과 부자 세습(2세기 고국천왕) 모두 고구려에서 먼저 이루어졌다. 백제는 4세기 근초고왕 때 부자 세습에 의한 왕위 계승이 확립되었다.
③ 고구려가 한사군을 축출한 것은 4세기 초 미천왕 때이고, 신라가 우산국을 정벌한 시기는 6세기 초(512) 지증왕 때이다.
④ 고구려는 4세기 소수림왕 때 전진에서, 백제는 4세기 침류왕 때 동진에서 불교가 전래되었으며, 신라는 5세기 눌지왕 때 고구려 승려 묵호자에 의해 불교가 전래되었다.

플러스정리 삼국의 고대 국가 성격 비교

구분		고구려	백제	신라
고대 국가 기반 마련	형제 세습	1C 후반~2C 태조왕 (계루부 고씨)	3C 고이왕	4C 내물왕 (김씨 독점, 마립간)
	부자 세습	2C 고국천왕	4C 근초고왕	5C 눌지왕(마립간)
고대 국가 체제 완성(율령 반포)		4C 소수림왕	3C 고이왕	6C 법흥왕
한강 확보 ·국내: 인적·물적 자원 풍부 ·국외: 중국과의 직교역		5C 장수왕 ⇨ 남하 정책(평양 천도) ⇨ 남한강 점령[충주 (중원) 고구려비] CF 광개토 대왕	·3C 고이왕 ·4C 근초고왕: 마한 완전 차지	6C 진흥왕 ·나·제 동맹 의거 ┌신라: 상류 차지 │(단양 적성비) └백제: 하류 차지 │(성왕) ·신라의 하류 재탈환(북한산비) ⇨ 나·제 동맹 결렬, 당항성 설치(경기도 남양만)
불교 수용		4C 소수림왕(전진)	4C 침류왕(동진)	5C 눌지왕 수용(고구려) ⇨ 6C 법흥왕 공인

010 백제에서 보이는 고구려적 요소 파악 ○정답③

정답찾기 제시문은 개로왕이 북위 현제에게 보낸 국서로, 고구려 유이민이 백제를 건국하였음을 알려 주는 내용이다.
고구려 유이민이 백제를 건국했음을 알려주는 증거는 ㉡, ㉣, ㉥이다.

선지분석 ㉠ 칠지도는 백제 근초고왕이 일본 후왕(侯王)에게 하사한 철제 칼로, 이를 통해 백제와 왜의 친교 관계를 알 수 있다.
㉢ 무령왕릉 지석은 무령왕과 왕비의 장례 때 지신(地神)에게 묘소로 쓸 땅을 매입하는 문서를 작성하여 돌에 새겨넣은 매지권(買地券)으로, 이를 통해 백제에 도교가 전래된 사실과 백제의 한문학 발전 수준을 알 수 있다.
㉤ 사택지적비는 백제 의자왕 때 대신이었던 사택지적이 남긴 4·6 변려체의 비로, 이를 통해 불교와 도교에 대한 내용을 알 수 있다.

플러스정리 백제 건국 세력이 고구려인임을 알려 주는 사실

1. 서울 석촌동 고분: 초기 고구려 양식(계단식 돌무지무덤)
2. 온조의 건국 기사: 주몽의 아들인 비류와 온조의 남하
3. 시조신: 동명왕
4. 백제 왕족의 성씨: 부여씨
5. 개로왕이 북위에 보낸 국서: '…… 고구려와 더불어 근원이 부여에서 나왔으므로 ……'
6. 성왕 때 백제의 명칭: 남부여

011 신라 왕호 변천 과정 이해 ○정답④

정답찾기 (가) 이사금, (나) 마립간
④ 낙동강 지역의 가야 세력을 정복한 시기(법흥왕은 금관가야 차지, 진흥왕은 대가야 차지)에는 불교식 왕명을 사용하였다.

선지분석 ① 신라 3대 왕 유리 이사금 때 회소곡[회악(會樂)]이라는 가요를 지었다.
② 이사금 때 박·석·김 3성이 돌아가면서 왕이 되었다.
③ 눌지 마립간 때 부자 세습제가 이루어졌다.

플러스정리 신라의 왕호 변천

1. 거서간(居西干)	1대 박혁거세	귀인·추장·군장의 우두머리로 해석
2. 차차웅(次次雄)	2대 남해	제주(祭主)·제사장·자충(慈充) 등으로 해석
3. 이사금(尼師今)	3대 유리	연장자·계승자 등으로 해석
4. 마립간(麻立干)	17대 내물	대수장(大首長)·마립(麻立, 머리)·마루(瑪樓) 등으로 해석
5. 왕(王)	22대 지증왕	지증왕은 한화 정책(漢化政策)을 추진한 왕으로서, 중국식으로 국호 '신라(新羅)', 왕호 '왕(王)'을 사용
6. 불교식 왕명	23대 법흥왕	법흥왕~진덕 여왕 때에는 불교식 왕명을 사용
7. 중국식 시호	29대 무열왕	무열왕부터는 중국식 시호를 사용

012 대가야의 이해 고난도 ○정답②

정답찾기 밑줄 친 '이 나라'는 고령 지방의 대가야이다.
② 대가야의 우륵은 진흥왕 때 신라에 귀화하여 국원소경(충주)에서 신라 음악 발전에 기여하였다.

선지분석 ①③ 김해의 금관가야에 대한 설명이다.
④ 관산성 전투에서 백제 성왕이 사망하였다.

플러스정리 대가야의 주요 사건

479년	남제에 사신 파견
522년	신라(법흥왕)와 결혼 동맹 체결
554년	대가야 + 백제(성왕) + 왜 vs 신라(진흥왕) ⇨ 관산성 전투, 신라 승리
562년	대가야 멸망(진흥왕)

02 삼국의 발전 과정

013 고구려 발전 과정의 이해 ○정답③

정답찾기 (가) 백제 근초고왕의 공격에 의한 고국원왕 사망(371), (나) 장수왕의 한성 함락(475)
③ 4세기 말 광개토 대왕의 업적이다.

선지분석 ① 4세기 초 미천왕(313), ② 고구려 멸망 직후(668), ④ 7세기 초 보장왕 때 일이다.

014 신라 발전 과정의 이해 ○정답④

정답찾기 (가) 신라 국호 제정(503, 지증왕 4년), (나) 관산성 전투(554, 진흥왕 15년)
④ 금관가야 복속(532, 법흥왕 19년)

선지분석 ① 대야성 함락(642, 의자왕 2년), ② 매소성 전투(675, 문무왕 15년), ③ 태학 설립(372, 소수림왕 2년)

015 삼국 발전 과정의 이해　　　　　　　　　　　○정답③

(정답찾기) 고구려 태학 설립(372, 소수림왕) ⇨ 백제『서기』 편찬(375, 근초고왕) ⇨ 신라『국사』 편찬(545, 진흥왕) ⇨ 고구려 천리장성 구축(647) ⇨ 백제 멸망(660)
③ 성왕의 관산성 전투(554)

(선지분석) ① 고구려 2세기 태조왕 – (가) 이전
② 신라 진흥왕(562) – (다)
④ 고구려 을지문덕의 살수 대첩(612) – (다)

016 백제 발전 과정의 이해　　　　　　　　　　　○정답③

(정답찾기) (가) 웅진 천도(475), (나) 사비 천도(538)
③ 백제 무령왕(501~523)은 지방에 22담로라는 특별 행정 구역을 설치하여 지방 세력을 견제하였다.

(선지분석) ① 4세기 근초고왕, ② 7세기 무왕, ④ 7세기 백제 부흥 운동에 대한 설명이다.

017 삼국 발전 과정의 이해　　　　　　　　　　　○정답②

(정답찾기) ㉠ 백제 의자왕, ㉡ 신라 선덕 여왕, ㉢ 김유신, ㉣ 김춘추 고구려와 동맹 시도
② 신라 진덕 여왕 때 오언태평송을 지어 당에 보냈다.

(선지분석) ① 백제 의자왕은 신라를 공격하여 대야성(경남 합천)을 비롯한 신라 남부의 40여 성을 탈취하였고(642), 고구려와 동맹을 맺고 당항성을 공격하여 신라에서 당으로 가는 교통로를 끊으려 하였다.
③ 김유신은 김춘추와 함께 비담의 난(647)을 진압한 후 정치적 실권을 장악하였다.
④ 김춘추가 고구려에 들어가 동맹을 요청하였으나 연개소문의 거절로 실패하였다. 이후 김춘추는 당에 들어가 당과 군사 동맹(648)을 맺게 되었다.

018 삼국 통일 과정의 이해　　　　　　　　　　　○정답②

(정답찾기) (가) 연개소문 집권(642), (나) 연개소문 사망(665)
② 660년 백제 멸망 이후 복신과 도침이 부여풍을 왕으로 추대하고 백제 부흥 운동을 일으켰다.

(선지분석) ① 당의 안동 도호부 설치(668), ③ 고구려 멸망(668) 이후 고구려 부흥 운동, ④ 신라의 소부리주 설치(671)

019 삼국 통일 과정의 이해　　　　　　　　　　　○정답②

(정답찾기) 황산벌 전투(660) ⇨ (가) ⇨ 매소성 전투(675)
② 당의 계림 도독부 설치(663)

(선지분석) ① 나·당 동맹 체결(648), ③ 의자왕의 신라 대야성 함락(642), ④ 보덕국의 고구려 유민 반란(683, 신문왕)

020 고대 국가의 수도 이해　　(고난도)　　　　　　○정답②

(정답찾기) ㉠ 집안(국내성), ㉡ 평양, ㉢ 한성, ㉣ 웅진(공주)
② ㉠ 집안(국내성)이 고구려의 도읍이었던 4세기 고국원왕 때의 일이다.

(선지분석) ① ㉠ 집안(국내성)이 고구려의 도읍이었던 광개토 대왕 때 신라 내물왕의 요청으로 신라에 들어온 왜구를 격퇴하였다.
③ ㉢ 한성이 백제의 도읍이었던 고이왕 때 6좌평 제도와 16관등제를 마련하였다.
④ ㉣ 웅진(공주)이 백제의 도읍이었던 무령왕 때 22담로를 설치하고 양나라와 외교 관계를 맺었다.

03 남북국 시대

021 신문왕의 업적 이해　　　　　　　　　　　　○정답②

(정답찾기) 밑줄 친 '왕'은 신문왕으로, 제시문은 신문왕 때 안승을 경주로 이주시켜 보덕국을 없애려 하자 보덕국인이 반란을 일으킨 사건에 대한 기록이다.
㉠, ㉢ 신문왕의 업적이다.

(선지분석) ㉡ 국학 안에 문묘 설치(717, 성덕왕 16년), ㉣ 「안민가」는 경덕왕 24년(765)에 충담이 지은 향가이다.

022 통일 신라 각 시기의 상황 파악　　　　　　　○정답②

(정답찾기) 삼국 통일(676, 문무왕) ⇨ 정전 지급(722, 성덕왕) ⇨ 독서삼품과 실시(788, 원성왕) ⇨ 원종·애노의 난(889, 진성 여왕) ⇨ 신라 멸망(935, 경순왕)
② 96각간의 난(768, 혜공왕)에 대한 설명이다.

(선지분석) ① 불국사와 석굴암은 경덕왕(742~765) 때 창건되었다. – (나)
③ 국학의 명칭이 태학감으로 개칭된 것은 경덕왕 때에 해당한다. – (나)
④ 김헌창의 난에 대한 설명으로, 822년의 일이다. – (다)

023 발해 무왕의 이해　　　　　　　　　　　　　○정답③

(정답찾기) 밑줄 친 '왕'은 발해 무왕이다.
③ 무왕은 당이 동북방 지역에 있던 흑수부 말갈족과 연합하여 발해를 위협하자, 장문휴로 하여금 당의 산둥반도 덩저우를 공격하게 하였다(732).

(선지분석) ① 고왕, ② 문왕, ④ 선왕에 대한 설명이다.

024 발해 발전 과정의 이해　　　　　　　　　　　○정답③

(정답찾기) (가) 2대 무왕(719~737), (나) 10대 선왕(818~830)
㉡ (나) 선왕 때 일이다.
㉢ (가) 무왕 재위 시기(719~737)에 신라 성덕왕은 백성들에게 정전을 지급하였다(722).
㉣ (나) 선왕 재위 시기(818~830)에 김헌창이 웅주(공주)에서 왕위 쟁탈전을 일으켰다(822, 헌덕왕 14년).

(선지분석) ㉠ 당으로부터 '발해 군왕'에서 '발해 국왕'으로 봉해진 왕은 3대 문왕이다.

[플러스 정리] 신라와 발해의 시대별 비교

구분	신라	발해
7세기	• 무열왕(654~661) • 문무왕(661~681) • 신문왕(681~692)	• 고구려 멸망(668) • 대조영의 발해 건국(698)
8세기	• 성덕왕(702~737) • 효성왕(737~742) • 경덕왕(742~765) • 혜공왕(765~780) • 선덕왕(780~785) • 원성왕(785~798)	• 무왕(719~737) • 문왕(737~793) • 성왕(793~794)
9세기	• 헌덕왕(809~826) • 흥덕왕(826~836) ⋮ • 진성 여왕(887~897)	선왕(818~830)
10세기	• 후백제 건국(900) • 후고구려 건국(901) • 고려 건국(918) • 신라 멸망(935)	대인선 : 거란(야율아보기)에 의해 발해 멸망(926)

04 금석문

025 삼국 시대 금석문의 이해 ○정답③

정답찾기 ③ 고구려 건국 신화와 세계(世系)가 기록된 것은 광개토 대왕릉비이다.

플러스 정리) 신라의 주요 비문

구분	비명	시기	의의
판결비	포항 중성리비	• 현존 최고의 신라비 (2009년 5월 발견) • 지증왕 2년(501) 추정	지금의 포항 흥해 지역에서 발생한 모종의 소송에 대한 판결문
	영일 냉수리비	지증왕 4년(503) 추정	• 절거리(節居利)라는 사람의 재산 상속 문제에 대한 판결문 • 신라를 사라(斯羅)로 기록, 왕(王)도 부(部)에 소속되어 6부 귀족의 대표자 수준임을 보여준 점, 또 중앙 관리와 지방 촌주가 똑같이 '~干支(간지)'라는 관등을 갖고 있는 점에 주목
척경비	울진 봉평비 CF 판결비	법흥왕 11년(524)	• 법흥왕의 율령 반포 사실을 기록 • 비의 핵심 내용은 모즉지매금왕(법흥왕)을 비롯한 14명의 6부 귀족들이 울진 지역의 화재 사건과 관련하여 주민을 처벌한 내용 ⇨ 6부의 존재, 노인법(奴人法)과 죄인을 처벌하는 장형(杖刑)의 존재 확인
	단양 적성비	진흥왕 12년(551)	신라의 영토 확장 정책의 시작을 상징하는 전초 기지(남한강) 확보와 복속민에 대한 회유책, 당시의 관직명과 율령의 정비 내용을 기록
순수비	북한산비	진흥왕 16년(555)	한강 하류 진출(19세기 김정희 고증 ⇨ 현재 국립 중앙 박물관 소재)
	창녕비	진흥왕 22년(561)	창녕 지역 정벌 CF 대가야 정벌(562)
	황초령비	진흥왕 29년(568)	함흥 지방 진출(19세기 함경도 관찰사 윤정현 조사)
	마운령비	진흥왕 29년(568)	함흥 지방 진출(1929년 최남선 조사)
공역비	영천 청제비	법흥왕 23년(536)	제방 축조 사실을 입증하는 금석문으로서 부역 동원 사실 기록
	남산 신성비	진평왕 13년(591)	신성 축조에 부역 동원 사실 기록
기타	임신서기석	진흥왕 13년(552) 또는 진평왕 34년(612) 추정	신라 화랑들이 유교 경전을 공부했음을 기록

026 충주(중원) 고구려비의 이해 ○정답④

정답찾기 제시문은 충주(중원) 고구려비의 내용이다.
④ 일제는 광개토 대왕릉비의 신묘년 기사를 왜곡하여 임나일본부설을 주장하고 있다.

플러스 정리) 충주 고구려비

1. 건립 시기: 5세기 장수왕
2. 위치: 충청북도 충주
3. 비문 내용: 중원에서 고구려왕과 신라왕이 만나서 그곳의 신라인을 내지(內地)로 옮긴 후, 고구려 영토임을 확인하는 기념으로 비를 세웠다는 내용이 새겨져 있다. 또한 이 비에서는 장수왕의 남진 정책과 함께 신라를 동이(東夷), 신라왕을 매금(寐錦)이라 지칭한 점 등에서 고구려가 한반도의 종주국이라는 천하관과 신라에 대한 고구려의 우월성을 엿볼 수 있다.
CF 2020년 충주(중원) 고구려비에서 '영락(광개토 대왕 연호) 7년'이라는 글자가 판독되면서 지금까지 학자들 사이에 논란이 되었던 충주(중원) 고구려비 건립 시기(광개토 대왕설, 장수왕설, 문자왕설)에 대한 연구가 다시 시작되었다.

027 무령왕릉의 이해 ○정답③

정답찾기 제시된 비문은 무령왕릉의 묘지석이다. '영동대장군 백제 사마왕'은 무령왕에 대한 칭호이다.

선지분석 ① 5세기 동성왕, ②④ 6세기 성왕의 업적이다.

플러스 정리) 무령왕릉

1. 무령왕과 그 왕비의 능 확인(피장자 확인)
2. 연화무늬의 벽돌로 만들어진 벽돌무덤(벽화 없음.) ⇨ 중국 남조(양)의 영향
3. 일본산 금송(金松)으로 만든 관 발견 ⇨ 일본과의 교류 짐작
4. 3,000여 점의 부장품 출토[금장식, 지석(誌石), 석수(石獸), 양나라 동전(오수전), 청동 제품 등]
5. 의의
   • 피장자를 확인
   • 토지 매지권(土地買地券)에서 율령 시행과 함께 도교의 흔적을 알려 주고 있음.
   • 당시 남조(양)와 일본과의 교류 확인

028 광개토 대왕릉비의 이해 고난도 ○정답②

정답찾기 제시문은 광개토 대왕릉비문이다.
㉠ ㉢ 광개토 대왕릉비의 내용이다.

선지분석 ㉡㉣ 광개토 대왕릉비의 존재가 처음으로 기록된 것은 『용비어천가』 등 조선의 문헌이지만, 고구려의 유적으로 인식되지는 못하였다. 심지어 『지봉유설』에는 금(金)나라의 시조 비로 잘못 기술되었을 정도로 비의 실체에 대하여 전혀 알지 못하였다. 17세기 이후 청(淸)이 간도 지역을 만주족의 발상지로 간주하여 봉금 제도(封禁制度, 거주 금지 조치)를 시행하자 인적이 뜸해져 잊혀진 상태로 있다가, 봉금 제도가 해제되고 회인현(懷仁縣)이 설치된 뒤 1875년 중국인 농부에 의해 발견되었다.

플러스 정리) 광개토 대왕(릉)비

1. 건립 시기: 414년(장수왕 2)
2. 위치: 만주 집안현(통구)
3. 비문 내용: 예서체(44행, 1,775자 현존)로 된 왕의 공적을 기록한 것으로, 크게 3부로 나누어진다.
   • 1부: 고구려의 건국 신화와 추모왕(鄒牟王=동명왕), 유류왕(儒留王=유리왕), 대주류왕(大朱留王=대무신왕) 등의 세계(世系)와 광개토 대왕의 행장(行狀)을 기록
   • 2부: 광개토 대왕 때 이루어진 정복 활동과 영토 관리[395년 비려(거란) 정복, 396년 백제 하남 위례성 함락, 398년 숙신(여진) 정벌, 400년 신라에 들어온 왜구 정벌 및 금관가야 공격, 410년 (동)부여 정벌 등]에 대한 내용을 연대순으로 기록
   • 3부: 능을 관리하는 수묘인(守墓人) 연호(煙戶)의 숫자(330호)와 차출 방식, 수묘인의 매매 금지에 대한 규정 기록
4. 비문의 문제 내용: '倭以辛卯年 來渡海破百殘 □□□ 新羅以爲臣民' 부분이 문제의 내용이다. 일본에서는 비문의 신묘년 渡海의 주체를 왜로 보고 이를 근거로 임나 경영설을 주장하나, 이는 왜의 조작·왜곡설로 논쟁의 여지가 많다.
   • 일본의 해석: 왜가 신묘년에 바다를 건너 백제와 신라를 격파하고 신민으로 삼았다.
   • 한국의 해석: 신묘년에 왜가 오자 고구려가 바다를 건너 백제를 격파하고 신라를 신민으로 삼았다.

05 통치 제도

029 고대 국가의 통치제도 이해 ○정답 ①

정답찾기 ㉠ 상좌평, ㉡ 대내상, ㉢ 5주, ㉣ 22담로, ㉤ 5경, ㉥ 화백 회의
㉠ 백제의 1관등 관리(수상)의 이름은 좌평 혹은 상좌평이라 하였고, 6좌평 중 최고 관직인 내신좌평이라고도 불리었다.
㉡ 대내상은 정당성의 장관으로 국정을 총괄하였다.

선지분석 ㉢ 욕살은 고구려 지방관이고, 신라의 지방관은 군주이다.
㉣ 22담로는 풍수지리설과 관계 없다.
㉤ 발해 5경은 수도를 포함하고 있다.
㉥ 신라의 화백 제도가 만장일치로 구성된 것은 맞으나, 종교적 요소는 없었다.

플러스 정리 삼국의 중앙·지방 제도 비교

구분	관등	수상	중앙 관제	수도 구획	지방 조직	특수 구역
고구려	• 14관등 • 대대로(최고) • ~형 • ~사자	대대로(3년마다 귀족들이 선출)	확실하지 않음.	5부	5부(욕살) ⇨ 성(처려 근지)	3경 • 국내성 • 평양성 • 한성
백제	• 16관등 • 좌평(최고) • ~솔 • ~덕	상좌평(또는 내신좌평)	• 6좌평 • 22부	5부	5방(방령) ⇨ 군(군장)	22담로
신라	• 17관등 • 이벌찬(최고) • ~찬	상대등	집사부 등 10부	6부	5주(군주) ⇨ 군(태수)	2소경(사신) • 국원소경 (충주, 중원경) • 북소경 (강릉 ⇨ 폐지)

030 신라와 백제의 정치 제도 이해 ○정답 ②

정답찾기 (가) 신라, (나) 백제
② 중국의 제도를 받아들여 관등을 문산계와 무산계로 구별한 나라는 고려이다.

선지분석 ① 신라는 왕경인에 대한 경위(京位) 17관등과 지방민에 대한 외위(外位) 11관등으로 관등 제도를 구성하였다가, 삼국 통일 이후 외위제를 폐지하였다.
③ 신라 중앙 관청의 특징은 장관 복수제와 겸임제이다. 각 부(部)와 부(府)의 장관은 대부분 복수로 임명되었으며, 한 사람이 관부 두 곳 이상의 장관직을 맡는 겸임도 허용되었다.
④ 백제는 16품의 관등제를 시행하였고, 16관등제는 다시 크게 3등급으로 구분되었다. 1관등~6관등은 자색을, 7관등~11관등은 비색을, 12관등~16관등은 청색 관복을 입었다.

031 통일 신라의 통치 제도 이해 ○정답 ④

정답찾기 ④ 독서삼품과는 진골만을 위한 관리 등용 제도가 아니라, 국학의 학생들을 대상으로 한 관리 등용 제도이다. 국학에는 12관등 대사에서 17관등 조위까지 귀족(진골~4두품)의 자제들이 입학하였다.

032 남북국 시대의 통치 제도 이해 (고난도) ○정답 ②

정답찾기 제시문은 897년 당나라에 간 발해 사신이 신라 사신보다 윗자리에 앉을 것을 요청하다가 거절당한 사건[쟁장(爭長) 사건]으로, (가)는 발해, (나)는 신라이다.
② 재정 담당 부서는 발해의 인부, 신라의 조부와 창부이다.

플러스 정리 역대 주요 중앙 관제 비교(6전 조직 중심)

백제	통일 신라	발해	고려	조선	주요 업무
내신좌평	위화부	충부	이부	이조	문관 인사·왕실 사무·훈봉·고과 등
내두좌평	조부·창부	인부	호부	호조	호구·조세·어염·광산·조운 등
내법좌평	예부	의부	예부	예조	제사·의식·학교·과거·외교 등
위사·병관좌평	병부	지부	병부	병조	무관 인사·국방·우역·봉수 등
조정좌평	좌·우 이방부	예부	형부	형조	법률·소송·노비 등
	예작부·공장부	신부	공부	공조	토목·산림·영선·도량형·파발 등

약점 체크하기 ✓

PART 02

033 백제 지배층의 이해 ○정답 ①

정답찾기 제시문은 백제 무왕 때 왕비가 미륵사지 석탑에 사리장엄을 바치면서 무왕의 만수무강을 비는 내용이다.
① 백제에서 간음한 여자는 남편 집의 노비가 되었다. 간음한 남녀를 모두 사형시킨 나라는 부여이다.

플러스 정리 **백제의 사회 모습**
백제는 상무적인 기풍이 있어서 말타기와 활쏘기를 좋아하고, 형법의 적용이 엄격하였다. 반역한 자나 전쟁터에서 퇴각한 군사 및 살인자는 목을 베었고, 도둑질한 자는 유배를 보냄과 동시에 2배를 물게 하였다. 그리고 관리가 뇌물을 받거나 국가의 재물을 횡령했을 때에는 3배를 배상하고 죽을 때까지 금고형에 처하였다.

034 삼국의 귀족 합의 기구 이해 ○정답 ④

정답찾기 (가) 고구려의 제가 회의, (나) 백제의 정사암 제도, (다) 신라의 화백 제도
④ (가), (나), (다)는 당의 영향을 받지 않은 우리 고유의 제도이다.

035 신라 골품제도의 이해 ○정답 ①

정답찾기 (가) 진골, (나) 6두품, (다) 5두품, (라) 4두품
① (가)는 1등급에서 17등급까지의 관직을 모두 할 수 있으며, 특히 1등급에서 5등급까지의 관직을 독점하였다.

선지분석 ② 6두품은 6관등 아찬, 즉 시랑까지 진출이 가능하였다.
③ 역사적 사실이 아니다.
④ 3두품에서 1두품에 대한 설명이다.

036 남북국의 사회 모습 이해 ○정답 ②

정답찾기 ② 삼국 통일 이후 3두품에서 1두품은 신분구별이 점차 사라져서 일반 백성과 비슷하게 되었다.

선지분석 ① 골품제는 친족의 등급뿐만 아니라 정치·사회·일상생활에까지 영향을 주었다.
③ 발해 지배층은 고구려인, 피지배층의 다수는 말갈인이었는데 말갈인들도 일부는 지배층에 편입되기도 하였다.
④ 빈공과는 당나라의 외국인 전용 과거 시험이었으므로 당의 지식인은 응시 자격이 주어지지 않았다.

플러스 정리 **신라의 관등·관직과 골품 제도**

등급	관등명	진골	6두품	5두품	4두품	복색	중시·령	시랑·경	도독	사신	군태수	현령
1	이벌찬											
2	이찬											
3	잡찬					자색						
4	파진찬											
5	대아찬											
6	아찬											
7	일길찬					비색						
8	사찬											
9	급벌찬											
10	대나마					청색						
11	나마											
12	대사											
13	사지											
14	길사					황색						
15	대오											
16	소오											
17	조위											

037 삼국의 조세 제도 이해 　　　　　　　　　○ 정답 ①

정답찾기 ㉠ ㉡ 고대 사회의 경제생활이 귀족 중심으로 편제되면서 농민들은 국가나 귀족으로부터 수취의 대상이 되었다. 그러나 농민에 대한 과도한 수취는 농민 경제의 발전을 억누르고 농민을 토지로부터 이탈시켜 사회 체제가 동요하는 계기가 되었다. 이러한 이유로 삼국은 가능한 한 합리적인 방식으로 세금을 부과하였는데, 대체로 재산의 정도에 따라 호를 나누어 곡물과 포를 거두었으며 그 지역의 특산물도 거두었다. 또한 왕궁, 성, 저수지 등을 만들기 위하여 국가에서 노동력이 필요할 때는 15세 이상의 남자를 동원하였다.

선지분석 ㉢ 조선 후기의 상황이다.

㉣ 정전을 지급받은 것은 삼국시대가 아니라, 통일 신라 성덕왕 때이다.

038 신라 민정 문서의 이해 　　　　　　　　　○ 정답 ②

정답찾기 ② 관리에게 지급된 토지는 내시령답이다.

📖 플러스 정리 │ 민정 문서(신라 장적, 신라 촌락 문서)

1. **발견 장소**: 일본 동대사(東大寺) 정창원(正倉院)
2. **조사 지역**: 서원경(청주) 지방의 4개 촌락
3. **작성 시기**: 8세기 중엽 경덕왕 때로 추정
4. **작성자**: 3년마다 촌주(토착민)가 작성
5. **작성 목적**: 조세 징수와 부역 징발의 자료 파악
6. **내용**: 마을 면적, 토지 결수, 인구수, 호구 수, 마전(麻田), 가축 수(소 · 말), 유실수 (뽕나무 · 잣나무 · 호두나무) 등
   ① 호구 조사 방법: 9등급[기준 - 인정(사람)의 다과]
   ② 인구 조사 방법: 6등급[기준 - 남녀 구별(노비 포함), 연령별]
7. **민정 문서에 나오는 토지 종류**: 촌주위답, 연수유답, 관모답, 내시령답, 마전
   ① 촌주위답(村主位畓): 촌주에게 할당된 토지
   ② 연수유답[烟受有畓, 정전(丁田)]: 농민들이 호별로 경작하는 토지
   ③ 관모답(官謨畓): 그 소출이 국가에 들어가는 관유지
   ④ 내시령답(內視令畓): 내시령이라는 관료에게 할당된 관료전
   ⑤ 마전(麻田): 마(삼베)를 공동으로 경작하여 국가에 바치는 토지
8. **촌주**: 촌주는 왕경인(王京人)이 아닌 토착민 중에서 국가가 임명하고 그 대가로 촌주위답을 지급받았으며, 촌민으로 하여금 공동 경작하게 하였다.

039 통일 신라 토지 제도의 이해 　　　　　　　　　○ 정답 ①

정답찾기 ① 식읍은 일정 지역[읍(邑)]을 단위로 지급되었다.

선지분석 ② 관료전은 관리에게 직무 수행의 대가로 지급한 땅으로, 유가족에게는 지급되지 않았다.
③ 식읍에 대한 설명이다.
④ 전혀 관련이 없는 내용이다. 왕토사상은 삼국 시대 때부터 존재한 기본적인 토지 개념일 뿐이다.

040 신라 토지 제도의 이해 　　　　　　　　　○ 정답 ②

정답찾기 (가)는 녹읍이다. 제시문은 태조 왕건이 예산진에 가서 내린 조치로, 고려 관리들에게 자신의 녹읍에 있는 백성들을 사랑할 것을 지시한 내용이다.
㉠ 녹읍을 받은 귀족은 국가로부터 수조권과 노동력 징발권을 인정받았다.
㉣ 녹읍은 신라 시대 때부터 국가가 관료에게 직무의 대가로 지급한 논과 밭이다.

선지분석 ㉡ 지방 호족의 경제 기반은 농장이었다. 또한 녹읍 제도는 고려 태조가 통일을 이룩한 뒤에는 폐지되었다.
㉢ 식읍에 대한 설명이다.

약점 **체크하기** ✓

01 사상

041 불교 사상가(의상, 원효)의 이해 ○정답 ②

정답찾기 (가)는 의상의 「화엄일승법계도」, (나)는 원효의 「무애가」 중 일부이다. 무애는 『화엄경』의 '일체무애인 일도출생사(一切無碍人 一道出生死, 일체에 걸림이 없는 사람은 단번에 생사를 벗어난다)'에서 유래한 말이다.
② 중관파의 부정론과 유식파의 긍정론을 모두 비판하며 일심 사상으로 체계화한 것은 원효이다.

플러스 정리 통일 신라의 주요 승려

원효	• 불교 이해 기준 확립 • 저서: 『금강삼매경론』, 『대승기신론소』, 『십문화쟁론』 등 • 불교 종파 융합: 일심(一心) 사상을 바탕으로 분파 의식 극복 노력 • 여러 종파의 모순과 상쟁을 높은 차원에서 융화하려는 화쟁 사상 주장 • 민중 불교인 정토종(아미타 신앙) 보급 ⇨ 불교 대중화 기여 • 법성종(교종 종파) 개창
의상	• 모든 존재는 상호 의존적, 조화를 이룬다는 화엄 사상 정립 • 저서: 「화엄일승법계도」 등 • 화엄 사상을 바탕으로 화엄종 교단 형성, 부석사 등 건립 • 아미타 신앙과 함께 관음 신앙 전파 ⇨ 불교 대중화 기여 • 전제 왕권, 중앙 집권 체제 뒷받침, 신라 사회 통합에 기여 • 문무왕 때 정치적 조언을 함[민심(民心)의 성을 쌓으라고 제안].
원측	당에서 유식 불교 연구, 서명사에서 강의
혜초	인도 성지 순례, 인도 및 중앙아시아의 풍물을 기록한 『왕오천축국전』 저술

042 불교 사상가(원효)의 이해 ○정답 ④

정답찾기 제시문은 원효가 화쟁 사상을 주장한 『십문화쟁론』의 내용 중 일부이다.
㉠ 원효는 아미타 신앙(정토종)을 통하여 불교 대중화를 도모하였다.
㉣ 원효는 『대승기신론소』에서 대승 불교의 중관파와 유식파를 통합하여 일심 사상을 체계화하였으며, 불교 종파 통합사상인 화쟁사상을 주장하였다.

선지분석 ㉡ 자장(신라 상대), ㉢ 원광(신라 상대)에 대한 설명이다.

043 통일 신라 유학의 이해 ○정답 ②

정답찾기 (가) 국학(신문왕), (나) 독서삼품과(원성왕)
㉠ 성덕왕 때 공자와 10철(哲, 공자의 제자 중 뛰어난 10사람), 72제자의 화상(畫像)을 가져와 국학에 안치시켜 문묘 제도의 효시가 되었다.
㉢ 국학에는 12관등 대사에서 17관등 조위까지 귀족(진골~4두품)의 자제들이 입학하였다.

선지분석 ㉡ 『주자가례』는 고려 말 신진 사대부에 의해 도입되었다.
㉣ 국학은 당의 영향을 받았으나, 독서삼품과는 신라의 독자적인 제도이다.

044 최치원의 업적 이해 고난도 ○정답 ④

정답찾기 제시글은 최치원이 쓴 '토황소격문'이다.
④ 최치원은 6두품이었기에 5관등 대아찬에 올라갈 수 없었다. 최치원은 시무책(時務策) 10여 조를 진성 여왕에게 올려 개혁을 요구하고 아찬의 벼슬에 올랐다.

플러스 정리 고운(孤雲) 최치원(857~미상)

신라 하대 학자로 6두품이다. 12세에 당나라에 유학하여 18세에 빈공과에 합격한 후 당나라에서 관료 생활을 시작한 최치원은 황소의 난(879) 때 반란군을 진압하는 글인 '토황소격문(討黃巢檄文)'으로 그 이름을 널리 떨치게 되었다.
885년 헌강왕 때 귀국하여 왕실에서 외교 문서를 작성하는 등 많은 일을 하였으나, 신라는 헌강왕 이후 왕이 두 번이나 교체되었고 진성 여왕 때는 조세의 문란으로 원종 · 애노 등 농민 반란이 일어나는 등 신라 사회는 붕괴를 눈앞에 두고 있었다. 이에 최치원은

895년 전국적인 내란의 와중에서 사찰을 지키다가 전몰한 승병들을 위해 만든 해인사 경내의 한 공양탑(供養塔)의 기문(記文)에서 당시의 처참한 상황에 대해, "당토(唐土)에서 벌어진 병(兵) · 흉(凶) 두 가지 재앙이 서쪽 당에서는 멈추었고, 동쪽 신라로 옮겨와 그 험악한 중에도 더욱 험악해 굶어서 죽고 전쟁으로 죽은 시체가 들판에 별처럼 흐트러져 있었다."고 적었다. 최치원은 진성 여왕 때 개혁을 요구하는 시무 10조를 지어 아찬에 올랐지만 진골 귀족들의 반대로 뜻을 펼 수 없게 되자, 지방으로 낙향하였다. 최치원이 즐겨 찾은 곳은 경주의 남산, 강주(경상북도 의성)의 빙산, 합천의 청량사, 지리산의 쌍계사, 합포현(창원)의 별서 등이었다고 한다. 이 밖에도 부산의 해운대를 비롯해 그의 발자취가 머물렀다고 전하는 장소가 여러 곳 있다.
대표 저서로는 『계원필경』, 『제왕연대력』, 4산 비명(숭복사비, 쌍계사 진감선사비, 봉암사 지증대사비, 성주사 낭혜화상비) 등이 있다.

02 예술

045 삼국 문화유산의 이해 ○정답 ②

정답찾기 ② 도굴이 어려운 구조는 신라의 돌무지 덧널 무덤이다. 무령왕릉은 지하에 있었기 때문에 발견되지 않았다.

046 고대 석탑 · 승탑의 이해 ○정답 ④

정답찾기 (가) 백제의 익산 미륵사지 석탑, (나) 통일 신라의 불국사 3층 석탑(석가탑), (다) 신라 하대의 진전사지 3층 석탑, (라) 신라 하대의 쌍봉사 철감선사 승탑
④ 신라 하대에 지방에서는 반독립적 세력인 호족들이 성장하여 중앙 정부를 비판하였다.

선지분석 ① 익산 미륵사지 석탑은 아미타 신앙이 아니라 미륵 신앙이 반영된 현존하는 최고(最古)의 석탑이다.
② 불국사 3층 석탑은 신라 중대(통일 신라)에 건립된 것으로, 세계에서 가장 오래된 목판 인쇄물인 무구 정광 대다라니경이 발견되었다.
③ 이중 기단 위에 3층으로 쌓은 통일 신라의 전형적인 석탑으로는 불국사 3층 석탑(나), 감은사지 3층 석탑, 화엄사 4사자 3층 석탑 등이 있다. (다) 진전사지 3층 석탑은 기단과 탑신에 부조로 불상을 새겨 장식성이 강한 것이 특징이다.

047 신라 문화재의 이해 ○정답 ②

정답찾기 (가) - 신라 상대, (나) - 신라 중대, (다) - 신라 하대
㉠ (가) - 선덕 여왕(신라 상대), ㉢ (나) - 경덕왕(신라 중대)

선지분석 ㉡ (가) - 선덕 여왕, ㉣ (나) - 경덕왕 때 시작, 혜공왕 때 완성

048 고대 도성의 이해 고난도 ○정답 ③

정답찾기 ③ 고구려 오녀산성은 고구려 초기 수도인 졸본성의 방어용 산성으로 축조되었다. 오녀산성은 국내성으로 천도한 이후에도 군사적으로 중요한 역할을 하였을 것이라 추정된다.

선지분석 ① 고구려 평양에는 평원왕 때(586) 평지성인 안학궁과 배후 산성인 대성산성이 결합하여 평양성(장안성)이 건립되었고, 북성 · 중성 등 4개의 성곽으로 이루어졌다.
② 백제 사비도성에는 수도를 보완하기 위해 부소산성을 중심으로 나성을 쌓았다.
④ 발해의 수도 상경은 당의 장안성을 모방하여 직사각형의 내 · 외성, 주작대로를 만들었다.

01 고려의 성립과 전기 주요 국왕의 업적

049 사심관 제도와 기인 제도의 이해 ○정답 ④

정답찾기 (가) 사심관 제도, (나) 기인 제도
④ 인질 제도인 기인 제도는 통일 신라의 상수리 제도와 마찬가지로 지방 세력을 경계하기 위해 실시되었다.

선지분석 ① 광종의 과거 제도, ② 조선 정조의 초계문신제, ③ 조선 시대의 유향소에 대한 설명이다.

050 태조와 성종의 이해 ○정답 ②

정답찾기 (가) 고려 태조의 훈요 10조, (나) 최승로의 시무 28조(고려 성종)
② 광군을 조직하여 거란의 침입에 대비한 것은 정종이다.

선지분석 ① 태조 왕건은 애민 정책으로 토지의 비옥도를 3등급으로 나누고 조세율은 1/10로 낮추어 과도한 세금 징수를 막았다.
③ 성종은 유학 교육을 진흥하기 위해 교육 조서를 발표하고 중앙에 국자감을 설치하였다.
④ 서경에 설치한 분사 제도는 태조 때 처음 실시하였고 성종 때 정비하였다.

플러스정리 태조의 업적
• 애민 정책: 조세 감면(1/10), 흑창 설치
• 북진 정책: 고구려 계승 이념 표방, 북방 영토 확장, 거란에 대한 강경책
• 호족 세력 통합 정책: 회유책(정략결혼, 사성 정책), 견제책(사심관 제도, 기인 제도)
• 숭불 정책: 연등회와 팔관회 중시
• 기타: 『정계』와 『계백료서』, 역분전 지급

051 고려 태조 왕건과 광종의 업적 이해 ○정답 ①

정답찾기 제시문은 최승로의 5조 정적평으로, (가)는 태조, (나)는 광종이다.
① 태조의 정책이다.

선지분석 ② 묘청, ③ 성종, ④ 정종과 묘청에 대한 설명이다.

플러스정리 광종의 업적
• 왕권 강화: 과거 제도(958, 신·구세력 교체), 공복 제정(960), 칭제건원, 독자적 연호(광덕, 준풍) 사용, 노비안검법(956, 호족 세력 약화), 주현공부법(949)
• 송과의 통교(962), 제위보 설치(빈민 구제 기금), 불교 정비(균여, 귀법사 창건 ⇨ 사상 통합 시도)

052 고려 발전 과정의 이해 고난도 ○정답 ②

정답찾기 (가) 역분전 지급(940, 태조 23년), (나) 개정 전시과 실시(998, 목종 원년)
② 성종 때 전국 12목에 지방관을 파견하면서 호장, 부호장 등의 향리 직제가 마련되었다.

선지분석 ① 감무관 파견(1106, 예종 원년), ③ 나성 축조(1029, 현종 20년), ④ 남경개창도감 설치(1101, 숙종 6년)

02 제도사①-중앙·지방 제도

053 최충 관련 관제의 이해 ○정답 ③

정답찾기 제시문은 문헌공 최충의 약력이다.
③ ㉢ 문하시중은 중서문하성의 수상이다. 상서성의 최고 관직은 상서이다.

054 고려 지방 행정의 이해 ○정답 ④

정답찾기 ④ 사심관은 출신 지역이 아니라, 개경에 거주하였다.

055 고려 향리의 이해 ○정답 ②

정답찾기 밑줄 친 '토성(土姓)의 아전'은 향리이다.
㉡ 향리들은 향역에 대한 대가로 전시과의 토지인 외역전을 지급받았다.
㉣ 현종은 지방 제도 정비와 함께 향리와 귀족의 신분을 구별하기 위해 향리 공복 제도를 만들었다(1018).
㉤ 태조 왕건은 지방 호족에게 지방 자치를 허용해 준 대신, 그 지방 출신의 중앙 관리인 사심관을 통해 부호장 이하 지방 향리에 대한 임명권과 연대 책임을 묻게 하는 사심관 제도를 실시하여 호족 세력을 견제하였다.

선지분석 ㉠ 향리는 문과(제술과, 명경과) 응시가 가능하였다.
㉢ 향리의 자제들은 기인으로 선발되어 개경에 머무르면서 자기 출신 지역에 대한 자문을 하게 하였다.

056 역대 관제의 이해 고난도 ○정답 ③

선지분석 ㉡ 발해의 신부는 법률 담당 기관이 아니라 국가의 산택(山澤)과 토목(土木)에 관한 행정을 담당한 기관이다.
㉢ 발해의 중대성은 감찰 담당 기관이 아니라 왕명을 작성하고 정책을 심의하는 기관이다.

플러스정리 시기별 각 나라의 주요 관제

구분	통일 신라	발해	고려	조선
국정 총괄	집사부	정당성	중서문하성	의정부(전기) ⇨ 비변사(후기)
법률 담당	좌·우 이방부	예부	형부	형조
감찰 담당	사정부	중정대	어사대	사헌부
합의 제도	화백제도	정당성	도병마사	의정부(전기) ⇨ 비변사(후기)

03 제도사② −군사·교육 제도

057 고려의 군사 제도 이해　　　　　　　○ 정답 ③

정답찾기 제시문은 고려의 2군 6위에 대한 설명이다.
③ 중앙군 중 경군은 직업군인으로 군인전을 지급받았고, 군반씨족이었기 때문에 그 역(役)을 자손에게 세습할 수 있었다.

선지분석 ① 10위는 발해의 중앙군이다.
② 조선 세조 때 진관체제를 두었다.
④ 고려는 5도에 주현군을, 양계에 주진군을 설치하였다.

플러스 정리 | 고려의 군사 조직

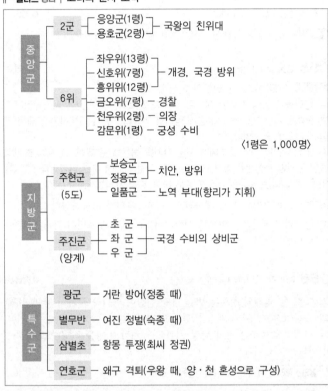

058 고려 시대 교육의 이해　　　　　　　○ 정답 ④

정답찾기 (가) 9재 학당, (나) 관학 7재
④ 예종이 국립 대학 안에 7재를 설치하고, 장학 재단인 양현고를 설치한 것은 모두 관학 진흥책의 일환이다.

선지분석 ① 시중 최공도(최충)는 그의 사후에 문헌공도라고 불렸다. 홍문공도는 정배걸이 세운 사학이다.
② 사학 12도는 수도 개경에 세워졌다.
③ 관학 7재는 예종 때 국학 안에 설치한 전문 강좌이다.

플러스 정리 | 7재
예종 때 관학 진흥책으로 국자감을 국학으로 개칭하고 국학 안에 7재라는 전문 강좌를 두었다. 이는 전문별 유학 6재와 무학재를 포함한 것으로 최충의 9재 학당을 모방한 것이다. 그러나 무학재는 인종 때 6학 설치와 함께 폐지되었다(⇨ 고려의 숭문경무 사상 반영, 무신 정변의 원인).

059 고려 과거 제도의 이해　　　　　　　○ 정답 ①

정답찾기 밑줄 친 '이 제도'는 고려의 과거제도이다.
① 고려 시대에 관리 등용 제도로는 과거와 음서 등이 있었으나, 무과는 시행되지 않았다. 무과는 고려 말 공양왕(1390) 때에 이르러 처음 설치되었다.

선지분석 ② 승려들에게 승계(僧階)를 주기 위해 시행된 승과는 선종시(전등록으로 응시)와 교종시(화엄경으로 응시)로 나누어 실시되었다.
③ 고려 시대에 과거 시험관인 지공거와 합격자는 좌주와 문생의 특별한 관계로 맺어져 문벌을 강화시키는 결과를 가져왔다.
④ 양인 이상의 자제는 누구나 과거에 응시할 수 있었으나, 양인들이 문과에 급제하여 관리로 진출하는 것이 현실적으로 쉽지 않았기 때문에 주로 잡과에 응시하였다.

060 고려 음서 제도의 이해　(고난도)　　　○ 정답 ②

정답찾기 ㉠ 왕실 및 공신의 후손, 5품 이상 관원의 자손은 무시험으로 관리로 등용되는 음서의 혜택을 받았다.
㉢ 음서 제도는 법으로 18세 이상이나 현실에서는 15세 전후였으며, 10세 미만이 혜택을 받은 적도 있었다.

선지분석 ㉡ 고려 시대에 음서 출신으로 등용된 사람은 고위 관직 진출에 제한이 없었다.
㉣ 음서에는 왕의 즉위와 같은 국가의 경사가 있을 경우에 주는 특별음서도 있었으나, 대부분은 5품 이상 고관의 자손에게 주는 정규 음서였다.

04 문벌 귀족의 성립과 동요 및 무신 집권기

061 문벌 귀족(이자겸)의 이해　　　　　　○ 정답 ③

정답찾기 밑줄 친 '그'는 이자겸이다. 이자겸은 예종과 인종 때 왕실과 혼인 관계를 맺어 외척으로서의 지위를 이용하여 정권을 장악한 인물로, 인종 때에는 거듭 외척이 되면서 그 세력이 왕권을 능가하게 되었다. 이에 자신의 집에 의친궁 숭덕부라는 이름을 붙이고, 자신의 생일을 인수절이라고 부르기까지 하였다.
③ 이자겸과 같은 문벌 귀족은 음서를 통하여 관직을 독점하고, 공음전을 통해 경제적 지위를 보장받았다.

선지분석 ①·② 권문세족, ④ 무신에 대한 내용이다.

062 묘청과 김부식의 이해　　　　　　　○ 정답 ③

정답찾기 (가) 묘청의 주장, (나) 김부식의 주장
㉢·㉣ 김부식은 묘청의 난을 직접 진압한 이후 인종의 명으로 사마천의『사기』체제에 입각하여 기전체 사서인『삼국사기』를 편찬하였다.

선지분석 ㉠ 묘청은 국호를 대위, 연호를 천개로 정하고 서경(평양)에서 반란을 일으켰다. 웅천주(공주)에서 반란을 일으킨 것은 신라 하대 김헌창이다[김헌창의 난(822, 헌덕왕 14년)].
㉡ 서경파(묘청 등)가 칭제건원을 주장하고 금국 정벌론을 내세워 서경 천도 운동(대화궁 신설)을 추진하였다.

플러스 정리 | 서경파와 개경파

구분	서경파	개경파
중심인물	묘청, 정지상, 백수한	김부식, 김인존, 윤언이(문벌 귀족)
지역	서경	개경
사상	풍수지리설, 불교	유교
대외 정책	북진 정책	사대 정책
주장	칭제건원론, 금국 정벌론	송에 이용당할 것을 우려, 사대 주장
역사의식	고구려 계승 의식	신라 계승 의식

063 고려 사건 순서의 이해 　　　　　　　○정답 ②

정답찾기 무신 정변 발생(1170) ⇨ (가) ⇨ 최충헌 집권(1196) ⇨ (나) ⇨ 최우 집권(1219) ⇨ (다) ⇨ 최의 집권(1257) ⇨ (라) ⇨ 왕정 복구(1270)
② 무신 정변에 대한 반발로 발생한 조위총의 난(1174)은 (가) 시기이다.

선지분석 ① (가) 시기에 망이·망소이의 난(1176)이 일어났다.
③ (다) 최우 집권기에 상정고금예문을 금속 활자로 인쇄하였다(1234).
④ (다) 시기에 충주 다인철소가 현으로 승격되었다(1255).

플러스정리 무신 집권기의 변화

1170	1174	1179	1183	1196	1219	1249	1257	1258	1268	1270	1271
이의방	정중부	경대승	이의민	최충헌	최우		최항	최의	김준	임연	임유무
중방	중방, 도방	중방	교정도감, 도방	교정도감, 정방, 서방			교정도감, 정방				
연합 정권·사회 동요기			1인 독재·사회 안정기				무인 정권 몰락기				
反무신난 김보당의 난(1173), 조위총의 난(1174), 귀법사·중광사의 봉기(1174)·민란(망이·망소이의 난(1176))	전주 관노의 난(1182)		김사미·효심의 난(1193)	만적의 난(1198)·광명·계발의 난(1200)·이비·패좌의 난(1202)·최광수의 난(1217)	이연년의 난(1237)						

064 최충헌과 최우의 이해 　（고난도）　　　　　○정답 ③

정답찾기 (가) 최충헌, (나) 최우
신종은 1197년 최충헌이 명종을 폐하고 새로 옹립한 왕이다. 정방은 최우가 자기 집에 설치하고 문무백관의 인사 행정을 담당하던 정치 기구이다.
㉠ 최충헌은 선종 계통의 불교인 조계종을 후원하여 순천의 수선사 결사 운동을 지원하였다.
㉡ 최충헌은 중방을 약화시키고 최씨 정권의 최고 권력 기구인 교정도감을 설치하였으며, 도병마사를 부활시켰다.
㉣ 신품 사현은 신라와 고려의 대표적인 서예가 4명을 이르는 말로 김생, 탄연, 최우, 유신을 가리킨다. 이는 이규보의 『동국이상국집』에서 비롯되었다.
㉤ 최우는 최충헌의 도방을 계승·강화하여 내·외도방(內外都房)으로 개편하였고, 기병대로서 최씨 정권의 호위를 위한 사병 집단인 마별초를 만들었다.

선지분석 ㉢ 최우의 업적이다.
㉥ 최충헌에 대한 설명이다.

05 　**대외 관계**

065 고려 대외 관계의 순서 파악 　　　　　　○정답 ④

정답찾기 ㉣ 광군 설치(947, 정종) ⇨ ㉢ 송과 외교 관계 체결(962, 광종) ⇨ ㉡ 거란의 3차 침입(1019, 현종) ⇨ ㉠ 금과 사대 체결(1126, 인종)

066 고려의 발전 과정 이해 　　　　　　　　○정답 ①

정답찾기 왕규의 난(945, 혜종) ⇨ 강조의 정변(1009, 목종) ⇨ 이자겸의 난(1126, 인종) ⇨ 조위총의 난(1174, 명종) ⇨ 흥왕사의 난(1363, 공민왕)
① (가) 서희의 외교 담판(993, 성종 9년)으로 청천강 이북, 압록강 어귀의 강동 6주를 얻었다.

선지분석 ② (라) 시기인 무신 집권 때 삼국 부흥을 외치는 민란이 발생하였다.
③ (라) 시기 중 최우 정권기에 몽골과의 항쟁을 위해 강화도로 수도를 옮기고 백성들에게 산성과 해도(海島)에 들어가도록 독려하는 정책을 펼쳤다.
④ (나) 시기인 현종 때 강감찬의 주장으로 개경에 나성을 쌓았다.

067 고려 사건 순서의 이해 　　　　　　　　○정답 ③

정답찾기 (가) 강감찬의 귀주 대첩(1019, 현종 10년), (나) 윤관의 별무반 조직(1104, 숙종 9년)
③ 거란의 3차 침입(1018, 현종 9년)을 물리친 뒤 『7대실록』을 편찬하였다.

선지분석 ① 윤관은 숙종 때 별무반을 조직하였고 예종 때 여진족을 정벌하고 동북 9성을 축조하였다(1107).
② 강조의 정변(1009)을 구실로 거란의 2차 침입이 이루어졌다(1010, 현종 원년).
④ 최우 집권기 때 몽골을 물리치기 위해 대장도감을 두고 (재조)대장경을 만들었다.

068 고려 대외 관계의 이해 　　　　　　　　○정답 ②

정답찾기 (가) 요(거란), (나) 금(여진), (다) 몽골
② 고려는 (가) 거란의 침입에 대비하여 광군을 조직하였다.

06 　**원 간섭기 및 자주 반원 정책**

069 원 간섭기의 상황 이해 　　　　　　　　○정답 ①

정답찾기 제시문은 원 간섭기의 사회 모습이다.
㉠ 원의 공녀 요구로 결혼도감을 설치하였으며, 사냥에 필요한 매를 징발하기 위하여 응방을 설치하고 해동청(보라매)을 사육하였다.
㉡ 원나라는 남해안 요충지에 만호부를 설치하여 고려의 군사 조직에 영향력을 행사하였다.

선지분석 ㉢ 조선 후기 상황이다.
㉣ 상감 청자는 무신 정변을 전후(12세기 중엽~13세기 중엽)하여 전성기를 맞았으나, 원 간섭기에 쇠퇴하였다. 송설체는 고려 후기에 유행하였는데 충선왕 때의 이암이 가장 뛰어났다.
㉤ 도평의사사는 70~80명의 권문세족으로 구성되었다.

플러스정리 원 간섭기 관제·용어의 변화

원 간섭 전		원 간섭 후
2성(중서문하성, 상서성)		첨의부
6부	이부	전리사
	예부	
	호부	판도사
	병부	군부사
	형부	전법사
	공부	폐지
도병마사		도평의사사(도당)
중추원		밀직사
어사대		감찰사
문하시중		첨의중찬
상서		판서
조(祖)·종(宗)		충○왕(王)
폐하·태자·짐		전하·세자·고

070 공민왕의 업적 이해 　　　　　　　　　○정답 ②

정답찾기 괄호 안에 들어갈 국왕은 반원 자주 정책을 시행하였던 고려 공민왕이다.
② 공민왕은 정동행성 이문소를 폐지하고 최영으로 하여금 요동 지방을 공략하게 하였다.

선지분석 ① 공민왕은 원나라 연호 사용을 중지하고 독자적 연호가 아닌 명나라 연호를 사용하였다.
③ 우왕, ④ 충선왕 때 일이다.

071 고려 충렬왕 재위 시기의 이해 　　　　○ 정답 ④

정답찾기 제시문은 충렬왕(1274~1308) 때 일이다. 충렬왕 때 왕에 관한 칭호가 조(祖)・종(宗)에서 왕(王)으로 격하되었고, 원의 강요로 일본 원정이 2차례 이루어졌으나 실패하였다. 2차 일본 원정 때 정동행성을 설치하였으나 일본 원정이 실패하자 이후 고려의 내정 간섭 기구로 변화되었다.
④ 충렬왕 때 일이다.

선지분석 ① 충선왕, ② 공민왕 때 일이다.
③ 원은 충렬왕 때 탐라총관부와 동녕부를 돌려주었다. 그러나 쌍성총관부는 공민왕 때 원으로부터 탈환하였다.

072 충렬왕 재위 시기 편찬 서적의 이해 　고난도　 　　○ 정답 ④

정답찾기 밑줄 친 '왕'은 고려 충렬왕이다. 충렬왕 때 도병마사의 명칭이 도평의사사로 바뀌었으며, 구성원이 확대되고 권한도 더욱 강화되었다.
④ 이규보의 『동명왕편』은 고려 명종 때 편찬되었다.

선지분석 ① 일연의 『삼국유사』는 충렬왕 때 편찬되었다.
② 이승휴의 『제왕운기』는 충렬왕 때 편찬되었다.
③ 이제현의 『사략』은 공민왕 때 편찬되었다.

약점 체크하기 ✓

01 신분 제도

073 고려 사회제도의 이해 ○정답 ①

정답찾기 제시문은 고려의 형벌 제도이다. 특히 귀향형은 고려 중앙 귀족에게만 해당되는 형벌제도이다.

① 중류층인 서리는 중앙 관청의 말단직으로 행정 실무를 담당하였다.

선지분석 ② 향리 자제들이 제술과, 명경과 응시가 가능하였다.

③ 짐승을 잡는 화척, 버들고리를 만들어 파는 양수척은 대개 거란이나 여진에서 귀화한 사람들로 이들에게는 국역의 의무가 없었기에 호적에 등재되지 않았다.

④ 고려는 일부일처제 사회였으나 축첩제도를 법으로 금지하지는 않았다.

074 고려 신분 제도의 이해 ○정답 ④

정답찾기 ④ 매매·상속·증여의 대상인 노비는 소유주에 따라 공노비(입역·외거 노비)와 사노비(솔거·외거 노비)로 구분되었는데, 공·사노비 중 주인과 따로 떨어져 사는 외거 노비는 독자적인 생활 기반[자기 재산(토지), 집, 가족]을 가질 수 있었다.

선지분석 ① 중류층에는 중앙 관청에서 실무를 담당하는 서리와 궁궐에서 실무를 담당하는 남반이 있었다.

② 고려의 귀족 세력은 5품 이상이다.

③ 고려의 백정은 천민이 아니라 직역이 없는 일반 농민을 뜻한다.

플러스 정리 | 고려의 신분 제도

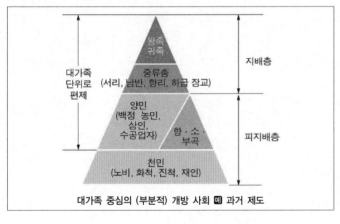

대가족 중심의 (부분적) 개방 사회 예 과거 제도

075 향·소·부곡민의 이해 ○정답 ①

정답찾기 ⊙은 고려 향·소·부곡의 '소'이다.

① 특수 행정 구역인 향·소·부곡에 거주한 이들은 양민인 군현민에 비하여 더 많은 세금 부담을 지고 있었다. 거주지도 제한되어 다른 지역으로 이주하는 것이 원칙적으로 금지되었다.

선지분석 ② 향·소·부곡민들은 신량역천으로 양인과 마찬가지로 국역의 의무를 지었기에 조세를 부담하였다.

③ 노비에 대한 설명이다.

④ 향·소·부곡민들은 과거도 볼 수 없었다.

076 권문세족의 이해 ○정답 ②

정답찾기 제시문은 왕실 간의 동성혼을 금지하는 충선왕의 교지로, 제시문과 관련된 지배 계층은 권문세족이다.

선지분석 ⓒ 무신(무신 집권기), ⓒ 혁명파 신진 사대부(정도전·조준)에 해당한다.

플러스 정리 | 문벌 귀족·권문세족·신진 사대부의 비교

구분	문벌 귀족	권문세족	신진 사대부
대두 시기	전기(성종 이후)	후기(무신 정권 붕괴 이후)	후기(무신 집권기) ⇨ 말기에 부각
출신 성향	호족(대부분)	• 전기부터 이어 온 가문 • 무신 정권기에 대두한 가문 • 원을 배경으로 등장한 가문	• 하급 관리 • 향리
정치 성향	• 보수적 • 관직 독점(그러나 관직에 집착하지 않음. ⇨ 보다 귀족적)	• 보수적 • 관직 독점 (도평의사사 장악)	• 진취적 ⇨ 개혁 정치 강조 • 신흥 관료 ⇨ 능력 중시
경제적 기반	• 공음전(세습) • 전시과	농장 (재경부재 대지주)	중소 지주 (재향 중소 지주)
정계 진출	음서·과거	주로 음서	과거
학문	훈고학	훈고학	성리학
불교	지지	지지	비판
외교	전기: 친송 정책 ⇨중기: 금에 사대 응락	친원 정책	친명 정책
세력 유지	왕실과의 통혼	원과 결혼	능력 중시

약점 체크하기 ∨

02 사회 정책과 생활 모습

077 고려 사회의 이해　　　　　　　　　　　○정답 ④

정답찾기 ④ 동·서활인서는 조선 시대의 의료 시설이다.

078 고려 사회 이해　　　　　　　　　　　○정답 ④

정답찾기 제시문은 고려 팔관회에 대한 내용이다.
④ 고려 때 화폐의 출납을 담당하는 관청으로 삼사를 두었다.

선지분석 ① 조선 사회의 모습이다. 성종 때 완성된 『경국대전』에 의해 조선은 형법과 민사에 대한 사항을 규율하였다.
② 신라 하대 상황이다.
③ 고려 관리들과 향리들은 국가로부터 전지와 시지의 수조권을 지급받았다.

079 고려 가족 제도의 이해　　　　　　　　　○정답 ①

정답찾기 제시문은 인종 때 송나라 사신으로 고려에 왔던 서긍의 『고려도경』에 실린 고려청자에 대한 글이다.
㉠ 고려 시대에 제사는 아들딸 구분 없이 자녀가 돌아가면서 맡는 윤행(輪行)이 관행이었다.
㉡ 고려 민간에서 행해진 향도 제도는 전기에는 불상, 석탑을 만들거나 절을 지을 때 주도적 역할을 하였고, 후기에는 마을의 노역, 혼례와 상장례, 마을 제사 등을 주관하는 농민 공동 조직의 기능을 수행하였다.

선지분석 ㉢ 고려 때 재산 상속은 자녀 균분 상속으로 이루어졌으나, 모계 원리에 의해 이루어진 것은 아니었다.
㉣ 고려는 일반적으로 일부일처제 사회였으며, '다처병첩' 제도가 법적으로 허용되지 않았다.

플러스 정리 고려·조선 전기와 조선 후기의 사회생활 비교

구분	고려 ~ 조선 전기		조선 후기
생활윤리	전통적 생활윤리 (불교·민간 신앙)		성리학적 생활윤리 보급(민간 신앙·풍습을 음사로 규정)
가족 제도	양측적 방계 사회(부계·모계가 함께 영향)		부계 위주 형태
혼인 형태	남귀여가혼(=데릴사위제, 서류부가혼, 솔거혼)		친영 제도
재산 상속	남녀 균분 상속		장자 중심 상속
제사 담당	자녀 윤회 봉사		장자 봉사
여성 지위	가정 내 지위가 비교적 높음.		남존여비
족보	출생 순 자녀 기록		아들 먼저 기록

사림의 향촌 지배 강화 ⇨ 『주자가례』와 향약 보급

080 고려 사회 제도의 이해 (고난도)　　　　　○정답 ③

정답찾기 괄호에 들어갈 행사는 팔관회이다. 팔관회는 도교와 민간 신앙 및 불교가 어우러진 행사로, 연등회와 함께 고려의 2대 의식이었다. 고려 태조는 훈요 10조에서 불교를 숭상하고 연등회와 팔관회 등 불교 행사를 성대하게 개최할 것을 당부하였다. 이후 성종 때 최승로는 시무 28조를 올려 유교의 진흥과 과도한 재정 낭비를 가져오는 불교 행사의 억제를 요구하여 팔관회와 연등회가 폐지(987)되기에 이르렀다. 하지만 팔관회는 11세기 초에 다시 부활한 후, 고려 전(全) 시기에 걸쳐 거의 매년 거행되었다.

선지분석 ㉢ 예종 때 복원관은 도교 행사를 위해 설치되었다.

플러스 정리 연등회와 팔관회

연등회	팔관회
불교 행사	토착 신앙(도교) + 불교
전국적 행사	개경·서경
연초에 실시	연말(10월, 11월)에 시행
	공무역이 이루어짐.

약점 체크하기 ✓

01 토지 제도와 수취 제도

081 전시과 제도의 이해　　　　　　　　　　○정답 ③

정답찾기　(가) 개정 전시과, (나) 경정 전시과
ⓒ (가) 개정 전시과에서 퇴직 관리인 산관에 대한 토지 지급이 감소되었다.
ⓒ 경정 전시과의 내용이다.

선지분석　㉠ ② 시정 전시과에 대한 설명이다.

플러스 정리 | 고려 토지 제도의 정비 과정

구분	시기	지급 대상자	지급 기준	특징	지급 규모
역분전	태조	개국 공신	성행(性行), 공로	논공행상적	경기 대상
시정 전시과	경종	문무 직·산관	관직의 고하와 인품	역분전을 모체로 함.	전국적 규모-전지+시지 지급
개정 전시과	목종	문무 직·산관	관직	·18품 전시과 ·군인전 명시 ·산직 지급 액수 감소 ·한외과 지급	
경정 전시과	문종	문무 현직 관리	관직	·공음전시과의 법제화 ·무관 차별 개선 ·한외과(限外科) 소멸 ⇨ 외역전 별사과 지급	

082 고려 토지 제도의 이해　　　　　　　　　　○정답 ①

정답찾기　① 군인전은 중앙군(경군)에게 지급된 토지로, 직업을 세습하면 토지도 세습되었다.

선지분석　② 한인전은 6품 이하의 관직에 오르지 못한 자에게 지급한 토지이다.
③ 외역전은 향리들에게 향역의 반대급부로 지급된 토지이다.
④ 공해전은 관청에서 필요한 경비를 마련하기 위해 지급된 토지이다.

083 고려 경제·사회 제도의 이해　　　　　　　　○정답 ③

정답찾기　㉠ 백정 박씨는 민전에서 수확한 곡식의 1/10을 병마사 최씨에게 바쳤다.
ⓒ 양계(북계와 동계)의 병마사는 정3품이고, 5도의 안찰사는 5·6품의 관리였다.
ⓒ 백정 김씨는 국가 토지를 빌려 경작하였기에 지대로 수확량의 1/4을 바쳤다.

선지분석　② 박씨는 주진군에, 김씨는 주현군에 편입되었다.

084 전시과 제도의 이해　(고난도)　　　　　　　○정답 ②

정답찾기　㉠ 역분전, ⓒ 시정 전시과, ⓒ 개정 전시과, ② 경정 전시과
② 시정 전시과는 전국의 토지를 대상으로 지급하였다. 경기 8현의 토지를 지급한 것은 녹과전(1271, 원종 12년)이다.

선지분석　① 역분전은 고려 태조 때 개국 공신들에게 충성도와 인품에 따라 경기에 한하여 지급한 토지이다.
③ 개정 전시과(998, 목종 원년)에서는 토지의 지급 기준이 관등으로 일원화되었고, 시정 전시과에는 없었던 군인에 대한 수급(군인전)이 명시되었다. 무관은 같은 품계의 문관에 비해 전시를 적게 지급받았고, 18품 이하의 한외과(限外科)에 대해서는 시지가 지급되지 않고 토지 17결만 지급되었다.
④ 경정 전시과(1076, 문종 30년)에서는 개정 전시과에 비해 토지 지급량이 감소하여 제1과는 전지 100결, 시지 50결을 지급받았다. 또한 문종은 녹봉 제도를 정비하여 현직 관료에게 쌀·보리·베·비단 등을 지급하였다.

02 경제 정책과 경제생활

085 고려 경제생활의 이해　　　　　　　　　　○정답 ③

정답찾기　제시문은 고려 숙종 때 만든 활구(은병)에 대한 내용이다.
③ 송나라는 고려에서 금·은·나전 칠기·화문석·인삼·먹 등을 수입해 갔다. 면포는 조선에서 일반화된 것으로, 고려 때 송과의 수출품이 될 수 없다.

086 고려 농업의 이해　　　　　　　　　　　　○정답 ③

정답찾기　제시문은 원 간섭기 충렬왕 때 편찬된 사서인 일연의 『삼국유사』에 대한 설명이다.
㉠ 고려 전기부터 2년 3작의 윤작법이 보급되기 시작하여 이후 점차 확대되었다.
ⓒ 고려 때 퇴비를 생산하는 단계에 이르면서 휴경지가 줄어들었다.
ⓒ 고려 전기 우경에 의한 심경법이 보급되어 이후 확대되었다.

선지분석　② 조선 후기 상황이다.

087 고려 대외 무역의 이해　　　　　　　　　　○정답 ④

정답찾기　④ 고려는 송으로부터 비단, 약재, 책, 악기 등을 수입하였고, 금, 은, 인삼, 종이, 붓, 먹, 부채, 나전 칠기, 화문석 등을 수출하였다.

선지분석　① 고려와 가장 활발하게 교역을 한 나라는 송이었고, 고려 때 일본과의 교역은 저조하였다.
② 여진은 은, 모피, 말 등을 식량, 철제 농기구 등으로 바꾸어 갔다.
③ 대식국인으로 불린 아라비아 상인들은 주로 송을 거쳐 고려와 교역하였다.

088 사건 순서 파악　　　　　　　　　　　　　○정답 ③

정답찾기　(나) 시정 전시과 제정(976, 경종 원년) ⇨ (가) 활구 주조(고려 숙종) ⇨ (다) 소금 전매제 시행(1309, 충선왕)

01 역사학, 유학, 한문학

089 고려 역사서의 이해 ○ 정답 ③
정답찾기 (가) 『삼국사기』, (나) 『삼국유사』
③ 『삼국유사』에는 신라 향가 11수가 수록되어 있다.
선지분석 ① 『삼국유사』, ② 이제현의 『사략』, ④ 민지의 『본조편년강목』에 대한 설명이다.

플러스 정리 | 고려 후기의 자주적 역사서

동명왕편 (이규보, 명종, 1193)	고구려 건국의 영웅인 동명왕의 업적을 칭송한 일종의 민족 서사시로서 『제왕운기』와 함께 고려 후기의 2대 서사시이다.	고구려 계승 의식
해동고승전 (각훈, 고종, 1215)	불교사를 교종의 입장에서 저술하였다. 현재 2권이 남아 있는데 순도, 마라난타, 원광 등의 전기가 실려 있다.	자주적 역사 의식
삼국유사 (일연, 충렬왕, 1281?)	불교사를 중심으로 고대의 설화나 야사를 수록하였으며, 단군을 우리 민족의 시조로 보는 자주 의식을 나타내고 있다.	고조선 계승 의식
제왕운기 (이승휴, 충렬왕, 1287)	상권은 중국 역사를, 하권은 단군 이야기에서부터 우리나라 역대 왕의 업적을 칠언시의 한시로 쓴 것으로, 우리 역사를 단군으로부터 서술하면서 중국사와 대등하게 파악하는 자주성을 드러내고 있다. 또한 발해를 우리의 역사로 인식하였다.	

플러스 정리 | 고려 말기의 역사서

천추금경록(정가신, 충렬왕)	
세대편년절요(민지, 충렬왕)	유교 사관 부활, 현존 ×
본조편년강목(민지, 충숙왕)	
세대편년(이제현, 충숙왕)	
사략(이제현, 공민왕)	• 태조~숙종까지 역사 기록 • 성리학적 사관(정통 의식과 대의명분 강조), 현존 ×

090 고려 역사서의 이해 ○ 정답 ②
정답찾기 제시문의 역사서는 인종의 명으로 쓴 김부식의 『삼국사기』이다.
② 『삼국사기』에 대한 내용이다.
선지분석 ① 『삼국유사』, ③ 『동명왕편』, ④ 『제왕운기』에 대한 설명이다.

091 『삼국유사』의 이해 ○ 정답 ②
정답찾기 제시문의 역사서는 일연의 『삼국유사』이다.
선지분석 ① 『삼국사기』에 대한 설명이다.
③ 교종의 입장에서 순도, 마라난타, 원광 등의 전기를 실은 역사서는 『해동고승전』이고, 발해를 우리 역사로 처음 파악한 역사서는 『제왕운기』이다.
④ 『제왕운기』에 대한 설명이다.

플러스 정리 | 『삼국유사』(일연, 충렬왕, 1281?)
『삼국유사』는 전체 5권 2책으로 되어 있고, 권과는 별도로 「왕력」·「기이」·「흥법」·「탑상」·「의해」·「신주」·「감통」·「피은」·「효선」의 9편목으로 구성되어 있다.
권1 「왕력(王歷)」에는 삼국 및 가야의 왕대(王代)와 연표가 있다. 「기이(紀異)」에는 고조선부터 삼한·부여·고구려·백제·신라 등에 대한 내용이 실려 있다. 권2는 편목(篇目)이 따로 있지 않고 신라 문무왕 이후의 통일 신라와 후백제 및 가락국기에 대한 내용이 이어진다. 권3 「흥법(興法)」은 신라의 불법 전래에 대한 내용을 중심으로 서술되었고, 「탑상(塔像)」은 탑과 불상 등에 얽힌 승려들의 이야기를 기록하였다. 권4 「의해(義解)」는 신라 시대의 학승(學僧) 및 율사(律師)의 전기를 모았다. 권5 「신주(神呪)」는 밀교(密敎) 신승(神僧)의 사적을 다루었고, 「감통(感通)」은 근행감응(勤行感應)한 사람들에 대한 내용이 이어진다. 「피은(避隱)」은 행적을 감춘 고승(高僧)의 내용이며, 「효선(孝善)」은 사람들의 효행과 선행에 대해 수록하였다.

092 『동명왕편』의 이해 [고난도] ○ 정답 ②
정답찾기 제시문은 고려 후기 이규보의 『동명왕편』(1193, 명종 23년)이다.
㉠ 동명왕(주몽) 신화에 의하면 주몽은 '천제의 아들 해모수'와 '하백(수신)의 딸 유화' 사이에서 태어났다.
㉢『동명왕편』은 고구려 건국 영웅인 동명왕의 업적을 칭송한 일종의 민족 서사시로, 무신 집권기에 민족적 자주 의식을 바탕으로 편찬되었다.
선지분석 ㉡㉣『동명왕편』에는 고구려 계승 의식이 나타나 있다.

093 역사 계승 의식의 이해 ○ 정답 ④
정답찾기 (가) 고구려 계승 의식, (나) 신라 계승 의식
④ 정지상은 묘청과 함께 고구려 계승 의식을 표방하였다.
선지분석 ① 『동명왕편』은 고구려 계승 의식을 표방하였다.
② 거란의 1차 침입 때 고구려 계승 의식에 입각한 서희의 외교 담판은 거란으로부터 강동 6주를 획득하는 계기가 되었다.
③ 동경은 경주로, 신라 계승 의식을 반영하였다.

094 안향의 이해 ○ 정답 ④
정답찾기 밑줄 친 '이 인물'은 안향이다. 조선 중기 주세붕이 안향을 봉사하기 위해 세운 백운동 서원(1543, 중종 38년)은 명종 때 이황의 건의로 소수 서원으로 사액되면서 국가로부터 면세·면역의 특권을 받는 최초의 사액 서원이 되었다.
④ 안향은 충렬왕 때 원나라에 갔다가 성리학을 가지고 온 인물이다.
선지분석 ① 정도전, ② 이제현, ③ 이색에 대한 설명이다.

095 고려 문학의 이해 ○ 정답 ②
정답찾기 ② 패관 문학은 고려 후기 민간에 구전되던 이야기를 일부 고쳐 한문으로 기록한 일종의 수필 문학으로, 이규보의 「백운소설」, 이제현의 『역옹패설』 등이 있다.
선지분석 ① 고려 후기에 향가는 사라지고 향가 형식을 계승한 경기체가가 유행하였다.
③ 장가(속요)에 대한 설명이다. 경기체가는 향가 형식을 계승한 신진 사대부 문학이다.
④ 문인 화가들은 시화 일치론을 주장하였다.

플러스 정리 | 고려 문학 정리

시기	구분	작품과 작가	특징
전기	향가 문학	보현십원가(균여)	• 화엄경 내용을 향가화 • 불교의 대중화
중기	당·송 문학	최충, 김부식	보수적
후기	경기체가(별곡)	한림별곡, 죽계별곡, 관동별곡	신진 사대부의 생활상 반영
	시가 문학	어부가	전원생활의 한가로움을 그린 처사 문학
	속요(장가)	청산별곡, 쌍화점, 가시리	서민의 감정 표현
	패관 문학	파한집(이인로), 보한집(최자), 역옹패설(이제현), 백운소설(이규보)	자유로운 문체 구사
	가전체 문학	국순전(임춘), 국선생전(이규보), 죽부인전(이곡)	사물의 의인화

096 성리학의 이해 [고난도] ○ 정답 ②
정답찾기 제시문의 『회헌실기』는 조선 후기에 안향의 사적(史蹟)을 모은 책으로, 성리학에 대한 내용을 담고 있다.
② 백이정은 충선왕을 따라 원의 연경에서 10년간 머물러 있으면서 성리학 서적과 주자의 『가례(家禮)』를 가지고 돌아왔다.

02 불교 및 기타 종교

097 고려 불교 사상가(균여) 이해 ○정답 ④

정답찾기 밑줄 친 '스님'은 균여이다.
© 균여 사상의 핵심은 이른바 성상융회(性相融會)로 대변되는데, 이는 '공(空)'을 뜻하는 '성(性)'과 '색(色)'을 뜻하는 '상(相)'을 원만하게 융합하는 것으로서 당시 양립하던 화엄 사상 속에 법상종의 사상을 융합하여 교파 간의 대립을 해소하기 위한 통합 사상이었다.
② 균여는 『보현십종원왕가(약칭 보현십원가)』라는 11수의 향가를 지어 노래로 불교의 교리를 알기 쉽게 부르게 함으로써, 대중이 부처에 친근해지도록 하였다.

선지분석 ⊙ 지눌, © 제관의 업적이다.

098 고려 불교 사상가(의천)의 이해 ○정답 ④

정답찾기 밑줄 친 '나'는 의천으로, 제시문은 대각국사 의천의 교장(일명 속장경)에 대한 내용이다.
⊙ 의천은 불교에서 교리 체계인 교(敎)와 실천 수행법인 지관(止觀)을 함께 닦아야 한다는 사상인 교관겸수와, 원효 사상의 전통을 기반으로 '성(性)'과 '상(相)'의 대립을 뛰어넘는 '성상(性相)'의 겸학을 강조하였다.
② 의천은 화엄종을 중심으로 교종을 통합한 후, 교종을 중심으로 선종을 통합하여 해동 천태종을 창시하였다.

선지분석 © 광종의 불교 정비에 대한 설명이다. 광종은 혜거로 하여금 중국에서 새로 도입한 법안종(法案宗)을 중심으로 선종을 정리하게 하였다. 의천은 흥왕사의 주지가 되어 이 절을 화엄종의 본찰로 삼아 교세를 진작시켰다.
© 보조국사 지눌의 돈오점수에 대한 설명이다.

플러스 정리 의천
1. 주전론 주장, 주전도감 설치
2. 화엄종 중심으로 교종 통합 후, 교종을 중심으로 선종 통합 ⇨ 해동 천태종 창시
3. 교장(속장경) 간행: 흥왕사, 교장도감 설치
4. 주요 저서: 『원종문류』(화엄종 연구서), 『석원사림』(석가 일대기), 『천태사교의주』(천태종 연구), 『대각국사 문집』

099 고려 불교 사상가(혜심)의 이해 ○정답 ③

정답찾기 제시문은 혜심의 『진각국사 어록』의 내용 중 일부이다.
③ 지눌의 제자인 진각국사 혜심은 무신집권기 조계종의 승려로 『선문염송』, 『심요』 등을 저술하였다.

선지분석 ① 균여, ② 의천, ④ 원효에 대한 설명이다.

100 고려 불교 사상가(의천, 지눌)의 이해 고난도 ○정답 ③

정답찾기 (가) 의천, (나) 지눌
⊙ 의천은 흥왕사에서 화엄종을 중심으로 교종 통합을 전개하였고, 국청사에서 선종 통합 운동을 전개하여 해동 천태종을 창시하였다.
② 지눌이 순천 송광사에서 지은 『권수정혜결사문』(1190)에서 승려들에게 선정과 지혜를 함께 닦을 것(정혜쌍수)을 주장하였다.

선지분석 © 천태종 요세의 백련사 결사 내용이다.
© 고려 말 보우에 대한 설명이다.

플러스 정리 지눌
1. 선종 중심으로 교종 통합 ⇨ 조계종 창시
2. 수선사 결사 운동 전개(송광사 - 전남 순천) ⇨ 최씨 무신 정권의 후원
3. 정혜쌍수, 돈오점수 주장
4. 『권수정혜결사문』 등 저술

101 고려 불교 사상가(요세)의 이해 ○정답 ②

정답찾기 제시문은 요세에 대한 설명이다.
② 요세는 고종 19년(1232)에 만덕사에 보현도량을 개설하고 전통적인 법화삼매참회(法華三昧懺悔)를 닦았으며 정토왕생을 통한 신앙적인 실천을 추구하였다.

선지분석 ① 의상(신라 중대), ③ 원효(신라 중대), ④ 지눌(고려 후기)에 대한 설명이다.

102 고려 대장경의 이해 고난도 ○정답 ①

정답찾기 ⊙ 초조대장경, © 재조대장경(팔만대장경)
① 초조 대장경은 현종의 지시로 거란의 침입을 물리치기 위해 간행되었다.

선지분석 ② 송과 요로부터 경전에 대한 주석서들을 모아 만든 것은 대각국사 의천의 교장(속장경)이다.
③ 교장도감에서 판각을 전담한 것은 교장(속장경)이다.
④ 재조대장경(팔만대장경)은 경상남도 남해에서 판각하여 강화도 대장경 판당에서 보관하였으나, 고려 말 왜구의 빈번한 침범으로 조선 태조 때인 1398년에 해인사 장경판전으로 옮겨 현재까지 보관 중이다.

플러스 정리 대장경

초조대장경 [현종 2년(1011)~ 선종 4년(1087)]	• 부처의 힘을 빌려 거란의 침입을 물리치고자 간행 • 대구 부인사에 보관되었다가 몽골의 2차 침입으로 소실
교장 [선종 8년(1091)~ 숙종 6년(1101)]	• 초조대장경 보완을 위해 만든 속장경(정식 대장경 아님.) • 의천이 중심이 되어 제작, 교장도감 설치
재조대장경[팔만대장경, 고종 23년(1236) ~고종 38년(1251)]	• 부처의 힘을 빌려 몽골의 침입을 물리치고자 간행 • 현재 합천 해인사 장경판전에 보관(유네스코 세계 기록 유산 등재)

플러스 정리 팔만대장경(재조대장경)

목적	몽골 침략으로 소실된 초조대장경을 대신하여 부처의 힘으로 몽골 침략을 물리치고자 조판하였다.
조판	승려 수기를 총책임자로 하여 강화도에 대장도감, 진주(남해)에 분사도감을 설치하고 진주에서 고종 23년(1236, 최우)에 시작하여 고종 38년(1251, 최항)에 완성하였다.
내용	고려의 구본(舊本) 및 송본, 거란본 등 여러 장경을 분석하여 판각한 것으로, 불서는 총 1,562부 6,778권(혹은 6,783권)이며, 총 매수는 81,258판이다.
보관	처음에는 강화도 대장경판고에 두었고, 그 후 강화의 선원사로 옮겼다가, 조선 태조 때인 1398년에 현재의 위치인 해인사 장경판전으로 옮겼다. 2007년 '고려대장경판 및 제경판'은 유네스코 세계 기록 유산에 등재되었다.

103 풍수지리설과 남경의 이해 고난도 ○정답 ②

정답찾기 (가) 풍수지리설, (나) 남경(한양)
⊙ 신라 말 풍수지리설은 국토를 경주가 아닌, 지방 중심으로 옮길 것을 주장하면서 신라 중앙 정부의 권위를 약화시켰다.
© 고려 말 왜구의 침입으로 나라가 위기에 처하자 풍수지리설에 의한 한양 천도론이 대두되었다.

선지분석 © 분사 제도는 평양(서경)에 두었고, 문종은 남경을 설치하였으나 남경개창도감은 숙종 때 김위제의 주장으로 설치되었다.
② 조선은 1394년 태조 때 한양으로 수도를 옮겼으나, 2대 왕 정종 때 개경으로 천도하였고, 3대 왕 태종 때 한양으로 다시 돌아왔다.

104 도교의 이해 (고난도)   ○ 정답 ③

(정답찾기) 제시문은 백제 무령왕릉 지석으로, 이것과 관련된 사상은 도교(노장사상)이다.

ⓒ ⓔ 도교에 대한 바른 선지이다.

(선지분석) ⓐ 수나라가 아니라 당나라 고조에 의해 정식으로 도교가 들어왔다.

ⓒ 도교는 불교적 요소가 강하고 도참사상까지 수용하여 잡신적인 면이 많았으며, 도사가 초제를 주관하였으나 교단이 성립되지 못한 비조직적인 신앙이었다.

플러스 정리 | 시대별 도교의 발전 과정

고구려	강서대묘의 사신도(청룡, 백호, 주작, 현무)
백제	산수문전, 사택지적비, 무령왕릉의 지석(매지권), 금동 대향로 등
신라	구체적 유물(×) ➡ 화랑도의 명칭(국선·풍월도·풍류도)
통일 신라	김유신 묘의 12지 신상, 최치원의 쌍계사 진감선사 비문
발해	정효 공주 비문(➡ 불로장생)
고려	민간 신앙으로 발전, 초제 거행, 복원궁 설치(예종), 도사·도관 등장, 팔관회
조선	• 15세기: 초제 담당 기구인 소격서 설치, 마니산 초제 중시 • 16세기: 소격서 폐지(조광조 건의)

03   예술

105 고려 문화재의 이해   ○ 정답 ③

(정답찾기) (가) 하남 하사 창동 철조석가여래좌상(구, 광주 춘궁리 철불), (나) 부석사 소조 아미타여래 좌상, (다) 논산 관촉사 석조 미륵보살 입상, (라) 파주 용미리 마애 이불 입상으로, 모두 고려 시대의 불상이다.

③ (다) − 논산 관촉사 석조 미륵보살반가상은 관음 신앙이 아닌, 미륵신앙과 관련이 있다.

106 고려 문화재의 이해   ○ 정답 ③

(정답찾기) ③ 고려 전기 팔각 원당형의 승탑은 여주 고달사지 승탑이다. 법천사 지광국사 현묘탑은 팔각 원당 기본형에서 벗어나 평면 사각형을 기본으로 하는 특수 형태의 승탑이다.

107 고려 석탑의 이해   ○ 정답 ④

(정답찾기) (가) 월정사 8각 9층 석탑(강원도 평창), (나) 경천사지 10층 석탑 (국립 중앙 박물관)

④ 경천사지 10층 석탑은 대한 제국 시기인 1907년에 일제가 반출하였다가 1918년에 다시 반환하였다.

(선지분석) ③ 광해군 때 오대산 월정사 부근에 오대산 사고를 두었다.

108 고려 건축 양식의 이해   ○ 정답 ④

(정답찾기) 모두 ⓐ과 ⓒ의 설명에 맞는 보기이다.

플러스 정리 | 고려의 주심포 양식과 다포 양식 건물

주심포식	• 봉정사 극락전(안동, 1363, 공민왕 12년): 현존하는 가장 오래된 목조 건축물, 맞배지붕 • 부석사 무량수전(영주, 1376, 우왕 2년): 대표적 목조 건축물, 배흘림기둥 양식, 팔작지붕 • 수덕사 대웅전: 맞배지붕, 내부에 사실적 벽화
다포식	원의 영향, 성불사 응진전, 석왕사 응진전, 심원사 보광전 ➡ 조선 시대 건축에 영향

약점 체크하기 ✓

01 여말 선초 상황 및 전기 주요 왕들의 업적

109 여말 선초의 사건 순서 이해 ○정답 ③

정답찾기 (나) 이성계의 4불가론 ⇨ (가) 위화도 회군(1388) ⇨ (다) 폐가입진(廢假立眞, 1389) ⇨ (라) 과전법 공포(1391) ⇨ 이성계 즉위(1392)

플러스 정리 이성계의 4불가론
1. 소국이 대국을 배반함은 불가하다[以小逆大其不可].
2. 여름철에 군사를 일으킴은 불가하다[夏月發兵其不可].
3. 거국적으로 원정할 경우 왜구 침입의 우려가 있어 불가하다[擧國遠征倭乘其虛].
4. 장마철이라 활이 녹슬고 대군이 질병에 걸릴 가능성이 있어 불가하다[時方暑雨弓解膠大軍疾疫].

110 정도전의 이해 ○정답 ④

정답찾기 제시문은 정도전의 『불씨잡변』의 목차이다.
④『조선경국전』은 정도전이 쓴 조선 최초의 법전[사찬(私撰)]으로, 왕조의 기틀과 정치의 기반을 마련할 목적으로 편찬하였다.

선지분석 ① 정도전, 조준 등 급진개혁파는 전민변정도감이 아닌 급전도감을 설치하여 토지개혁(과전법)을 실시하였다.
② 정도전은 『경제문감』을 저술하였다. 『경제육전』은 조준, 하륜 등이 저술하였다.
③ 정도전이 『진도』를 작성하여 요동수복을 주장하였으나, 이방원, 조준이 반대하였다.

플러스 정리 정도전의 정치사상
1. 재상 중심의 정치 : 정도전은 훌륭한 재상을 선택하고 재상에게 정치의 실권을 부여하여 위로는 임금을 받들어 올바르게 인도하고, 아래로는 백관을 통괄하고 만민을 다스리는 중책을 부여하자고 주장하였다.
   • 『조선경국전』(1394) : 조선 최초의 법전으로 왕조의 기틀과 정치의 기반을 마련할 목적으로 편찬하였다[사찬(私撰)].
   • 『경제문감』(1395) : 정치 조직 및 행정안을 제시하였다.
2. 불교 비판 : 불교 비판서인 『불씨잡변』(1394)을 통해 성리학을 통치 이념으로 확립하였다.
3. 요동 수복 운동 추진 : 병법서인 『진도』를 저술하고 요동 수복 운동을 계획하였다.
4. 기타 저서
   • 역사서 : 『고려국사』
   • 성리학 입문서 : 『학자지남도』

111 요동 정벌 운동의 이해 ○정답 ④

정답찾기 ④ 정도전은 병법서인 『진도』를 저술하여 요동 수복 운동을 계획하였다. 『병장도설』은 유자광(성종)이 저술한 군사 훈련 지침서이다.

선지분석 ① 고려 우왕 때, 명이 원의 직속령이었던 철령 이북의 땅을 지배(철령위 설치)하겠다고 통보하자, 고려 조정은 요동을 정벌하는 것으로 대응하고자 하였다.
② 요동 정벌에 대해 최영은 즉각 출병을 주장한 데 반해, 이성계는 4불가론을 주장하면서 출병에 반대하였다.
③ 조선 건국 직후 태조 이성계와 정도전은 함께 요동을 수복할 것을 주장하였으나 이방원과 조준은 이에 반대하였다.

112 여말 선초의 사건 순서 이해 ○정답 ④

정답찾기 명의 철령위 설치 통보(1388) ⇨ 위화도 회군(1388) ⇨ 이성계의 왕위 즉위(1392) ⇨ 1차 왕자의 난(1398) ⇨ 태종 즉위(1400)
④ 태조 이성계가 후비인 강씨 소생의 방석을 세자로 책봉하고 정도전 등으로 보필하게 하자, 이방원은 1차 왕자의 난(1398)을 일으켜 방석과 정도전을 제거하였다. 이후 논공행상에 불만을 품은 박포가 이방간 등과 함께 2차 왕자의 난(1400, 일명 박포의 난)을 일으키자, 이방원은 이방간을 유배 보내고 박포를 사형시킴으로써 반대 세력을 축출하고 자신의 정치적 세력을 강화하였다.

선지분석 ① 우왕 말년에 명이 철령 이북의 땅을 지배하겠다고 통보하자, 우왕과 최영은 즉각 출병하여 요동을 정벌하고자 하였다. 이에 이성계는 4불가론을 주장하면서 출병에 반대하였고, 위화도 회군(1388)을 단행하였다.
② 조준과 정도전이 전제 개혁안 상소를 제시하여 사전 혁파를 주장하였다. 이에 도평의사사의 결의를 거쳐 급전도감을 설치하고 과전법을 실시하였다(1391).
③ 정도전이 요동 수복 계획을 추진하자, 명은 정도전이 작성한 표전(외교 문서) 문제를 빌미 삼아 소환을 요구하였다.

113 세종의 업적 이해 ○정답 ①

정답찾기 제시문은 세종의 공법에 대한 내용이다.
① 세종은 형벌 제도를 개선하여 사형을 3심으로 하는 금부 삼복법을 실시하였다.

선지분석 ② 태종, ③ ④ 세조에 대한 설명이다.

플러스 정리 세종의 주요 업적
• 의정부 서사제 채택
• 집현전(경연, 서연, 학문 연구, 국왕 자문), 유교식 국가 행사(오례), 『주자가례』 시행 장려
• 4군 6진 개척, 쓰시마 정벌(1419, 세종 1년), 3포 개항(1426, 세종 8년), 계해약조 체결(1443, 세종 25년)
• 공법(연분 9등법, 전분 6등법) 시행
• 훈민정음 창제, 『고려사』(세종~문종)·『농사직설』·『향약집성방』·『의방유취』·『삼강행실도』·『칠정산』·『신찬팔도지리지』 등 편찬, '정간보' 창안, 측우기·자격루 등 제작

114 조선 주요 사건 순서의 파악 ○정답 ④

정답찾기 ㉠ 조선 정종, ㉡ 조선 세종
④ 태종 때 여성의 재가를 금지하였고, 성종 때 재가한 여자의 자손들의 관리 등용을 제한하는 법을 공포하였다.

선지분석 ① 태종 때 만든 혼일강리역대국도지도에 대한 설명이다.
② 태종은 노동력 확보를 목적으로 3년마다 호적을 작성하였으며, 유민 방지와 인적 자원 확보를 위해 호패법을 실시하였다.
③ 태종은 노비변정도감이라는 임시관청을 두어 노비 문제의 해결을 위한 획기적인 개혁을 단행하여 억울하게 공노비가 된 자를 조사하여 해방시켰다.

115 조선 명종의 이해 ○정답 ④

정답찾기 제시문은 명종 때 발생한 임꺽정의 난에 대한 설명이다.
④ 명종 때 문정 왕후의 불교 장려로 불교 선교 양종을 부활하고 승과를 다시 설치하였다.

선지분석 ① 삼포왜란(1510, 중종 5년), ② 예송 논쟁[1차 기해 예송(1659, 효종 10년), 2차 갑인예송(1674, 현종 15년)], ③ 직전법 실시(세조)

116 주요 왕의 업적 파악 (고난도) ○정답③

정답찾기 세종 즉위(1418) ⇨ 문종 즉위(1450) ⇨ 성종 즉위(1469) ⇨ 중종 즉위(1506) ⇨ 명종 즉위(1545)

ⓒ 『동국병감』은 문종 때 김종서가 고조선에서 고려 말까지의 전쟁사를 수록한 책이다.

ⓔ 백운동 서원은 중종 때 주세붕이 안향을 봉사하기 위해 세운 서원이다.

선지분석 ⓐ 간경도감과 도첩제를 폐지한 것은 (다) 시기인 성종 때이다.

ⓓ 『악학궤범』과 합자보가 성종 재위 시기에 만들어진 것은 맞으나, 합자보는 음악 연주법을 기록한 것이다. 세종 때 만들어진 정간보가 음악 악보이다.

02 중앙·지방·군사·과거 제도

117 조선 시대 관계의 이해 ○정답③

정답찾기 ③ 참상관은 종6품 이상을 말하며 참내(參內)라고도 하였다. 이들은 월 4회 개최되는 조참(朝參)에 참가할 수 있었다.

선지분석 ① 재상은 종2품 이상이다.
② 당상관은 정3품 이상이다.
④ 당하관이 아닌, 당상관에 대한 설명이다.

118 조선의 중앙 정치 조직 이해 ○정답④

정답찾기 ④ 교서관은 경서(經書)의 인쇄 등을 담당하였다. 외교문서 작성은 승문원에서 담당하였다.

플러스 정리 조선의 중앙 정치 제도

의정부(정1품, 영의정)	최고 관부, 국정 총괄, 재상 합의	
6조(정2품, 판서)	이(吏)·호(戶)·예(禮)·병(兵)·형(刑)·공(工)조	
의금부(종1품, 판사)	왕명에 의한 특별 사법 기관	
한성부(정2품, 판윤)	수도(서울)의 치안·행정 담당	
사헌부(종2품, 대사헌)	관리 규찰, 풍속 교정	삼사
사간원(정3품, 대사간)	간쟁 기관	
홍문관(정2품, 대제학)	왕궁 서고의 도서 정리, 학술·경연 담당	
승정원(정3품, 도승지)	왕명 출납, 비서 기능	

119 조선의 주요 관직 이해 ○정답④

정답찾기 (가) 사헌부, (나) 사간원, (다) 홍문관
④ (가) 사헌부와 (나) 사간원으로 구성된 양사가 서경권을 가지고 있었다.

120 조선 지방 행정 조직의 이해 ○정답④

정답찾기 ④ 토관 제도는 지방 세력을 효율적으로 통치하기 위해 그 지역 출신을 관리로 삼은 제도로, 사족 세력이 강한 곳에 둔 것이 아니라 북방 사민 정책을 펼쳤던 평안도, 함경도에서 실시하였다.

플러스 정리 조선의 지방 제도

8도·군현	전국을 8도로 구분, 330여 개 군현, 향·부곡·소 폐지
관찰사	8도에 파견, 행정권·군사권·사법권 행사, 수령 지휘·감독, 민생 순찰, 임기제(360일)
수령	• 모든 군현에 파견(참상관 임명), 조세와 공물 징수, 임기제(1,800일) • 수령 7사: 농업 장려, 교육 진흥, 재판 공정, 호구 증식, 부역 균등, 군대 정비, 치안 확보
향리	6방에 소속, 실질 행정 담당, 무보수, 사적 농민 지배 금지
유향소	향촌의 덕망 있는 인사를 좌수·별감으로 선출, 향약 제정, 향회 소집 ⇨ 풍속 교정, 향리 규찰

121 유향소의 이해 ○정답④

정답찾기 (가)는 유향소이다.
④ 16~17세기 재지사족들은 유향소를 통해 조세의 부과와 수세 과정에 관여하며 향리와 농민을 통제하였다.

선지분석 ① 고려 시대의 향도에 대한 설명이다.
② 향촌 자치 기구인 유향소는 고려 말 조선 초에 지방 유력자들이 자발적으로 조직한 것으로 보인다.
③ 유향소가 유향품관(조선 시대 향촌에 거주하는 품관)으로 구성된 것은 맞지만, 선현에 대한 제사와 교육을 담당한 것은 서원이다.

122 조선 전기 군사 제도의 이해 ○정답③

정답찾기 ③ 조선은 양인개병의 원칙 하에 현직 관리와 학생만이 군역을 면제받았다. 즉 양반, 고급 관료의 자제, 종친 역시 군역에 종사하였다.

선지분석 ① 조선 초기의 군대 통솔 기관은 5위 도총부로 여기에서 5위를 통솔하였고 이들은 궁궐 방어와 수도 경비를 맡았다.
② 진관체제는 세조 때 편제한 지역 단위의 방위 체제이다.
④ 일종의 예비군인 잡색군은 평상시 본업에 종사하다가 일정 기간 군사 훈련을 받고 유사시에 향토방위를 맡았다.

플러스 정리 조선의 군사 제도

원칙	• 양인 개병, 병농 일치의 부병제 • 면제층: 현직 관리, 학생
지방군	영진군: 정병으로 구성
중앙군	5위: 고급 특수병·갑사·정병으로 구성
특수군	잡색군: 전직 관리·학생·노비로 구성

123 조선의 과거 제도 이해 ○정답④

정답찾기 ④ 문과의 최종 선발 인원이 33명이다. 무과의 최종 선발 인원은 28명이었다.

124 조선의 수령 이해 (고난도) ○정답②

정답찾기 밑줄 친 '이 관직'은 수령이다. 제시문은 조선의 수령[부윤, 목사, 군수, 현령(감)]이 해야 할 업무[7사(事)]에 대한 내용이다.
② 수령의 직무를 수행하기 위하여 모든 지방 행정 단위에는 6방의 조직이 갖추어져 있었고, 그 사무는 토착 향리들이 향역으로 세습하면서 담당하였다.

선지분석 ① 한성부 판윤은 정·종2품의 경관직(京官職)으로 지방관(수령)이 아니다.
③ 강화·수원·개성·광주는 유수관 지역(국왕 직속의 특수 행정 구역)으로, 이 지역의 관리인 유수관 역시 정·종2품의 경관직이다.
④ 수령은 문과·무과·문음으로 등용되는데, 상급 수령은 문과 합격자가 많았고 연변에는 무과 합격자가 많았다.

플러스 정리 수령의 입사(入仕) 방법
조선의 수령은 문과, 무과, 특별 채용으로 등용되는데, 상급 수령은 문과 합격자가 많았고 연변 같은 변방은 무과 합격자가 많으며, 중소 군현에는 특별 채용으로 임용되었다. 하급 수령은 초기에는 각사이전(各司吏典)과 서리 중에서 임용되거나 취재를 통해 임용되기도 하였다.

03 사림의 대두와 붕당 정치

125 서원의 이해 ○정답③

정답찾기 (가)는 서원이다.
③ 서원은 선현에 대한 제사와 학문 연구, 사림의 자제 교육을 담당하였다.

선지분석 ① 서원은 관학이 아니라 개인이 세운 사학 기관이다.
② 유향소에 대한 설명이다.
④ 서원은 전국에 설치되었다.

126 조광조의 이해 ◦정답 ②

정답찾기 제시문의 정치가는 조광조이다.
ⓒ ⓒ 모두 옳은 설명이다.

선지분석 ⓐ 왕이 문묘에 제사지내러 갈 때 성균관 유생들을 대상으로 한 부정기 시험은 알성시이다. 증광시는 나라에 큰 경사가 있을 때 실시한 부정기 시험이었다.
ⓒ 외척끼리의 권력 다툼 과정에서 발생한 사화는 을사사화(1545, 명종 원년)이다. 조광조는 기묘사화(1519, 중종 14년)로 희생되었다.

플러스 정리 | 조광조의 혁신 정치
• **사림 세력의 강화**: 위훈 삭제(僞勳削除) 주장, 현량과 실시(사림 천거제)
• **정통 성리학의 질서 추구**: 경연의 강화, 향약의 실시, 유교 윤리 보급 ⇨『주자가례』, 『소학』, 『삼강행실도』 등 보급, 불교·도교 행사 폐지
• **현실에 대한 개혁**: 방납의 폐단 시정, 토지 제도 개혁 ⇨ 균전제, 한전론 실시를 통한 토지의 집중 현상 완화 주장

127 사화 내용 및 순서 파악 ◦정답 ②

정답찾기 제시문의 (가)는 무오사화(1498, 연산군 4년), (나)는 기묘사화(1519, 중종 14년)이다.
② 일당 전제화 현상은 붕당 정치가 변질된 숙종 때에 해당한다.

플러스 정리 | 사화의 발생

사화	연대	발단	화를 가한 자	화를 입은 자	피해 측
무오사화	연산군 4년 (1498)	김종직이 세조를 비방한 '조의제문'을 김종직의 문인인 김일손이 사초에 실어 훈구파의 반감을 삼.	이극돈, 유자광, 윤필상	김종직, 김일손	사림파
갑자사화	연산군 10년 (1504)	궁중파가 연산군 모(母) 윤씨의 폐출 사건을 들추어서 훈구파와 사림파의 잔존 세력 제거	연산군, 임사홍	김굉필, 정여창	훈구파 및 사림파
기묘사화	중종 14년 (1519)	신진 사류인 조광조 일파의 급진적 개혁 정치 추진에 대한 반정 공신의 반발과 모략	홍경주, 남곤, 심정	조광조, 김식 등 75명 (기묘명현)	신진 사류
을사사화	명종 원년 (1545)	왕실의 외척인 대윤(大尹)과 소윤(小尹)의 정권 다툼	윤원형, 이기 등 소윤	윤임, 이언적, 유관 등 대윤	대윤파 신진 사류

128 김종직의 이해 (고난도) ◦정답 ④

정답찾기 제시문의 인물은 김종직이다.
ⓐ 김종직은 제자들과 함께 유향소 복립 운동을 전개하여 1488년 복립절목(復立節目)을 마련하였다. 이는 향촌 사회에서 재지사림의 주도로 성리학적 질서를 확립하고자 함이었다.
ⓒ 김종직의 문하생인 김일손이, 김종직이 세조를 비방한 '조의제문'을 사초에 실어 훈구파의 반감을 산 사건을 계기로 무오사화(1498)가 발생하였다.

선지분석 ⓑ 김종직은『소학』과『주자가례』를 기반으로 하는 성리학의 실천 윤리를 강조하였으나,『소학』을 국문으로 간행한 인물은 조광조이다.
ⓓ 조광조에 대한 설명이다. 조광조는 중종반정 공신 117명 중 부당한 공신 책봉을 삭제할 것을 주장하였다(위훈 삭제).

플러스 정리 | 김종직(1431~1492)
경상남도 밀양 출신, 호는 점필재(佔畢齋), 시호는 문간공으로, 사예 김숙자의 아들이다. 세조 때 급제하고 예종과 성종을 섬기면서 형조 판서에 이르렀고, 효행이 있고 문장이 고결하여 한때 유림의 우두머리가 되었는데, 후학들에게 권장하기 좋아하여 많은 사람들이 학문을 성취하였다. 문하생으로는 정여창·김굉필·김일손·유호인·남효온 등이 있다.
밀양의 예림서원, 구미의 금오서원, 함양의 백연서원, 금산의 경렴서원, 개령의 덕림서원에 제향되었다.
문집으로는『점필재집』, 저서로는『유두유록』,『청구풍아』,『당후일기』등이 있고, 편서에『동문수』,『일선지』,『이준록』등이 있다.

04 조선 전기의 대외 관계

129 조선의 대외 정책 이해 ◦정답 ④

정답찾기 ④ 조선은 일본과의 무역에서 제한 규정을 두었다.

선지분석 ① 『해동제국기』는 1443년(세종 25)에 서장관으로 일본에 다녀온 신숙주가 1471년(성종 2) 왕명을 받아, 그가 직접 관찰한 일본의 정치·외교 관계·사회·풍속·지리 등을 종합적으로 정리 및 기록한 책이다.
② 조선 세종 때 3포[부산포, 제포(진해), 염포(울산)]를 개항하고 개항장에 왜관을 설치하여 일본과의 조공 무역을 허용하였다(1426, 세종 8년).
③ 조선 초기에는 류큐(오키나와), 사이암(타이), 자바(인도네시아) 등 동남아시아 각국에서도 사신과 토산물을 보내오고 조선의 문물을 수입해 갔다. 특히 류큐와의 문물 교류가 활발하여 불경, 유교 경전, 범종 등을 전해 주었다.

플러스 정리 | 임진왜란 전 대일 관계

15세기	3포 개항(1426, 세종): 부산포, 제포, 염포 ⇨ 계해약조(1443, 세종): 세견선 50척, 세미두 200석, 거류 왜인 60명으로 제한
16세기	• **삼포왜란**(1510, 중종): 비변사 처음 설치(임시 기구) ⇨ 임신약조(1512, 중종): 제포만 개항, 세견선·세미두 반감 • **사량진왜변**(1544, 중종) ⇨ 정미약조(1547, 명종): 규정 위반에 대한 벌칙 강화 • **을묘왜변**(1555, 명종): 국교 단절, 비변사의 상설 기구화

130 조선 전기 대일 관계의 이해 ◦정답 ①

정답찾기 ① 3포 개항은 1426년(세종 8)의 사실이므로 ⓐ 시기이다.

선지분석 ② 임신약조는 1512년(중종 7) 조선과 일본 대마도주 사이에 맺은 무역에 관한 조약이다. - ⓒ
③ 을묘왜변은 1555년(명종 10) 왜구가 전라남도 강진과 진도 일대에 침입해 약탈과 노략질을 자행한 사건이다. - ⓓ
④ 기유약조는 1609년(광해군 1) 조선과 일본 대마도주 사이에 맺은 경제 조약이다. - ⓓ 이후

131 신숙주의『해동제국기』이해 (고난도) ◦정답 ③

정답찾기 제시문은 신숙주가 저술한『해동제국기』의 서문으로, (가)는 신숙주, (나)는 일본이다.
③ 조선 태종 때 한양에 일본 사신들의 숙소인 동평관을 설치하였다.

선지분석 ① 권근, ② 성삼문 등 사육신에 대한 설명이다.
④ 조선은 여진과의 무역을 위해 경원과 경성에 무역소를 설치하였다.

132 명종 재위 시기의 이해 (고난도) ◦정답 ③

정답찾기 제시문은 명종 때 발생한 임꺽정의 난에 대한 내용이다.
③ 을묘왜변(1555, 명종 10년)에 대한 설명이다.

선지분석 ① 삼포왜란(1510, 중종 5년)
② 여진족인 니탕개(尼蕩介)의 반란(1583, 선조 16년)
④ 임신약조(1512, 중종 7년)

05 왜란과 호란

133 임진왜란 순서 이해　　　　　　　　○ 정답 ②

정답찾기　ⓒ 선조 의주 피난(1592. 5.) ⇨ ⓒ 한산도 대첩(1592. 7.) ⇨ ⓔ 1차 진주 대첩(1592. 10.) ⇨ ㉠ 평양 탈환 및 벽제관 전투(1593. 1.) ⇨ ㉤ 행주 대첩(1593. 2.)

플러스 정리 | 임진왜란·정유재란의 주요 일지

1592	4	왜군의 조선 침략
		부산진(정발)·동래(송상현) 함락
		충주 탄금대(신립) 함락, 곽재우·조헌 군사 일으킴.
	5	선조, 평양으로 몽진(⇨ 의주), 서울 함락
		옥포 해전 승리(원균, 이순신), 사천 해전(이순신)
	6	평양 함락
	7	한산도 대첩(이순신), 사명대사 군사 일으킴(금강산).
	8	금산 전투(조헌, 영규), 이순신 승전
	10	1차 진주 대첩(김시민)
	12	명군 원병(이여송)
1593	1	평양 수복(조·명 연합) ⇨ 벽제관 전투(명 패배)
	2	행주 대첩(권율)
	5	명과 일본의 화친 논의 시작
	6	2차 진주 대첩, 진주성 함락(김천일 전사), 논개의 활약
	8	일군 퇴각(부산에만 잔존)
		훈련도감 설치
	10	선조, 한성으로 귀환
1594	3	(2차) 당항포 해전(이순신)
1597	1	정유재란
	7	조선 수군 칠천량 해전 패전(원균)
	9	직산 싸움(조·명 연합), 명량 대첩(이순신)
1598	8	도요토미 사망
	9	일본군 총철수 개시
	11	노량 대첩(이순신 전사), 일군 철수 완료

134 왜란 때 격전지 이해　　　　　　　　○ 정답 ②

정답찾기　A – 평양, B – 행주산성, C – 명량, D – 한산도
㉠ 1592년 12월 명의 이여송이 이끄는 5만 지원군이 도착하여 조선군과 합세하였고, 1593년 1월 조·명 연합군은 평양성을 수복한 뒤 서울 탈환을 위하여 남하하였다.
ⓒ 명량 대첩(1597. 9.)은 3도 수군통제사로 재등용된 이순신이 12척의 함선으로 300여 척의 왜군 함대를 명량에서 크게 무찔러 대승을 거둔 전투이다.

선지분석　ⓒ B – 권율 장군이 지휘하는 관군이 주축이 되었다.
ⓔ D – 정유재란 때 조선 수군이 대승을 거둔 싸움은 명량 대첩(1597)과 노량 대첩(1598)이다. 한산도는 임진왜란 때의 격전지이다.

135 병자호란의 이해　　　　　　　　○ 정답 ②

정답찾기　제시된 화보의 (가)는 병자호란(1636)이다.
② 임진왜란 이후 광해군과 북인의 외교이다.

선지분석　① 러시아 세력의 침략으로 위협을 느낀 청은 정벌군을 파견하고, 아울러 조선에 원병을 요청하였다. 이에 조선에서는 변급(1차, 1654)·신유(2차, 1658) 등 두 차례에 걸쳐 조총 부대를 파병하여 큰 성과를 거두고 돌아오는 나선 정벌이 이루어졌다.
③ 병자호란의 결과 청과 군신 관계를 맺고 명과의 관계를 단절하였으며, 두 왕자(소현 세자·봉림 대군)와 척화파 주동 인물(3학사 : 홍익한, 윤집, 오달제)들이 청에 인질로 잡혀갔다.
④ 조정에서는 병자호란의 치욕을 씻고자 반청의 정치적 입장을 포기하지 않았으며, 따라서 청을 정벌하자는 북벌론이 제기되었다. 북벌론은 청에 볼모로 잡혀갔다가 돌아온 효종(봉림 대군)과 송시열·송준길·이완 등 서인에 의해 본격적으로 제기되었다.

136 광해군의 업적 이해　　　　　　　　○ 정답 ④

정답찾기　제시문은 1609년 광해군이 일본과 국교를 재개하기 위해 대마도주와 맺은 기유약조이다.
ⓒ, ⓒ, ⓔ은 광해군의 업적이다.

선지분석　㉠ 태종의 업적이다.

약점 체크하기 ∨

PART

04

01 신분 제도와 사회 정책

137 조선의 신분 제도 이해　　○ 정답 ①
정답찾기 ① 『경국대전』에 의한 법제적 신분은 양천제(양인과 천민)이다.

138 중인의 이해　　○ 정답 ④
정답찾기 ④ ⓒ 서얼들의 청요직 진출은 허용되었지만, 중인들은 이루어지지 못하였다.
선지분석 ① 좁은 의미의 중인에는 기술직에 종사하는 하급 관료(의관·역관·천문관·화원 등)가 있었다.
② 넓은 의미의 중인은 양반과 상민 사이의 중간 계층 신분으로 서얼, 문관의 하급 관리인 서리, 무관의 하급 관리인 군교(軍校), 지방의 향리 등이 속하였다.
③ ㉠, ㉡ 중인은 문과 응시가 가능하였지만, ㉢ 서얼은 문과 응시가 금지되었다.

139 조선의 사회 시책 이해　　○ 정답 ③
정답찾기 (가)는 환곡이다.
③ 환곡은 춘궁기에 빈민들에게 양식과 종자를 빌려주고 가을에 원곡만을 회수하는 제도이다. 원래 의창에서 담당하였으나 의창의 원곡이 부족하여 그 기능을 제대로 수행하지 못하게 되자, 물가 조절을 맡은 상평창에서 이를 대신 맡게 되면서 원곡의 이자(1/10)를 걷기 시작하였다.
선지분석 ① 사창, ② 구황청에 대한 설명이다.
④ 결작미는 균역법 실시로 인한 재정 부족분을 보충하기 위한 것이다.

140 조선의 사회 시책 이해 (고난도)　　○ 정답 ②
정답찾기 (가) 동·서활인서, (나) 상평창
㉠ 동·서활인서는 조선 시대 빈민의 질병 구료 사업을 맡아보던 관청으로, 고려의 동·서대비원을 조선 태조 때 동서문 밖에 설치하였고, 이후 태종 때 동·서활인서로 개칭하였다.
㉣ 상평창은 고려 성종 때 양경과 12목에 처음 설치되었다.
선지분석 ㉡ 혜민서, ㉢ 사창에 대한 설명이다.

플러스 정리 | 조선의 의료 시설

전의감	국가 의료 기관의 중추적 기관, 의료 업무 및 의료 정책의 입안·주관
혜민국, 동·서대비원	수도권 내 서민 환자의 구제와 약재 판매
제생원	지방민의 구호와 진료
동·서활인서	여행자·유랑자의 수용과 구휼

02 향촌 사회 조직과 운영

141 향약의 이해　　○ 정답 ①
정답찾기 ① 사족의 명단은 향안, 사족들의 총회는 향회이다.

플러스 정리 | 헷갈리는 향촌 관련 용어

향안(鄕案)	지방에 거주하는 사족의 명단
향회(鄕會)	지방 사족의 총회
향규(鄕規)	향회의 운영 규칙
향약(鄕約)	지방 사족의 농민에 대한 유교적 향촌 자치 규약
향사례(鄕射禮)	활쏘기 시합을 하여 예법을 익히고 상호 친목을 도모하는 의식
향음주례(鄕飮酒禮)	향촌의 선비나 유생이 학덕과 연륜이 높은 이를 주된 손님으로 모시고 술을 마시며 잔치를 하는 의례의 하나

142 조선 시대 족보의 이해　　○ 정답 ②
정답찾기 제시문은 조선 전기의 족보 작성법이다. 그러나 이 문제는 제시문을 읽지 않더라도 현존하는 가장 오래된 족보가 15세기 '안동 권씨 성화보'라는 사실만 알고 있으면 시대를 유추할 수 있는 문제이다.
② 조선 전기에는 친가, 외가가 함께 거주하는 이성잡거(異姓雜居) 형태였고, 후기로 가면서 동성 마을이 형성되었다. 또한 조선 후기에는 재지사족(在地士族)의 향촌 지배력이 약화되었다.
선지분석 ① 조선 중기까지는 고려의 자녀 균분 상속 제도가 이어졌으며, 제사도 형제가 돌아가면서 지내는 윤행(輪行)이 이루어졌다.
③ 서얼은 양반의 첩의 자손을 말하는데, 태종 때 서얼차대법이 제정되어 문과 응시가 금지되었다.
④ 고려와 조선 전기에는 친가와 외가의 차이가 크지 않았다.

플러스 정리 | 고려·조선 전기와 후기의 사회상 비교

구분	고려·조선 전기	조선 후기
생활윤리	전통적 생활윤리(불교·민간 신앙)	성리학적 생활윤리 보급(민간 신앙·풍습을 음사로 규정)
가족 제도	부계·모계가 함께 영향	부계 위주 형태
혼인 형태	남귀여가혼	친영 제도
재산 상속	남녀 균분 상속	장자 중심 상속
제사 담당	자녀 윤회 봉사	장자 봉사
여성 지위	가정 내 지위가 비교적 높음.	남존여비

143 조선 전기 사회상의 이해　　○ 정답 ④
정답찾기 제시문은 조선 전기의 상황이다. 첫 번째 제시문은 조선 전기에 불교식 장례를 지양하고 『주자가례』에 의한 유교식 상·장례 의식을 행할 것을 주장하는 내용이고, 두 번째 제시문은 데릴사위제에 대한 내용이다.
ⓒ ㉣ 조선 전기의 재산 상속에 대한 내용이다.
선지분석 ㉠ 태종 때 서얼차대법을 제정하여 적서의 차별을 두었다.
㉡ 조선 후기의 상황이다.

144 조선 사회 윤리의 이해　　○ 정답 ④
정답찾기 ④ 예학이 발달하여 성리학은 사례(士禮)를 중시하는 송시열 등의 이이 학파(서인)와 왕례(王禮)의 특수성을 강조하는 허목·윤휴 등의 근기 남인 학파로 나뉘었다.

01 경제 정책과 토지 제도 및 수취 제도

145 과전법의 이해
○정답 ①

정답찾기 제시문은 과전법(1391, 공양왕)에 대한 내용이다.
① 고려 전시과에 대한 설명이다.

플러스 정리 전시과와 과전법의 비교

구분		전시과(고려)	과전법(조선)
유사점		• 토지 국유제 원칙 • 직·산관에게 수조권 지급(시정·개정 전시과) • 관등에 따라 차등 지급 • 세습 불가	• 토지 국유제 원칙 • 직·산관에게 수조권 지급 • 관등에 따라 차등 지급 • 세습 불가
차이점		• 전지와 시지 지급 • 전국적 지급 • 농민의 경작권이 법적 보장 안 됨.	• 전지만 지급 • 경기에 한하여 지급(중앙 집권과 재정 확보책) • 농민의 경작권이 법적 보장됨(영구 경작권 = 실질적 소유권).
토지 분급의 차이	중앙군	군인전 지급	토지 지급 없고 녹봉만 지급
	한량	한인전 지급(6품 이하)	군전 지급
	향리	외역전 지급	토지 지급 없고, 무보수 세습직
비고		과전법과 전시과는 그 원칙에 있어서 유사한 점이 많았다. 그러므로 고려 말 이성계의 과전법 공포는 전시과의 원칙으로 환원한 것이라 할 수 있다.	

146 세종의 공법 이해
○정답 ②

정답찾기 (가) 연분 9등법, (나) 전분 6등법(수등이척법 적용)
㉠ 연분 9등법은 그해의 풍흉에 따라 9등급으로 구분하여 1결당 최고 20두에서 최저 4두까지 차등을 두어 조세를 지역을 단위로 하여 거두게 하는 제도이다.
㉡ 전분 6등법은 토지의 비옥도에 따라 6등급으로 구분하였다. 따라서 실제 면적은 다르지만 연분(年分)이 같다는 것을 전제로 1등전 1결이나 6등전 1결이나 같은 세액을 내게 되었다.
㉢ 전분 6등법과 연분 9등법은 공평한 세금 부과가 가능하다는 점에서 긍정적인 제도였으나 16세기에 이르러 제대로 시행되지 못하여 농민에게 오히려 폐단을 야기하였다. 그 결과 17세기 인조 때 영정법을 시행하여 풍흉에 관계없이 1결당 4두를 징수하였다.

선지분석 ㉣ (가)와 (나) 모두 전지(토지)에만 적용되었다. 시지를 지급한 것은 고려의 전시과이다.

147 16세기 사회 모습의 이해
○정답 ③

정답찾기 (가)는 지주제의 확산에 따른 자영농의 몰락, (나)는 방납의 폐단을 보여 주고 있다.
③ 방납의 폐단을 개선하기 위해 실시한 제도는 대동법이다. 대동법은 특산물 대신 미, 포, 전으로 공납을 받았고, 이것은 상품 화폐 경제의 발달을 초래하였다.

선지분석 ① 영정법은 인조 때 실시된 전세 제도의 개혁이었으나, 토지를 가진 자에게만 도움을 주었기에 농민들에게는 실질적으로 도움이 되지 못하였다.
② 이이는 『동호문답』에서 (나)의 문제를 해결하기 위해 공납을 쌀로 수납하도록 하는 대공수미법을 주장하였으나, 실현되지 못하였다.
④ 대동법을 전국적으로 실시하는 과정에서 지주들의 반발이 컸다.

플러스 정리 16세기의 사회 변화

정치	사림의 중앙 정치 등장, 사화의 발생과 붕당 정치의 시작
경제	농장의 확대, 수취 체제의 문란(방납 제도의 폐단, 방군 수포제의 실시, 환곡제의 고리대화)
사회	부계 중심의 가부장적 가족 제도 정착화
문화	향약과 서원의 보급, 성리 철학의 발달(이기이원론)

148 조선 토지 제도의 이해 고난도
○정답 ①

정답찾기 각각의 문제점을 해결하기 위해 (가) 직전법(1466, 세조 12년), (나) 관수 관급제(1470, 성종 1년), (다) 직전법 폐지(1556, 명종 11년)를 실시하였다.
① 직전법은 하삼도(경상도, 충청도, 전라도) 땅을 대상으로 한 것이 아니라 경기 땅을 대상으로 현직 관리에게만 과전을 지급하였고 유가족에게 주는 토지 지급을 폐지하였다.

선지분석 ② 관수 관급제는 국가가 관료의 직전에서 직접 수조를 하여 관료에게 지급하였다.
③ 명종 때 직전법이 폐지되면서 관리들은 녹봉만 지급받게 되었다.
④ 직전법 폐지로 지주 전호제가 확산되면서 자영농의 수가 줄고 소작농의 수가 증가하였다.

플러스 정리 조선의 토지 제도 변천

구분	과전법	직전법	관수 관급제	직전법 폐지
시기	공양왕(1391)	세조(1466)	성종(1470)	명종(1556)
대상	전·현직 관리	현직 관리	현직 관리	현직 관리
배경	권문세족의 농장 확대로 인한 재정 궁핍	경기의 과전 부족	과전에 대한 과도한 수취	과전법 체제 붕괴
목적	사대부 관료의 경제적 기반 확보	토지 부족 보완, 국가 재정 안정	국가의 토지 지배권 강화	관리의 생계 수단 마련
원칙	• 경기에서만 지급 • 병작반수 금지 • 유가족 : 수신전, 휼양전 지급(1대 세습 가능)	• 현직에만 지급 • 수신전, 휼양전 폐지	수조권의 국가 귀속	현물 녹봉 지급(녹봉제)
영향	농민의 경작권 보장	훈구파의 농장 확대	농장 확대 가속	농장의 보편화

02 경제 활동

149 조선 전기 경제 활동 이해 ○정답①

정답찾기 밑줄 친 '농서'는 세종 때 만들어진 『농사직설』이다.
① 조선 전기의 경제 상황이다.

선지분석 ② 조선 후기 상황이다. 남초는 담배이다.
③ 개시·후시무역은 조선 후기에 이루어졌다.
④ 조선 전기에는 이앙법을 금지하였다.

150 조선 초기의 경제생활 이해 ○정답④

정답찾기 ④ 견종법은 조선 후기이다. 조선 전기는 이랑(두둑)을 만들고 그 위에 씨를 뿌리는 농종법이 시행되었다.

선지분석 ① 조선 전기에는 『농사직설』, 『금양잡록』 등이 간행되어 농업 기술을 널리 보급시켰다.
② 조선 전기에는 중농 정책의 일환으로 토지 개간과 양전 사업을 적극적으로 추진하였고, 농업 생산성을 향상시키는 많은 농법을 개발하였다.
③ 조선 전기의 상업은 국가 통제하에 있는 시전을 중심으로 행해졌고, 수공업은 대체로 관영 수공업 중심이었다.

플러스 정리 조선 전기의 대표 농서

농사직설	정초(세종)	중국의 화북 농법을 받아들이면서도, 우리나라의 풍토에 맞는 농사 기술과 씨앗의 저장법, 토질의 개량법, 모내기법 등 농민의 실제 경험을 토대로 우리의 독자적 농법을 최초로 정리
사시찬요	강희맹(세조)	계절에 따른 농사 기술 수록
농산축목서	신숙주(세조)	농업·목축업에 관한 저술
양화소록	강희안(세조)	화초 재배법 수록
금양잡록	강희맹(성종)	금양(지금의 시흥, 과천) 지방에서 저자가 직접 경험하고 들은 농경 방법을 기술, 그 내용이 뛰어남.

151 조선의 경제 정책 이해 ○정답①

정답찾기 (가)는 시전이다.
① 시전은 보부상을 관장하지 않았다. 시전은 서울과 대도시에, 보부상은 지방 장시에 있었던 관허 상인이다.

선지분석 ②③ 시전 상인들에게는 관청에 물품을 공급하는 대신 특정 물품을 독점 판매할 수 있는 권한을 주었다.
④ 시전은 서울 종로 거리에 있었는데, 정부는 상인들에게 점포를 내어 해 주고 점포세와 상세를 받았으며, 시전 상인들의 불법적 상행위를 통제하기 위하여 경시서를 두었다[⇨ 1466년(세조 12) 평시서로 개칭].

152 조선의 경제 활동 이해 ○정답③

정답찾기 (가) 시전 상인, (나) 관영 수공업자
③ 관영수공업자는 국역으로 동원된 것이기 때문에 국가로부터 녹봉을 지급받지 않았다.

약점 체크하기 ✓

01 민족 문화의 발달, 성리학, 불교, 민간 신앙

153 『조선왕조실록』의 이해 ○정답②

정답찾기 밑줄 친 '이 책'은 『조선왕조실록』이다.
② 시정기(時政記)는 춘추관에서 만들었다.

플러스 정리 『조선왕조실록』

의의	태종 때 『태조실록』 편찬, 태조~철종 때까지 25대 역대 왕들의 실록을 편찬 ⇨ 조선 시대 연구의 1차 자료(1997년 유네스코 세계 기록 유산 등재)
방법	• 왕 사후에 춘추관에 실록청 설치 • 날짜별로 그날의 중요한 사건들을 기록하는 편년체 • 기본 자료 : 사관의 사초(史草)와 시정기(時政記) + 보조 자료(일성록, 승정원일기, 의정부등록, 비변사등록 등)
보관	세종 때 4대 사고 설치(서울 춘추관·충주·성주·전주) ⇨ 임진왜란 때 소실(전주 사고 제외) ⇨ 광해군 때 5대 사고 정비 ⇨ 현존 : 태백산 사고·정족산 사고·오대산 사고·적상산 사고

154 조선 문화의 이해 ○정답②

정답찾기 밑줄 친 '왕'은 성종으로, 제시문은 성종 때 간행된 『국조오례의』에 대한 설명이다.
② 성종은 세조가 두었던 불경 간행 기구인 간경도감을 폐지하고 도첩제를 폐지하는 등 숭유억불 정책을 철저하게 시행하였다.

선지분석 ① 세조의 업적이다.
③ 『병장도설』(성종)은 군사 훈련 지침서이고, 『동국병감』(문종)은 고조선부터 고려 말까지의 전쟁사를 수록한 병서이다.
④ 영조 때 이이의 『성학집요』가 경연 과목에 포함되었다.

155 조선 전기 역사서의 이해 고난도 ○정답④

정답찾기 제시문은 성종 때 편찬된 서거정의 『동국통감』이다.
㉠ ㉡ ㉢ ㉣ 모두 『동국통감』에 대한 내용이다. 『동국통감』은 단군 조선에서 고려 말까지의 역사를 편년체로 쓴 통사로 단군 조선에서 삼한까지는 외기(外紀)로, 삼국 건국부터 669년 신라 문무왕까지는 삼국기로, 669년부터 935년(고려 태조 18)까지는 신라기로, 이후 고려는 고려기로 서술하였다.

156 『고려사』의 이해 고난도 ○정답②

정답찾기 제시문은 세종이 『고려사』 저술을 지시하는 내용이다.
② 기전체 사서인 『고려사』는 본기 대신 세가를 46권으로 구성하여 군주 중심으로 역사를 서술하였다.

선지분석 ①③ 서거정의 『동국통감』, ④ 『국조보감』에 대한 설명이다.

157 『경국대전』의 이해 ○정답④

정답찾기 제시문은 『경국대전』에 대한 내용이다.
④ 『경국대전』은 6조의 직능에 맞추어 이·호·예·병·형·공전의 6전으로 구성되었다. 『경제육전』을 절대 바꾸지 않고 존중한다는 법전 편찬의 원칙에 의해 영구히 시행해야 할 사항들을 편집하여 6개의 전(典)으로 묶고 편의에 따라 시행해야 할 것은 록(錄)으로 구분하였다.

선지분석 ① 『승정원일기』에 대한 설명이다.
② 『경국대전』은 세조 때 제작에 착수하여 예종 때 완성되었으며, 성종 때 교정·반포되었다.
③ 『속대전』(1746, 영조 22년)에 대한 설명이다. 조선 전기에 만들어진 『경국대전』은 백성들의 형벌에 다소 가혹한 면이 있었는데, 『속대전』을 만든 영조 때 백성에 대한 가혹한 형벌을 완화하였다.

158 성리학자(이황)의 이해 ○정답②

정답찾기 제시문은 이황에 대한 설명이다.
② 이이에 대한 내용이다.

플러스 정리 이황과 이이

퇴계 이황	율곡 이이
주리론 집대성	주기론 집대성
• 주자의 이기이원론을 더욱 발전 • 『심경(心經)』 중시, 경(敬, 도덕) 강조	주기론적 입장에서 관념적 도덕 세계와 경험적 현실 세계 중시(일원론적 이기이원론 주장)
도덕적 행위의 근거로서 인간의 심성을 중시 (⇨ 이기호발설)	이황에 비하여 상대적으로 기의 역할 강조 (⇨ 기발이승설)
『주자서절요』, 『이학통록』, 『전습록변』 등	다양한 개혁 방안 제시 • 『동호문답』 : 대공수미법 주장 • 『만언봉사』 : 10만 양병설 주장 • 『격몽요결』 : 아동 수신서 • 『기자실기』
『성학십도』 ⇨ 군주 스스로 성학을 따를 것을 주장	『성학집요』 ⇨ 현명한 신하가 성학을 군주에게 가르쳐 그 기질을 변화시켜야 한다고 주장(『대학』 중시)
김성일, 유성룡 등으로 이어져서 영남학파 형성	조헌, 김장생 등으로 이어져서 기호학파 형성
예안향약	해주·서원향약

159 성리학자(이이)의 이해 ○정답①

정답찾기 제시문은 이이의 기발이승설에 대한 내용이다.
① 이이는 『기자실기』를 통해 기자를 공자와 맹자에 버금가는 성인으로 추앙하고, 우리나라 왕도 정치의 기원을 기자에서 찾았다.

선지분석 ② 서경덕, ③ 이황, ④ 조식에 대한 설명이다.

160 조선 전기 문화의 이해 고난도 ○정답①

정답찾기 제시문은 성종 때 간행된 서거정의 『동문선』으로, 15세기 훈구파의 문화적 성향을 물어보는 문제이다.
① 15세기 훈구파들은 성리학을 중시하면서도 불교·도교·풍수지리사상·민간 신앙 등을 포용하였다.

선지분석 ② 단군이 아니라, 기자를 교화지군(教化之君)이라 칭하면서 기자 조선에서 도덕 문명의 뿌리를 찾아 이를 계승·발전시켜야 한다고 주장하였다.
③④ 조선 후기의 상황이다.

02 과학·문학·예술

161 조선 전기 건축물의 이해 ○정답①

정답찾기 ㉠ 무위사 극락전과 ㉡ 해인사 장경판전은 조선 전기(15세기)의 건축물이다.

선지분석 ㉢ 금산사 미륵전과 ㉣ 수원 화성은 조선 후기의 건축물이다.

162 조선 시대 과학 기술의 이해 ○정답②

정답찾기 제시문은 『칠정산』에 대한 내용으로, 밑줄 친 '왕'은 세종이다. ②『금양잡록』은 조선 성종 때 강희맹이 금양 지방에서 직접 경험하고 들은 농경 방법을 기술한 농서이다.

플러스정리 | 세종 대의 과학 기술 발달
1. 인쇄술: 갑인자·경자자·병진자 주조, 식자판을 조립하는 방안 창안
2. 제지술: 조지서(종이를 전문적으로 생산) 설치
3. 천문: 경복궁 안에 간의대 설치
   • 천체 관측 기구: 혼의, 간의
   • 시간 측정 기구: 앙부일구, 자격루
   • 강우량 측정 기구: 측우기
4. 역법: 『칠정산』
5. 농서: 『농사직설』(정초)
6. 병서: 『역대병요』, 『총통등록』
7. 의학서: 『향약채취월령』, 『향약집성방』, 『의방유취』

163 조선의 주요 건축물 이해 ○정답③

정답찾기 ③ 문묘는 한양의 성균관과 지방의 향교에 각각 설치하였다. 한양에 있었던 중등 교육 기관인 4부 학당(4학)에는 문묘가 없었다.

선지분석 ① 경복궁의 왼쪽에는 종묘를, 오른쪽에는 사직을 두었으며(⇨ 좌묘우사), 경복궁 앞에는 조정의 관아(6조)를 두고, 그 후방에 생활 공간인 시전을 두었다. 육조 거리에는 경복궁의 정문인 광화문 앞 왼쪽, 즉 동쪽으로는 의정부(議政府), 이조(吏曹), 한성부(漢城府), 호조(戶曹), 기로소(耆老所), 포도청(捕盜廳)이 차례로 자리 잡았고 광화문의 오른쪽, 즉 서쪽으로는 예조(禮曹), 사헌부(司憲府), 병조(兵曹), 형조(刑曹), 공조(工曹) 등이 차례로 배치되었다. 육조 거리는 관아(官衙)를 통칭하여 궐외각사(闕外各司)라고도 불렸다. ② 명당으로서의 풍수지리적 특성을 살려 주위의 산을 백악산(祖山, 일명 북악산)·목멱산(案山, 일명 남산)·낙타산(좌청룡, 일명 낙산)·인왕산(우백호)으로 배치하고 둘레 18km의 도성을 쌓았다. ④ 종묘는 조선 왕조 역대 왕과 왕비의 신주를 모신 조선 왕조의 사당으로, 조선 시대의 가장 장엄한 건축물 중 하나이다. 정면이 매우 길고 수평성이 강조된 독특한 형식의 건물로, 의례 공간의 위계질서를 반영하여 정전(正殿)과 영녕전(永寧殿)의 기단과 처마, 지붕의 높이, 기둥의 굵기를 그 위계에 따라 달리하였다.

164 자주적 성격의 문화 이해 ○정답③

정답찾기 제시문은 『농사직설』(정초)의 서문으로, 『농사직설』은 15세기 세종 때 우리의 독자적인 농법을 최초로 정리한 책이다.
㉠『향약집성방』(세종)은 실제 경험을 토대로 우리 풍토에 알맞은 약재와 치료 방법을 개발·정리하여 편찬한 의학서이다.
㉡『칠정산』(세종)은 중국의 수시력·대통력과 아라비아의 회회력을 참고하여 만든 독자적 역법서로, 우리나라 최초로 서울을 기준 삼아 천체 운동을 정확히 계산하였다.
㉣『동의보감』(허준, 광해군)은 독자적 의서인 『향약집성방』과 『의방유취』를 더욱 발전시킨 의학서로서, 우리의 전통 한의학을 체계적으로 정립하였다(2009년 유네스코 세계 기록 유산 등재).
㉤ 정선은 우리 산천에 대한 자부심으로 우리 산수를 있는 그대로 그리는 진경산수화를 창안하였다.

선지분석 ㉢『농상집요』는 고려 후기에 중국에서 도입된 농서이다. 이암은 원의 농서인『농상집요』를 소개·보급하여 농업 기술에 대한 학문적 연구에 영향을 주었다. 그러나 이는 지문의 내용과는 거리가 멀다.
㉥ 김정희의 '세한도'는 선비의 높은 이념을 표현하였으나, 민족적 자주 정신과는 거리가 멀다.

165 조선 전기의 사건 이해 ○정답③

정답찾기 혼일강리역대국도지도 제작(1402, 태종) ⇨ 『칠정산』 간행(1444, 세종) ⇨ 관수 관급제 실시(1470, 성종) ⇨ 중종반정(1506) ⇨ 을묘왜변(1555, 명종) ③ 원각사지 10층 석탑은 세조 때 건립하였다. - (나)

선지분석 ① 세종 때 부산포, 제포, 염포 등 3포를 개항하였다(1426). ② 세조 때 익군 체제를 진관 체제로 개편하였다(1457). ④ 중종 때 3포 왜란(1510)을 계기로 비변사를 임시 기구로 설치하였고, 이후 명종 때 을묘왜변(1555)을 계기로 상설 기구화하였다.

166 조선 전기의 문화 이해 ○정답④

정답찾기 제시된 화보는 안견의 '몽유도원도'(15세기)이다. ④ 조선 전기에 회청색의 분청사기가 유행하였다.

선지분석 ① ③ 조선 후기, ② 고려 후기에 대한 설명이다.

167 조선 시대 지도의 이해 ○정답②

정답찾기 (가)「혼일강리역대국도지도」(태종), (나)「조선방역지도」(명종) ②「혼일강리역대국도지도」는 이슬람 지도학의 영향을 받은 원나라의 세계 지도를 참고하고, 여기에 한반도와 일본 지도를 첨가하였다. 특히 중국과 한국을 유난히 크게 그렸다.

선지분석 ① (나) - 16세기「조선방역지도」(명종)에 대한 설명이다. ③ 15세기「동국지도」(양성지, 세조)에 대한 설명이다. ④ 백리척을 최초로 고안한 지도는 18세기 영조 때 만든 정상기의「동국지도」이다.

168 조선 시대 궁궐의 이해 고난도 ○정답②

정답찾기 ㉠ 한양 도성 안에는 경복궁을 비롯한 궁궐(창덕궁, 창경궁, 경희궁, 경운궁)을 두었고 '좌묘우사 전조후시(左廟右社 前朝後市)'를 중요시하는 『주례』에 입각하여, 경복궁의 왼쪽에는 종묘를, 오른쪽에는 사직을 두었다. ㉢ 사정전은 왕이 평상시 거처하면서 정사를 보거나 경연이 열리는 곳이었다.

선지분석 ㉡ (나)는 근정전에 대한 설명으로, 국가 의식을 치르고 신하들의 하례와 사신을 맞이하던 곳이었다. ㉣ (라) 왕비의 거처 공간인 교태전은 강녕전(왕의 침전) 뒤에 배치되었다. 강녕전 서쪽에는 중국 사신 접대나 연회장으로 사용되던 경회루가 배치되었다.

PART
04

01 근대 사회의 태동과 통치 체제의 개편

169 조선 후기 사회 변화의 이해 ○ 정답 ④

정답찾기 ④ 붕당 정치가 변질되어 양반층이 분화되면서 권력을 장악한 부류가 있는가 하면, 다수 양반은 몰락하는 등 양반층은 자기 도태를 거듭하였다. 이러한 양반들의 분열과 대립은 일당 전제 정치를 형성하게 되었고, 이를 계기로 왕권은 약화되었다.

선지분석 ① 16세기 명종 때 직전법이 폐지되면서 국가의 토지 지배력이 약화되고 지주 전호제가 강화되었다.
② 인조반정 이후 정권을 장악한 서인들은 정권을 유지하기 위한 군사적 기반으로서 5군영을 설치하였다.
③ 조선 후기 대동법의 실시로 부과 기준이 가호에서 토지로 바뀌었고, 조세의 금납화가 진행되었다.

170 비변사의 이해 ○ 정답 ③

정답찾기 제시문의 (가)는 비변사이다. 비변사는 중종 때 삼포왜란(1510)을 계기로 설치된 임시 기구이다. 이후 을묘왜변을 계기로 상설 기구가 되었고, 임진왜란 때는 문무 고위 관리들의 합의 기관으로 확대되었다. 19세기에는 세도 정치의 중심 기구 역할을 하였으나, 대원군에 의해 기능이 축소(폐지)되었다.
③ 임진왜란을 계기로 비변사가 국방은 물론 외교·재정·사회·인사 문제 등까지 처결하는 기관으로 그 기능이 확대되면서 의정부와 6조의 기능은 유명무실해졌다.

플러스 정리 **비변사의 변화**

삼포왜란 계기(1510)	임시 기구: 처음 설치, 지변사 재상 중심의 군무 협의 기구
을묘왜변 계기(1555)	비중 확대: 상설 기구화, 군무 협의 기구
임진왜란 계기	• 문무 고위 합의 기능(최고 정무 기구) • 구성원: 3정승, 5조 판서(공조 제외), 군영 대장, 강화 유수, 대제학 등 당상관 이상의 문무 고위 관리 • 영향: 의정부·6조 기능의 약화, 왕권의 약화
흥선 대원군 집권기	비변사 약화 및 폐지 ⇨ 의정부(정무)와 삼군부(군사) 부활

171 조선 후기 5군영의 이해 ○ 정답 ②

정답찾기 ② 임진왜란 때인 1593년에 훈련도감이, 인조 때 어영청 ⇨ 총융청 ⇨ 수어청이, 숙종 때 금위영이 설치되면서 5군영 체제가 성립되었다.

플러스 정리 **조선 후기 5군영**

구분	설치 시기	임무	특징	편제	경제 기반
훈련도감	임진왜란 중(선조, 1593)	수도 방어	• 중앙군의 핵심 군영 • 유성룡의 건의로 설치 • 장번 급료병(직업 군인, 용병제)	삼수병[포수(총), 사수(활), 살수(창)]	• 삼수미세(1결당 2.2두) • 보(군포)
어영청	인조반정 이후(인조, 1623)	수도 방어	북벌의 본영(효종 때)	지방군의 번상(기·보병)	보(군포)
총융청	이괄의 난 이후(인조, 1624)	경기 일대 방어	북한산성에 설치	경기 속오군	경비 자담
수어청	정묘호란 이후(인조, 1626)	남한산성과 주변 방어	남한산성에 설치	경기 속오군	경비 자담
금위영	숙종(1682)	수도 방어	5군영 체제 완성	지방군의 번상(기·보병)	보(군포)

172 조선 후기 군사 제도의 이해 ○ 정답 ④

정답찾기 (가) 훈련도감, (나) 속오군
④ 속오군은 평상시에는 생업에 종사하면서 향촌 사회를 지키다가 적이 침입해 오면 전투에 동원되었다.

02 정국의 변화, 탕평책, 외척 세도 정치

173 사림의 분화 과정 이해 ○ 정답 ②

정답찾기 (가)는 서인이다.
② 인조반정 이후 정권을 장악한 서인들은 반정을 합리화하기 위해 붕당 정치를 내세워 남인들과 유대 관계를 맺었으며, 정권을 유지하기 위한 군사적 기반으로서 새로운 군영(어영청, 총융청, 수어청, 금위영)을 설치하고 이를 장악하였다.

선지분석 ① 동인, ③ 남인, ④ 북인에 대한 설명이다.

플러스 정리 **붕당의 형성과 정국의 동향**

구분	시기	붕당의 분열	주도 붕당
붕당 성립기	선조	동인 ─── 서인	동인 집권 ⇨ 남인·북인 대립
	광해군	남인 북인	북인 집권(대북)
붕당 정치기	인조·효종·현종	대북 소북	서인·남인 공존(⇨ 예송 논쟁)
환국기	숙종		서인·남인 대립 ⇨ 서인 집권, 노론·소론 대립(⇨ 환국)
	경종	노론 소론	소론
탕평 정치기	영조		탕평파 육성(노론 중심) CF 이인좌의 난(1728, 영조 4년), 나주 괘서 사건(1755, 영조 31년)
	정조		남인(시파 중심)
세도 정치기	순조·헌종·철종		안동 김씨, 풍양 조씨

174 예송 논쟁의 이해 ○ 정답 ③

정답찾기 제시문은 1차 기해예송(1659) 때 주장으로 (가)는 남인, (나)는 서인의 주장이었다.
③ (가) 남인은 1차 기해예송에서 3년설을 주장하였다.

플러스 정리 **예송 논쟁**

기해예송 (1차, 1659)	효종의 상을 계기로 자의대비의 복제가 문제시되어 서인은 1년설(기년설), 남인은 3년설을 주장 ⇨ 서인의 1년설 채택
갑인예송 (2차, 1674)	효종 비의 상을 계기로 다시 자의대비의 복제가 문제시되어 서인은 9개월설(대공설), 남인은 1년설(기년설)을 주장 ⇨ 남인의 1년설 채택

175 조선 후기 주요 사건의 시기순 파악　　　ㅇ 정답 ②

정답찾기 ⓒ 경신환국(1680, 숙종 6년) ⇨ ⓔ 갑술환국(1694, 숙종 20년) ⇨ ⓓ 이인좌의 난(1728, 영조 4년) ⇨ ⓐ 탕평비 건립(1742, 영조 18년)

플러스 정리　숙종 때 사건

1. 경신환국(경신대출척, 1680, 숙종 6년) : 갑인예송으로 집권한 남인의 횡포가 심해지자 숙종은 영의정 허적의 '기름 천막 사건(유악 사건)'과 허적의 서자인 허견이 인평 대군의 세 아들과 역모를 꾸민 '허견 역모 사건'을 빌미로 100여 명의 남인을 숙청하고, 다시 서인 정권을 수립하였다. ⇨ 일당 전제 정치의 계기
2. 기사환국(1689, 숙종 15년) : 숙종이 소의 장씨 소생 윤(훗날 경종)을 세자로 책봉하는 과정에서 서인이 반대하자, 서인을 축출하고 남인을 재등용한 사건이다. ⇨ 노론 송시열 처형, 인현 왕후 폐위, 소의(정2품) 장씨를 희빈(정1품)으로 책봉
3. 갑술환국(1694, 숙종 20년) : 노론과 소론이 폐비 민씨 복위 운동을 일으키자, 이를 계기로 남인들이 이들을 제거하려다가 실패하고 오히려 화를 당한 사건이다.
4. 무고의 옥(巫蠱의 獄, 1701, 숙종 27년) : 인현 왕후가 원인 모를 병으로 죽은 후, 희빈 장씨가 궁인들과 무당을 시켜 인현 왕후를 모해한 사실이 드러나 희빈 장씨와 궁인, 무녀들이 처형되고, 장씨 일가가 화를 입었다.
5. 정유독대(1717, 숙종 43년) : 세자(경종)가 병약하고 자식을 낳지 못한다는 이유로, 노론의 영수 이이명에게 숙빈 최씨의 아들 연잉군(훗날 영조)을 후사로 정할 것을 부탁한 사건이다. 그러나 소론의 반발과 숙종의 와병으로 실패하였다.

플러스 정리　경종 · 영조 때 사건

1. 신임옥사(辛壬獄事, 1721~1722) : 소론은 세제의 대리청정을 발의한 노론을 탄압하고 신축년(1721)과 임인년(1722)에 걸쳐 수많은 노론을 제거하였다.
2. 이인좌의 난(1728, 영조 4년) : 소론 강경파와 남인 일부가 경종의 죽음에 영조와 노론이 관계되었다고 하면서 영조의 탕평책에 반대하여 일으킨 사건이다.
3. 기유처분(己酉處分, 1729, 영조 5년) : 노론 · 소론 · 남인 붕당 모두에게 충신과 역적이 다 있으므로 이제는 붕당을 없애고 각 당의 인재를 고루 쓰겠다는 선언이다.
4. 나주 괘서 사건(1755, 영조 31년) : 영조를 비난한 소론 윤지의 모역 사건으로, 이를 계기로 소론계 명문 가문과 학자들을 처벌하였다. 을해옥사라고도 한다.
5. 임오화변(壬午禍變, 1762, 영조 38년) : 영조가 왕세자인 사도 세자를 뒤주에 가두어 죽인 사건이다.
　CF 시파와 벽파 : 사도 세자의 죽음을 놓고 갈라진 파벌. 시파는 사도 세자의 잘못을 인정하면서도 죽음 자체는 지나치다는 입장, 벽파는 사도 세자의 죽음은 당연하고 영조의 처분은 정당하다는 입장 ⇨ 정조는 시파를 등용

176 숙종의 업적 이해　　　ㅇ 정답 ①

정답찾기 제시문은 조선 숙종이 시행한 조치들이다.
① 숙종 때 송시열의 주장으로 창덕궁 안에 대보단을 두고 임금이 친히 명나라 신종 황제를 제사하였다.

선지분석 ② 정조, ③ 영조, ④ 효종에 대한 설명이다.

플러스 정리　숙종의 업적

개혁 시도	• 대동법 전국적 실시 • 상평 통보를 법화로 유통
영토 문제	• 독도 : 안용복이 대마도주로부터 조선 땅임을 확인받음. • 간도 : 백두산 정계비 건립 • 2진 설치 : 폐사군(여연, 자성, 무창, 우예)의 일부 복설
민족의식 강조	• 이순신 사당에 '현충(顯忠)'이라는 시호 내림. • 강감찬, 곽재우 사당 건립 • 창덕궁 안에 대보단 설치
무역	조선 통신사 파견

177 영조의 업적 이해　　　ㅇ 정답 ④

정답찾기 밑줄 친 '왕'은 영조이다. 영조는 이조 전랑의 권한을 약화시키기 위해 자신의 후임자를 천거하고 3사의 관리를 선발하던 관행을 없애고, 홍문관 관원의 한림자천권(翰林自薦權)도 폐지하였다. 그러나 이조 전랑의 후임자 천거권은 이후 정조 때 가서야 완전히 폐지되었다.
④ 상평통보는 인조 때 처음 주조되었고, 숙종 때 법화로 채택되었다.

플러스 정리　영조의 완론(緩論) 탕평책

왕권 강화	병권의 병조 귀속, 서원 대폭 정리, 산림 존재 부정
민생 안정책	균역법 실시, 형벌의 개선(사형 금지), 신문고 부활 및 격쟁(임금의 행차 시 백성들이 직접 임금을 만나 억울한 일을 호소하는 일) · 상언(上言) 활성화, 기로과(60세 이상을 대상으로 한 과거 시험) 실시, 노비공감법 · 노비종모법 실시, 청계천 준설

플러스 정리　영조 때 편찬 사업

여지도서	『동국여지승람』 이후 변화된 지리 지식 반영
동국여지도	신경준이 쓴 8권의 채색 지도집
해동지도	• 조선의 도별 군현 채색 지도집 • 만리장성과 중국 전도, 유구(오키나와) 지도 등 370여 종의 지도 수록
동국문헌비고	제도 · 문물을 총정리한 한국학 백과사전
속오례의	『국조오례의』를 보완한 의례집
속대전	법전을 재정리한 법령집
속병장도설	무예법을 재정리한 병서
(증수)무원록	관리의 행정 지침서적 성격을 띤 법의학서
국조악장	궁중의 아악 정리

178 조선 후기의 주요 사건 순서 이해　　　ㅇ 정답 ③

정답찾기 ⓐ 설점수세제(1651, 효종) ⇨ ⓔ 안용복의 독도 확인(1696, 숙종 22년) ⇨ ⓒ 『동국문헌비고』 편찬(영조) ⇨ ⓑ 『동문휘고』 편찬(정조)

179 영조의 정책 이해　고난도　　　ㅇ 정답 ③

정답찾기 제시문은 영조의 '탕평교서'이다
③ 초계문신제는 정조의 업적이다. 정조는 붕당의 비대화를 막고 자신의 권력과 정책을 뒷받침하기 위하여 37세 이하 참상 · 참하의 당하관 중 젊고 재능 있는 문신들을 의정부에서 1차로 뽑아 규장각에 위탁 교육을 시키고 40세가 되면 졸업시키는 초계문신 제도를 실시하였다.

선지분석 ① 영조는 강화도 · 덕적도 등 도서 지방의 방어를 위한 해방(海防) 정책을 강화하였으며, 강화도에 외성(1744)을 쌓고, 평양에 중성(1733)을 축성하기도 하였다.
② 영조가 택한 완론(緩論) 탕평책은 노론 내의 온건론인 완론(緩論)을 중심으로 공정한 자세를 견지하여 소론에 대한 보복을 억제하는 등 붕당 세력을 억제하는 소극적 방법의 탕평책이었다.
④ 영조는 노비종모법을 실시하여 군역 담당자인 양인의 수를 늘렸다.

180 정조의 업적 이해 (고난도) ○정답 ②

정답찾기 밑줄 친 '국왕'은 정조이다.

ⓒ 정조는 서얼 출신 유득공·이덕무·박제가·서이수를 규장각 검서관에 기용하였고, 무예를 그림으로 설명한 『무예도보통지』를 편찬하였다.

ⓔ 정조는 백성의 억울함을 들어주기 위해 언론을 개방하여 상언(上言)·격쟁(擊錚)을 허용하였으며, 암행어사 제도도 활성화하였다.

ⓜ 정조는 제언절목을 반포하여 농업 용수를 저수하기 위한 제방과 방죽인 제언의 신축과 수리를 강화하고 수리 시설의 개인 독점을 금지하였다.

선지분석 ㉠ 시헌력 도입은 인조 때이고, 시헌력을 채택한 것은 효종이다. ㉣ 탕평비를 세운 것은 영조의 업적이고, 준론 탕평을 추진한 것은 정조이다. 정조는 아버지 사도 세자를 죽음으로 몰아넣은 노론 벽파를 견제하지 않고서는 자신의 왕권 강화가 어렵다는 것을 깨닫고, 당파의 시시비비(是是非非)를 철저하게 가리는 적극적인 준론 탕평책을 펼쳤다. ㉽ 숙종의 업적이다. 숙종은 세종 때 설치했다가 폐지된 폐사군(여연, 자성, 무창, 우예)의 일부를 복설하여 압록강변에 무창·자성의 2진을 설치하였다.

플러스 정리 정조 때 편찬 사업

대전통편	정조까지의 법전 재정비
동문휘고	조선의 외교 문서집
무예도보통지	무예를 그림으로 설명
규장전운	한글의 음운 정리
오륜행실도	세종 때의 『삼강행실도』와 중종 때의 『이륜행실도』를 합하고 수정
전운옥편	한글로 주석을 붙인 자전
증보문헌비고	『동국문헌비고』를 수정·보완
추관지	형정에 관한 법령집
탁지지	호조의 사례 정리(경제서)
존주휘편	1595년(선조 28)부터 정조 연간까지 대후금·대청 교섭사와 이에 관련된 인물들의 행적 정리
일성록	정조가 세손 때부터 쓰던 『존현각일기』를 왕이 된 뒤에는 규장각의 신하들에게 왕을 대신하여 매일매일의 주요 정사를 상세하게 기록하게 함(1760년부터 1910년까지 기록, 2011년 유네스코 세계 기록 유산 등재).

03 대외 관계의 변화

181 조선 후기 사회의 이해 ○정답 ④

정답찾기 ④ 정봉수와 이립은 정묘호란 때 후금에 저항하여 의병을 일으킨 인물들이다. 광해군 때 명이 조선에게 후금을 칠 것을 요구하자 광해군은 강홍립을 출병하게 하고 현지에서의 형세를 보아 향배를 정하라고 하였다. 이에 강홍립은 조선군의 출병이 부득이하게 이루어진 사실을 후금에게 통고한 후 후금에 항복하였다.

플러스 정리 임진왜란과 호란 당시 주요 외교

1. 임진왜란의 영향
  • 국내 : 경제와 재정 궁핍, 공명첩 발급
  • 국제 ┌ 중국 : 명 쇠퇴 ⇨ 여진 흥기
       └ 일본 : 중세 문화 발달(인쇄술, 이황의 성리학 보급)
2. 일본과 국교 재개(1607, 선조 40년)
3. 광해군의 전후 복구 사업 : 북인 – 자주적 중립 외교, 일본과 기유약조 체결(1609)
4. 인조반정(1623) : 서인 – 친명배금 외교
5. 정묘호란(1627, 형제 관계) ⇨ 조정의 의견 분화(주전론과 주화론) ⇨ 병자호란(1636, 군신 관계)
6. 북벌론(효종) : 서인 중심, 성리학적 명분상 ⇨ ∴ 실패, 서인의 군사적 기반 마련
7. 나선 정벌(청의 요구, 효종) : 변급(1차), 신유(2차)의 활약

182 간도 지역의 이해 ○정답 ③

정답찾기 제시문의 비석은 숙종 때 백두산정계비로, 조선과 청의 국경선 표시가 새겨져 있다.

③ 대한제국 시기에 이범윤을 간도(1902년 간도 시찰원 ⇨ 1903년 간도 관리사)에 파견하여 간도를 평안도가 아닌 함경도의 행정구역에 포함시켰다.

플러스 정리 백두산정계비

백두산은 고구려나 발해의 시기에는 우리나라에 귀속되어 있었으나, 이후 우리나라 판도는 반도로 위축되었다. 그 후 1437년(세종 19)에 설치했던 6진으로 인해 백두산과 그 동서의 두만강·압록강이 우리나라 국경선이 되었다. 그런데 만주에서도 특히 동부의 백두산 일대 삼림 지대는 인삼·모피·진주 등 특산의 보고(寶庫)였다. 이에 날로 융성해지는 청나라는 이 지역을 한인(漢人)·몽골인 등 주변 민족의 침범으로부터 보호하기 위하여 변문(邊門)을 만들어 출입자를 감시하였다. 이와 같은 사정은 조선과의 접경에도 해당되었다. 그러는 사이 조선인이 국경을 넘어 산삼을 채취하거나 토지를 개간하는 월경 사건(越境事件)이 자주 발생하여 문제되었다. 특히 1710년에는 위원(渭原)의 이만기가 국경을 넘어 삼을 캐면서 만주인 5명을 타살한 사건이 일어났는데, 이는 백두산을 귀속하려는 청에게 좋은 구실을 주었다. 2년 후인 1712년에 청은 오라총관(烏喇摠管) 목극등(穆克登)을 파견해 국경을 실지 답사하도록 시켰는데, 조선은 그 소식을 그해 2월 청 예부(禮部)로부터 통고받았다. 이에 청과 조선의 관리들은 조선과 청의 경계를 표시하기 위해 백두산 꼭대기에 두 나라 사이의 국경비인 백두산정계비를 건립하였다. 백두산정계비는 1931년 만주 사변 직후 없어졌다.

183 독도의 역사 이해 ○정답 ④

정답찾기 밑줄 친 '일도'는 독도이다.

④ 일본은 러·일 전쟁 중에 불법적으로 독도를 강탈(1905. 2.)하여 다케시마[竹島]라 하고 일본 영토에 편입시켰다.

선지분석 ① 『삼국사기』는 독도에 관한 내용이 제일 처음 기록된 책이다. ② 1667년 일본 관찬 고문서인 『은주시청합기』에는 울릉도와 독도를 고려, 즉 조선 영토라고 기록하였다. 또 1691년에 작성된 「해산조륙도」에는 울릉도와 독도를 합친 섬을 그리고 '한당(韓唐)'이라고 표시하여 조선 영토임을 확실히 하였다. 1785년에 편찬한 「삼국접양지도」에도 울릉도와 독도가 조선의 영토임을 표시하였다. ③ 대한 제국 칙령 제41호(1900)에 의하면 울릉도를 울도로 개칭하여 강원도에 부속시키고 도감을 군수로 격상하여 관제 중에 편입시켜서, 울릉도, 죽도, 석도를 관할하도록 하였다.

184 사건 순서 배열 ○정답 ③

정답찾기 ⓒ 기유약조(1609, 광해군 즉위년) ⇨ ⓔ 가도 사건(1623, 인조 즉위년) ⇨ ㉠ 삼전도의 항복(1637, 인조 15년) ⇨ ⓛ 대보단 설치(1704, 숙종 30년)

185 조선 후기 신분제의 변화 이해 　　　　　 **○정답 ②**

정답찾기 제시문은 조선 후기 신분제 동요에 대한 내용이다.
② 조선 정부는 임진왜란으로 국가 재정이 고갈되자 납속 제도를 실시하였고 향촌에서는 향임직 매매가 이루어졌다.

플러스 정리 조선 후기 정부의 노비 정책
• 노비종모법(영조)을 법으로 확정 ⇨ 양인 여자와의 통혼으로 신분 상승
• 노비공감법(영조) ⇨ 양인과 경제적 부담 비슷
• 관노비(납공 노비) 66,067명 해방(1801, 순조 원년)
• 노비의 신분 세습제 폐지(1886, 고종 23년)
• 공·사노비제 완전 폐지(1894, 고종 31년, 갑오개혁)

186 조선 후기 향촌 사회의 이해 　　　　　 **○정답 ③**

정답찾기 제시문은 조선 후기 향전에 대한 내용이다.
ㄴ. ㉠ – 조선 후기 향촌 사회에서 세력이 약화된 사족들은 세력을 유지하기 위해 동족 마을을 형성하고, 문중 중심의 서원, 사우를 건립하였다.
ㄷ. ㉡ – 조선 후기 신향들은 향임직에 진출하거나 기존 향촌 세력과 타협하기도 하였다.

선지분석 ㄱ. ㉠ – 사족들은 군현 단위의 향약 지배권을 상실하였고, 촌락 단위의 동약을 통해 향촌에서의 세력을 겨우 유지하였다.
ㄹ. ㉡ – 조선 전기 사족들이 향청을 새로 만들어 향안과 향규를 새로이 작성하였다.

187 서얼과 중인의 이해 　　　　　 **○정답 ③**

정답찾기 (가)의 밑줄 친 '이들'은 서얼이고, (나)의 밑줄 친 '이들'은 중인이다.
③ 중인은 인문적 교양보다 직업적 전문성을 중시하여 조선 후기에 경제 변동에 대응하여 재력을 축적하고 전문적 지식을 쌓는 등 역량을 키웠다.

선지분석 ① 서얼에 대한 차별은 임진왜란 이후 완화되기 시작하였다. 전란으로 재정적 타격을 받은 정부가 납속책을 실시하자, 서얼들이 이를 이용하여 관직에 진출할 수 있게 되었기 때문이다.
② 중인 중에서도 역관들은 대청 외교 활동에 참여하면서 서학 등 외래 문화 수용에 주도적 역할을 하였고, 성리학적 가치 체계에 도전하여 새로운 사회의 수립을 추구하였다.
④ 태종 때 서얼차대법을 제정하여 서얼의 문과 응시를 금지하였으나, 중인은 문과 응시가 가능하였다.

188 주요 지역의 이해 (고난도) 　　　　　 **○정답 ①**

정답찾기 (가) 평양, (나) 한양, (다) 나주, (라) 울산
① 1811년에 일어난 홍경래의 난은 평안도 가산에서 봉기하여 청천강 이북의 대부분을 장악하였으나, 대동강 유역의 평양까지는 확보하지 못하였다.

선지분석 ② (나) – 조선 후기 경강상인들은 한강과 서남해안에서 활동하였다.
③ (다) – 후고구려의 왕건이 후백제의 금성(나주)을 일시 점령하였다.
④ (라) – 통일 신라 때 울산항에 이슬람 상인까지 들어와 동아시아와 서역의 물품이 수입되면서 국제항의 역할을 하였다.

PART

05

약점 체크하기 ∨

189 대동법의 이해　　　　　　　　　　　　　○정답 ②

정답찾기 제시문은 대동법에 대한 내용이다.
ⓒ 대동법은 농민 부담을 경감시키고 부족한 국가 재정을 보완하기 위해서 실시되었다.
ⓜ 조(調)는 현물로 내는 세금을 말하고, 조(租)는 땅에 물린 세금을 말하는데, 대동법은 민호(호구)에게 토산물(현물)을 부과·징수하던 공납(상공)을 토지 결수에 따라 쌀[米]로 거두었기 때문에, 조(租)로 전환이 가능하였다.

선지분석 ㉠ 방납의 폐단을 해결하기 위해 대동법을 실시하였다. 대동법은 공납 운영 과정의 문제점을 해결하려는 것이었다.
ⓛ 공법은 세종의 전분 6등법과 연분 9등법에 해당한다.
㉣ 대동법의 시행으로 중앙 관아의 물품 구입비로 상납하는 상납미(봄에 징수)의 비율이 증가하였고, 지방 관아의 경비로 각 고을에 비치하는 유치미(가을에 징수)의 비율이 감소하게 되어 지방 관아의 재정이 악화되었다.

플러스 정리 대동법(광해군~숙종)

배경	16세기 방납의 폐단 ⇨ 농민의 부담 경감 및 국가 재정 확충 필요
내용	토지 결수에 따라 쌀(무명, 삼베, 돈) 부과 ⇨ 1결당 미곡 12두
결과	• 농민 부담(일시적) 감소, 양반 지주 부담 증가, 국가 재정 안정 • 공인의 등장 ⇨ 조선 후기 산업 발달 촉진, 상품 화폐 경제 발달, 양반 신분 질서 위협 • 새로운 상업 도시의 출현: 쌀의 집산지(삼랑진, 강경, 원산 등) • 한계: 현물 징수의 존속(별공, 진상)

190 대동법의 이해　　　　　　　　　　　　　○정답 ①

정답찾기 밑줄 친 '이 법'은 대동법이다. 김육은 인조·효종 연간의 중국 사행 체험을 통해 대동법의 필요성을 강조하였다.
① 대동법은 민호에 토산물을 부과하던 공납을 토지 결수에 따라 쌀로 거두고, 산간이나 해안 지역은 삼베·무명·동전으로 거둔 제도이다.

선지분석 ② 균역법, ③ 영정법에 대한 설명이다.
④ 대동법은 상공을 토지세로 바꾼 것으로 별공과 진상 같은 현물 징수는 존재하였다.

191 균역법의 이해　　　　　　　　　　　　　○정답 ①

정답찾기 밑줄 친 '대책'은 영조의 균역법(1750) 실시에 따른 재정 감소를 보충하기 위한 보충액 징수와 관련 있다.
① 군포 1필을 납부하는 선무군관은 양반층이 아니라 양반 행세를 하는 지방의 토호나 부유한 집안의 자제들이다.

선지분석 ③ 균역법의 실시 이후 부족한 재정을 채우기 위해 군문과 관청의 체제를 변경하고 영(營)과 진(鎭)을 통폐합하여 군사의 수를 감축시켰다. 이때 감축된 군사의 수는 2만 919명인데, 이들을 군포 납부자로 전환시킴으로써 군포 수입을 늘렸다.

플러스 정리 균역법(영조)

배경	5군영 성립, 모병제의 제도화 ⇨ 다수의 군포 징수로 농민 부담 가중
내용	양인 장정: 1년에 군포 1필 부과, 보충액 징수[결작(지주, 1결당 2두, 함경도·평안도 제외), 선무군관세(일부 특권층, 베 1필), 특별세(어세·염세 등 잡세, 균역청 징수)]

192 대동법과 균역법의 이해　　　　　　　　　○정답 ①

정답찾기 (가) 대동법, (나) 균역법
① 대동법은 광해군 때 경기도 지역에서 처음 시작하여 숙종 때 잉류 지역을 제외하고 전국에서 실시되었다.

선지분석 ② 균역법은 균역청에서, 대동법은 선혜청에서 담당하였다.
③ 대동법은 광해군 때, 균역법은 영조 때 실시되었다.
④ 대동법은 토지 결수에 따라 쌀을 부과한 것이고, 균역법은 균역세의 일부를 토지세화하여 결작이라는 이름으로 1결당 2두를 징수하였기 때문에 토지를 가진 사람의 세금 부담이 이전 시기에 비해 증가하였다.

193 조선 후기 경제의 이해　　　　　　　　　○정답 ②

정답찾기 ⓛ (나) − 조선 후기 농민 수입의 증가로 농촌 내 빈부 격차가 벌어지게 되었다.
㉣ (라) − 원료의 구입과 제품의 처분에서 대부분 상업 자본의 지배를 받는 선대제 수공업이 행해졌다.

선지분석 ㉠ (가) −『양화소록』은 조선 세조 때 편찬된 화초재배서이다.
ⓒ (다) − 정조 때 육의전을 제외한 시전상인의 금난전권이 폐지되었다(신해통공, 1791).

194 조선 후기 경제의 이해　　　　　　　　　○정답 ②

정답찾기 제시문은 숙종 때 전국적으로 유통된 상평통보에 대한 내용이다.
② 전황은 국가의 동(銅) 부족으로 인해 화폐 발행이 중지되면서 생긴 현상이 아니라, 국가가 동전을 발행하면 할수록 양반·상인·지주들이 많은 화폐를 구입하여 감추어 두고 고리대의 수단으로 사용하게 되면서 발생하였다.

195 조선 후기 경제의 이해　　　　　　　　　○정답 ①

정답찾기 제시문은 조선 후기 상품작물의 재배에 대한 내용이다.
① 조선 후기에는 지주전호제가 더욱 확산되었다.

196 조선 후기 경제의 이해　　고난도　　　　　○정답 ④

정답찾기 ④ 조선 후기 전문 경영인 덕대는 정부가 고용한 것이 아니었다. 조선 후기 광산 경영은 경영 전문가인 덕대(德大)가 상인 물주로부터 자본을 조달받아, 채굴업자인 혈주(穴主)와 채굴 노동자, 제련 노동자 등을 고용하여 광물을 채굴하고 제련하는 것이 일반적이었다.

01 성리학의 발달과 사상의 변화 · 사회 개혁론의 대두

197 조선 시대 성리학의 이해 〇정답③

정답찾기 ③ 16세기 주기론자 서경덕은 불교와 노장사상에 대하여 개방적이었고, 주기론자 조식 역시 노장사상에 포용적이었으며, 특히 학문의 실천성을 강조하였다.

선지분석 ① 정도전, 권근 등의 혁명파 신진사대부들은 『주례』를 국가의 통치 이념으로 중요하게 여겼고, 이들의 학풍은 관학으로 자리 잡게 되었다.
② 이이에 대한 설명이다.
④ 호락논쟁은 노론 내부에서 벌어졌다.

198 조선 후기 사상 동향의 이해 〇정답④

정답찾기 ㉠ 천주교가 종교 신앙으로 수용되기 시작한 것은 18세기 후반부터로, 당시 정치 사회의 모순을 해결하고자 고심하던 일부 남인 계열 실학자들이 천주교 서적을 읽고 신앙 운동을 전개하기 시작하였다.
㉢ ㉣ 조선 후기 송시열 제자들인 노론 내부에서 벌어진 사상논쟁인 호락논쟁에서 충청도 노론은 인물성이론(북벌론)을, 서울 경기 노론은 인물성동론(북학 사상)을 주장하였다.

선지분석 ㉡ 정조는 박지원 같은 서울 노론계의 신문체를 억압하는 문체반정을 일으켜 정통 고문(古文)으로 환원하게 하였다.

플러스 정리 | 호락논쟁

구분	호론(湖論)	낙론(洛論)
주장	인물성이론(人物性異論) : 인간과 사물의 본성이 다르다는 주장	인물성동론(人物性同論) : 인간과 사물의 본성이 같다는 주장
특징	기존의 신분 질서 유지 기능	조선 후기의 사회 변화 수용
지역	충청도	서울 · 경기도
인물	한원진 · 윤봉구 등	이간 · 김창협 · 김원행 등
성리학 분파	기(氣)의 차별성 강조 ⇨ 사람과 사물을 구별하면서 이를 화이론과 연결시켜 청을 오랑캐로, 조선을 중화로 보려는 명분론 고수	이(理)의 보편성 강조 ⇨ 인간과 모든 우주 만물의 보편적 가치를 추구하려는 자연 과학 정신 추구
계승	북벌론 ⇨ 19세기 위정척사 사상	북학 사상 ⇨ 19세기 개화사상

199 양명학의 이해 고난도 〇정답③

정답찾기 제시문은 양명학에 대한 내용이다. 양명학의 주요 사상은 심즉리[心卽理, 인간의 마음이 곧 이(理)라는 이론], 치양지[致良知, 인간이 상하존비(上下尊卑)의 차별이 없이 본래 타고난 천리(天理)로서의 양지(良知)를 실현하여 사물을 바로잡을 수 있다는 이론], 지행합일[知行合一, 앎과 행함은 분리되거나 선후(先後)가 있는 것이 아니라 앎은 행함을 통해서 성립한다는 이론]이다.
③ 양명학은 17세기 말에서 18세기 초에 주로 정권에서 소외된 경기 지역 소론과 왕의 불우한 종친 · 서얼들에게 계승되었다.

선지분석 ① 왕수인(왕양명)은 양명학을 체계화시킨 인물로 『대학』 고본(古本)을 자신의 이론으로 재해석하였는데, 특히 '친민(신민)'에 있어 주자가 지나치게 백성의 교화에 치우친 것과 달리 왕수인은 '백성들을 친하게 한다'는 것은 '백성을 사랑한다'는 것과 같고, '밝은 덕을 천하에 밝혀 백성을 교화하고 양생한다'고 주장하였다.
② 양명학은 16세기 중종 때 명에서 전래되었는데, 이황이 『전습록변』에서 양명학을 이단으로 규정함으로써 결국 일부 학자들만이 관심을 가지게 되었다.

④ 17세기 초에 병자호란과 같은 혼란한 상황을 해결해야 하는 현실적 반성과 자각이 대두되자, 양명학은 지행합일(知行合一)과 함께 실심(實心)과 실득(實得)을 강조하며 실용을 추구하였고 이는 최명길이나 정유 등의 현실 의식으로 나타나게 되었다. 병자호란 당시 척화를 주장하던 척화파(주자학적 의리학파) 사이에서 최명길이 홀로 강화를 주장할 수 있었던 것은 이러한 사상적 배경이 있었기 때문이었다.

플러스 정리 | 양명학

사상	• 성리학의 절대화 · 형식화 비판, 실천성 강조(심즉리, 치양지설, 지행합일설) • 18세기 초 정제두의 체계적 연구(『존언』, 『만물일체설』 저술), 학파로 발전 CF 이황은 정통 주자학과 어긋난다고 비판(『전습록변』)
계승	• 정권에서 소외된 소론 제자들 ⇨ 후손 · 인척 중심 계승 ⇨ 강화학파 • 양명학 바탕으로 역사 · 국어학 · 서화 · 문학 등에도 발전, 실학자와도 교류 • 한말 이건창, 박은식, 정인보 등 국학자에 계승

200 조선 후기 사상의 발전 이해 고난도 〇정답②

정답찾기 제시문은 윤휴의 『백호전서』 중 「중용주자장구보록」이다.
② 조선 후기 정통 성리학을 비판하면서 주자와 다른 해석을 시도한 인물로는 윤휴, 박세당, 정약용 등이 있다.

201 주요 실학자(정약용)의 이해 〇정답①

정답찾기 제시문은 정약용의 『기예론』 중 일부로, 인간이 다른 동물보다 뛰어난 것은 기술 때문이라고 주장하였다.
① 정약용은 신유박해(1801, 순조 원년) 때 전라도 강진으로 유배를 가게 되었다.

선지분석 ② 정약용은 농민 생활의 안정을 토대로 향촌 단위의 방위 체제를 강화하고자 하였다.
③ 정약용은 중국을 통하여 알려진 서양의 축성법을 연구하여 수원성을 쌓을 때 거중기를 사용하도록 하였다.
④ 정약용은 전통적인 논농사 외에 채소, 약재, 담배 등 상품화할 수 있는 작물의 재배를 주장하였다.

플러스 정리 | 정약용의 학문 영역
1. 실학의 집대성 : 2서 1표(二書一表)의 삼부작(『목민심서』, 『흠흠신서』, 『경세유표』)
2. 지리서 : 『아방강역고』, 『대동수경』
3. 국어학 : 『아언각비』
4. 과학 기술 분야 : 『마과회통』(제너의 종두법 소개), 지전설 주장, 한강 주교[배다리] 설계, 수원성 축조(거중기)
5. 역사학 : 민족의 주체적 자각 고취
6. 성리학 : 독자적 철학 체계 수립

202 주요 실학자(박지원)의 이해 〇정답②

정답찾기 제시문은 박지원의 한문 소설 「양반전」이며, 양반의 위선과 비생산성을 비판하였다.
② 청에 연행사로 다녀온 뒤 청나라 기행문인 연행록들인 『열하일기』를 저술하면서 상공업의 진흥을 강조하면서 수레와 선박의 이용, 화폐 유통의 필요성을 주장하였다.

선지분석 ① 정약용, ③ 이익, ④ 홍대용에 대한 설명이다.

플러스 정리 | 연행록
조선 후기 사신이나 그 수행원이 중국을 다녀와서 보고 느낀 것을 쓴 기행문으로 박지원의 『열하일기』, 홍대용의 『을병연행록』 등이 있다.

203 천주교와 동학의 이해 ○정답 ④

정답찾기 (가) 천주교, (나) 동학

④ 동학의 포교집인 『용담유사』는 안심가, 교훈가 등 한글 가사체 8편으로 구성되었다.

선지분석 ① 천주교는 17세기에 청을 왕래했던 사신들(허균, 이수광 등 북인 출신)에 의해 서학의 하나로 도입되었다.
② 동학 사상에 대한 설명이다.
③ (가) 천주교에 대한 설명이다.

플러스 정리 천주교 박해

시기	박해	내용
정조	신해박해 (진산 사건, 1791)	• 윤지충의 신주 소각 사건 ⇨ 윤지충 처형, 이승훈(최초 세례 교인) 유배 • but 정조 때 남인 시파를 우대하였기 때문에 천주교에 대하여 비교적 관대
순조	신유박해 (1801)	• 벽파 득세 ⇨ 시파를 축출하기 위해서 천주교 크게 탄압 • 이승훈·이가환·정약종·주문모 신부(청) 등 사형, 정약용·정약전 등 유배 • 결과 : 시파 세력 위축, 실학 퇴조, 황사영 백서 사건(⇨ 처형)
	▶ 신유박해 이후 안동 김씨 세도 정치하 천주교 박해 완화 - 조선 교구 설치 (1831), 프랑스 신부들의 입국	
헌종	• 기해박해 (1839) • 병오박해 (1846)	• 풍양 조씨 등장 ⇨ 벽파와 결속, 천주교 대탄압 • 척사윤음[천주교 배척, 귀정(歸正)의 길을 밝힘] 반포 - 탄압 • 5가작통법 이용 - 탄압 • 김대건 신부(최초 조선인 신부) 처형
고종	병인박해 (1866)	최대 박해(프랑스 신부 외 많은 신자 처형) ⇨ 프랑스의 침입 (병인양요)

204 주요 실학자들의 토지 개혁안 이해 고난도 ○정답 ②

정답찾기 (가) 유형원의 균전제, (나) 정약용의 여전제, (다) 이익의 한전제, (라) 박지원의 한전제, (마) 홍대용의 균전제

㉠ 유형원은 농촌 문제의 핵심이 토지에 있다고 보고 균전론을 주장하여, 관리와 선비·농민 등에게 차등 있게 토지를 재분배함으로써 자영농을 육성할 것을 주장하였다.
㉣ 박지원은 한전제를 통해 토지 소유 상한선을 설정하고 그 이상의 소유를 허용하지 않으면 수십 년 후 매매와 상속을 통해 토지 소유가 균등해질 것이라고 예상하였다.

선지분석 ㉡ 유형원의 주장이다. 유형원은 조세 수취에 있어서 종래의 결부법(수확량 기준) 대신 경무법(면적 기준) 실시를 주장하였다.
㉢ 이익은 『곽우록』에서 토지 소유의 하한선(영업전)을 정한 한전제를 주장하였다.
㉤ 홍대용은 노론(낙론)이었다.

플러스 정리 조선 후기 실학자의 토지 개혁론

중농학파		중상학파	
유형원	균전제 : 사·농·공·상의 차등 토지 분배	홍대용	균전제 : 성인 남자에게 토지 2결 지급
이익	한전제 : 농민에게 영업전 지급, 영업전 매매 금지, 기타 토지는 자유 매매	박지원	한전제 : 토지 소유 상한선 설정
정약용	• 여전제 : 노동량에 따라 분배 ⇨ 일종의 공동 농장 제도 • 정전제 : 국가가 장기적으로 토지 매입 ⇨ 농민에게 지급, 지주의 토지는 골고루 소작	서유구	한전제 : 대토지 소유의 폐단 해결 주장 ⇨ 둔전제 : 19C 지주 전호제 인정, 일부 지역에 한정된 규모로 둔전(일종의 국영 협동 농장) 설치 주장

플러스 정리 유형원의 개혁 사상

1. **토지 개혁** : 농촌 문제의 핵심이 토지에 있다고 보고 균전론을 주장하여, 관리와 선비·농민 등에게 차등 있게 토지를 재분배함으로써 자영농의 육성을 주장하였다.
2. **조세 개혁** : 종래의 결부법(수확량 기준) 대신 경무법(면적 기준)을 쓰고, 호구(戶口)에 부과하던 역역(力役)을 토지에 일괄 부과할 것을 주장하였다.
3. **군사와 교육 개혁** : 자영농을 바탕으로 농병 일치의 군사 조직과 사농 일치의 교육 제도를 확립해야 한다고 주장하였다.
4. **사회 제도 개혁** : 문벌 숭상·과거 제도 등을 능력 위주의 출세를 방해하는 것으로 보았고, 노비 세습제의 가혹성을 비판하였다.

02 국학·과학·문학·예술의 발달

205 조선 후기 지도 및 지리서의 이해 ○정답 ②

정답찾기 ② 정상기의 「동국지도」에서 백리척이라는 축척을 사용한 것은 맞으나, 압록강 이북까지 상세히 기록하여 북방에 대한 관심을 반영한 실측 지도는 15세기 세조 때 제작한 양성지의 「동국지도」이다.

선지분석 ① 「요계관방지도」는 효종의 북벌 계획이 좌절된 이후 숙종의 국토방위 시책에 의하여 이이명이 당시 병조 판서로 있으면서 제작한 국방 지도이다(1706, 숙종 32년).
③ 정약용의 『아방강역고』는 한국의 역대 강역에 관한 역사 지리서로, 백제의 첫 도읍지가 서울이고, 발해의 중심지가 백두산 동쪽임을 고증하였다.
④ 『택리지』는 이중환이 30년간 현지답사를 기초로 하여 우리나라 각 지방의 자연환경, 인물, 풍속, 인심의 특색 등을 세밀하게 저술한 지리서이다.

206 조선 후기 역사서의 이해 ○정답 ④

정답찾기 제시문은 안정복의 『동사강목』이다.

④ 안정복의 『동사강목』에서는 위만을 정통 왕위로 보지 않고, 삼한(마한)을 그 정통으로 보는 삼한 정통론을 제시하였으며, 단군 - 기자 - 삼한 - 신라의 정통성을 주장하였다.

플러스 정리 18~19세기 초 사서 편찬

구분	역사서	저자	특징
18세기	동사(東史)	이종휘(영조)	고대사의 연구 시야를 만주 지방으로 확대하여 반도 중심의 협소한 사관 극복
	동사강목	안정복 (영조~정조)	• 지금까지의 명분론에 의한 역사 의식과 문헌 고증에 의한 실증적 역사 연구를 집대성한 조선 후기의 대표적 통사 ⇨ 고증 사학의 토대 마련 • 삼한 정통론 제시(단군 - 기자 - 삼한)
	발해고	유득공(정조)	고대사 연구의 시야를 만주 지방으로 확대시켰고, 신라와 발해를 남북국 시대로 규정
	연려실기술	이긍익(정조)	조선의 정치와 문화를 실증적·객관적으로 서술
19세기 초	해동역사	한치윤(순조)	500여 종의 외국 자료를 인용하여 국사 인식의 폭 확대

207 조선 후기 역사서의 이해 ○정답 ①

정답찾기 제시문은 안정복의 『동사강목』 서문이다.

① 안정복은 우리 역사의 정통을 단군 - 기자 - 삼한(마한) - 통일신라 - 고려로 보는 삼한정통론을 주장하면서 삼국무통론을 주장하였다.

선지분석 ② 이종휘의 『동사』, ③ 한치윤의 『해동역사』에 대한 설명이다.
④ 안정복의 『동사강목』은 백과사전적 서술이 아니다.

208 조선 후기 역사서의 이해 (고난도)　　　ㅇ 정답 ④

(정답찾기) ④ 홍여하의 『동국통감제강』은 단군을 정통에서 제외하고 기자–마한–신라를 정통으로 보았다.

209 조선 후기 과학 기술의 이해　　　ㅇ 정답 ②

(정답찾기) ② 『지구전요』는 최한기의 저서이다. 홍대용은 『의산문답』에서 지전설을 주장하였다.

(선지분석) ① 시헌력은 서양 선교사 아담 샬이 만든 것으로, 태음력에 태양력의 원리를 부합시켜 24절기의 시각과 하루의 시각을 정밀히 계산하여 만든 역법이다. 김육 등의 건의로 효종 때 채용하였다.
③ 이제마는 『동의수세보원』을 저술하여 인체를 태양인(太陽人)·소양인(小陽人)·태음인(太陰人)·소음인(小陰人)으로 구분하고 체질에 따라 처방할 것을 주장하였다.
④ 정약전의 『자산어보』는 흑산도 근해 155종의 어류를 직접 채집·조사하여 해산물에 대한 명칭, 분포, 형태, 습성, 이용 등을 기록하였으며, 어류학의 신기원을 이루었다는 평가를 받고 있다.

210 조선의 문화 유산의 이해　　　ㅇ 정답 ②

(정답찾기) ㉠ 동궐도는 창덕궁과 창경궁을 조감도 형식으로 그린 조선 후기 대표적인 궁궐 그림이다.
㉡ 고사관수도는 15세기 문인 화가 강희안의 작품이다.
㉢ 서당도는 18세기 전문화원 김홍도의 그림이다.

211 조선 후기 문화의 이해　　　ㅇ 정답 ①

(정답찾기) 조선 후기 김득신의 「야묘도추」이다.
① 조선 후기 농업에 대한 옳은 설명이다.

(선지분석) ② 육의전을 제외한 시전 상인의 금난전권이 폐지되면서 시전 상인의 권한이 약화되고, 도고상업이 발달되었다.
③ 의주의 만상이 중강 개시나 책문 후시를 통해 청과의 사무역에 종사하였다.
④ 『홍길동전』, 『춘향전』 등은 한문 소설이 아니라 한글 소설이다.

212 수원 화성과 『의궤』의 이해　　　ㅇ 정답 ②

(정답찾기) ㉠은 수원 화성, ㉡은 『화성성역의궤』이다.
② 『화성일기』는 조선 정조 때 이의평이 쓴 일기체 기행문이다.

PART

05

약점 체크하기 ✓

01 흥선 대원군의 개혁 정치

213 흥선 대원군의 정치 이해   ○정답 ③

정답찾기 밑줄 친 '그'는 흥선대원군이다.

③ 1873년에 하야한 흥선대원군은 임오군란을 계기로 재집권하면서 통리기무아문과 별기군을 폐지하고 5군영과 삼군부를 부활시켰다.

선지분석 ① 흥선대원군은 만동묘와 폐단이 큰 서원을 철폐하였다.
② 김홍집, ④ 민왕후(명성 황후)에 대한 내용이다.

플러스 정리 흥선 대원군의 국내 개혁 정치

왕권 강화책	• 인재의 고른 등용 • 비변사 축소(폐지) ⇨ 의정부, 삼군부의 부활 및 정치와 군사의 분리 • 경복궁 중건: 원납전, 당백전, 통행세, 심도포량미(1결당 1두) 징수 •『대전회통』,『육전조례』편찬
민생 안정책	• 삼정의 개혁 ┌ 전정: 은결 색출, 부분적 양전 사업, 토지 겸병 금지 ├ 군정: 호포제(양반에게도 군포 징수) └ 환곡: 사창제로 전환 • 서원 대폭 정리, 만동묘 철폐

214 흥선 대원군의 정책 이해   ○정답 ②

정답찾기 (가)는 흥선 대원군의 서원 철폐, (나)는 흥선 대원군의 호(동)포제 실시에 대한 내용으로, 왕권 강화와 국가 재정을 안정시키는 데 기여한 정책들이다.

선지분석 ㉡ 경복궁 중건에 대한 설명이다. 경복궁을 중건하기 위해 많은 백성들을 토목 공사장에 징발하여 백성의 원성을 샀다.
㉣ 흥선 대원군의 통상 수교 거부 정책에 대한 설명이다.

215 사건 순서의 이해   ○정답 ④

정답찾기 첫 번째 제시문은 오페르트 도굴 사건(1868), 두 번째 제시문은 신미양요 직후 척화비 건립(1871) 내용이다.
④ 신미양요(1871) 때 일이다.

선지분석 ① 영남 만인소 사건(이만손, 1881), ② 조·프 수호 통상 조약 (1886), ③ 거문도 사건(1885)

216 프랑스 관련 사건 이해   ○정답 ②

정답찾기 밑줄 친 '(가) 사건'은 병인양요(1866)이다.
② 병인양요 때 강화도에 보관 중이던 외규장각 도서인『조선왕조의궤』가 약탈당하였다.

선지분석 ① 영국이 일으킨 거문도 사건(1885)에 대한 설명이다.
③④ 미국이 일으킨 신미양요(1871)에 대한 설명이다.

플러스 정리 프랑스에게 약탈된 우리 문화유산

1866년 병인양요 때 프랑스군이 강화도 외규장각에서 약탈해 간 191종 298책 중 1권 (런던 도서관으로 유출)을 제외한 297권의『조선왕조의궤』는 프랑스 국립 도서관에서 소유하고 있었다. 1993년 고속철도 계약 당시 프랑스 미테랑 대통령이 외규장각 의궤 한 권(『휘경원소도감』)을 돌려준 것으로 시작된 도서 반환 검토의 약속은 이후 지켜지지 않다가, 2010년 한·프 정상 회담에서 5년마다 계약을 갱신하는 영구 임대 형식으로 반환하기로 합의하였고 그 결과 2011년에 드디어 우리나라로 반환되었다. 이 중 30권은 어람용 유일본으로 사료적·예술적 가치가 뛰어나다.

02 강화도 조약과 개항, 정부의 개화 정책, 개화사상과 위정척사 사상

217 개화기 일본의 정책 이해   ○정답 ③

정답찾기 제시문은 1870년대 일본의 정한론이다.
③ 일본은 정한론에 입각하여 1875년 운요호 사건을 일으켜 강화도 조약 (1876)을 체결하였다.

선지분석 ① 을미사변(1895), ② 갑신정변(1884), ④ 청·일 전쟁(1894)

218 강화도 조약(조·일 수호 조규)의 이해   ○정답 ①

정답찾기 제시문은 강화도 조약(조·일 수호 조규, 1876)의 내용이다.
㉠ 강화도 조약 제1관의 내용이다. 조선에 대한 청의 종주권을 부정하기 위해 '조선국은 자주의 나라이며, 일본과 평등한 권리를 가진다.'라고 명시하였다.
㉡ 강화도 조약은 치외 법권을 규정한 불평등 조약이었다.

선지분석 ㉢ 강화도 조약으로 부산(1876)에 이어 원산(1880), 인천(1883)을 개항하기로 하였으나, 군산과 마산은 1899년 대한 제국 때 개항되었다.
㉣ 5%의 협정 관세는 1883년 개정 조·일 통상 장정에 포함되었다.

플러스 정리 강화도 조약의 내용

조항	주요 내용	일본의 목적	
제1관	조선국은 자주의 나라이며, 일본과 평등한 권리를 가진다.	조선에 대한 청의 종주권 부정	
제4관 · 제5관	(본래 왜관이 있던) 부산 이외에 경기·충청·전라·경상·함경 5도의 연해 중에 통상에 편리한 항구 두 곳을 지정하고, 일본인이 왕래 통상함을 허가한다[부산(1876), 원산 (1880), 인천(1883) 개항].	경제적(부산)·군사적(원산)·정치적(인천) 침략 목적	
제7관	일본국의 항해자가 자유로이 해안을 측량하도록 허가한다.	해안 측량권	결정적 자주권 침해
제10관	일본국 인민이 조선국 지정의 각 항구에 머무르는 동안에 죄를 범한 것은 조선국 인민에게 관계된 사건일 때에도 모두 일본 관원이 심판할 것이다.	치외 법권	

219 주요 근대적 조약의 이해   ○정답 ③

정답찾기 제시문의 (가)는 조·일 수호 조규(1876), (나)는 조·일 수호 조규 부록(1876), (다)는 조·미 수호 통상 조약(1882), (라)는 조·청 상민 수륙 무역 장정(1882) 내용이다.
③ 조·미 수호 통상 조약(1882) 내용이다.

선지분석 ① 조·일 수호 조규(1876)의 후속 조치 조약인 조·일 통상 장정(1876) 내용이다.
② 1905년 메가타의 화폐 정리사업의 내용이다.
④ (라) 조·청 상민 수륙 무역 장정(1882)이 체결되면서 청이 내지 통상권을 얻어내면서 청 상인과 일본 상인 간의 상권 경쟁이 본격적으로 시작되었으나, 청 나라의 조선 시장 점유율이 일본보다 높아지지는 않았다.

220 『조선책략』과 러시아의 이해 ○정답 ③

(정답찾기) 제시문의 (가)는 『조선책략』, (나)는 러시아이다.
ⓒ 주일 청국 외교관 황쭌셴(황준헌)이 저술한 『조선책략』은 2차 수신사로 파견된 김홍집에 의해 국내에 소개되었다.
ⓒ 러시아는 1895년 프랑스, 독일과 함께 삼국 간섭을 주도하였다.

(선지분석) ㉠ 조선 중립화론을 제기한 것은 독일 영사 부들러, 유길준, 김옥균이다.
㉣ 임오군란 이후 조선에 대한 내정간섭을 강화한 것은 청이다.

(플러스 정리) 『조선책략』
황쭌셴의 저서로, 1880년 2차 수신사 때 일본에 간 김홍집이 가지고 와서 고종에게 바친 책이다. 러시아를 막기 위해 '친중국(親中國), 결일본(結日本), 연미방(聯美邦)'할 것을 주장하였고, 부국강병을 위해서 신문물을 수입하고 사절단을 해외에 파견해야 한다는 내용을 담고 있다.

221 조·미 수호 통상 조약의 이해 ○정답 ①

(정답찾기) 밑줄 친 '조약'은 조·미 수호 통상 조약(1882)이다.
㉠ 조·미 수호 통상 조약은 서양과 맺은 최초의 조약으로, 치외 법권과 최혜국 대우를 규정한 불평등 조약이었다.
ⓒ 조·미 수호 통상 조약 체결 당시 청의 이홍장의 주장으로 양국 중 한 나라가 제3국의 압력을 받을 경우에 서로 도와준다는 거중 조정 조항이 들어가게 되었다.

(선지분석) ⓒ 조·프 수호 통상 조약(1886), ㉣ 조·청 상민 수륙 무역 장정(1882)에 대한 설명이다.

222 일본과의 조약 이해 ○정답 ③

(정답찾기) (가) 강화도 조약(조·일 수호 조규, 1876. 2.), (나) 조·일 수호 조규 부록(1876. 8.), (다) 조·일 무역 규칙(조·일 통상장정, 1876. 8.)
③ 조·일 수호 조규 속약(1882)에 대한 설명이다. 임오군란 이후 조선과 일본은 조·일 수호 조규 속약을 체결하여 일본 상인의 활동 범위를 거류지로부터 사방 50리(2년 후 100리)로 확대하고, 1년 뒤 양화진을 개시하도록 하였다.

(선지분석) ① 일본은 강화도 조약 제1조에 조선을 자주국이라 명시하였는데, 이는 조선에 대한 청나라의 개입을 방지하기 위한 것이었다.
② 조·일 수호 조규 부록을 통해 일본 상인들은 거류지에서 일본 화폐를 사용할 수 있게 되었다. 그 결과 일본 상인들이 막대한 자금을 가지고 조선 상권에 침투하는 등 조선 경제에 혼란이 초래되었다.
④ 조·일 무역 규칙 제10조에 따라 아편과 담배 반입을 엄격히 금지하였다.

223 사절단 파견 순서 이해 ○정답 ③

(정답찾기) ⓒ 2차 수신사 김홍집 파견(1880) ⇨ ⓒ 조사 시찰단(신사 유람단) 파견(1881. 4.) ⇨ ㉠ 영선사 파견(1881. 11.) ⇨ ㉤ 3차 수신사 박영효 파견(1882) ⇨ ㉣ 보빙사 파견(1883)

224 개화사상과 위정척사 사상의 이해 (고난도) ○정답 ③

(정답찾기) (가) 개화사상(온건 개화파의 동도서기론), (나) 위정척사 사상(이항로의 주장)
③ 왜양일체론은 위정척사의 주장이나, 친청 사대당의 결성은 임오군란 이후 온건 개화파에 대한 설명이다.

(선지분석) ① 온건 개화파는 중체서용을 바탕으로 한 청의 양무운동(전제군주제)을 개혁 모델로 하였다.
② 온건 개화파는 동양의 유교·도덕 같은 정신을 유지하고, 다만 서양의 기술 문명을 수용하여 부국강병을 이루자는 동도서기론을 추구하였다.
④ 1860년대 이항로는 통상 반대 운동을 전개하면서 서양과 통교를 하면 짐승과 같아진다는 점을 강조하였고, 외양(外攘)을 위한 내수(內修)를 강조하였다.

(플러스 정리) 위정척사 운동의 전개

1860년대	통상 반대 운동, 척화 주전론 주장 ⇨ 흥선 대원군의 통상 수교 거부 정책 뒷받침(이항로, 기정진)
1870년대	개항 불가론, 최익현의 왜양일체론(개항 반대 5불가소)
1880년대	• 정부의 개화 정책 부정(홍재학의 만언척사소, 1881) • 『조선책략』 유포 반발 ⇨ 영남 만인소 사건(이만손, 1881)
1890년대	일본의 침략에 저항하는 항일 의병으로 계승(을미의병, 1895)

(플러스 정리) 19세기 3대 사상의 성격

3대 사상	19세기 민족적 과제	국내: 反봉건	국외: 反외세
위정척사 사상[내수외양(內修外攘)]		×	○
개화사상[동도서기(東道西器)]		○	×
동학사상(보국안민, 제폭구민)		○	○

03 임오군란과 갑신정변

225 임오군란의 이해 ○정답 ④

(정답찾기) 제시문은 임오군란 이후에 일본과 체결한 제물포 조약(1882)이다.
ⓒ 청은 임오군란 이후 위안스카이 등이 지휘하는 군대를 상주시켜 조선 군대를 훈련시키고, 마젠창[馬建常]과 묄렌도르프를 고문으로 파견하여 조선의 내정과 외교 문제에 깊이 간여하였다.
㉣ 임오군란(1882) 이후 고종이 사건의 뒤처리를 흥선 대원군에게 맡기자, 흥선 대원군은 민씨 정권이 그동안 추진해 왔던 개화 정책을 되돌리는 정책을 실시하여 통리기무아문과 별기군을 폐지하고 5군영과 삼군부를 부활시켰다.

(선지분석) ㉠ 임오군란은 민씨 세력이 신식 군대인 별기군을 우대하고 구식 군대를 차별하면서 발생하였다.
ⓒ 베트남에 대한 청국의 종주권을 둘러싸고 청·프 전쟁(1884~1885)이 발발하자 청은 조선에 주둔하고 있던 청군의 일부를 철수시켰고, 급진 개화파들은 이것을 기회로 삼아 갑신정변(1884)을 계획하였다.

226 갑신정변의 이해 ○정답 ④

(정답찾기) 제시문은 갑신정변(1884)의 14개조 정강 중 일부이다.
④ 임오군란으로 일본 공사관이 불타버리자, 일본은 1884년 교동에 일본 공사관을 새로 설치하였으나 갑신정변으로 다시 불타게 되었다. 또 일본군은 갑신정변 개혁세력을 도와주었으나 청군에 의해 패배하게 되었다.

(선지분석) ① 박정양을 주미 공사로 파견한 시기는 1887년으로, 당시 구미 열강과의 교류를 통해 청을 비롯한 열강들을 견제하기 위해서 파견하였다.
② 갑신정변 이전 사건으로, 1883년 김옥균 등 개화당은 정부의 근대적 개혁을 위한 자본 마련을 위해 고종의 위임장을 얻어 일본에 차관 교섭을 시도하였으나 실패하였다.
③ 제물포 조약(1882)은 임오군란(1882)의 결과 체결되었다.

227 제물포 조약과 텐진 조약의 이해 ○정답 ④

(정답찾기) 제시문의 (가)는 제물포 조약(1882. 7.), (나)는 텐진 조약(1885. 4.)이다.
④ 갑신정변 결과 청·일 양국은 조선에서 양국군의 철수와 장차 조선에 파병할 경우 상대국에 미리 알릴 것을 내용으로 하는 텐진 조약을 체결하였는데, 이로써 일본은 청국과 동등하게 조선에 대한 파병권을 얻었다.

(선지분석) ① 강화도 조약(1876)에 대한 설명이다.
② 임오군란 이후 흥선 대원군은 청으로 납치되었다.
③ 텐진 조약은 동학 농민 운동(1895) 이전의 일이다.

228 한반도 중립화론의 이해 　　　　　　　　　**○정답 ②**

정답찾기 제시문은 유길준의 중립화론이다. 유길준은 조선의 중립은 단독으로 이루어지기 힘들다고 보고, 중국의 주재하에 영·프·러·일 등 강대국이 보장하는 한반도의 중립론을 주장하였다.

㉠ ㉢ 갑신정변 이후 청국과 일본의 대립이 격화되고 영국이 거문도를 불법 점령(1885)함으로써 조선을 둘러싼 국제 분쟁이 더욱 가열되자, 한반도 중립화론이 대두되었다.

선지분석 ㉡ 아관 파천(1896), ㉣ 『조선책략』 유포(1880)

플러스 정리 | 한반도 중립화론

한반도 중립화론은 1884년 갑신정변 직후 독일의 총영사 대리 부들러가 조선 정부에 권고한 영세 중립론, 그리고 1885년 거문도 사건 직후 다변적인 세력 관계 상황에 착안해서 유길준이 제기한 중립화론 등을 들 수 있다. 또한 청·일 전쟁 이후 승전한 일본과 러시아가 각축을 벌이던 시기에 제기된 것으로는 미국인 고문 샌즈가 조선 정부에 권고한 스위스 모형의 영세 중립론과 1900년 의화단 사건 직후 일본·러시아 사이의 협정 과정에서 러시아 정부가 추진하려 했던 러·일·미 3국 보장하의 한반도 중립화안을 들 수 있다. 하지만 청·일 전쟁과 러·일 전쟁을 고비로 한반도가 일본에 예속되는 과정을 밟게 됨으로써 이 시기에 제기된 한반도 중립화론은 모두 무위의 공론이 되고 말았다.

04 동학 농민 운동 · 갑오개혁 · 을미개혁

229 동학 농민 운동 과정 파악 　　　　　　　**○정답 ②**

정답찾기 (가)는 동학 농민군의 백산 봉기(1894. 3.) 당시 전봉준이 발표한 격문이고, (나)는 전라 감사와 전봉준이 만나 체결한 전주 화약(1894. 5.) 내용이다.

② 고부 봉기 이후 파견된 안핵사 이용태의 횡포를 계기로 무장 봉기한 농민군은 고부를 점령하고 백산으로 이동하여 호남창의 대장소와 4대 강령을 발표하고 본격적인 농민 항쟁을 펼쳤다. 동학 농민군은 황토현에서 관군을 물리치고(황토현 전투, 1894. 4.) 전주성을 점령한 후 정부와 전주 화약을 체결하였으며, 전라도 지방의 각 고을에 집강소라는 자치 기구를 설치하여 그동안 잘못된 정치로 인해 발생한 문제들을 바로잡으려 하였다.

선지분석 ①④ 전주 화약을 맺은 후 농민군이 해산하자, 정부는 일본군의 철수를 요구하였다. 그러나 일본은 이를 거부하고 오히려 경복궁을 점령하였으며, 청·일 전쟁을 일으켰다. 이처럼 일본군의 침략 행위가 노골화되자, 농민군은 일본군 타도를 내세우며 다시 봉기하였다. 이때 남접의 농민군과 북접의 농민군이 논산에서 연합하여 서울로 진격하다가 공주 우금치에서 관군과 일본군에 크게 패하였다.

③ 1893년 2월 손병희 등 40여 명이 광화문 앞에서 연좌 복합 상소를 올려 교조의 신원과 외국인의 철수를 요구하였다.

플러스 정리 | 갑오년(1894) · 을미년(1895) 주요 사건 일지

1894. 1. 10.	고부 민란
3.~4.	동학군 1차 봉기 ⇨ 고부 ⇨ 백산(격문, 4대 강령 발표) ⇨ 태인 ⇨ 황토현 ⇨ 장성 황룡촌 ⇨ 전주 점령(4. 27.)
5. 5.~5. 7.	청군 상륙
5. 8.	전주 화약(집강소 설치)
5. 6.~5. 9.	일본군 인천 상륙 **CF** 일본군 출발: 5월 6일
6. 11.	조선 정부 교정청 설치 **CF** 농민군: 전라도에 집강소 설치
6. 21.(양력 7. 23.)	일본군 경복궁 침입
6. 23.(양력 7. 25.)	청·일 전쟁 발발
6. 25.(양력 7. 27.)	1차 갑오개혁(군국기무처 설치, 1차 김홍집 내각)
9. 18.	동학 농민 재봉기
10.	남·북접군 논산 집결
11.	공주 우금치 전투

12.	2차 갑오개혁(군국기무처 폐지, 2차 김홍집·박영효 내각)
1895. 3. 23.(양력 4. 17.)	시모노세키 조약
3. 29.	삼국 간섭(3차 김홍집 내각)
8. 20.	을미사변, 을미개혁(4차 김홍집 내각)

※ 날짜 표기는 1895년까지는 음력으로 통일, 1896년부터는 양력으로 표기하였음.

230 제2차 갑오개혁의 이해 　　　　　　　　　**○정답 ④**

정답찾기 제시문의 '14개 조목의 큰 규범'을 통해 제2차 갑오개혁 때 고종이 발표한 독립 서고문임을 알 수 있다. 1894년 12월에 고종은 여러 신하를 거느리고 종묘에 나가 자주독립을 천명하는 독립 서고문과 국정 개혁의 기본 방향을 담은 홍범 14조를 발표하였다.

㉠ 제2차 갑오개혁 때 지방 재판소, 한성 재판소, 고등 재판소 등을 설치하여 사법권을 행정부로부터 독립시켰다.

㉢ 제2차 갑오개혁 때 지방 제도를 23부 337군으로 개편하였다.

선지분석 ㉡ 제1차 갑오개혁에 대한 설명이다.

㉣ 두 차례의 양전 사업과 지계(근대적 토지 문서) 발급은 대한 제국의 광무개혁 때의 일이다.

플러스 정리 | 갑오 · 을미개혁의 주요 내용

구분	갑오개혁		을미개혁
	1차 개혁	2차 개혁	3차 개혁
주도 세력	· 군국기무처 중심 · 흥선 대원군의 섭정 · 친일 내각 (1차 김홍집 내각)	· 군국기무처 폐지 · 홍범 14조(2차 갑오개혁 직전 발표) · 2차 김홍집·박영효의 연립 내각	· 을미사변 후 개혁 추진 · 4차 김홍집 내각
정치·행정	· 정부와 왕실 분리 · 중국 연호 폐지 ⇨ '개국' 연호 사용 · 6조제 ⇨ 8아문제 · 경무청 신설 · 과거제 폐지 · 문무관의 차별 폐지 · 왕의 관리 임명권 제한: 1, 2등의 칙임관은 왕이 직접 임명, 중급 관리는 대신이 추천하고 왕이 임명, 하급 관리는 대신 등 기관장이 직접 임명	· 내각제 시행 · 8아문제 ⇨ 7부제 · 8도제 ⇨ 23부제 · 사법권과 행정권의 분리 ⇨ 재판소 설치 · 훈련대·시위대 설치	· '건양' 연호 사용 · 친위대(중앙)·진위대(지방) 설치
경제	· 탁지아문에서 재정의 일원화 · 은 본위 화폐제 채택 · 도량형 통일 · 조세의 금납화	· 탁지부 산하 관세사·징세사 설치 ⇨ 징세 업무 강화 · 궁내부 내장원 신설	
사회·교육	· 공·사노비법 타파 · 연좌법 폐지 · 조혼 금지 · 과부 재가 허용 · 의복 간소화	· 교육 입국 조서 반포 · 한성 사범 학교 설립 · 소학교 관제·외국어 학교 관제 공포	· 단발령 실시 · 태양력 사용 · 종두법 시행(지석영) · 소학교령 제정 ⇨ 소학교 설치 · 우체사 설치: 우편 사무 재개

231 동학 농민 운동의 이해 （고난도） 　　　　**○정답 ②**

정답찾기 제시된 강령은 동학 농민 운동(1894) 1차 봉기 당시 백산 집회에서 발표한 4대 강령이다.

㉠ ㉢ 폐정 개혁 12조의 내용이다.

선지분석 ㉡ 활빈당의 대한 사민 논설 13조(1900), ㉣ 독립 협회의 헌의 6조(1898) 내용 중 일부이다.

232 근대적 개혁안의 이해 (고난도)   ○정답①

(정답찾기) (가) 갑신정변(1884)의 14개조 개혁 요강, (나) 제1차 갑오개혁(1894), (다) 동학 농민군의 폐정 개혁안 12개조(1894)

㉠ 갑신정변 이후 청과 일본은 조선에서 동시에 군대를 철수시키고, 텐진 조약을 체결하여 어느 한 나라가 조선에 군사를 보낼 경우 상대국에 미리 통보하도록 하였다.

(선지분석) ㉡ 구본신참은 대한 제국의 광무개혁의 시정 방침이었다.
㉢ 동학 농민군은 정부와 전주 화약을 체결하고 전라도 일대에 농민 자치 조직인 집강소를 설치하였다. 교정청은 전주 화약 이후 정부가 설치한 개혁 추진 기관이다.
㉣ (가) 갑신정변(1884) ⇨ (다) 동학 농민 운동의 폐정 개혁(1894. 5.) ⇨ (나) 제1차 갑오개혁(1894. 6.)의 순으로 전개되었다.

05 독립 협회와 대한 제국, 의병 운동과 애국 계몽 운동

233 독립 협회의 이해   ○정답③

(정답찾기) 제시문은 관민 공동회(1898) 당시 백정 박성춘의 연설이고, 이 연설과 관련된 단체는 독립 협회이다.
③ 독립 협회의 헌의 6조의 내용이다.

(선지분석) ① 조선 형평사(1923)의 주장이다.
② 동학 농민 운동의 폐정 개혁안(1894) 내용이다.
④ 독립 협회는 러시아와 프랑스의 이권 침탈에만 반대하였다.

플러스 정리 | 관민 공동회의 헌의 6조

헌의 6조 내용	의미
1. 외국인에게 의지하지 말고 관민이 한마음으로 힘을 합하여 전제 황권을 견고하게 할 것	자주 국권 확립 및 전제 왕권 고수
2. 외국과의 이권에 관한 계약과 조약은 각 대신과 중추원 의장이 합동 날인하여 시행할 것	이권 침탈 방지
3. 국가 재정은 탁지부에서 전관하고 예산과 결산을 국민에게 공포할 것	재정의 일원화
4. 중대 범죄를 공판하되 피고의 인권을 존중할 것	재판의 공개와 피고의 인권 존중
5. 칙임관을 임명할 때에는 정부에 그 뜻을 물어서 중의에 따를 것	입헌 군주제 강조
6. (갑오개혁 이후 제정된) 장정을 반드시 지킬 것	법치 행정 실시

234 중추원의 이해   ○정답④

(정답찾기) 제시문은 고종이 1898년에 반포한 중추원 관제의 개정안이다.
④ 중추원 관제 개편은 독립 협회가 주관한 관민 공동회의 건의에 따라 고종 황제가 반포하였으나, 이후 독립 협회가 정부의 탄압을 받아 중추원이 의회로 개편되지는 못하였다.

(선지분석) ① 1880년에 설치된 통리기무아문에 대한 설명이다.
② 조선 총독부의 자문 기구 역할을 한 기관의 명칭이 중추원인 것은 맞으나, 이는 독립 협회의 의회식 중추원과 이름은 같지만 활동은 전혀 다른 기관이다.
③ 1901년에 설치된 지계아문에 대한 설명이다.

235 대한 제국의 이해   ○정답③

(정답찾기) 제시문은 대한 제국(1897~1910)의 조칙이다.
③ 1차 갑오개혁 내용이다.

(선지분석) ① 전차 노선 개통 − 1898년(전차 개통식 − 1899년)
② 금 본위제 실시(1901), ④ 한성 은행 설립 − 1897년, 대한 천일 은행 설립 − 1899년

플러스 정리 | 대한 제국의 광무개혁

정치	• 전제 황권 주장 • 대한국 국제 제정(전제 정치, 황제권의 무한함 선포) • 관제 개편(지방 23부 ⇨ 13도, 황제 자문 기구로 중추원 설치) • 간도(이범윤)와 블라디보스토크에 관리 파견 • 자주적 외교(한·청 통상 조약 체결)
군사	• 황제의 군권 장악(원수부를 설치하여 황제가 육군군 통솔) • 서울 − 시위대·친위대·호위대, 지방 − 진위대 • 무관 학교 설립
경제	• 양전 사업 실시(지계 발급 − 근대적 토지 소유권 인정) ⇨ 러·일 전쟁으로 실패 • 식산흥업 정책 추진, 상공업 진흥책(공장·회사 설립), 전화 가설, 철도 부설 등 근대 시설 도입 • 궁내부 내장원 강화, 금 본위제 시도(⇨ 실패)
사회	• 실업 학교·의학교·외국어 학교 설립, 유학생 파견 • 수민원 설치(이민 업무 담당)

236 독립 협회와 헌의 6조의 이해 (고난도)   ○정답①

(정답찾기) 제시문은 독립 협회의 헌의 6조(1898)이다.
① 독립 협회는 입헌 군주제와 의회제를 주장하였다.

237 신민회의 이해   ○정답①

(정답찾기) 제시문은 신민회(1907)의 취지문이다.
① 신민회는 국권 회복과 공화 정체의 국민 국가 건설을 목표로 하였다.

(선지분석) ② 신민회는 군사적 실력 양성 운동의 일환으로, 이시영·이회영이 중심이 되어 서간도(남만주) 삼원보에 신한민촌을 건설하고, 민단 조직인 경학사를 조직하였으며, 신흥 강습소(후에 신흥 무관 학교)를 설립하였다.
③ 신민회는 「대한매일신보」를 기관지로 활용하고, 최남선의 주도하에 잡지 『소년』을 기관지로 창간하였으며, 청년 학우회(1909)를 창립하여 청년들의 국권 회복 의식을 도모하였다.
④ 안창호는 1907년 「대한매일신보」 주필 양기탁과 함께 사회 각계각층을 망라한 비밀 결사의 형태로 신민회를 조직하였다.

플러스 정리 | 신민회의 활동

구분	내용
정치	국권 회복과 공화 정체 목표
민족 교육	대성 학교(평양), 오산 학교(정주) 설립, 청년 학우회 조직
경제 자립	태극 서관(대구), (도)자기 회사(평양) 운영
군사적 실력 양성	서간도 삼원보(이시영), 밀산부 한흥동(이상설) ⇨ 독립군 기지 마련

238 항일 의병 운동의 이해　　　　　　　　　○ 정답 ①

정답찾기 (가) 을사의병(1905), (나) 을미의병(1895), (다) 서울 진공 작전(1908)

① 을사의병(1905) 당시 평민 출신 의병장 신돌석은 강원도와 경상도의 접경인 일월산을 중심으로 활약하였다.

선지분석 ② (다) 시기에 13도 창의군을 조직(1907. 12.)하고 서울 진공 작전(1908. 1.)을 시도하였다.
③ (가) 을사의병에 해당한다.
④ (나) ⇨ (가) ⇨ (다) 순서로 의병 운동이 전개되었다.

플러스 정리 항일 의병 운동의 전개

을미의병(1895) – 최초	• 원인 : 을미사변, 단발령 • 의병장 : 문석봉, 유인석, 이소응 등 유생
을사의병(1905) – 본격	• 원인 : 을사조약 • 의병장 : 민종식, 최익현, 신돌석(평민) 등
정미의병(1907) – 절정	• 원인 : 고종의 강제 퇴위, 군대 해산 • 전국적 확대 ⇨ 간도, 연해주
서울 진공 작전(1908)	13도 창의군(1907. 12.) 구성 ⇨ 서울 진공 작전(1908. 1.) 전개 ⇨ 실패

239 대한 자강회의 이해　　　　　　　　　○ 정답 ①

정답찾기 제시문은 대한 자강회(1906)의 취지문이다.
① 대한 자강회는 고종의 강제 퇴위와 한·일 신협약 반대 투쟁을 하였고, 일진회와 일진회 기관인 국민신보사를 파괴하는 등 반일 활동을 하다가 통감부에 의해 해산되었다(1907).

선지분석 ② 보안회(1904), ③④ 신민회(1907)에 대한 설명이다.

플러스 정리 대한 자강회(1906~1907)
1. **창립** : 윤효정·장지연·윤치호 등이 헌정 연구회를 모체로 하고, 사회단체와 언론 기관을 주축으로 하여 창립하였다.
2. **국권 회복 전개** : 교육과 산업을 진흥시켜 독립의 기초를 만들 것을 목적으로 하고, 『대한 자강회 월보』의 간행과 연설회 등을 통하여 국권 회복을 위한 실력 양성 운동을 전개하였다.
3. **대중적 기반 마련** : 윤치호를 회장으로 20명의 평의원이 운영하는 민주적 단체로, 전국에 25개 지회가 조직되었으며 1,500명의 회원을 확보하였다. 대한 자강회는 월보를 간행하고 강연회를 개최하며 서울과 지방에서 활발한 대중 계몽 운동을 전개하였고, 그 결과 계몽 운동은 대한 자강회에 이르러 보다 대중적인 기반을 갖추게 되었다.
4. **해체** : 고종의 강제 퇴위와 한·일 신협약 반대 투쟁을 하였고, 일진회와 일진회 기관지인 국민신보사를 파괴하는 등의 반일 활동을 하다가 통감부에 의해 해산되었다(1907).

240 안중근의 이해　　　　　　　　　○ 정답 ④

정답찾기 제시문은 안중근의 『동양평화론』 서문이다.
④ 안중근은 1909년 만주 하얼빈에서 초대 통감인 이토 히로부미를 저격하였다.

선지분석 ① 장인환·전명운(1908), ② 이봉창(1932), ③ 이재명(1909)에 대한 설명이다.

약점 체크하기 ✓

241 열강의 경제 침탈 이해　○ 정답 ②

정답찾기 강화도 조약(1876) ⇨ 임오군란(1882) ⇨ 갑신정변(1884) ⇨ 청·일 전쟁(1894) ⇨ 아관 파천(1896)
② 제시문은 개정 조·일 통상 장정(1883) 중 곡물 수출 금지령(방곡령)에 대한 내용이다.

242 개항 이후 근대 조약의 이해　○ 정답 ④

정답찾기 (가) 조·일 수호 조규 부록 속약(1882), (나) 조·청 상민 수륙 무역 장정(1882), (다) 개정 조·일 통상 장정(1883), (라) 조·미 수호 통상 조약(1882)
ⓒ (나)는 임오군란의 결과 청의 내정 간섭이 이루어지면서 맺게 된 경제 조약으로, 청의 경제적 침략의 발판이 되었고, 이후 조선을 둘러싼 청과 일본의 경쟁이 치열하게 전개되었다.
ⓔ (라)는 1882년에 체결한 조·미 수호 통상 조약에 포함된 최혜국 조관이다. 이후 일본 등 제국주의 국가들은 조선에 이 조관을 요구하게 되었고, 이는 1896년 아관 파천 이후 외세의 이권 침탈의 근거가 되었다.

선지분석 ⓐ (가)로 인해 거류지 무역이 약화되었다.
ⓑ (다)는 1876년에 맺은 조·일 통상 장정 내용 중 1883년에 다시 부분 수정한 내용으로, 이때 방곡령 조항이 포함되었다. 이 조항을 근거로 1889년에 방곡령을 선포하였으나, 1개월 전에 미리 통보해야 한다는 조항 때문에 결국 방곡령을 철회하고 배상금을 지불하였다. 보안회(1904)는 일제의 황무지 개간권 요구에 대항하여 일본의 황무지 개간권 요구를 철회시켰다. 이때 우리의 힘으로 황무지를 개간하자는 분위기 속에서 농광 회사(1904)가 설립되었다.

243 대한 제국 지계 발급 사업의 이해　고난도　○ 정답 ②

정답찾기 제시문은 대한제국의 지계 발급에 대한 내용이다.
② 광무 정권의 양전 사업과 지계의 발행에서 특기할 만한 것은 외국인의 토지 소유에 대한 제한이었다. 개항장에서의 외국인 토지 소유는 인정하였지만, 개항장 이외 지역의 토지에 대해서는 외국인의 토지 소유를 금지하였다. 즉 광무 연간의 양전 사업과 지계의 발행은 근대적 소유권 제도의 법적 확인임과 동시에 외국 자본주의의 한국 농촌 침투에 대한 대응책이기도 하였다.

244 근대 화폐 변천의 이해　고난도　○ 정답 ②

정답찾기 ② 전환국은 갑오개혁(1894) 이전인 1883년(고종 20)에 설치된 상설 조폐 기관이다.

선지분석 ① 당백전은 무게가 상평통보의 약 5~6배밖에 안 되면서 액면 가치는 100배나 되었다. 따라서 쌀값이 1~2년 사이에 6배로 폭등하는 등 경제가 혼란하였다. 또한 신식 화폐 발행 장정이 공포·시행된 후 본위 화폐인 5냥 은화는 극히 소량만 주조·발행되었고, 보조 화폐인 백동화만이 합법 또는 불법적으로 남발되었다. 이로써 화폐 가치가 폭락한 반면 물가는 폭등하였다.
③④ 화폐 정리 사업(1905)은 1차 한·일 협약 때 들어온 일본인 재정 고문 메가타가 우리나라 화폐 제도를 일본과 같은 금 본위제로 하고, 대한 제국에서 사용하던 상평통보(엽전)나 백동화 등을 일본 제일 은행권의 화폐로 교환하여 사용하도록 한 것이다.

플러스 정리　헷갈리는 개화기의 화폐 정책

전환국 설치	1883	은화를 본위화로, 동화를 보조화로 채택한 화폐 제도 시도
(1차) 신식 화폐 조례 발표	1892	5냥 은화, 1냥 은화, 2전 5푼 백동화, 5푼 적동화, 1푼 황동화를 발행 ⇨ 실패
(2차) 신식 화폐 발행 장정 발표	1894	일본의 화폐 제도를 본떠 은 본위제를 채택 ⇨ 백동화 인플레이션 발생, 실패
(3차) 신식 화폐 조례 발표 (칙령 4호)	1901	금 본위제 채택 ⇨ 미실시
(4차) 메가타의 화폐 개혁	1905	1901년의 금 본위제 개정 화폐 조례 답습

245 경제 구국 운동의 순서 파악　○ 정답 ①

정답찾기 (가) 방곡령 선포(1889) ⇨ (나) 독립 협회의 러시아의 절영도 조차 요구 반대(1898) ⇨ (다) 보안회의 황무지 개간 운동(1904) ⇨ (라) 국채 보상 운동(1907)

246 국채 보상 운동의 이해　○ 정답 ③

정답찾기 제시문은 국채 보상 운동(1907)의 취지문이다.
③ 우리나라 최초의 백화점인 화신 백화점은 1931년에 세워졌다.

선지분석 ① 전차는 1899년에 개통되었다.
② 순 한글판 「제국신문」은 1898년부터 1910년까지, 「대한매일신보」(1904~1910)의 순 한글판은 1907년에 발행되었다.
④ 전신은 1885년에 개통되었다.

플러스 정리　국채 보상 운동(1907)

배경	일본의 차관 제공
전개	대구(김광제·서상돈 등) 시작 ⇨ 전국 확산, 국채 보상 기성회 중심, 애국 계몽 단체와 언론 기관의 참여, 금연·금주 운동
결과	통감부의 탄압으로 좌절

247 개혁안 시대순 배열　○ 정답 ②

정답찾기 ㉠ 갑신정변(1884) ⇨ ㉢ 동학 농민 운동(1894) ⇨ ㉡ 갑오개혁(1894) ⇨ ㉣ 독립 협회(1896)

플러스 정리　갑신정변·동학 농민 운동·갑오개혁의 주요 개혁안 비교

갑신정변 (14개조 개혁)	동학 농민 운동 (12개조 폐정 개혁)	갑오개혁 (홍범 14조)
문벌 폐지	각종 천민 차별 금지	신분제 폐지
지조법 개혁	무명의 잡세 폐지	조세 법률주의(은 본위제, 도량형 통일)
재정의 일원화(호조)		재정의 일원화(탁지아문)
규장각 폐지, 순사제 실시		근대적 경찰 제도 실시
	청상과부의 개가 허용	청상과부의 개가 허용, 봉건적 악습·신분제 폐지
	왜와 통하는 자 엄징	
	토지의 평균 분작	
1. 최초의 근대적 정치 개혁(입헌 군주제) 2. 한계: 위로부터의 급진적 개혁, 민중을 개혁의 주체로 보지 않음.	1. 반봉건·반외세의 민족 운동 2. 한계: 민권 의식 결여	1. 근대 사회로의 계기 마련 2. 한계: 타율적 개혁 ·군제 개혁 소홀 ·토지 평균 분작 안 함. ·참정권 보장 안 함.

248 신분제의 변화 이해　고난도　○ 정답 ②

정답찾기 제시문은 노비 세습제 폐지와 관련된 내용이다.
② 노비 세습제 폐지는 1886년에 이루어졌다. - (나)

249 근대 문화의 이해 ○정답②

정답찾기 강화도 조약(1876) ⇨ 임오군란(1882) ⇨ 제1차 갑오개혁(1894) ⇨ 대한 제국 수립(1897) ⇨ 을사늑약(1905)
② 한성주보(1886~1888)

선지분석 ① 원산 학사는 1883년에 설립되었다. - (나)
③ 전차는 1899년에 개통되었다. - (라)
④ 덕수궁 석조전은 1910년에 완공되었다. - (라) 이후

250 근대 교육 기관의 이해 ○정답③

정답찾기 ㉠ 최초의 근대적 관립학교인 육영 공원은 현직 관료 가운데 젊은 사람을 선발하여 좌원반(左院班)을 만들고, 양반 자제 가운데 총명한 자를 선발하여 우원반(右院班)을 만들어 두 학급 35명을 두었다.
㉡ 동문학은 외국어 교육의 필요에 따라 1883년 정부에서 서울에 세운 관립 교육 기관으로, 영어 통역관을 양성하는 것이 주요 목적이었다.
㉢ 여성 양반 단체인 찬양회(1898)는 여성 교육의 중요성을 역설하였고 독립 협회 회원들의 도움을 얻어 1899년 최초의 사립 여학교인 순성 여학교를 설립하였다.

선지분석 ㉣ 경신 학교는 1886년 선교사 언더우드가 설립한 사립 학교이다. 교육 입국 조서(1895)에 따라 정부는 소학교, 중학교, 사범 학교, 외국어 학교 등 각종 관립 학교를 세웠고, 1900년에 중등 교육 기관인 한성 중학교를 세웠으며, 의학교, 상공 학교, 광무 학교 등을 설립하였다.

플러스 정리 1880년대 근대 교육 기관

원산 학사	1883	최초의 근대적 사립 학교(학문 + 무술)
동문학	1883	최초의 근대적 영어 강습 기관(관립)
육영 공원	1886	최초의 근대적 관립 학교(상류층 자제)

플러스 정리 최초 여성 교육 기구

이화 학당	1886	선교사 스크랜턴이 세운 최초의 사립 여학교
순성 여학교	1899	한국인(찬양회)이 세운 최초의 사립 여학교
한성 고등 여학교	1908	정부가 세운 최초의 관립 여학교

251 근대 구국 계몽 운동의 이해 ○정답④

정답찾기 ④ 대동 학회는 한말의 대표적인 친일 유교 단체이다.

선지분석 ① 「황성신문」, ② 최남선에 대한 설명이다.

252 근대 시설의 시기 파악 고난도 ○정답②

정답찾기 (가) 2차 갑오개혁 때 발표한 고종의 교육 입국 조서(1895), (나) 순종의 군대 해산 조칙문(1907. 8.)
㉡ 전차 개통식(1899), ㉢ 만국 우편 연합 가입(1900)

선지분석 ㉠ 당오전 유통(1883~1894), ㉣ 광혜원 설립(1885)

약점 **체크하기** ✓

01 국권 피탈 과정 및 일제의 단계별 식민 통치

253 국권 침탈 과정의 이해　　　　　　　　　○정답 ②

(정답찾기) 제시문의 (가)는 한·일 의정서(1904), (나)는 포츠머스 조약(1905. 9.), (다)는 을사조약(1905. 11)이다.
② 러·일 전쟁에 승리한 일본은 포츠머스 강화조약을 맺고 조선에서의 종주권을 국제적으로 확인받음과 동시에 랴오둥 반도와 타이완을 할양받았다.

(선지분석) ① 청·일 전쟁 결과 맺은 시모노세키 조약(1895)의 내용이다.
③ 미국은 러·일 전쟁 중에 맺은 가쓰라 – 태프트 조약에 의거하여 일본의 한국 지배를 인정하였다.
④ 한·일 의정서의 내용이다.

플러스 정리 | 일제의 단계별 국권 침탈 과정

조약명	시기	내용
러·일 전쟁 발발 직전: 대한 제국 – 국외 중립 선포(1904. 1. 21.)		
한·일 의정서	1904. 2.	대한 제국의 국외 중립 파기, 러시아와 맺은 모든 조약 파기, 군사 요지 점령
제1차 한·일 협약	1904. 8.	고문 정치
제2차 한·일 협약 [을사늑(조)약]	1905. 11.	외교권 박탈, 통감부 설치
한·일 신협약	1907. 7.	차관 정치
군대 해산	1907. 8.	군사권 박탈
기유각서	1909. 7.	사법권 박탈
경찰권 이양	1910. 6.	경찰권 박탈
한·일 병합 조약 (경술국치)	1910. 8. 29.	국권 박탈, 총독부 설치

254 국권 침탈 과정의 이해　　　　　　　　　○정답 ①

(정답찾기) 제시문의 (가)는 제1차 한·일 협약(1904. 8.), (나)는 한·일 신협약(정미 7조약, 1907. 7.)이다.
㉠ 제1차 한·일 협약 체결 결과 재정·외교 분야에 고문을 임명한 고문 정치가 시작되었고, 재정 고문으로 메가타가 부임한 이후 1905년에 화폐 정리 사업을 실시하였다.
㉢ 한·일 신협약 체결 이후 일제는 항일 운동을 막고 대한 제국의 방위력을 상실시키기 위해 군대를 강제로 해산시켰다(1907).

(선지분석) ㉡ 1차 영·일 동맹(1902)
㉣ 을사늑약의 강제 체결에 대한 저항으로 헤이그 특사 파견을 하게 되었고 이를 계기로 고종황제가 강제 퇴위당하였다.

255 국권 침탈 과정의 이해　　　　　　　　　○정답 ①

(정답찾기) (가) 장지연의 '시일야방성대곡'(1905), (나) 민영환의 유서(1905), (다) 최익현의 격문(1906)
㉠ 장지연은 외교권이 박탈된 을사늑약(1905)에 대응하여 황성신문에 '시일야방성대곡'을 발표하였다.

(선지분석) ㉡ 고종 황제의 강제 퇴위와 일제에 의한 군대 해산은 1907년의 일이므로, 민영환이 유서를 남기고 자결한 이후의 사건이다.
㉢ 고종의 해산 권고 조칙으로 해산한 의병은 을미의병(1895)이다. 최익현은 을사조약에 대응하여 을사의병을 일으켰다.
㉣ (가), (나), (다) 모두 일제의 을사조약(제2차 한·일 협약)에 대한 우리의 저항이었다.

256 일제의 단계별 식민 통치 이해　　　　　　　　　○정답 ②

(정답찾기) (가) 조선 태형령(1912), (나) 제3차 조선 교육령(1938)
② 일제는 1910년에 한국인의 회사 설립을 억제하기 위해 회사령을 제정하여 회사 설립 시 조선 총독의 허가를 받도록 하였다.

(선지분석) ① 경성 제국 대학 설립(1924), ③ 단천 산림조합 시행령 반대 운동(1929~1930), ④ 동아일보와 조선일보 발행(1920)

02 3·1 운동 이전의 독립운동, 3·1 운동

257 독립 의군부와 대한 광복회의 이해　　　　　　　　　○정답 ②

(정답찾기) ② ㉠ 독립의군부가 고종의 비밀 지령을 받고 조직되었다.

플러스 정리 | 독립 의군부와 대한 광복회

비밀 결사대	중심인물	중심 지역	활동(계획)	성격
(대한) 독립 의군부 (1912~1914)	의병장 임병찬 CF 고종의 밀조로 조직	전라도	총독부, 각국 공사, 일본 정부에 국권 반환 요구서 제출	위정척사적 복벽주의(復辟主義)
대한 광복회 (1915~1918)	박상진, 김좌진	대구에서 결성 ⇨ 전국적 활동, 만주에 지부 설치	목표: 만주에 독립군 기지 건설, 사관 학교 설립, 독립군 양성	근대 공화주의를 목표로 한 혁신 유림들이 주도

258 대동단결 선언의 이해　　　　　　　　　○정답 ③

(정답찾기) 제시문은 상하이에서 신규식, 박은식, 신채호, 조소앙 등 14명이 발기하여 작성한 대동단결 선언문으로, 공화주의를 표방한 임시 정부 수립을 제시하였다.
㉡ 대한 광복회, ㉢ 조선 국권 회복단, ㉤ 신민회는 공화주의를 주장하였다.

(선지분석) ㉠ 대한 독립 의군부(1912)는 복벽주의(왕정)를 표방하였다.
㉣ 헌정 연구회(1905)는 입헌 군주제를 표방하였다.

259 3·1 운동 이후의 상황　　　　　　　　　○정답 ③

(정답찾기) ③ 한성 정부(1919. 4.)는 일제와의 타협을 거부하였다.

(선지분석) ① 이광수는 동아일보에 『민족적 경륜』(1924)을 발표하여 일본이 허용하는 범위 안에서 정치적 결사를 조직할 것을 주장하였다.
② 비타협적 민족주의자들은 조선 민흥회(1926)를 조직하여 타협적 민족주의를 배격하고 사회주의 세력과 연대를 모색하였다.
④ 1923년 경성 고무 공장 노동자들은 일본 자본가의 혹독한 노동량과 적은 임금에 대항하여 죽음을 각오한 '아사 동맹'을 맺어 파업을 하였다.

260 해외 독립운동의 이해　　　　　　　　　○정답 ④

(정답찾기) (가) 연해주는 다른 지역과는 달리 한국인 자치 기관인 한민회(1905)가 존재할 정도로 우리 교포가 가장 많이 거주한 지역이었다.
(나) 상하이는 각국 외교 기관 주재로 외교 활동이 유리하였고, 중국 국민당 정부와 협력이 가능하다는 이유로 독립운동이 많이 전개되었다.

PART
07

03 대한민국 임시 정부와 무장 독립운동

261 임시 정부의 활동 이해 ○정답 ②

(정답찾기) ② 임시 의정원에서 선출한 초대 대통령은 이승만, 국무총리는 이동휘였다.

262 임시 정부의 활동 ○정답 ②

(정답찾기) ㉠ 임시 정부의 국내외를 연결하는 비밀 행정 제도인 연통제(1919~1921)가 일제에 의해 발각되었다.
㉣ 국민대표회의 결과 이승만을 해임하고 박은식을 2대 대통령에 추대하였으나 박은식의 사망으로 국무령 중심의 내각책임제로 개편하였다.

(선지분석) ㉡ 이승만의 국제 연맹 위임 통치론으로 독립운동의 혼선이 생긴 것이다.
㉢ 임시 의정원(1919)은 국민 대표 회의(1923) 전에 구성되었다.

플러스정리 │ 국민 대표 회의 소집(1923. 1.~5.)
임시 정부 내부의 갈등을 조정하기 위해 국민 대표 회의가 소집되었으나, 임시 정부를 해체하고 연해주로 옮겨가 새로운 정부를 수립하자는 창조파(신채호, 박용만 등)와 임시정부의 조직만 개조하자는 개조파(안창호, 여운형 등)가 맞선 상태에서 결렬되었다. 그 후 개조파와 창조파가 상하이를 떠나버리자 임시 정부의 권위는 크게 떨어지게 되었다. 이후 임시 정부를 그대로 유지하자는 이동녕, 김구 등의 현상 유지파는 1925년 이승만을 대통령에서 해임시키고 박은식을 제2대 대통령으로 추대한 후 곧이어 헌법을 개정하였다(2차 개헌).

263 충칭, 김구, 김규식의 이해 ○정답 ②

(정답찾기) 제시문의 (가)는 충칭, (나)는 김구, (다)는 김규식이다.
② 김구는 임시 정부의 초대 경무국장을 역임하였다.

(선지분석) ① 상하이에서 한인 애국단을 조직하였다.
③ 박용만, ④ 김구와 김규식은 1948년 5·10 총선거에 불참하였다.

264 조소앙의 이해 (고난도) ○정답 ②

(정답찾기) 제시문은 중광단을 중심으로 만주 지역의 무장 독립 단체들이 모여 발표한 대한 독립 선언(무오 독립 선언, 1918 or 1919)으로, 작성자는 조소앙이다.
② 조소앙은 1948년 2월 유엔에 의해 남한만의 선거가 결정된 단독 정부에 반대하여 3월 김구·김규식과 함께 총선거에 불참하는 공동 성명을 발표하였다. 그 후 1950년 5월 30일 제2회 총선거에서 서울 성북구에 출마하여 전국 최다 득표(34,035표)로 당선되어 제2대 국회에 진출하였으나, 6·25 전쟁 때 서울에서 강제 납북되었다.

(선지분석) ① 여운형, ③ 김구에 대한 설명이다.
④ 삼균주의를 주장한 것은 조소앙이지만, 조선 민족 혁명당을 조직한 인물은 김원봉이다.

플러스정리 │ 조소앙(1887~1958)
• 독립운동가, 정치가, 삼균주의 창시자
• 일본 메이지 대학 법학부 졸업 후 경신 학교, 양정의숙 등에서 교편 생활을 함. 1919년 만주 길림에서 대한 독립 선언서 기초, 대한 독립 의군부 조직, 4월 상하이에서 대한민국 임시 정부 수립에 참여, 국무 위원 겸 외무부장으로 활약, 만국 사회당 대회에 한국 대표로 참석
• 1930년 이동녕, 김구, 안창호 등과 한국 독립당 창당, 이때 조소앙의 삼균주의가 공식 반영됨, 1941년 대한민국 임시 정부는 삼균주의에 입각한 건국 강령 발표, 임시 정부 외무부장으로 활약
• 1948년 단독 정부 수립에 반대하고 김구 등과 남북 협상에 참여, 1950년 2대 국회의원 선거 때 최다 득표로 당선되었으나 6·25 전쟁 때 강제 납북됨.

265 1920~1930년대 무장 독립 전쟁의 이해 ○정답 ①

(정답찾기) (가) 간도 참변(1920. 10.), (나) 한국 독립군의 활동[쌍성보 전투(1932), 사도하자 전투(1933), 동경성 전투(1933)]
① 신민부는 1925년에 조직되었다.

(선지분석) ② 1940년, ④ 1936년에 해당한다.
③ 봉오동 전투(1920. 6.)에 대한 내용이다.

266 의열단의 이해 ○정답 ④

(정답찾기) 제시문의 (가)는 의열단(1919)이다.
④ 의열단은 1920년대 후반부터 개인 의열 투쟁에 한계를 느끼고 조직적 무장 투쟁 노선으로 전환하면서 의열단 단원들은 중국의 군관 학교(황포 군관 학교)에 입교하여 체계적인 군사 교육을 받았다.

(선지분석) ① 태평양 전쟁은 1941년 12월에 발발하였다.
② 독립 의군부(1912), ③ 신민회(1907)에 대한 설명이다.

267 1940년대 독립운동의 변화 이해 ○정답 ④

(정답찾기) 제시문은 1940년 대한민국 임시 정부의 한국 독립당 창당 선언문이다.
④ 대한민국 임시 정부는 1941년에 건국 강령을 발표하고, 1942년 김원봉의 조선 의용대 일부를 통합하였다.

(선지분석) ① 1920년대의 상황이다.
② 민족 혁명당은 1935년 김원봉이 조직하였다.
③ 화북 조선 독립 동맹 산하에 조직된 김두봉이 지휘하는 조선 의용군에 대한 설명이다.

플러스정리 │ 김원봉·김두봉·양세봉

김원봉(1898~1958)	김두봉(1889~1960)	양세봉(1896~1934)
• 1919년 의열단 조직 • 1935년 민족 혁명당 창당 (조소앙, 김규식 등) ⇨ 조선 민족 혁명당 • 1938년 조선 의용대 창설 • 1942년 조선 의용대의 일부를 이끌고 한국 광복군에 합류 • 1948년 4월 남북 협상 때 월북, 북한 최고 인민 회의의 대의원 역임 • 1958년 11월 연안파 제거 작업 때 숙청됨.	• 1919년 임시 정부 산하 임시 사료 편찬 위원회에서 편찬 위원으로 활동 • 1930년 한국 독립당 창당 • 1935년 조선 민족 혁명당 중앙집행위원 역임 • 1942년 연안에서 활동하면서 조선 독립 동맹에 가담 • 1946년 북조선 임시 인민 위원회 위원장 역임	• 1919년 3·1 운동 직후 천마산에 입대 ⇨ 무력 투쟁 전개 • 1923년 육군주만 참의부 소대장 역임하다가 조선 혁명군 총사령관에 취임 • 1932년 중국 의용군과 한·중 연합 작전을 전개하여 영릉가 전투 등에서 대승 • 일본 첩자로 인해 독립군 전원과 함께 순국

268 조선 의용대와 한국 광복군의 이해 ○정답 ②

(정답찾기) (가) 김원봉의 조선 의용대(1938), (나) 한국 광복군(1940)
② 양세봉이 지휘하는 조선 혁명군의 업적이다.

(선지분석) ① 김원봉의 조선 의용대는 중국군의 지원을 받아 주로 정보 수집과 포로 심문, 일본군의 후방 교란 등의 임무를 수행하였다. 그러나 이와 같은 소극적 활동에 불만을 품은 조선 의용대원들은 중국 공산당의 전방 사령부가 있던 화북 지방으로 가서 조선 의용대 화북 지대를 조직하고 조선 의용군으로 들어갔다.

플러스정리 │ 한국 광복군의 활약
1. 대일(1941)·대독(1942) 선전 포고 : 1941년 태평양 전쟁이 일어나자 임시 정부는 즉각 대외 활동을 전개하여 대일·대독 선전 포고문을 발표하였다.
2. 연합군으로서의 참전(1943) : 영국군의 요청으로 미얀마·인도 전선에 한국 광복군 공작대를 파견하여 포로 심문, 암호문 번역, 선전 전단 작성, 회유 방송 등의 심리전 활동을 활발히 전개하였다.
3. 광복군의 국내 진입 작전(1945년 9월 예정) : 미국 전략 정보처(O.S.S., 현 CIA의 전신)와 협력하여 총사령관 지청천, 지대장 이범석과 일본군 학도병 출신 광복군을 중심으로 특수 훈련을 실시하고 비행대까지 편성하였다. 그러나 일본이 연합군에 무조건 항복함으로써 국내 진입 계획을 실현하지 못한 채 광복을 맞이하게 되었다.

www.pmg.co.kr

269 일제의 경제 정책 이해　　　　○정답 ④

[정답찾기] (가) 토지 조사령(1912), (나) 회사령(1910), (다) 1920년대 중반 이후 일제의 경제 정책
ⓒ 회사령(1910) 시행으로 전기·철도·금융 등 큰 기업은 일본의 미쓰이[三井]·미쓰비시[三菱] 등에게 넘어갔고, 한국인의 기업 활동이 억압되어 민족 산업의 성장이 저해되었다.
ⓔ 일제는 대륙 침략을 획책하면서 한반도를 대륙 침략의 병참 기지로 삼으려 하였다. 이에 따라 발전소·군수 공장 등이 세워졌으며, 광산이 개발되고 금속·기계·중화학 공업이 육성되었다. 그 결과 한반도 북부 지방을 중심으로 새로운 공업 지대가 형성되었다.

[선지분석] ⓘ (가)의 결과 농민들은 토지 소유권 및 영구 경작권을 상실하고 기한부 계약에 의한 소작농으로 전락하여 일본인의 고리대에 희생되었다.
ⓒ (가), (나)는 일제 침략 1단계인 1910년대에 실시된 정책이고, 내선일체를 강조한 민족 말살 정책은 일제 침략 3단계(1931~1945)에 시행된 정책이다.

📘**플러스 정리** 일제의 단계별 경제 침략

1단계 (1910~1919)	·토지 조사 사업(1910~1918, 토지 조사령, 기한부 신고제) ·회사령(1910, 허가제) ·담배·인삼·소금의 전매제 ·삼림령(1911), 어업령(1911), 광업령(1915)
2단계 (1919~1931)	·산미 증식 계획[1920~1935(1934년 중단)] ·회사령 개정[or 폐지(1920, 신고제)] ·관세령 철폐(1923) ·중공업 투자: 초기 - 경공업 ⇨ 1920년대 중반 이후 - 중공업, 함경도 부전강 수력 발전소(1926), 흥남 조선 질소 비료 공장(1927) 등
3단계 (1931~1945)	·병참 기지화 정책[⇨ 인적·물적 수탈] 　┌지원병 → 학도 지원병 → 징병 　└징용·정신대, 근로 보국대 등 ·남면북양 정책 ·농촌 진흥 운동[1932~1940, 조선 농지령(1934)]

270 토지 조사 사업의 이해　　　　○정답 ④

[정답찾기] 제시문은 일제의 토지 조사령(1912)이다.
④ 조선인 지주가 아니라 영세 자영농이었던 농민들이 소유권을 빼앗겼다.

[선지분석] ① 농민들은 토지 소유권 및 경작권·도지권·입회권(入會權) 등의 권리를 박탈당하고, 기한부 계약에 의한 소작농으로 전락하였다.
② 명의상의 주인을 내세우기 어려운 동중·문중 토지의 상당 부분이 조선 총독부의 소유가 되었다.
③ 조선 총독부는 토지 조사 사업에 의해 탈취한 토지[국유지(궁방토·역둔토), 촌락 공유지, 미신고지 등]를 동양 척식 주식회사나 불이흥업(不二興業, 일본 토지 개간 회사) 등에 넘겨서 한국에 이주해 온 일본인에게 싼값에 불하하는 방식으로 전 농토의 40%를 탈취하였다.

271 일제하 노동 운동과 농민 운동의 이해　　　　○정답 ④

[정답찾기] (가) 노동 운동, (나) 농민 운동
ⓒ 1920년에는 최초의 본격적인 노동 운동 조직인 조선 노동 공제회가 만들어졌고, 1924년에는 노동·농민 단체의 중앙 조직인 조선 노농 총동맹이 결성되었다.
ⓔ 노동 운동과 농민 운동은 1920년대 초에 유입된 사회주의 사상의 영향을 받아 본격적으로 전개되었다.

[선지분석] ⓘ 물산 장려 운동은 계층은 자본가 계층에 의해 주도되었다.
ⓒ 산미 증식 계획 실시 이후 일제의 과다한 미곡 수탈로 국내 식량 사정이 극도로 악화되자, 소작 쟁의는 더욱 격렬하게 전개되었다.
ⓜ 일제의 극심한 탄압으로 1930년대 후반에는 노동 운동이 위축되었고, 이후 노동 운동은 사회주의와 연결된 비합법적 노동조합의 형태로 전개되었다.

📘**플러스 정리** 주요 농민 운동·노동 운동
1. 암태도 소작 쟁의(1923)
2. 경성 고무 공장 여성 노동자들의 아사 동맹(1923)
3. 동양 척식 주식회사 농장의 소작 쟁의(1924)
4. 영흥 노동자 총파업(1928)
5. 원산 노동자 총파업(1929)
6. 평원 고무 직공 강주룡의 고공 투쟁(1931)
7. 기타 - 갑산 화전민 학살 사건(1929), 단천 산림 조합 시행령 반대 운동(1929~1930)

272 민족주의의 사회·경제 운동 이해　　　　○정답 ②

[정답찾기] (가) 민립 대학 설립 운동(1922), (나) 물산 장려 운동(1922)
② 민립 대학 설립 운동은 1923년에 종결되었다. 「동아일보」에 의해 1931년부터 1934년까지 전개된 것은 계몽 운동인 브나로드 운동이다.

[선지분석] ① 민립 대학 설립 운동의 모금 운동은 '한민족 1,000만이 한 사람 1원씩'이라는 구호 아래 전개되었다. 전 민족의 참여를 위하여 100여 개소의 지방 조직이 구성되었으며, 만주·미국·하와이 등 해외에서도 모금 운동이 전개되었다.
③ 사회주의 계열은 물산 장려 운동이 민족 기업을 경영하는 부르주아 계급의 이익만을 옹호하는 운동이라고 비판하였다.
④ 일제가 1920년 허가제인 회사령을 폐지하여 신고제로 전환한 상황에서 일본과 한국 사이의 무역에서 면직물과 주류를 제외한 모든 상품의 관세를 면제하려는 움직임을 보이자, 민족 자본가들은 민족의 경제적 실력 양성을 주장하면서 물산 장려 운동을 추진하였다.

PART
07

273 민족 유일당 운동의 이해 　　　○ 정답 ②

정답찾기　제시문은 신간회(1927~1931)의 강령이다.
② 신간회는 광주 학생 의거의 진상을 보고하기 위한 민중 대회를 열 것을 계획하였다.

선지분석　① 고등 교육 기관 설립을 주장한 것은 민립 대학 설립 운동으로, 이상재 등의 조선 교육회를 중심으로 이루어졌다.
③ 신간회는 일제하 합법적 정치 조직으로서 군대 조직을 갖출 수 없었다.
④ 신간회는 모든 민족주의 노선이 아니라 일제와 타협을 부르짖는 타협적 민족주의(자치론자)들을 배제하였다.

플러스 정리　신간회(1927~1931)

배경	자치론 대두, 중국의 국·공 합작, 6·10 만세 운동(1926)
창립	비타협적 민족주의 계열(조선 민흥회) + 사회주의 계열[정우회 선언(1926)]
특징	• 합법 단체, 좌우 합작 단체 • 기본 강령: 민족의 대동단결, 정치·경제적 각성, 기회주의 배격
활동	민족 계몽 활동, 농민·노동 운동 지원, 광주 학생 운동(1929) 후원 등
해소	일제의 탄압과 내부의 이념 대립, 코민테른의 지시

274 민족 유일당 운동의 이해 　　　○ 정답 ④

정답찾기　제시문은 신간회(1927)의 행동 강령이다.
④ 신간회 본부는 주로 민족주의자들로 이루어졌고, 전국 지회는 사회주의자들이 우세하였다.

선지분석　① 신간회는 광주 학생 운동(1929)이 일어났을 때 조사단을 파견하고 대규모 민중 대회를 열어 대대적인 반일 시위운동을 전개하려고 하였다. 그러나 허헌을 중심으로 지도부 다수가 일제에 체포되면서 무산된 이후 신간회의 본부와 지회 사이에 투쟁 노선의 차이가 벌어지게 되었다. 본부는 민족주의자들이 우세한 상태에서 자치론자들마저 포용하려는 입장을 보인 반면, 사회주의 사상이 우세한 군 단위의 지회들은 새 집행부의 온건 노선에 반발하여 신간회 해소(解消)를 주장하게 되었다.
② 신간회는 민족 유일당 운동의 전개로 민족주의 진영과 사회주의 진영이 이념과 방략을 초월하여 단일화된 민족 운동을 강력히 추진하였다.
③ 신간회는 원산 노동자 총파업(1929), 단천 농민 조합 사건(1930) 등을 지원하였다.

플러스 정리　신간회 행동 강령
• 조선 농민의 교양에 적극적으로 노력한다.
• 조선 농민의 경작권을 확보하고 일본인 이민을 방지한다.
• 조선인 본위의 교육을 확보한다.
• 언론·출판·결사의 자유를 확보한다.
• 협동조합 운동을 지지·지도한다.
• 염색된 옷을 입고 단발을 실시하고, 흰옷과 망건을 폐지한다.

275 민족 운동의 이해 　　　○ 정답 ①

정답찾기　① 1919년에 일본에서 최팔용 등 도쿄 유학생들이 2·8 독립 선언을 발표하였는데, 이 선언은 3·1 운동의 직접적인 계기가 되었다.

선지분석　② ㉢ 광주 학생 항일 운동(1929)에 대한 설명이다.
③ ㉡ 6·10 만세 운동(1926)에 대한 설명이다.
④ 암태도 소작 쟁의는 1923년에 발생하였다.

276 형평 운동의 이해 　　　○ 정답 ①

정답찾기　제시문은 백정 이학찬이 조직한 조선 형평사(1923)의 취지문이다.
① 사회주의의 영향하에 1923년 도살업자인 백정들이 신분 해방과 민족 해방을 주장하며 진주에서 조선 형평사를 조직하고 형평 운동을 전개하였다.

선지분석　② 조선 형평사(1923)는 사회주의의 영향을 받았으나, 조선 공산당(1925~1928)이 전개하지는 않았다. 조선 공산당은 1925년 대홍수를 겪으면서 수해 이재민에 대해 모금과 상황 조사를 하는 등 홍수 이재민을 돕기 위한 전국적인 운동에 참여하였으며, 전국 각지를 순회하여 농민, 노동자 등에게 강연을 벌이고 일본인 사회주의자를 초대하여 강연회를 여는 등 선전 사업을 전개하였다.
③ 1922년 방정환이 이끄는 천도교 서울 지부 소년회에서 '어린이날'을 선포하고 1923년 5월 1일을 '어린이날'로 제정하였다. 잡지 『어린이』는 1923년부터 1935년까지 발간되었고, 해방 이후 1948년 다시 복간되었다가 1949년에 폐간되었다.
④ 신간회(1927~1931)에 대한 설명이다.

약점 체크하기 ✓

277 일제의 정체성 이론 이해　　○ 정답 ③

정답찾기 제시문은 일제의 식민 사관에 대한 내용이다.
③ 일제의 식민 사관은 우리 민족을 봉건 사회마저 형성되지 못한 낙후된 사회(정체성 이론)로 보았다.

플러스 정리 일제의 식민지 이론

이론	내용	근거
타율성론	우리 민족의 역사는 주체적으로 발전하지 못하고 주변 국가에 종속되어 전개되었다는 주장	사대 외교, 만선 사관
		지정학적 숙명론, 임나일본부설
정체성론	우리 민족의 역사는 오랫동안 정체되고 발전하지 못하였다는 주장	봉건제 결여
당파성론	우리의 민족성은 분열성이 강하여 항상 내분하여 싸웠다는 주장	붕당 정치

278 일제 강점기 역사학의 이해　　○ 정답 ①

정답찾기 ① 정인보는 『조선사연구』를 서술하였다. 『조선사연구초』는 신채호의 저술이다.

279 일제 강점기 역사학의 이해　　○ 정답 ②

정답찾기 (가) 신채호, (나) 박은식
② 신채호는 『조선사연구초』에서 묘청의 난을 '조선 역사상 일천년래 제일대사건'이라고 평가하였다.

선지분석 ① 박은식, ③ 한용운, ④ 이승만에 대한 내용이다.

플러스 정리 박은식과 신채호

박은식	• 황성신문 · 대한매일신보 · 서북학회보의 주필 • 1911년 이후 만주, 상하이 등에서 독립운동 전개 ⇨ 임시 정부의 2대 대통령 역임, 사료 편찬소 운영 • 저서 ┌ 「유교구신론」(1909) : 유학의 혁신으로 유학을 개화 운동과 구국 운동의 지주로 삼기로 함. ├ 『대동고대사론』(1911) : 단군과 기자 조선의 강역을 다룬 논문 ⇨ 조선족 · 만주족이 모두 단군의 자손임을 주장 ├ 『한국통사』(1915) ┌ 근대 이후 일본의 한국 침략 과정 서술 └ 서문 − '역사는 신(神)이요, 나라는 형(形)이다.' ⇨ 민족혼 강조 ├ 『한국독립운동지혈사』(1920) : 일제의 침략에 대항하여 투쟁한 한민족의 독립운동 저술 └ 기타 : 『왕양명실기』, 『몽견금 태조』, 『천개소문전』, 『안중근전』 등
신채호	• 고대사 연구에 치중 ⇨ 주체적인 한국사를 정리함으로써 민족주의 역사학의 기반 확립 • 의열단의 '조선 혁명 선언' 작성(1923) : 민중에 의한 직접 무장 투쟁 강조 ('대저 혁명의 길은 파괴에서 있을지니') • 저서 ┌ 「독사신론」(1908) ┌ 민족주의 사학의 방향 제시 └ 시간 · 공간 · 인간을 역사의 3요소로 지적 ├ 『조선사연구초』(1925) : 묘청의 난을 '조선 1천년래의 제일대사건'으로 평가 ⇨ 낭가사상 강조 ├ 『조선상고사』(1931) : 역사를 '아(我)와 비아(非我)의 투쟁의 기록'으로 정의 └ 기타 : 『을지문덕전』, 『이태리 건국 삼걸전』, 『최도통(최영)전』 등

280 일제 강점기 역사학의 이해　고난도　　○ 정답 ④

정답찾기 (가) 박은식의 『유교 구신론』, (나) 백남운의 사회 경제 사학
④ 『조선사』는 조선 총독부가 설치한 조선사편수회에서 쓴 우리 역사 왜곡 사이다.

01 광복 전후 정세와 대한민국 정부의 수립, 6 · 25 전쟁

281 국제 회담의 이해
○정답 ③

정답찾기 (가) 카이로 회담(1943), (나) 모스크바 3상 회의(1945)

ⓒ 카이로 회담에서 한국의 독립 문제를 논의하고 처음으로 한국의 독립을 약속하였다.

ⓒ 모스크바 3상 회의에서 신탁통치 문제가 결정되면서 신탁통치반대 국민 총동원회가 결성되면서 반탁운동이 전개되면서 좌우 대립이 격속되게 되었다.

선지분석 ㉠ 카이로 회담에는 미국, 영국, 중국의 대표들이 참석하였다. 미국, 영국, 소련의 대표들이 참석한 회의는 얄타 회담(1945. 2.)이다.

㉣ 1947년 유엔 총회에서 유엔 감시 아래 인구 비례에 의한 남북한 총선 거를 통한 한국 통일안이 가결되었다.

282 조선 건국 준비 위원회의 이해
○정답 ④

정답찾기 제시문은 조선 건국 준비 위원회(1945. 8.)의 여운형이 조선 총독 에게 요구한 5개 조항 중 일부이다.

㉠ 1945년 8월 미군정 실시에 앞서 조선 건국 동맹을 이끌었던 중도 좌파 여운형은 민족주의자 안재홍 등과 함께 조선 건국 준비 위원회를 발족하여 자발적인 독립을 준비하였다.

㉣ 조선 건국 준비 위원회는 미군과의 협상에서 유리한 조건을 차지하기 위 해 중앙 조직을 실질적인 정부 형태로 개편하여 조선 인민 공화국을 조직·선포하고 각 지부를 인민 위원회로 전환하였으며, 이승만을 주석으로, 여운 형을 부주석으로 임명하였다.

선지분석 ㉡ 미군정은 조선 건국 준비 위원회의 활동을 인정하지 않았다.

ⓒ 김성수, 송진우 등 민족주의 우익 세력은 조선 건국 준비 위원회 조직 에 불참하였다.

283 조선 건국 준비 위원회의 이해
○정답 ①

정답찾기 제시문은 조선 건국 준비 위원회의 강령이다.

㉠ 조선 건국 준비 위원회는 중도 좌파 여운형과 중도 우파 안재홍 등이 함 께 친일 세력을 배제하고 좌익과 우익 인사들을 연합하여 조직하였다. 그러 나 송진우, 김성수 등 우익 세력은 조선 건국 준비 위원회에 참여하지 않고 한국 민주당을 조직하였다.

㉡ 조선 건국 준비 위원회는 치안대를 설치하고 북한 지역을 포함하여 전국 에 145개의 지부를 조직하였다.

선지분석 ㉢ 모스크바 3국 외상회의는 1945년 12월에 개최되었고, 조선 건국 준비 위원회는 외상회의 개최 이전에 해체되었다.

㉣ 좌우 합작 운동은 좌우 합작 위원회(1946.6.)를 통해 전개되었고, 미 군정의 지지를 받게 되었다.

284 광복 전후 주요 사건의 이해
○정답 ③

정답찾기 (나) 대한민국 임시 정부의 대일 선전 포고문(1941. 12.) ⇨ (가) 미 군정청이 발표한 군정법령 제11호(1945. 10.) ⇨ (다) 한국 민주당(한민당)의 남한만의 단독 정부 수립을 주장하는 성명서(1947. 12.) ⇨ (라) 유엔 소총회 의 한국 총선거 관련 결의문(1948. 2.)

285 좌우 합작 7원칙의 이해
○정답 ④

정답찾기 밑줄 친 '7원칙'은 좌우 합작 위원회가 1946년 10월에 발표한 좌우 합작 7원칙이다.

④ 조선 독립 동맹의 건국 강령이다. 1942년에 중국 화북 지역의 조선인 사 회주의자들을 중심으로 결성된 조선 독립 동맹은 건국 강령을 발표하여 일 제의 조선 지배를 전복하고 조선 민주 공화국을 건립할 것을 표명하였다. 이 와 함께 보통 선거에 의한 민주 정권 건립, 언론·출판·집회·결사·신앙 등의 자유 확보, 인권 존중의 사회 제도 실현, 남녀평등 실현, 일제와 친일 대기업의 자산 및 토지 몰수, 8시간 노동제, 누진세 실시, 의무 교육제 등을 목표로 규정하였다.

선지분석 ①②③ 좌우 합작 7원칙 내용이다.

286 제헌 국회의 이해
○정답 ②

정답찾기 제시문은 5·10 총선거(1948)이다. 5·10 총선거에 의해 뽑힌 제 헌 의원(1948~1950, 임기 2년)이 ㉡ 농지 개혁법(1949년 제정, 1950년 시 행)과 ㉣ 반민족 행위 처벌법(1948년 9월), ㉤ 귀속재산처리법(1949)을 제정 하였다.

선지분석 ㉠ 발췌 개헌(1952), ㉢ 사사오입 개헌(1954)

287 6·25 전쟁의 전개 과정 이해
○정답 ④

정답찾기 대한민국 정부 수립(1948. 8. 15.) ⇨ 6·25 전쟁(1950) ⇨ (가) ⇨ 휴전 협정 조인(1953. 7.) ⇨ 진보당 사건(1958) ⇨ 3·15 부정 선거(1960)

㉠ 평화선 선언 – 1952년

㉣ 국민 방위군 사건 – 1951년

㉥ 거제도 반공 포로 2만 5천 명 석방 – 1953년 6월

선지분석 ㉡ 조선 정판사 위조지폐 사건 – 1946년

ⓒ 『우리말 큰사전』 완간 – 1957년

㉤ 한·미 상호 방위 조약 체결 – 1953년 10월

플러스 정리 | 6·25 전쟁 주요 일지

연도	주요 사항
1949. 6. 30.	주한 미군 철수
1950. 1. 10.	애치슨 미 국무 장관, 애치슨 라인 발표
6. 25.	한국 전쟁 발발
6. 28.	북한군 서울 점령, 한강 인도교 폭파
7. 1.	유엔 지상군 부산으로 상륙
7. 16.	한국 작전 지휘권, 유엔군 총사령관(맥아더)에 위임 CF 1951. 4. 맥아더 해임
8. 13.	다부동 전투
9. 15.	유엔군 인천 상륙 작전 감행
9. 28.	서울 수복
10. 1.	국군, 38도선 돌파
10. 19.	국군, 평양 탈환
10. 25.	중국 인민 지원군, 한국 전쟁에 개입
12. 15.	흥남 철수 CF 장진호 전투
1951. 1. 4.	서울 다시 함락됨(1·4 후퇴)
2. 11.	거창 양민 학살 사건
6. 30.	유엔군 총사령관, 북한 측에 정전 회담 제의
7. 10.	휴전 회담 본회의 시작(개성)
1952. 5. 7.	거제도 공산 포로 폭동 발생
6. 22.	유엔기, 수풍 발전소 폭격
1953. 6. 8.	포로 교환 협정 조인
6. 18.	정부, 거제도 반공 포로 2만 5천 명 석방
7. 27.	판문점에서 휴전 협정 조인
10. 1.	한·미 상호 방위 조약 체결

288 이승만과 김구의 이해 ○정답 ①

정답찾기 (가) 이승만의 '정읍 발언'(1946. 6.), (나) 김구의 '삼천만 동포에게 읍고함'(1948. 2.)
① 이승만은 광복 후인 1945년 10월에 귀국하여 독립 촉성 중앙 협의회를 발족하고 회장으로 추대되었다.

선지분석 ② 5·10 총선거에는 남조선 노동당 등 좌익 세력과 김구, 김규식 등의 남북 협상파 세력이 대거 불참하였다.
③ 김병로에 대한 설명이다. 김병로는 1946년 7월부터 1948년 8월까지 약 2년간 미군정청의 사법부장으로 활동하였으며, 1948년 8월 대한민국 정부가 수립된 이후 초대 대법원장에 임명되어 1957년에 퇴임하였다.
④ 사회 경제 사학자 백남운에 대한 설명이다.

플러스 정리 이승만과 김구

이승만 (1875~1965)	• 1898년 독립 협회의 만민 공동회 참여 • 1904년 미국 유학 • 1919년 상하이 대한민국 임시 정부 초대 대통령으로 추대 　⇨ 1923년 탄핵 • 광복 후 독립 촉성 중앙 협의회 총재로 좌익 세력과 대립 • 1946년 6월 남한 단독 정부 수립 계획 발표 • 1948년 초대 대통령 당선 • 1951년 자유당 창당 • 1952년 발췌 개헌안 통과 ⇨ 2대 대통령 당선 • 1954년 사사오입 개헌안 통과 ⇨ 1956년 3대 대통령 당선 • 1960년 4·19 혁명으로 사임
김구 (1876~1949)	• 1893년 동학 입교 • 1896년 일본군 중위를 살해, 사형 확정, 1898년 탈옥 • 신민회 참여 후 1911년 안악 사건으로 체포 • 1919년 상하이 대한민국 임시 정부 참여, 초대 경무국장 역임 • 1930년 이동녕 등과 한국 독립당 창당 • 1931년 한인 애국단 조직 • 1935년 한국 국민당 조직 • 1940년 한국 독립당 조직, 임시 정부 주석 선출 • 1948년 2월 '3천만 동포에게 읍고함'이라는 성명 발표 　⇨ 통일 정부 수립을 위한 남북 협상 제창 • 1949년 6월 육군 소위 안두희에게 암살당함.

02 민주주의의 시련과 발전, 통일 정책

289 이승만 정부의 이해 ○정답 ①

정답찾기 (가) 2대 대통령 선거(1952), (나) 3대 대통령 선거(1956)
① 민주당 창당(1955)

선지분석 ② 1959년, ③ 1958년, ④ 1958년의 사실이다.

290 4·19 혁명의 이해 ○정답 ③

정답찾기 ㉃ 2·28 대구 학생 의거(2. 28.) ⇨ ㉠ 3·15 부정 선거(3. 15.) ⇨ ㉺ 김주열의 죽음(4. 11.) ⇨ ㉣ 대학 교수단의 시국 선언문 발표(4. 25.) ⇨ ㉢ 허정의 과도 정부 수립(4. 27.) ⇨ ㉤ 민주당 내각 구성(1960. 6.)

플러스 정리 2·28 대구 학생 의거
1960년 2월 28일 정부와 여당의 부당한 선거 개입에 항의하며 대구의 고등학생들이 벌인 학생 시위로, "횃불을 밝혀라, 동방의 별들아", "학원의 자유를 달라", "학원을 정치 도구화하지 말라" 등의 구호를 외쳤다. 2·28 대구 학생 시위는 그 이전까지 흔히 볼 수 있었던 정부에 의해 동원된 관제 시위가 아닌 학생들이 스스로 조직한 자발적인 시위였다. 무엇보다 많은 학생들에게 민주주의에 대한 의식을 각성시키고 불의에 대한 항거 의지를 고양시켜 1960년 4·19 혁명의 도화선이 되었다고 평가받고 있다.

플러스 정리 4·19 혁명
3·15 부정 선거에 대한 규탄 시위가 마산 의거를 시작으로 전국적으로 확산되었고, 마산공고 김주열 군의 죽음의 진상이 밝혀지면서 국민의 분노는 더욱 고조되었다. 마침내 4월 19일 서울을 비롯한 대도시에서 학생들의 대규모 시위가 전개되자 일반 시민들도 가세하였고, 4월 25일 대학 교수단의 시국 선언문 발표로 4월 26일 이승만의 하야가 이루어지면서 12년간의 자유당 정권이 붕괴되었다. 정권은 일시적으로 허정 과도 정부에게 넘어가 신헌법을 제정·공포하고 이어 총선거가 실시되어 민주당이 총선거에서 승리를 거두었으나(7. 29.), 4·19 혁명의 정신을 계승하지 못하고 각종 폐단을 낳게 되었다.

291 현대사 주요 사건의 시기순 이해 ○정답 ④

정답찾기 ④ 남북한 유엔 동시 가입(1991) − (다)

선지분석 ① 1964~1973년, ② 1973년, ③ 1980년의 사실이다.

292 현대사 주요 사건의 이해 ○정답 ③

정답찾기 김종필·오히라 메모(1962) ⇨ (가) ⇨ 닉슨 독트린(1969)
③ 국민 교육 헌장 제정(1968)

선지분석 ① 5·16 군사 정변(1961), ② 3·1 민주 구국선언(1976), ④ 경부 고속 도로 개통(1970)

293 유신 정부 시기의 이해 ○정답 ①

정답찾기 제시문의 '헌법'은 박정희 정부가 1972년 12월에 공포한 유신 헌법(제7차 개헌)이다.
㉠ 김영삼 신민당 총재가 뉴욕 타임즈와의 인터뷰에서 미국이 공개적이고 직접적인 압력을 통해 박정희 대통령을 제어해 줄 것으로 요구한 것이 국내에 알려지자, 박정희 정부는 김영삼 총재를 국회에서 제명하였다(1979. 10.).

선지분석 ㉡ 한일국교 정상화(1965) − 박정희 정부 시기
㉢ 3당 합당(1990) − 노태우 정부 시기
㉣ 7·4 남북 공동 선언(1972. 7. 4.) − 박정희 정부 시기

PART
08

294 개헌 시기와 관련된 사건 이해 　　　　　　○ 정답 ①

정답찾기 (가) 9차 개헌(1987. 10.), (나) 6차 개헌(3선 개헌, 1969. 10.), (다) 7차 개헌(유신 헌법, 1972. 12.), (라) 8차 개헌(1980. 10.)
① 1989년부터 전 국민을 대상으로 의료 보험 제도가 확대 시행되었다.

선지분석 ② 1973년부터 시작된 중동 국가 간의 전쟁이 산유국들의 석유 무기화 정책으로 이어지면서 제1차 석유 파동이 발생하였다. 이때 유가가 급등하면서 세계 경제는 심각한 타격을 받았으나, 한국은 대기업들이 중동의 건설 사업에 뛰어들면서 경제 발전의 계기로 활용하였다. – (다)
③ 12·12 사태로 정권을 잡은 신군부 세력은 언론을 통제하기 위해 언론 기관을 통폐합하고, 각 언론사에 기사 보도를 위한 가이드라인인 보도 지침을 작성·전달하였다. – (라)
④ 박정희 정부는 1969년부터 서울 청계천, 영등포, 용산 등지의 도시 빈민들에게 토지 분양과 일자리를 약속하고 경기도 광주군(현재 성남시)으로 강제 이주시켰다. 그러나 정부의 정책이 지켜지지 않자, 이주민들은 정부의 약속 이행을 주장하며 시위를 벌였고, 이 과정에서 많은 사람들이 피해를 당하였다(광주 대단지 사건, 1971). – (나)

플러스 정리 **대한민국의 헌법 개정 과정**

구분	계기	내용	비고
제헌 헌법 (1948)		• 대통령 중심제(4년) • 대통령 간선제(국회에서 대통령 선거)	제헌 의원 임기 2년
제1차 (1952)	대통령의 국회 내 기반 상실	• 대통령 직선제 • 국회 양원제 채택	발췌 개헌(이승만의 재선 가능)
제2차 (1954)		초대 대통령에 대한 중임 제한 철폐	사사오입 개헌(이승만의 장기 집권 가능)
제3차 (1960)	3·15 부정 선거, 4·19 혁명	• 내각 책임제, 국회 양원제(민·참의원) • 대통령 간선제, 대통령이 국무총리 지명	허정 과도 정부의 개헌
제4차 (1960)	4·19 혁명	3·15 부정 선거 관련자와 반민주 행위자 처벌을 위한 개헌	장면 내각의 개헌
제5차 (1962)	5·16 군사 정변	• 대통령 중심제(4년)·직선제 • 국회 단원제 및 무소속 금지	국민 투표를 거친 최초의 개헌
제6차 (1969)		• 대통령 직선제 • 대통령 3선 개헌	박정희의 장기 집권 가능
제7차 (1972)	10월 유신	• 대통령 중심제(6년, 종신 집권 가능) • 대통령에게 강력한 권한 부여(긴급 조치·국회 해산권) • 통일 주체 국민 회의 신설 ⇨ 대통령 선출(간선제)	10월 유신 헌법
제8차 (1980)	10·26 사태	• 대통령 중심제(7년 단임) • 선거인단 ⇨ 대통령 선출(간선제)	통일 주체 국민 회의에서 선출된 전두환이 추진
제9차 (1987)	6월 민주 항쟁	• 대통령 중심제(5년 단임) • 대통령 직선제로 전환	• 여야 합의 개헌 • 6·29 민주화 선언

295 박정희 정부와 노태우 정부의 이해 　　　　　　○ 정답 ③

정답찾기 제시문의 (가)는 7·4 남북 공동 선언(1972) – 박정희 정부, (나)는 남북 기본 합의서 (남북 사이의 화해와 불가침 및 교류 협력에 관한 합의서, 1991) – 노태우 정부 때의 통일 정책이다.
③ 중국 수교(1992), 소련 수교(1990) – 노태우 정부

선지분석 ① 금융 실명제(1993) – 김영삼 정부
② 금강산 관광 시작(1998) – 김대중 정부
④ 최초 이산가족 상봉 실시(1985) – 전두환 정부

296 유신 정부 시기 주요 사건 이해 고난도 　　　　　　○ 정답 ②

정답찾기 제시문은 유신 정부 시기인 1974년에 발표한 언론 자유 실천문 중 일부이다.
② 인혁당 재건위 사건(1974)과 YH 사건(1979)은 유신 정권기에 발생한 민주화 운동이다. 인혁당 재건위 사건은 정부가 민청학련 배후에 국가를 전복하려는 간첩 조직이 있다고 발표하고, 10년 전 사건 조작에 실패하였던 인혁당 사건 관련자 23명을 다시 구속한 후 대규모 간첩단을 검거하였다고 조작·발표한 사건이다. YH 사건은 YH 무역이 1979년에 폐업하자 야당인 신민당사에서 정상화를 요구하며 농성하던 노동자들을 정부가 강제 해산시킨 사건으로 유신 체제 몰락의 한 원인이 되었다.

선지분석 ① 박종철 사건(1987)과 4·13 호헌 조치는 6월 민주 항쟁(1987)의 결정적 계기가 된 사건이다. 박종철 고문치사 사건과 군부 세력의 장기 집권 의도를 드러낸 전두환 대통령의 4·13 호헌(護憲) 조치를 계기로 '호헌 철폐·민주 헌법 쟁취·독재 타도'를 외치는 6월 민주 항쟁이 민주 헌법 쟁취 국민 운동 본부 주관으로 전국에서 전개되었다. 국민의 민주화 요구를 더 이상 거부할 수 없었던 군부 세력은 대통령 직선제를 골자로 하는 시국 수습 방안인 6·29 선언을 발표하였다.
③ 부산 보안법 파동, 이른바 2·4 정치 파동(1958. 12. 24.)은 4대 총선의 결과 민주당 진출에 당황한 자유당이 대공 사찰과 언론 통제를 내용으로 하는 국가 보안법을 날치기 통과시키고, 야당지인 「경향신문」을 폐간시키는 등 야당과 언론을 탄압한 사건이다. 천주교 정의 사회 구현 사제단은 1974년 9월에 결성되었다.
④ 신한 민주당(1985) 창당은 전두환 정부 때 이루어졌다. 전태일 분신 사건(1970)은 청계천 봉제 노동자 전태일이 근로 기준법의 준수를 외치면서 분신자살한 사건으로, 우리나라 노동 운동의 결정적 지표가 되었다.

약점 체크하기 ✓

297 이승만 정부의 경제 정책 이해 　　　　　○ 정답 ①

정답찾기 제시문은 이승만 정부에서 발표한 반민 특위 해산 특별 담화문 (1949. 10.)이다.

① 이승만 정부의 경제 정책 기본 방향은 경제 재건에 있었는데 농·공의 균형 발전, 소작제의 철폐, 기업 활동의 자유, 사회 보장 제도 실시, 인플레이션의 극복 등을 강조하였다.

선지분석 ② 유신 정부(1970년대)의 경제 개발 계획 내용이다. 유신 체제 시기에는 외국인의 직접 투자를 유치하기 위한 정책으로 마산·이리(익산)에 수출 자유 무역 지역을 만들어 울산·포항·창원·여천(여수)·구미 등에 새로운 공업 단지를 조성하였다.

③ 8·3 긴급 조치(1972)에 대한 설명이다. 1972년 초 기업들이 연쇄 도산의 위기에 직면하자, 경제 위기와 사회 갈등 등을 완화할 목적으로 기업의 사채 원리금 상환을 동결시킴과 동시에 이를 3년 거치 5년 분할 상환하게 하였다. 이 긴급 조치로 기업에는 큰 혜택이 돌아갔지만 사채업자의 사유 재산권을 심각하게 침해하였으며, 정·경 유착이라는 병폐가 생기게 되었다.

④ 제3·4차 경제 개발 계획에서는 중화학 공업 육성 사업으로 포항 제철(1973)과 고리 원자력 발전소(1978)를 준공하였다. 그 결과 농·어업 등 1차 산업의 비중이 낮아지고 광공업과 서비스업 등 2차·3차 산업의 비중이 높아지게 되었다.

298 농지 개혁법의 이해 　　　　　○ 정답 ②

정답찾기 제시문은 이승만 정부에서 시행한 농지 개혁법(1949)의 내용이다.
② 1949년에 제정하여 1950년에 실시한 농지 개혁은 유상 매수, 유상 분배를 원칙으로 하였다.

선지분석 ① 귀속 농지는 무상 몰수, 유상 분배하였다. 또 신한 공사는 미군정기에 있었던 관청으로 농지 개혁과는 아무런 관련이 없다.
③ 농지 개혁법은 경작권 보장에 대한 것이 아니라 농민에게 토지를 분배하는 것이 내용이다.
④ 농지 개혁법은 오히려 친일파의 토지 소유권을 인정하였다.

플러스 정리 북한과 남한의 농지 개혁

구분	북한	남한
시기	1946년 3월	1950년 4월(1949년 제정)
개혁안	토지 개혁법(전 국토)	농지 개혁법(산림, 임야 제외)
원칙	무상 몰수, 무상 분배	유상 매수, 유상 분배
토지 소유 상한선	5정보	3정보

299 각 정부의 경제 정책 이해 　　　　　○ 정답 ①

정답찾기 ① 경부 고속 국도는 1970년에 개통되었다. - (나)

선지분석 ② 1966년에 체결한 브라운 각서는 한국군이 베트남에 추가 파병을 하면 미국 정부가 한국군의 장비를 현대화하고 파병 비용을 부담하겠다는 약속을 담은 문서이다.
③ 1977년에 수출 100억 불을 달성하였다.
④ 1996년에 경제 협력 개발 기구(OECD)에 가입하였다.

300 시기별 교육 제도의 이해 　　　　　○ 정답 ②

정답찾기 ② 과외 전면 금지는 1980년 국가 보위 비상 대책 위원회의 7·30 교육 개혁 조치의 일환으로 시행되었다.

선지분석 ① 박정희 정부 시기인 1968년에 '국민 교육의 장기적이고 건전한 방향 정립과 시민 생활의 건전한 윤리 및 가치관 확립'을 위해 국민 교육 헌장을 선포하여 교과서에 싣고 모든 학생들에게 암기하도록 하였다. 이후 1994년에 교과서에서 삭제하였다.
③ 1980년 국가 보위 비상 대책 위원회는 7·30 교육 개혁 조치를 발표하여 대학의 입학 정원제를 졸업 정원제로 전환하여 신입생은 정원보다 일정 수를 더 입학시키되 졸업은 정원수만큼만 시키도록 하였다. 이후 1981년 전두환 정부 때 본격적으로 실시하였다.
④ 1993년부터 새로운 대입 제도에 따라 대학 수학 능력 시험을 실시하였다.

플러스 정리 각 정부의 교육 정책

구분	내용
이승만 정부	• 초등학교 6년 의무 교육, 기간학제 완비(6-3-3-4학제) • 멸공 통일의 신념하에 안보 교육에 주력, 도의 교육의 진작, 1인 1기 교육
4·19 혁명 이후	교육의 정치적 중립성 강조, 사도(師道)의 확립, 학원 정상화의 노력
박정희 정부	교육의 중앙 집권화와 관료적 통제, 국민 교육 헌장 선포(1968), 중학교 무시험 진학 제도 실시(1969), 대학 예비고사 및 학사 자격 고시 시행(1969)
유신 체제	국사 교육 강화, 고교 평준화 정책 실시, 안보 교육·새마을 교육 실시, 한국 교육 개발원 설립, 방송 통신 교육 실시, 한국 정신 문화원 발족
전두환 정부	중학교 의무 교육 부분 실시(1985), 과외 전면 금지, 본고사 폐지, 졸업 정원제 실시(⇨ 폐지), 평생 교육 이념 규정(헌법), 독립 기념관 건설(천안)
노태우 정부	대학 자율권 부여, 전국 교직원 노동조합 결성(1989) ⇨ 정부는 반체제 집단으로 규정, 수천 명의 교사 해직
김영삼 정부	열린 교육 사회, 평생 학습 사회 건설 지향 교육 개혁(1995), 대학 수학 능력 제도 실시, 중학교 의무 교육 확대(읍·면), 7차 교육 과정(1997) 실시
김대중 정부	교원 정년 단축, 대학 개혁(학과별 모집제 폐지, 교과 성적 외 특기·봉사 활동·교장 추천제 대학 입학 가능 등), 브레인코리아(BK) 21 사업 실시[정보기술(IT)과 생명공학(BT) 대폭 지원], 전국 모든 중학교 무상 의무 교육 실시, 만 5세 유아 무상 교육 및 보육 실시

PART

08

PART / 1

CHAPTER 01 한민족의 형성과 선사 문화

001	③	002	③	003	④	004	④

CHAPTER 02 고조선과 초기 국가

005	④	006	③	007	①	008	③

PART / 2

CHAPTER 01 정치

009	②	010	③	011	④	012	②	013	③	014	④	015	③	016	③	017	②	018	②
019	②	020	②	021	②	022	②	023	③	024	③	025	③	026	④	027	③	028	②
029	①	030	②	031	④	032	②												

CHAPTER 02 사회

033	①	034	④	035	①	036	②

CHAPTER 03 경제

037	①	038	②	039	①	040	②

CHAPTER 04 문화

041	②	042	④	043	②	044	④	045	②	046	④	047	②	048	③

PART / 3

CHAPTER 01 정치

049	④	050	②	051	①	052	②	053	③	054	④	055	②	056	③	057	③	058	④
059	①	060	②	061	③	062	③	063	②	064	③	065	④	066	①	067	③	068	②
069	①	070	②	071	④	072	④												

CHAPTER 02 사회

073	①	074	④	075	①	076	②	077	④	078	④	079	①	080	③

CHAPTER 03 경제

081	③	082	①	083	③	084	②	085	③	086	③	087	④	088	③

CHAPTER 04 문화

089	③	090	②	091	②	092	②	093	④	094	④	095	②	096	②	097	④	098	④
099	③	100	③	101	②	102	①	103	②	104	③	105	③	106	③	107	④	108	④

PART / 4

CHAPTER 01 정치

109	③	110	④	111	④	112	④	113	①	114	④	115	④	116	③	117	③	118	④
119	④	120	④	121	④	122	③	123	④	124	②	125	③	126	②	127	②	128	④
129	④	130	①	131	③	132	③	133	②	134	②	135	②	136	④						

CHAPTER 02 사회

137	①	138	④	139	③	140	②	141	①	142	②	143	④	144	④

CHAPTER 03 경제

145	①	146	②	147	③	148	①	149	①	150	④	151	①	152	③

CHAPTER 04 문화

153	②	154	②	155	④	156	②	157	④	158	②	159	①	160	①	161	①	162	②
163	③	164	③	165	③	166	④	167	②	168	②								

PART / 5

CHAPTER 01 정치

169	④	170	③	171	②	172	④	173	②	174	③	175	②	176	①	177	④	178	③
179	③	180	②	181	④	182	③	183	④	184	③								

CHAPTER 02 사회

185	②	186	③	187	③	188	①

CHAPTER 03 경제

189	②	190	①	191	①	192	①	193	②	194	②	195	①	196	④

CHAPTER 04 문화

197	③	198	④	199	③	200	②	201	①	202	②	203	④	204	②	205	②	206	④
207	①	208	④	209	②	210	②	211	①	212	②								

PART / 6

CHAPTER 01 정치

213	③	214	②	215	④	216	②	217	③	218	①	219	③	220	③	221	①	222	③
223	③	224	③	225	④	226	④	227	④	228	②	229	②	230	④	231	②	232	①
233	③	234	④	235	③	236	①	237	①	238	①	239	①	240	④						

CHAPTER 02 외세의 경제적 침략과 우리의 저항, 근대 사회의 변화

241	②	242	④	243	②	244	②	245	①	246	③	247	②	248	②

CHAPTER 03 근대 문물의 수용

249	②	250	③	251	④	252	②

PART / 7

CHAPTER 01 정치

253	②	254	①	255	①	256	②	257	②	258	③	259	③	260	④	261	②	262	②
263	②	264	②	265	①	266	④	267	④	268	②								

CHAPTER 02 일제의 경제 수탈과 우리의 저항

269	④	270	④	271	④	272	②												

CHAPTER 03 사회적 민족 운동

273	②	274	④	275	①	276	①												

CHAPTER 04 일제의 민족 문화 왜곡과 민족 문화 수호

277	③	278	①	279	②	280	④												

PART / 8

CHAPTER 01 정치

281	③	282	④	283	①	284	③	285	④	286	②	287	④	288	①	289	①	290	③
291	④	292	③	293	①	294	①	295	③	296	②								

CHAPTER 02 경제·사회·문화

297	①	298	②	299	①	300	②												

선우빈

주요 약력

現, 박문각 남부고시학원 한국사 9·7급 대표교수
EBS 9·7급 공무원 한국사 10년 강의(2008~2016, 2018년)
2006년 방송대학TV 공무원 한국사 전임교수
중등 2급 정교사[사회(역사)]

주요 저서

[이론서]
간추린 선우한국사 압축기본서(박문각)
선우빈 선우한국사 기본서(박문각)
단기완성 한국사능력검정시험 심화(박문각)
선우한국사 핵심사료 450(박문각) 간추린 선우한국사 연계 도서

[문제집]
선우한국사 기출족보 1500제(박문각)
선우한국사 기적의 단원별 300제(박문각)
선우한국사 기적의 봉투 모의고사(박문각)
NETclass 한국사 틈새 공략 문제Zip(박문각)

[요약집]
한국사 연결고리(박문각)
한국사 확인학습노트(박문각)

동영상강의 www.pmg.co.kr
선우한국사 카페 cafe.naver.com/swkuksa
You Tube 채널 선우빈 한국사

선우빈 선우한국사
기적의 단원별 300제

초판 인쇄 | 2023. 1. 16. **초판 발행** | 2023. 1. 20. **편저자** | 선우빈
발행인 | 박 용 **발행처** | (주)박문각출판 **등록** | 2015년 4월 29일 제2015-000104호
주소 | 06654 서울시 서초구 효령로 283 서경B/D **팩스** | (02)584-2927
전화 | 교재 주문·내용 문의 (02)6466-7202

저자와의
협의하에
인지생략

이 책의 무단 전재 또는 복제 행위를 금합니다.

정가 19,000원 ISBN 979-11-6987-125-9